中国银行间市场交易商协会培训教材

Credit
Derivatives
Theory and Practice

信用衍生产品
理论与实务

中国银行间市场交易商协会教材编写组 /编

图书在版编目(CIP)数据

信用衍生产品:理论与实务/中国银行间市场交易商协会教材编写组编.—北京:北京大学出版社,2017.9

(中国银行间市场交易商协会培训教材)

ISBN 978-7-301-28737-8

Ⅰ.①信… Ⅱ.①中… Ⅲ.①信用衍生产品—职业培训—教材 Ⅳ.①F830.95

中国版本图书馆 CIP 数据核字(2017)第 218326 号

书　　　名	信用衍生产品:理论与实务 XINYONG YANSHENG CHANPIN:LILUN YU SHIWU
著作责任者	中国银行间市场交易商协会教材编写组　编
责 任 编 辑	任京雪　刘　京
标 准 书 号	ISBN 978-7-301-28737-8
出 版 发 行	北京大学出版社
地　　　址	北京市海淀区成府路 205 号　100871
网　　　址	http://www.pup.cn　新浪微博:@北京大学出版社
电 子 信 箱	em@pup.cn
电　　　话	邮购部 62752015　发行部 62750672　编辑部 62752926
印 刷 者	涿州市星河印刷有限公司
经 销 者	新华书店
	787 毫米×1092 毫米　16 开本　24 印张　468 千字 2017 年 9 月第 1 版　2017 年 9 月第 1 次印刷
印　　　数	0001—4000 册
定　　　价	58.00 元

未经许可,不得以任何方式复制或抄袭本书之部分或全部内容。

版权所有,侵权必究

举报电话:010-62752024　电子信箱:fd@pup.pku.edu.cn

图书如有印装质量问题,请与出版部联系,电话:010-62756370

中国银行间市场交易商协会
教材编写组

编写组主任： 谢　多

编写组副主任： 杨　农

编写组成员（按拼音首字母排序）：

邓　倩　　段亚敏　　高龚翔　　洪　鋆　　李东来
李志斌　　卢超群　　罗欣瀚　　邵　诚　　舒　畅
童　林　　王焕舟　　王　珏　　徐　凡　　颜　欢
张慧卉　　张文举　　朱震宇　　邹　妍

前 言

信用衍生产品作为全球第三大场外金融衍生品,历经二十多年的曲折发展后,在市场中发挥着日益重要的作用。虽然2008年金融危机后关于信用衍生产品市场存在一些争议,但随着新监管制度的执行、国际互换与衍生工具协会(International Swaps and Derivatives Association,ISDA)和市场参与者对产品设计的不断完善,信用衍生产品继续为金融市场创造着价值,最新的《巴塞尔协议》也依然肯定信用衍生产品对信用风险管理的意义和作用。

目前中国经济正处于增速换挡期,也是市场深化改革的关键时期,在稳增长的同时着力进行供给侧改革,市场波动加剧,系统性风险有所增加。在去产能、去杠杆的压力下,长期以来积累的信用风险开始暴露,信用事件逐步增多,市场对相应衍生工具的需求再起。同时,监管环境逐步成熟,商业银行、保险公司、证券公司等金融机构内控体系和市场化经营能力明显提高,这些因素也为信用衍生产品的进一步发展奠定了坚实的基础。

2016年9月23日,中国银行间市场交易商协会发布了《银行间市场信用风险缓释工具试点业务规则》(以下简称《业务规则》)和《中国场外信用衍生产品交易基本术语与适用规则(2016年版)》(以下简称《术语与规则》)。《业务规则》在之前信用风险缓释合约(CRMA)和信用风险缓释凭证(CRMW)的基础上,新增了信用违约互换(CDS)和信用联结票据(CLN)两类信用风险缓释工具。新增的信用风险缓释工具在整体的产品设计上取得了重大进展,从单一债务扩展到了对参考实体的债务族进行保护,并与商业银行等金融机构的监管法规要求进行了有效衔接;在具体交易要素的设计上借鉴了国际通行标准,并根据中国的实际情况进行了调整,采用了一系列的标准化安排;在风险管理上,对市场参与者适当性、杠杆比例也给予了明确约束。

合理使用信用衍生工具,对完善信用风险价格形成机制、实现信用风险合理配置、优化信用风险分散分担模式、维护宏观经济稳定有着重要作用。同时,信用衍生工具也对金融机构有效管理信用风险、提高资产负债表使用效率、提升经营能力具有一定的作用。进一步研究和发展信用衍生工具市场,对巩固和加强金融体系服务实体经济的能力意义重大。

CDS和CLN的推出丰富了中国信用衍生产品市场,但在实践中仍然存在一定的障碍。由于中国信用衍生产品市场起步较晚,国内全面介绍信用衍生产品的著作较少。尤其是2008年的金融危机,导致许多市场参与者对信用衍生产品存在一定的误解。本教材通过对信用衍生产品市场的理论和实务进行系统分析和阐述,从信用衍生产品的发展服从和服务于实体经济发展需要的根本原则入手,认真总结信用衍生产品风险管理的经验和教训,以深化市场参与者对信用衍生产品功能作用及风险的认识和理解,引导其理性参与信用衍生产品市场,尝试培育成熟规范的市场参与者队伍。

本教材作为信用衍生产品的入门书籍,主要包括三大部分,共六章,涵盖了信用衍生产品市场的主要理论与实务。第一部分是信用衍生产品理论概述,对信用衍生产品的定义、品种、功能以及部分重要概念进行了归纳和总结,并详细介绍了目前国际公认的几种估值定价技术和交易策略。在此基础上,以CDS为例,对信用衍生产品的风险进行了分析与管理,引导市场参与者注重风险管理对合规开展信用衍生产品业务的重要性。第二部分和第三部分分别对国际和国内信用衍生产品市场的发展动态和操作实务进行了详细介绍。其中,国际部分主要介绍了国际信用衍生产品市场的发展概况,包括信用衍生产品市场的发展历程和现状、信用衍生产品与次贷危机的关系,以帮助市场参与者正确认识和理解信用衍生产品的功能与作用。另外,通过总结2008年金融危机后国际信用衍生产品市场的主要变革,借鉴国际市场发展经验,对于进一步推动中国信用衍生产品市场的发展具有重要意义。国内部分主要介绍了开展信用衍生产品业务的实务操作,包括市场管理和运行、适用于中国市场的估值定价方法、会计处理和税务分析,以及信用衍生产品的资本缓释功能,并对现阶段中国发展信用衍生产品市场存在的问题进行了总结,对其未来的发展进行了展望。

本教材的编写基于当前中国市场背景,具备较强的可操作性,对市场参与者有较高的实用价值,也可用于高校相关课程的教学。

中国银行间市场交易商协会
教材编写组
2017年8月

目 录 Contents

第一篇
信用衍生产品理论概述

第一章　信用衍生产品概述　/ 003

　　第一节　信用衍生产品定义、种类和功能　/ 003

　　第二节　信用衍生产品的重要概念　/ 015

　　第三节　场外金融衍生产品主协议　/ 029

　　本章小结　/ 031

　　本章重要术语　/ 031

　　思考练习题　/ 032

　　参考文献　/ 032

　　相关网络链接　/ 032

第二章　信用衍生产品的估值定价技术和交易策略　/ 033

　　第一节　信用衍生产品的估值定价技术　/ 033

　　第二节　信用衍生产品交易策略　/ 043

　　第三节　信用衍生产品的风险分析与管理　/ 046

　　本章小结　/ 052

　　本章重要术语　/ 053

　　思考练习题　/ 053

　　参考文献　/ 053

第二篇
国际信用衍生产品市场发展动态和架构

第三章 国际信用衍生产品市场发展概况 / 059
第一节 信用衍生产品市场的发展历程和现状 / 059
第二节 信用衍生产品与次贷危机 / 070
第三节 国际信用衍生产品资本缓释功能的基石——《巴塞尔协议》 / 090
第四节 国际市场机构参与信用衍生产品业务的定位 / 094
本章小结 / 104
本章重要术语 / 104
思考练习题 / 104
参考文献 / 105

第三篇
中国信用衍生产品市场发展与实务

第四章 中国信用衍生产品市场概述 / 109
第一节 中国信用衍生产品市场的发展现状和意义 / 109
第二节 中国信用衍生产品的市场架构 / 116
本章小结 / 120
本章重要术语 / 121
思考练习题 / 121
参考文献 / 121

第五章 中国信用风险缓释工具业务实务 / 122
第一节 关于中国市场信用事件及其相关处理的讨论 / 122
第二节 信用风险缓释工具的资质备案和交易流程 / 124
第三节 信用风险缓释工具估值定价技术 / 128
第四节 信用风险缓释工具的会计处理及税收政策 / 143

第五节　CDS 与银行资本管理　/ 160

　　第六节　机构参与信用风险缓释工具业务的需求与应用浅析　/ 176

　　本章小结　/ 179

　　本章重要术语　/ 180

　　思考练习题　/ 180

　　参考文献　/ 181

第六章　中国信用衍生产品市场的问题与展望　/ 182

　　第一节　对信用衍生产品的认识存在误区　/ 182

　　第二节　中国信用衍生产品市场发展面临的主要问题　/ 188

　　第三节　中国信用衍生产品市场展望　/ 190

　　本章小结　/ 193

　　本章重要术语　/ 194

　　思考练习题　/ 194

　　参考文献　/ 194

　　相关网络链接　/ 194

参考答案　/ 195

附录 A　信用风险的结构化模型　/ 200

附录 B　简约化模型　/ 208

附录 C　我国 CDS 估值定价技术的主要公式及计算步骤　/ 216

附录 D　协议文本及相关自律规则　/ 223

　　附录 D-1　《银行间市场信用风险缓释工具试点业务规则》及相关
　　　　　　　配套文件　/ 224

　　附录 D-2　中国银行间市场金融衍生产品交易主协议（2009 年版）　/ 235

　　附录 D-3　中国银行间市场金融衍生产品交易质押式履约保障文件
　　　　　　　（2009 年版）　/ 253

　　附录 D-4　中国银行间市场金融衍生产品交易转让式履约保障文件
　　　　　　　（2009 年版）　/ 265

　　附录 D-5　中国银行间市场金融衍生产品交易定义文件（2009 年版）　/ 276

　　附录 D-6　中国银行间市场利率衍生产品交易定义文件（2012 年版）　/ 292

　　附录 D-7　中国银行间市场汇率衍生产品交易定义文件（2012 年版）　/ 302

附录 D-8　中国银行间市场债券衍生产品交易定义文件(2012 年版)　／311

附录 D-9　中国场外黄金衍生产品交易基本术语(2013 年版)　／324

附录 D-10　中国场外信用衍生产品交易基本术语与适用规则(2016 年版)　／332

补充阅读　CDS 在中国市场的需求和应用研究　／373

后　记　／375

Part I

第一篇
信用衍生产品理论概述

第一章 信用衍生产品概述

本章知识与技能目标

- 了解信用衍生产品的主要品种,掌握各类产品的交易结构,并能从直觉上估计各交易要素对产品价值的影响程度;
- 理解《中国场外信用衍生产品交易基本术语与适用规则(2016年版)》中关于信用衍生产品的各类重要概念,并根据定义和自身交易需求确定交易文本中相应的选项;
- 了解ISDA主协议的架构、演进历程,特别对次贷危机后ISDA发布的"大爆炸"和"小爆炸"议定书的主要改进进行梳理,详细掌握NAFMII主协议的条款。

第一节 信用衍生产品定义、种类和功能

一、信用风险从何而来

信用工具的基本功能是为借款人筹措资金,以及为投资者提供资金应用方式的渠道。通过信用工具,贷款人把现金转移给借款人,同时承担随之而来的信用风险。为了补偿贷款人的风险以及对所贷资金的占用,借款人要向贷款人支付一定的费用,利息就是这类费用的一个重要组成部分。现代经济学中的信用工具有多种形式,但最基本的是以下两种。

贷款:贷款是贷款人把一定数量的资金提供给借款人。借款人按照双方签订的贷款协议到期偿还贷款,并定期向贷款人支付事先确定的利息。

债券:债券是发行人与投资人之间的一种金融契约。通过发行债券,发行人从投资人那里筹措到一定数量的资金,同时保证在到期日向投资人归还本金。为了补偿投资人的信用风险和流动性风险,发行人要定期支付给投资人一定的票息。

当市场参与者开始运用某项信用工具时,信用风险就产生了。违约是信用风险最基本的形式。当交易一方将信用(如贷款)给予交易的另一方后,如后者不能按时偿还包括本金和利息在内的已承诺的债务,就构成了违约。

信用衍生产品最基本的功能就是转移信用风险。

二、信用衍生产品的定义

信用衍生产品是一种双边合同,目的在于转移、重组和转换信用风险。合同的双方利用信用衍生产品来增加(或减少)对某一经济实体的信用风险的承担。在这一合同中,签约的一方将经济实体的信用风险转移到另一方。通常,经济实体的风险通过它所发行的金融资产(如债券)得以实现。因此,签约的双方是合同中信用风险活动的主体,而经济实体是信用风险的载体,经济实体发行的金融资产则是信用风险载体的媒介。这样的经济实体可以是一家公司或一国政府,也可以是多个经济实体的组合。通常,这一实体是独立于签约双方的第三方实体。在信用衍生产品市场上,信用风险的载体被称为参考实体;而信用风险载体的媒介,即由参考实体发行的债券或举借的贷款则被称为参考债务。

三、信用衍生产品的主要种类和交易结构

(一)信用违约互换

信用违约互换(Credit Default Swap,CDS)是信用衍生产品的基石,也是信用衍生产品市场上最基本、最核心的产品。一般认为,CDS 由摩根大通银行在 1994 年首创,目的是将资产负债表上的公司债券和贷款的部分信用风险转移出去,并释放监管资本。ISDA 于 1999 年发布了第一版《信用衍生产品定义文件》,这极大地便利了市场交易沟通环节,使 CDS 交易得到了快速发展。

CDS 是交易双方的一种契约。通过这一契约,CDS 的买方向卖方转移参考实体(Reference Entity)的信用风险。这里所说的参考实体是指除 CDS 买卖双方之外的第三方实体。换句话说,CDS 买卖双方之间所转移的风险,是除它们自身之外的第三家实体的信用风险。

信用衍生产品市场的惯例,是把购买 CDS 称作购买保护或多头保护,而 CDS 的买方则被称作信用保护买方;把出售 CDS 称作出售保护或空头保护,而 CDS 的卖方则被称作信用保护卖方。一旦 CDS 的买卖双方达成协议,信用保护买方将以保护费或息票的方式向卖方定期支付一定的费用,而信用保护卖方将在参考实体发生信用事件时向买方提供相当于减去回收值以外的协议金额的赔偿。

图 1-1 展示了 CDS 的基本交易结构。在 CDS 协议下,买方必须向卖方定期支付

CDS的费用。根据2009年4月ISDA在CDS改革方案中新增的交易规则,买方需定期向卖方支付统一的固定费用。参考实体为投资级的固定费用为100个基点,为非投资级的固定费用为500个基点。由于CDS参考实体的风险不尽相同,各个具体的CDS的价格可能高于或低于固定费用,因此在交易的当日,买卖双方必须通过一次性的即期费用彼此清算,以避免一方向另一方支付过多。另外,交易惯例还规定,卖方必须将上个付息日到合同成交日的息票退还给买方。

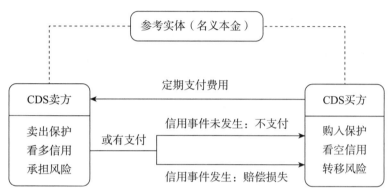

图1-1 信用违约互换结构

在CDS交易存续期间,若参考实体发生信用事件,则信用保护买方支付前后付息日之间的应计保护费,信用保护卖方赔偿信用保护买方因信用事件所遭受的损失,一般而言,其赔偿款的数额是债务(债券或贷款等)的名义价值减去回收值,即实际损失的数额。

实际操作中,在信用事件发生后,交易双方可采用两种结算方式,即实物结算和现金结算。实物结算是指信用保护买方将参考实体的相关债务交付给信用保护卖方,并收取与原面值相等的金额,如相关债务为参考实体发行的债券,则信用保护买方将债券按照面值交付给信用保护卖方。现金结算是指信用保护卖方向买方支付参考实体债务面值与回收值(发生信用事件的债务实际剩余的金额)之间的差额,通常在信用事件发生后数月内进行。

一方面,CDS交易使得信用保护买方在保留相关资产所有权的前提下,将债券或贷款等资产的信用风险剥离出来,经过市场定价后转移给愿意承担该信用风险的投资者。另一方面,CDS交易为长期以来只能依靠内部管理或多样化来分散信用风险的金融机构提供了一种新的信用风险对冲工具,从根本上改变了信用风险管理的传统特征。从境外市场的发展经验来看,商业银行、投资银行、保险公司、对冲基金等金融机构是CDS市场的积极参与者。其中,商业银行一般是主要的信用保护买方,通过转移贷款或债券的信用风险,降低持有基础资产的违约风险暴露,达到释放监管资本的目的。保险公司一般是主要的信用保护卖方,这与其提供保险获得保险费的性质比较类似。对冲基金、投资银行更多的是从交易和套利的角度参与交易。企业也是信用保护的主要购买者,其目的主要在于减少商业往来中产生的应收账款等债务关系带来的信用风险。相对而言,信用保护买方不是很集中,但少数大型交易商作为信用保护卖方垄断了 CDS 市场。2009 年 7 月的一份对美国 100 家 CDS 交易商进行的调查报告显示,96% 的 CDS 交易集中在五家金融机构之间进行:摩根大通、高盛、花旗集团、摩根士丹利、美国银行。

(二) 总收益互换

总收益互换(Total Return Swap,TRS)是指互换的卖方在协议期间将参照资产(Reference)的总收益转移给互换的买方,总收益可以包括本金、利息、预付费用以及因资产;作为交换,互换的买方则承诺向互换的卖方交付协议资产增值的特定比例,通常是 LIBOR 向上加点,以及因资产价格不利变化带来的资本亏损。总收益互换在不使协议资产变现的情况下,实现了信用风险和市场风险的共同转移,其结构如图 1-2 所示。无论是在信用违约互换中,还是在总收益互换中,风险的承担者都无须增加自己的资产负债表规模,而是作为表外业务加以处理。

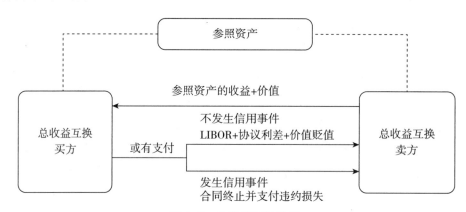

图 1-2 总收益互换结构

总收益互换与信用违约互换的区别在于,信用违约互换的现金交换只与参考实体是否发生信用事件挂钩,而总收益互换的交易双方除了会转移因参照资产违约带来的损失,市场的利率风险也同样会在交易双方间转移。总收益互换的出现使投资者在不拥有参照资产所有权的情况下获得该资产的全部收益成为可能,因此总收益互换也可被视为合成债券。投资者通过购买总收益互换间接获得参照资产收益而非直接购买参照资产的原因有很多,主要包括税收因素、会计因素、监管因素、外部审计因素和法律因素等。此外,通过总收益互换"合成持有"参照资产可能会比直接持有参照资产更加容易,尤其是当标的证券市场较薄、流动性较差的时候。在一些情况下,参照资产的所有权可能会在总收益互换交易达成的同时转移给互换的买方,但双方会再签署一份互换协议,约定在总收益互换终止之时参照资产的所有权再转移回卖方。这类特殊的总收益互换协议可以理解成是"合成回购协议"。

总收益互换通常每季度或半年结算一次,参照资产也随之被重新定价。参照资产的价格一般会参考独立第三方机构的报价,比如彭博(Bloomberg)和路透社(Reuters),也可取当时市场报价范围的均值。

总收益互换的定价较为复杂,各大银行都拥有自己的一系列定价方法。这些定价方法大致都是依据参照资产的违约率、违约损失率以及交易员自身的风险容忍度,并将这些参数输入各类统计模型,进而得出特定互换协议的风险中性价格。由于总收益互换的卖方会将参照资产的全部收益均转移给互换的买方,因此对这部分现金流的定价即可参考标的证券自身的定价方法,而标的资产违约时由买方支付给卖方的定价则可参考标的资产的信用违约互换的价格,因而也不难估计。总收益互换的定价难点在于买方支付给卖方的基于浮动利率的现金流部分,这是因为需要考虑的因素众多且市场中也没有相似的产品价格可供参考。对这部分现金流定价时需要考虑的风险因素主要有:

(1)交易对手的信用评级;

(2)参照资产的规模与价格;

(3)参照资产的信用评级;

(4)互换卖方的融资成本;

(5)互换卖方的要求收益率水平;

(6)互换带来的资本金要求。

(三)信用联结票据

信用联结票据(Credit-Linked Notes,CLN)是指将普通的固定收益债券与信用违约互换相结合构建而成的一种信用衍生产品。

信用联结票据首先是一种债务融资工具,发行人通过发行信用联结票据筹集资金。但信用联结票据又不是普通的债务融资工具,区别在于信用联结票据持有人承担的风险不仅包含发行人的风险,也包含信用联结票据所挂钩标的的信用风险(参考风险)。挂钩标的可以是某一资产,如惠普公司发行的债券,也可以是一类资产组合。所以,从这个意义上来讲,信用联结票据是现金债券和CDS的结合。

从实质上来看,信用联结票据的投资者与票据的发行人进行了一笔信用违约互换交易,投资者实际为信用保护卖方,一旦信用联结票据的参考实体发生信用事件,那么信用联结票据的投资者就要承担违约所造成的损失;信用联结票据的发行人则相当于信用保护买方,他向信用联结票据的投资者支付信用风险保护费,该保护费体现为票据利息的一部分。如果债券存续期内,参考实体未发生信用事件,则投资者可在债券到期日收回全部本金及利息;但如果参考实体发生信用事件,则投资者收回的金额相当于债券的面值减去参考实体发生信用事件后实际造成的损失,也即参考实体的回收值。信用联结票据结构如图 1-3 所示。

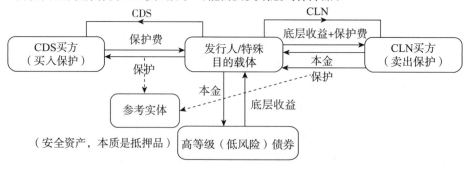

图 1-3 信用联结票据结构

信用联结票据的投资者实际承担了两种信用风险：与票据发行人之间的信用违约互换交易中参考实体的信用风险，以及票据发行人的信用风险。在债券存续期内，如果参考实体发生信用事件，则会引发票据的提前偿付和偿付金额的减少；如果票据的发行人违约，则投资者也将承担相应的违约损失。信用联结票据的收益率（一般体现为票面利率）即这两种风险的溢价之和：内嵌信用互换的信用风险保护费，加上票据发行人的融资成本。

发行人将发行信用联结票据筹集到的资金用于购买相应金额的抵押品，抵押品一般为高信用、高质量和高流动性的金融工具，如国债等。信用联结票据的参考实体是某一资产或某一资产组合。发行人将参考实体的风险通过信用联结票据的方式转移给投资人。因此，信用联结票据又可被看成现金预置 CDS。在这个 CDS 当中，信用联结票据的发行人是 CDS 买方，投资人则是 CDS 卖方。当参考实体为担保债务凭证（CDO）时，信用联结票据便构成了合成 CDO 的一部分。

由于信用联结票据是现金债券和 CDS 的结合，它的票息包含两部分：CDS 的保护费和来自抵押品本身的票息。一旦参考债务发生信用事件，信用联结票据的抵押品将被变卖以赔偿 CDS 买方的损失。而这部分损失最终将在偿还信用联结票据时从其本金中扣除。通过这一过程，信用风险便从信用联结票据的发行人转移到了投资人。

与信用违约互换交易相比，信用联结票据因信用保护卖方提供了全额保证金（即票据的投资本金）而降低了交易对手风险，因此有着信用风险对冲需求、需要购买信用保护的机构比较倾向于采用这种信用衍生产品。

信用联结票据是信用衍生产品中发展最为迅速的领域之一，随着信用联结票据的发展，出现了专门从事信用联结票据业务的金融机构。这些金融机构通常以发行特殊目的载体（Special-Purpose Vehicles，SPV）的形式发行信用联结票据，发行该特殊目的载体所筹集到的资金将投资于安全性较高的资产，例如财政部发行的国债或者货币市场资产。

有信用风险对冲需求的机构可以同该特殊目的载体的发行人签订一种"纯粹"的信用违约互换交易合约。当信用违约事件发生时,特殊目的载体的发行人将向该信用违约互换交易中信用保护的买方赔偿违约资产的损失,这一赔偿及支付过程由发行特殊目的载体筹集到的资金所投资的安全性资产来给予保证。特殊目的载体的发行人实质上是信用保护买方(如有信用风险对冲需求的银行)和信用保护卖方(为提高资产收益水平愿意承担相关信用违约风险的机构)中间的中介机构。特殊目的载体的投资者是信用保护的卖方,其收益为所投资安全性资产的收益率和特殊目的载体发行人从信用保护买方(信用风险的对冲机构)那里收取的信用风险保护费率。

整个交易的流程步骤如下:第一,特殊目的载体的投资人向特殊目的载体的发行人购买该特殊目的载体;第二,特殊目的载体的发行人用所筹集到的资金投资于安全性资产;第三,特殊目的载体的发行人同有信用风险对冲需求的机构(信用保护买方)签订信用违约互换交易合约;第四,特殊目的载体的发行人向投资人支付安全性资产的利息以及向信用保护买方收取信用风险保护费;第五,特殊目的载体的投资人向信用保护买方提供信用保护。

> **示例**
>
> 某信用卡公司为筹集资金而发行债券。为降低公司业务的信用风险,公司可向投资人发行一年期信用联结票据。该票据具体条款为,如果在到期日,全国的信用卡平均违约率低于5%,则公司向投资者归还本金并支付给投资者8%的利息(高于一般同评级及信用等级债券的利率);如果全国的信用卡平均违约率超过5%,则公司向投资者归还本金并支付4%的利息。通过发行该信用联结票据,信用卡公司对冲了部分信用卡业务的信用风险。若信用卡平均违约率低于5%,则公司业务收益就有保障,公司有能力给付8%的利息;而当信用卡平均违约率高于5%,则公司业务收益很有可能降低,公司则可付较少的利息。实际上,信用卡公司向信用联结票据的投资者购买了信用保险。而作为投资者而言,购买这种信用联结票据是因为有可能获得高于同评级和期限债券的收益率。在该例子中,信用联结票据的购买者是信用保护卖方;票据的发行者即信用卡公司是信用保护买方,所要规避的信用风险是信用卡公司从事的信用卡业务出现违约的情况。

(四)一篮子 CDS

随着 CDS 的发展,市场参与者推出了针对多个参考实体的一篮子 CDS(Basket CDS)。

在一篮子 CDS 中有多个参考实体,在任何一家参考实体违约时均提供违约赔偿。第 1 次违约一篮子 CDS 只对参考实体中的首次违约提供赔偿,第 2 次违约一篮子 CDS 只对参考实体中的第 2 次违约提供赔偿……一般情况下,第 k 次违约一篮子 CDS 只对参考实体中出现的第 k 次违约提供赔偿。以上的违约赔偿与一般 CDS 的违约赔偿方式相同。在与合约有关的信用事件发生后,合约双方会进行交割处理,然后合约自行解除,双方都不再需要任何其他付款。

以第 1 次违约一篮子 CDS 为例,假设投资者卖出第 1 次违约一篮子 CDS,投资者将收到周期性的保护费,作为交换,他将承担一篮子资产中的信用风险。如果在一篮子 CDS 的生命周期中没有信用事件发生,互换到期满时即失效。如果在其存续期中首次发生信用事件,互换将终止,赔付方式与单一名称 CDS 相类似。

发生违约时,结算既可以是现金结算,也可以是实物结算。信用事件的定义与单一名称 CDS 的定义一样,投资者也可以选择重组定义。当信用事件发生时,保护卖方损失的金额是参考资产面值减去违约资产的回收额。

(五) 信用违约互换期权

信用违约互换期权(Credit Default Swaption)赋予持有人在未来某个特定时间,以事先同意的保护费(又称执行价)买入或卖出 CDS 的权利。

信用违约互换期权分为看涨期权和看跌期权。如果期权到期时 CDS 保护费高于看涨期权的执行价,则看涨期权持有人有权以执行价买入 CDS,否则,期权不会被行使。同样,如果到期时 CDS 保护费低于看跌期权的执行价,投资者将会以执行价售出 CDS,反之则不行权。如果在期权到期之前,参考实体发生信用事件,则信用违约互换期权合约将会自动失效。信用违约互换期权的有效期一般为 3 个月。信用违约互换期权的持有人为获取买入或卖出 CDS 的权利,必须向信用违约互换期权的出售人支付一定的期权费用。

(六) 指数型信用衍生产品

指数型信用衍生产品是一种特殊的信用衍生产品,它的特殊性体现在:指数型信用衍生产品不是以某一单独参考实体的基础债务作为参考债务,而是以某类指数作为参考债务的信用衍生产品。

CDS 指数是一种典型的多参考实体 CDS,它是以多个 CDS 为基础,按一定的标准编制的指数产品。CDS 指数跟踪的是多个基础 CDS 的平均 CDS 利差。CDS 指数成分的选择并不是基于基础 CDS 的市场规模,对于大多数主流指数而言,流动性是其第一考察要素。指数是高度标准化的产品(采用前端付费+固定票息),其目的是确保其流动性。指数每6个月更新一次。CDS指数是一种典型的组合产品,应该说,其诞生是2004年后信用衍生产品市场快速增长的主要动力。

2004年之前,市场上存在着两类交易活跃的CDS指数:Trac-X和iBoxx,两者相互竞争。2004年之后,两者合并,并按地域划分,形成了目前市场上iTraxx和CDX两大CDS指数,且均由Markit公司计算、管理和发布。iTraxx指数主要集中在欧洲和亚洲市场,而CDX指数主要集中在北美和除亚洲以外的新兴市场。此外,iTraxx和CDX两大CDS指数按其成分特征或期限又分为很多子指数,其中,iTraxx包括投资级和非投资级两个子指数,CDX则包括投资级、非投资级和介于二者之间的混合指数三个子指数。与大家熟悉的股票指数一样,信用违约互换指数反映的是指数中各个参考实体的平均信用风险保护费随时间波动的情况。CDS指数族的简介如图1-4所示。

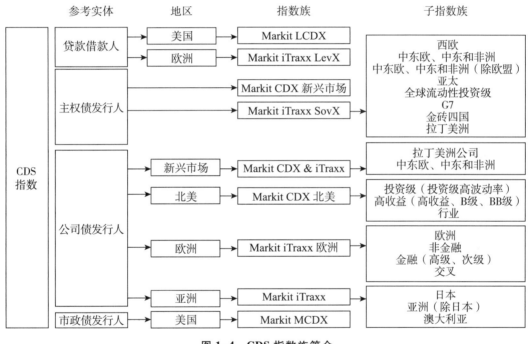

图1-4 CDS指数族简介

资料来源:Markit。

CDS指数的基本交易结构是,寻求信用风险保护的机构(信用保护买方),为避免指数中的多个参考实体(承载信用风险的多个第三方实体)发生信用事件,向信用风险保护提供人(信用保护卖方)支付保护费,由信用保护卖方在约定时期内,就指数中所有参考实体的债务向买方提供信用风险保护。以CDX指数为例,它由特定的参考实体组成,且每6个月会有新的CDX系列被推出,类似于国债市场上的滚动发行,而最新推出的CDX则成为"当期"系列(On-the-run),以反映信用市场的最新变化。

与一般的CDS一样,CDS指数交易提供的是基于指数中所有参考实体的信用保护,同时针对每一个参考实体的名义本金相同,例如 CDX.IG.NA(北美市场投资级信用违约互换指数)包括了 125 家北美投资级公司,且每 6 个月会对其中包含的公司名字进行动态调整,并推出新一期的 CDX 系列,其运作机理如表 1-1 所示。

表 1-1 以 CDX.NA.IG 为例说明 CDS 指数的运作机理

指数含义	CDX 指数体系下北美(NA)投资级企业债(IG)指数
指数成分	在 CDS 市场交易活跃的北美 125 家投资级企业债发行人的 CDS
加权方式	等权重加权,权重为保留小数点后三位的百分数。实际中会按照首字母对各公司排序,靠前的公司权重向上进位,靠后的公司权重向下舍去,以保证总权重为 100%
指数调整日	每年 3 月 20 日、9 月 20 日
子指数	按行业划分:消费、能源、金融、工业和电信、媒体和科技
	按期限划分:1、2、3、5、7 和 10 年期
信用事件	破产和无法偿付
违约处理	若有 1 家违约,原指数自动分解为另 124 家参考实体的 CDS 指数和该违约参考实体的单一名称 CDS

资料来源:Markit。

除了基于指数的信用违约互换交易外,市场中的机构还可以根据实际需求进行指数信用风险的某一特定部分或分块(Tranche)的交易。例如,投资者卖出基于名义本金为 1 亿美元的 CDX.IG.NA 的 3%—7% 分块,即当指数的损失在 300 万—700 万美元之间时,信用保护卖方需要补偿信用保护买方的损失,其最大补偿额为 400 万美元。通过不同期限和不同分块 CDS 指数的搭配,交易对手之间可以产生出多种不同的交易策略。

四、信用衍生产品的功能

信用衍生产品不仅为银行提供了管理风险的新方式,同时也为银行业金融机构投资者在不持有资产和缺乏管理资产的条件下,创造了更加有效的资产组合风险多样化管理方式。缺少贷款市场的客户来源、运作贷款的人员设施,以及存在法律限制的非银行金融机构,如投资基金、保险公司、养老基金等,往往不能直接进入贷款市场。通过信用衍生产品,非银行金融机构投资者可以不必直接持有信贷资产而承担信用风险敞口并获取相应的收益。同时,信用衍生产品可以设计出更令人满意的风险和报酬结构,使其资产组合范围进一步拓宽,成为投资者争夺的一个新业务领域。具体来说,信用衍生产品具有以下作用。

(一) 对冲信用风险

根据穆迪公司统计的违约数据,信用事件呈现非均匀发生、正偏、尾部风险高等特点。对于投机级（Baa）以下的公司债务，信用事件的非均匀发生特点尤为明显：年平均信用率波动较大，具有正偏性质，集中于小概率区间，右尾风险相对较高。此外，信用事件尾部相关性较高。在平时，各地区、各行业之间的信用事件相关性较低。但在金融危机中，信用事件一旦发生，极有可能成片出现。各公司间的信用相关性增加将导致各类评级债券在某些年份年平均违约率同时激增，给投资者造成巨大损失。

考虑到前述信用事件呈现集中和爆发的国际经验，CDS 的风险管理作用显得尤为重要：风险是不能消灭的，只能转移和分散。CDS 可以协助金融机构将违约风险在空间与时间两个维度上进行分散，以时间换空间，以空间换时间，熨平信用风险集中爆发的后果。

对于市场参与者而言，CDS 最基本的作用就是对冲债券、贷款的信用风险，相当于信用事件的保险。当然银行也可以通过其他方法来转移或降低信用风险，比如直接卖出贷款或债券，但考虑到流动性、时间成本等因素，这些方法在某些时点上可能会失效。CDS 作为创设类的信用风险对冲工具，标准化程度较高，供给上限制较少，提供了除抛售现货头寸以外管理信用风险的新选择。

（二）分散信用风险，解决信用悖论

信用风险是金融市场上最基本的一类风险。信用衍生产品的出现使信用风险管理有了属于自己的技术，其最大的特点是金融机构可以通过它将信用风险从其他风险中剥离出来并转移出去，能够较好地解决风险管理实践中的信用悖论问题。理论上，分散化是管理信用风险最有效的手段之一，但在真实世界中，区域性银行因受制于管理半径、信息不对称、监管要求、规模和分支机构限制等原因，倾向于将贷款投向与日常业务联系较为密切且熟悉的客户群体，这就导致了信用风险过度集中。

举例来说，2015 年某落后地区的商业银行的不良贷款率约为 5%，呈上升趋势，而某发达地区的商业银行的不良贷款率约为 1%。由于前述信用悖论产生的原因，落后地区的银行很难在发达地区开展业务，而 CDS 提供了一种可行的解决方案：落后地区的银行可以继续向当地企业放贷，同时买入以这些企业为参考实体的 CDS，卖出以发达地区企业为参考实体的 CDS，将一部分面向落后地区企业的信用风险敞口转变为面向发达地区企业的信用风险敞口。通过这样的交易安排，落后地区的银行不仅获得了分散化的信用风险敞口，降低了发生不良贷款的潜在概率，而且继续支持了当地经济的发展。部分商业银行也通过类似方式降低了贷款集中度，释放了授信额度。

借助于信用衍生产品，银行既可以避免信用风险的过度集中，又能继续保持与客户的业务关系，这对传统银行业的经营理念无疑具有革命性意义。

(三）提升金融机构资产负债表和资本金管理效率

一直以来，商业银行一般通过规模控制和抵质押品等方式对资产负债表和资本金进行管理。随着金融市场的发展和国际化进程的加快，金融机构迫切需要新的手段提升精细化和多样化的管理能力。CDS作为重要的信用衍生产品，成为提升资产负债表和资本金管理效率的另一选择。

在国际市场，根据《巴塞尔协议》，在标准法下，可将标的资产的风险权重替换为CDS发行人的风险权重；在初级内部评级法下，可将标的资产发行人的违约率替换为CDS发行人的违约率，以此降低资本要求，起到资本缓释的效果。在中国市场，根据《商业银行资本管理办法（试行）》附件6第四条第（五）款的规定，在初级内部评级法下，商业银行也可通过同样的替代法，将标的资产发行人的违约率替换为CDS发行人的违约率，以此降低资本要求。

（四）释放授信额度

授信额度是商业银行为控制地区和客户风险所实施的内部控制贷款额度，评估的是客户信用风险暴露总量。授信管理属于商业银行内部业务管理流程的一部分。理论上银行可以通过信用衍生产品释放相关授信。其作用在于，当部分高质量的贷款客户受限于授信规模的监管要求不能新增贷款或债券投资额度时，可以通过买入对应参考实体的CDS释放部分授信额度，维持与客户的相关业务往来。

（五）提升信用风险交易市场的效率

在流动性方面，过去，主权或公司（CDS主要的参考实体）信用风险的载体以债券为主，CDS的诞生进一步丰富了信用风险的交易手段。相对于债券存在供给限制，且部分交易要素非标准化，衍生品在创设和供给上有较大的便利性，同时具备交易要素标准化的特点。此外，投资者交易CDS，无须与现货头寸进行匹配。上述原因使信用衍生产品成为更好的信用风险载体，丰富了信用风险交易工具，提升了整体的市场流动性。

从定价方面，一项资产一般同时包含市场风险、信用风险和流动性风险。相较于债券，理论上讲，CDS能够在一定程度上将信用风险单独剥离出来，为分析参考实体的信用风险（以违约率为主）提供更多维度的视角。当CDS市场发展到一定阶段并具备较好的流动性后，交易价格将能够更好地反映信用风险交易市场的信息，提升市场透明度，缓解信息不对称。

（六）扩大金融市场规模

信用衍生产品通过转移信用风险，极大地削弱了金融交易的障碍因素，扩大了金融市场的规模。金融市场按照其产品定价的基础,可划分为基础市场和衍生市场。显然,信用衍生产品的发展会直接扩大衍生市场的规模,此外信用衍生产品能够分离出基础市场中的信用风险,有助于减缓金融交易中信息不对称和规模歧视的障碍,从而增大金融交易量,扩大基础市场规模。在现实中,一方是有剩余资金的金融机构难以觅到合意的客户;另一方则是急需资金的借款者无法筹措到资金。他们由于信息不对称和规模歧视所引起的信用风险,很难达成交易。通过对信用衍生产品的引进,资金剩余者能够将信用风险销售出去,从而有助于与资金需求者达成交易并获取稳定的收益。信用风险的购买者往往是与资金需求者有业务往来,并了解其信用状态的金融机构,也正是这些购买者的存在,才使得原本不能形成的金融交易得以达成。

第二节　信用衍生产品的重要概念

在上文关于信用衍生产品定义、种类和功能介绍的基础上,为了使读者能够更好地了解信用衍生产品,我们有必要对相关的概念进行阐释。

本节主要对信用衍生产品交易中涉及的重要概念进行说明。

一、参考实体

信用风险是金融市场上最基本,也是最重要的一类风险,它是指在金融交易中,交易对手或债务发行人违约或信用状况发生变化而导致损失的可能性,即受信人不能履行还本付息的责任而使授信人的预期收益与实际收益发生偏离的可能性。而信用衍生产品是指用来分离和转移信用风险的各种工具和技术的总称,交易双方利用信用衍生产品来增加(或减少)对某一经济实体的信用风险暴露。

因为经济实体是信用风险的载体,而其风险通常通过它所承担的金融债务(如贷款、债券等)得以体现,因此,在信用衍生产品市场上,经济实体一般被称为参考实体(Reference Entity)。以信用衍生产品中最简单、最基础、应用最广泛的信用违约互换交易为例,寻求信用风险保护的当事人(信用保护买方),为避免参考实体(承载信用风险的第三方实体)发生信用事件,向信用风险保护的提供人(信用保护卖方)定期支付固定费用,而信用保护卖方则须在约定时期内,就参考实体的债务向买方提供信用风险保护。该交易中的参考实体即为贷款借入方或债券发行方等金融债务的承担者。

根据中国银行间市场交易商协会(以下简称"交易商协会")于 2016 年 9 月发布的《中国场外信用衍生产品交易基本术语与适用规则(2016 年版)》(以下简称《术语与规则》),参考实体指交易双方在相关交易有效约定中列明的、以其信用风险作为信用衍生产品交易标的的单个或多个实体。① 参考实体可以为企业、公司、合伙、信托、主权国家或国际多边机构等实体,且依据参考实体类型的不同适用不同的判定规则(如表1-2所示)。

表1-2 参考实体的适用规则

参考实体类型	适用规则
主权国家或国际多边机构	参考实体的任何直接或间接继承人(以中华人民共和国外交部的官方声明或公告为准,若无该类官方声明或公告,则由计算机构在与交易双方协商后确定)在相关信用衍生产品交易项下仍作为该参考实体,无论该继承人是否继承了其参考债务或其他债务。
企业、公司或合伙	(a)在该参考实体发生合并或分立的情形下,合并或分立后承继参考债务的实体在相关信用衍生产品交易项下仍作为该参考实体。若参考债务无人全额承继,或相关信用衍生产品交易未列明参考债务,则合并后存续的实体仍作为该参考实体,或分立后承继该参考实体的资产最多的一个实体仍作为该参考实体(若分立后的各实体平均承继该参考实体的资产,则各实体均作为参考实体),且相关信用衍生产品交易视为不列明参考债务。 (b)在该参考实体的全部资产被转让或划转的情形下,获得其最大份额资产的实体仍作为相关信用衍生产品交易项下的参考实体,该交易视为不列明参考债务。在该参考实体的部分资产被转让或划转的情形下,若该部分资产小于在转让或划转前其资产的50%,则该参考实体不变;若大于50%,则在其与获得该资产的实体之中,由完成上述转让或划转后仍然持有最大资产份额的一个实体作为相关信用衍生产品交易项下的参考实体(若各实体持有的资产份额相等,则各实体均作为参考实体),且相关信用衍生产品交易视为不列明参考债务。 (c)在该参考实体的参考债务或债务被全部或部分转让或划转的情形下,该参考实体仍作为相关信用衍生产品交易项下的参考实体。

二、债务和参考债务

一般意义上的债务是指在债权人向债务人提供资金的基础上,债务人在未来某一约定日期偿还债权人本金以及约定利息的义务。参考债务(Reference Obligation)则是指交易双方在相关交易有效约定中约定的参考实体的一项或多项债务,与约定的债务特征和债务类别共同确定信用保护范围。仍以上文中的CDS交易为例,信用保护买方所持有或对应的参考资产的出售方承担的债务即为参考债务,若到期时发生参考实体对参考债务信用违约的情形,信用保护卖方将有义务向信用保护买方支付违约损失。

在信用衍生产品交易中,信用保护的对象到底是参考实体的"债务"还是仅限于交易

---

① 特别地,就信用风险缓释合约与信用风险缓释凭证而言,参考实体亦称为"标的实体"。

确认书中约定的"参考债务"(或称"标的债务"),是一个很关键的问题。而在中国信用衍生产品的发展历程中,这也经历了一个不断完善的过程。

在2010年11月中国首批信用风险缓释工具(Credit Risk Mitigation,CRM)推出时,受当时市场和监管环境的影响,只包括信用风险缓释合约(CRM Agreement,CRMA)和信用风险缓释凭证(CRM Warrant,CRMW)两类产品,而交易商协会发布的《银行间市场信用风险缓释工具试点业务指引》(以下简称《业务指引》)中将CRM交易的特征表述为"由信用保护卖方就约定的标的债务向信用保护买方提供信用风险保护",由此将信用保护的对象限定为"参考债务"本身。但是交易商协会随后发布的《中国银行间市场信用衍生产品交易定义文件(2012年版)》(以下简称《信用定义文件》)中则参照国际惯例重新引入了"债务"的定义,将信用保护的对象恢复为参考实体的"债务"。《信用定义文件》中信用保护对象的范围虽大于《业务指引》,但《信用定义文件》的效力不能对抗作为自律规则的《业务指引》,中国首批CRM中实质的信用保护对象依然仅为交易中所约定的特定参考债务。

这一问题在2016年9月交易商协会发布的《银行间市场信用风险缓释工具试点业务规则》及其配套的CRMA、CRMW、CDS、CLN四类业务指引中得到了完善。除CRMA和CRMW均沿用2010年《业务指引》对于信用保护对象限定于参考债务本身的规定外,CDS和CLN业务指引中均明确规定保护对象为一个或多个参考实体,并应根据债务种类和债务特征等债务确定方法确定受保护的债务范围,其中债务种类可选择为付款义务、债券、贷款等,债务特征则可选择为一般债务、次级债务、本币等。当然,由于目前中国债券市场仍然存在着一定程度的割裂现象,在现阶段,非金融企业参考实体的债务种类限定于在交易商协会注册发行的非金融企业债务融资工具,交易商协会金融衍生品专业委员会将根据市场发展的需要逐步扩大债务种类的范围。

《信用定义文件》以及《术语与规则》中"债务"的定义由相关交易有效约定中的"债务种类""债务特征"和"参考债务"等多个要素共同组合而成。具体来讲,包括以下三种情况:一是符合所约定的"债务种类"与"债务特征"的任何债务;二是"参考债务";三是列明为债务的参考实体的任何其他债务。由于第二种和第三种情况通常会列明具体的债务名称和细节,因此其作为信用保护的对象不会引起争议。当出现这两种情况以外的参考实体的其他债务信用事件时,则需通过"债务种类"与"债务特征"来确定相关债务是否能够成为信用保护对象。

《术语与规则》中的债务种类如表1-3所示。

表 1-3　债务种类适用规则

债务种类	描述	与其他债务类别的关系
付款义务	任何支付或偿还款项的义务	付款义务是最基本的债务种类（其次为借贷款项，再次为贷款和债务工具）。借贷款项、贷款、债券等均被包括在该类别中
借贷款项	基于贷款或债务融资法律关系产生的一种付款义务	1. 属于付款义务的一种 2. 贷款、债务工具等均被包括在该类别中
贷款或债务工具	适用的债务种类或为贷款，或为债务工具	1. 属于付款义务、借贷款项的一种 2. 贷款、债务工具等均被包括在该类别中
贷款	根据相关贷款协议、授信安排、保险资金间接投资基础设施债权投资计划或信托安排已经发放的贷款	属于付款义务、借贷款项、贷款或债务工具的一种
债务工具	各类公开发行、非公开发行或定向发行的债务工具	属于付款义务、借贷款项、贷款或债务工具的一种
仅为参考债务	仅为参考债务时不适用债务特征	

从商业银行开展相关信用衍生产品交易的角度来看，参照 ISDA 公布的《信用衍生产品实务结算规则》（Credit Derivatives Physical Settlement Matrix），参考实体为亚洲企业（包括中国在内）的信用衍生产品交易约定的债务种类通常是"贷款或债券"。

《术语与规则》中的债务特征如表 1-4 所示。

表 1-4　债务特征适用规则

划分依据	债务特征	具体描述
受偿顺序	一般债务	该债务与参考实体的其他同类型借贷款项相比，在获得参考实体清偿的顺序方面处于相同的或更优的偿付顺序。为避免疑问，在判断有关债务的偿付顺序时，应仅考虑该债务在相关交易有效约定的起始日或其发生日（以较晚者为准）的状态，不考虑其随后在偿付顺序上的任何变化
受偿顺序	次级债务	在获得参考实体清偿的顺序方面，该债务劣后于参考实体的其他非次级借贷款项的偿付顺序。该特征与"一般债务"对应，即该债务在偿付顺序上劣后于参考实体的其他非次级债务。为避免疑问，仅由于法律规定、担保安排或其他信用增进安排而导致参考实体的某项债务可优先获得偿付，并不会导致其他债务与该项债务相比成为一种"次级债务"
币种	本币	该债务的面值为人民币
	外币	该债务的面值为人民币之外的币种

（续表）

划分依据	债务特征	具体描述
是否允许转让	交易流通	该债务可以在中国境内或境外的合法交易场所转让或买卖。为避免疑问，即使适用法律对非公开发行或定向发行的债务工具在交易流通方面有某些限制，仍应视为其具有"交易流通"的债务特征

由交易双方约定的一项或多项"债务特征"，与"债务种类"相互结合，共同来确定信用保护的对象。

"参考债务"是交易双方列明的具体债务，例如某一笔贷款或某一只债券。通常，"参考债务"应符合"债务特征"与"债务种类"的要求。

> A 银行购买了 B 公司在全国银行间债券市场发行的一期短期融资券（12B 公司 CP001）（以下简称"短融"），由于担心 B 公司出现信用事件，A 银行希望从 C 银行购买信用保护，其计划将"债务种类"选择为"贷款或债券"，债务特征选择为"平等受偿""本币"和"交易流通"，并将"参考债务"列明为该期短融（12B 公司 CP001）。A 银行与 C 银行就此达成信用衍生产品交易后，如果该期短融（12B 公司 CP001）尚未到期，但 B 公司发生了未按期偿还其他贷款债务的情况，且该笔未偿还的贷款债务符合"债务特征"与"债务种类"的要求，则 A 银行可以从 C 银行处获得相关结算款项。

三、信用事件

简单来说，信用事件（Credit Events）是指影响参考实体履行参考债务的一系列事件。*ISDA Credit Derivatives Definitions*（2014 年修订版）中定义的信用事件主要包括破产、债务到期未能支付、重组、债务加速到期、债务人不履行债务以及政府干预。其中，破产是指所涉参考资产的债务人发生解散、资不抵债或无力偿还债务，或未能偿还到期债务等情形；债务到期未能支付是指债务人未能支付到期（包括展期后到期）债务；重组是指应付本金的利率减少（包括"折减"）、推迟偿付利息或本金（包括到期的发行债务展期）、将债务列为次级后偿债务、将债务支付货币变为并非 G7（七国集团）国家或 AAA 评级的经合组织成员国法定投标货币等情形；债务加速到期是指因债务人的违约导致相关债务在原约定的到期日之前到期，但不能支付情形不在其列；债务人不履行债务是指因债务人发生违约导致债务可被宣告提前到期而债务人未能履行债务的信用事件，但未能支付不属于该情形;拒绝清偿或延期还款是指债务人(包括政府机构)撤销债务或以其他方式拒绝清偿债务等行为;政府干预是指由政府机关发起的纾困(Government-initiated Bail-in)行为而触发,体现为其引发的利息/本金减记、延期、债务转移、交换的事件。

根据《术语与规则》的定义,信用衍生工具中的信用事件是指交易双方在相关交易有效约定中就一笔信用衍生产品交易约定触发结算赔付的事件,包括但不限于破产、支付违约、债务加速到期、债务潜在加速到期、债务重组等事件,如表1-5所示。

表1-5 信用事件适用规则

信用事件类型	具体情形简述
破产	参考实体发生下列任一事件: 1. 解散(出于联合、合并或重组目的而发生的解散除外); 2. 不能清偿到期债务,并且资产不足以清偿全部债务或明显缺乏清偿能力的; 3. 书面承认其无力偿还到期债务; 4. 为其债权人利益就其全部或实质性资产达成转让协议或清偿安排,或就其全部或大部分债务的清偿事宜与债权人做出安排或达成和解协议; 5. 自身或其监管部门启动针对其接管、破产、清算等行政或司法程序;或其债权人启动针对其接管、破产、清算等行政或司法程序,导致其被依法宣告破产、停业、清算或被接管,或上述程序在启动后三十天内未被驳回、撤销、中止或禁止的; 6. 通过停业、清算或申请破产的决议; 7. 就自身或自身的全部或大部分资产寻求任命临时清算人、托管人、受托人、接管人或其他类似人员或被任命了任何前述人员; 8. 其债权人作为担保权人采取行动取得了其全部或大部分资产,或使其全部或实质部分资产被查封、扣押、冻结或强制执行,且上述情形在30天内未被相关权力机关撤销或中止; 9. 其他任何与上述第1项至第8项有类似效果的事件。
支付违约	参考实体未按约定在一项或多项债务的支付日足额履行支付义务,未支付款项总金额超过适用的起点金额,且在适用的宽限期届满后仍未纠正。
债务加速到期	因参考实体在一项或多项债务项下的违约(但未支付任何到期应付款项的支付型违约事件除外)导致该债务在原到期日之前已被宣告提前到期应付的情形,且已被加速到期应付的债务总金额超过了起点金额。
债务潜在加速到期	因参考实体在一项或多项债务项下的违约导致该债务可被宣告提前到期应付的情形,且可被宣告提前到期应付的债务总金额超过起点金额。
债务重组 亦称为"偿付变更"或"债项重组"	因本金、利息、费用的下调或推迟或提前支付等原因对债务的重组而导致的信用损失事件,包括但不限于下述安排: 1. 降低应付利率水平、减少应付利息金额或减少预定应计利息的金额; 2. 减少应到期偿还或分期偿还的本金数额或溢价; 3. 提前或推迟本金、利息或溢价的偿付日期,或推迟应计利息的起息; 4. 变动该债务的受偿顺序,导致其对任何其他债务成为次级债务;

(续表)

信用事件类型	具体情形简述
债务重组 亦称为"偿付变更"或"债项重组"	5. 改变本息偿付币种； 6. 若债务种类为债务工具，该债务工具的发行人在未获得全体持有人同意的情况下，将该债务工具替换或置换为已发行或拟发行的另一种债务工具。 若交易双方在相关交易有效约定中约定了适用于债务重组的起点金额，则上述债务重组涉及的债务总金额应超过该起点金额。 参考实体在正常经营过程中因监管、财会或税务调整采取上述债务偿付方面的重组，或该等变更不是因为参考实体的资信或财务状况恶化而采取的，则不构成债务重组。何为正常经营过程中的"监管、财会或税务调整"，以及该等变更是否源于参考实体的资信或财务状况恶化，应依赖具体事实情况加以判断。 但是，在参考实体所在国家或地区的主管部门为了避免相关区域的社会、经济或金融系统出现重大或系统性风险而主持或指导参考实体与其债务的全体债权人就相关债务自愿达成协议或安排，同意参考实体就相关债务采取上述债务重组安排中描述的一项或多项安排，则不视为构成一项债务重组的信用事件。

同时，为了避免产生不必要的纠纷，满足信用保护买方的真实需求，《信用定义文件》认为，即使出现下列特殊情况，仍不影响以上情形构成一个信用事件：(1)违反任何法律规定、无效、无法强制执行或无法履行；(2)任何适用法律、法规、规章或行政命令或通知等规范性文件或其解释发生变化，或有关政府机构实行任何外汇管制或资本限制(或该等限制发生任何变化)；(3)在发行或发生任何债务时，没有行为能力、未获得内部授权、未获得有关政府批准或未完成有关登记或备案手续。

从商业银行开展相关信用衍生产品交易的角度来看，根据《巴塞尔协议》关于信用风险资本缓释的有关要求，并参照ISDA公布的《信用衍生产品实物结算规则》，参考实体为亚洲企业(包括中国企业在内)的信用衍生产品交易约定的信用事件类型通常是"支付违约""债务重组"和"破产"三种。

特别需要说明的是，"债务重组"主要涉及的是债务的本金、溢价、利息、币种、偿付时间或受偿顺序发生不利于全体持有人的变化，这与我们经常提及的"企业重组"的概念不同，通常"企业重组"后会对债务偿还进行必要的安排，不会必然导致"债务重组"的发生。

对于信用保护买方来说，如果未选择"债务重组"作为信用事件，则其信用保护的效力是要打折扣的。比如2012年3月9日希腊发生的"私人债务减记计划"(PSI计划)及"一致行动条款"(CACs)事件，由于其最终效果是使全体私人持有人持有的希腊国债减少本金数额，因此属于"债务重组"信用事件。如果在信用衍生产品交易中仅约定"支付违约"和"破产"作为信用事件，则在以上类似情况出现时信用保护买方仍无法及时得到保护。

四、信用保护期限

在信用衍生产品交易中,信用保护卖方为信用保护买方提供信用保护的期限就是信用保护期限。

在 CDS 交易中,信用保护买方向愿意承担风险保护的卖方定期支付一笔固定的费用,直至信用事件发生或者 CDS 合约到期;信用保护卖方在接受费用的同时,则在合同约定的期限内,当发生信用事件时,向信用保护买方赔付违约的损失。CDS 交易双方在合同中约定的期限即为信用保护期限。

五、实物结算与现金结算

传统上,信用衍生产品交易主要通过实物和现金两种方式进行结算。

(一) 实物结算

实物结算(Physical Settlement)是指信用保护买方根据实物交割通知向信用保护卖方进行可交付债务的交割,信用保护卖方向信用保护买方支付相应实物结算金额的结算方式。

实物结算通过实现信用衍生产品中相应参考债务债权的转移,来履行信用保护卖方对信用保护买方的信用保护义务,以结算该笔合约。

实物结算需要信用保护买方向信用保护卖方实物交付可交付债务。可交付债务是指在交割日,符合相关交易有效约定描述的可交付债务种类与可交付债务特征,以及可由信用保护买方向信用保护卖方交割的参考实体的债务。交易双方可在相关交易有效约定中选择可交付债务在交割时是否应包含其已产生但尚未支付的利息(即应计未付利息);若未选择,则视为不包含该利息。

(二) 现金结算

现金结算(Cash Settlement)是指信用保护卖方在现金结算日向信用保护买方支付现金结算金额的结算方式。其中,现金结算金额可由交易双方在交易有效约定中自行约定,若未约定,可按如下公式计算:

$$现金结算金额 = \text{Max}\{交易名义本金 \times (参考比例 - 最终比例)\}$$

其中,参考比例指交易双方在相关交易有效约定中为计算现金结算金额约定且冠名为"参考比例"的一个百分比,若未约定,则为 100%。最终比例指计算机构按照适用的估值方法计算得出的交易名义本金在估值日的市场价格,以交易名义本金的百分比表示。在适用拍卖结算时,最终比例为拍卖最终比例。

（三）优劣势比较

相比之下，实物结算类似于一种全额结算方式，而现金结算则是一种净额结算方式。

在早期的信用衍生产品交易中，实物结算作为传统的结算方式一直占据着主流地位。但是，实物结算相对于现金结算而言，存在着诸多缺点：

第一，信用保护买方在进行实物交付时可能出现困难。实物结算需要信用保护买方向信用保护卖方实物交付可交付债务，比如转让贷款、交付债券等，否则信用保护卖方不会向信用保护买方进行支付。但在实际操作中，许多原因都有可能影响信用保护买方的实物交付行为：比如买方可能并不持有相应的可交付债务，也无法从市场上获得该等债务，买方实际交付债务可能需要获得监管机构的批准，交易或清算系统不支持买方交付某些特定的债务等。

第二，信用事件发生后，可交付债务的价格可能会被人为扭曲。由于信用保护买方必须向信用保护卖方交付可交付债务，这必然会造成某一参考实体发生信用事件后，市场对该实体现存的可交付债务的需求激增。由于在国际市场上CDS的交易量远远大于可交付债务的现货数量，短期内激增的需求会人为造成可交付债务的紧缺，并进而严重扭曲该可交付债务的市场价值。信用保护买方可能需要支付高于可交付债务实际价值的款项才能获得可交付债务从而进行实物交割。考虑到可交付债务的紧缺，信用保护买方甚至可能无法从市场获得相应的可交付债务来完成实物交割。

如上所述，在可交付债务紧缺的状态下，市场中对参考债务的报价可能无法反映其真实的价值，而这种扭曲的市场报价对交易双方均有可能造成不利影响：信用保护买方所收到的最终支付额有可能低于在正常市场状况下其应当收到的金额；而信用保护卖方则有可能在相应的背对背交易[1]中遭受损失。

正是由于实物结算存在着这些固有的缺点，因此现金结算应用日益广泛，并逐渐替代实物结算成为信用衍生产品交易中的主流结算方式。

六、决定委员会与拍卖结算机制

自摩根大通银行于1994年交易第一笔CDS起，信用衍生产品的发展已经走过了二十多个年头。在过去的二十多年中，以CDS为代表的信用衍生产品经历了一系列的变革，但是在这一系列的变革中，2009年的"大爆炸"及"小爆炸"两份协定书无疑是意义最为深远的。两份协定书引入了信用衍生产品决定委员会（以下简称"决定委员会"）和拍卖结算机制。

---

[1] 交易双方协议彼此自对方购买货物，并互以金钱支付货款。

(一) 2009年改革之前的发展

在2009年改革之前,市场普遍适用《2003年ISDA信用衍生产品定义文件》,但是该定义文件存在以下问题:

(1) 对信用事件的判断既不透明,又缺乏一致性;

(2) 实践中很难通过实物交割来结算每一笔CDS交易,而且大量的需求会造成可交付债务的紧缺;

(3) 对于现金结算下的应缴付金额缺乏统一的标准,而且,实物交割所引发的可交付债务紧缺可能扭曲现金结算下需要获得的市场报价。

从2005年开始,国际市场上开始逐渐采用"调整后的结算机制",即在某一信用事件发生后,通过统一的结算协议和具体的信用违约互换议定书来结算涉及相关参考实体或参考债务的CDS交易。由于"调整后的结算机制"能够确定统一的事件确定日,且无须交易双方进一步通知,因此达到了以下两个显著的效果:第一,大幅压缩了市场交易头寸;第二,引入了更加透明公开的拍卖结算机制以取代实物结算机制。在2009年改革之前,ISDA共成功组织过25次拍卖结算。

当然,当时开展拍卖结算机制仍然存在着一定的问题,具体如下:第一,希望参与拍卖结算的机构需要在信用事件发生后签署具体的议定书;第二,监管机构(包括美联储纽约分行)要求提高该机制适用范围的确定性;第三,由于缺乏先例、经验不足,使得拍卖结算机制的方案不够充分。但是不可否认,这些拍卖结算为2009年的改革积累了宝贵的经验。

(二) 2009年以来的最新发展

2009年3月,ISDA针对2003年的定义文件发布了一份补充文件。该补充文件引入了三个新的概念和机制,其中最重要的两个是:第一,引入了信用衍生产品决定委员会(以下简称"决定委员会");第二,引入了信用衍生产品交易的一项新的结算方式——拍卖结算机制。但是,2009年3月的补充文件未能解决重组事件发生后适用拍卖结算的技术性问题。为此,ISDA又于2009年7月发布了另一份补充文件,使得拍卖结算可以扩大到用于重组事件导致的结算。在2009年3月补充文件和7月补充文件发布的同时,ISDA分别发布了相对应的议定书,即所谓的"大爆炸"议定书(2009年3月)和"小爆炸"议定书(2009年7月)。市场成员通过签署议定书,经上述补充文件修订的《2003年ISDA信用衍生产品定义文件》将对现存和将来达成的交易(某些特定的交易除外)适用。

2009年改革所引入的决定委员会和拍卖结算机制已经补充和修改了《2003年ISDA信用衍生产品定义文件》中关于信用事件通知、现金结算和实物结算的相关安排。关于《2003年ISDA信用衍生产品定义文件》在实践中遇到的主要问题及2009年改革对于这些主要问题的解决方案如表1-6所示。

表 1-6　2003 年定义存在的问题及 2009 年改革的解决方案

2003 年定义存在的问题	2009 年改革的解决方案
1. 市场对信用事件、继承事件等重大事件的确定缺乏统一、透明的判断	通过引入决定委员会，在信用事件、继承事件等重大事件的确定上，为市场提供了统一、透明的判断
2. 实物结算造成短期内可交付债务需求激增，人为导致可交付债务的短缺	通过引入拍卖结算机制，既为现金结算提供了统一且相对公正合理的"最终价格"；同时又避免了短期内大量需求激增所人为造成的可交付债务的短缺；对于有实物需求的交易方，也可以在拍卖中获得实物
3. 现金结算缺乏市场统一的"最终价格"；交易方可能无法获得参考债务的市场报价，或者参考债务的市场报价被扭曲而无法反映其真实价值	

（三）决定委员会

根据《2003 年 ISDA 信用衍生产品定义文件》，判断一个信用事件是否发生的权利在于交易双方，即由在交易确认书中约定的一方通过向对方发送信用事件通知和公开信息通知（如果适用）的方式来结算信用衍生产品。该机制虽然在最大程度上赋予了交易双方意思自治，但是市场信息的不公开、不对称以及机构对风险承受能力的差异必然造成不同机构对于同一事件可能作出不同的认定。例如，就同一参考实体或参考债务而言，甲机构可能认为发生了信用事件而乙机构则可能认为没有发生信用事件；或者，虽然甲机构和乙机构均认为发生了一项信用事件，但是由于双方作出决定的时点不同，针对同一参考实体或参考债务的不同 CDS 交易可能存在不同的"信用事件确定日"。因此，在一个缺乏透明度和一致性的机制下，CDS 的交易方需要承担相当大的风险错配（Basis Risk）。举例来说：假设某机构分别进行了两笔背对背的 CDS 交易，在交易 A 项下该机构买入信用保护并在交易 B 项下卖出信用保护。如果发生了一个信用事件，则可能出现以下状况（如表 1-7 所示）。

表 1-7　不同信用事件认定下的风险敞口

情形	条件	交易 A	交易 B	风险敞口
1	两笔交易下均认定发生信用事件，且做出决定的时间大致相同；该机构在两笔交易下收付款项能大致对冲	+100	-100	0
2	两笔交易下均认定发生信用事件，但做出决定的时间差异较大；由于估值时间差异导致最终价格差别较大，该机构在两笔交易下收付款项无法完全对冲	+100	-50	
		+50	-100	
3	两笔交易下对是否发生信用事件的认定不一，该机构在两笔交易下收付款项无法对冲	+100	0	
		0	-100	

在市场缺乏统一判断的情况下(情形2和3),虽然该机构有可能在两笔交易经轧差后盈利,但也有可能出现亏损。有一点是明确的,即该机构无法完全对冲这两笔交易的风险敞口。对于资本受到严格监管的金融机构而言,个别交易的盈亏可能并不构成大问题,但是无法完全对冲风险则可能面临来自外部监管机构和内部风险控制的双重压力。

对于非交易商而言,这些机构进行CDS交易主要是为了买入信用保护。如果对于同一参考实体的同一信用事件,市场上存在不同的判断,或者对该事件的判断存在时间差异,均有可能造成部分信用保护买方无法得到偿付,或者信用保护买方获得支付的金额存在较大的不确定性。这种不确定性会导致信用衍生产品市场的发展陷入恶性循环:一方面,信用保护买方会尽力选择能够给予最大程度保护的信用保护卖方,但是由于这些卖方的判断标准并不具有持续性和确定性,买方的这种选择往往会陷于徒劳;另一方面,信用保护卖方则会摇摆于风险控制和业务压力之间,往往难以找到并坚持其判断标准。

综上所述,在缺乏统一、透明的判断而造成的市场混乱中,任何一个机构都无法独善其身。

从国际经验来看,决定委员会的设立与以下条件紧密相关:第一,由于《2003年ISDA信用衍生产品定义文件》所规定的信用事件决定机制存在固有缺陷,因此市场参与者和监管机构越来越关注信用事件决定机制的透明度和一致性。第二,国际CDS市场需要一个与市场联系紧密、沟通协调能力强、具备专业知识与经验、为市场成员普遍认同的组织者和协调人。而类似ISDA这样负责市场主协议文本制定的行业组织恰恰符合这些要求,因此理所当然地成为决定委员会的组织者和秘书机构。此外,ISDA在2009年改革之前组织的25次拍卖结算,为此后组织、协调决定委员会提供了宝贵的经验。第三,决定委员会和组成人员具备相当的专业水平和素质,具有一定的市场公信力(这一点与决定委员会成员的选取、决策机制是密切相关的)。第四,有切实可行的制度安排,包括对决定委员会成员的选取、决策机制作出详细的规定,并与现行的机制相衔接。为此,ISDA于2009年发布两项补充协议的同时,发布了《信用衍生产品决定委员会规则》(*Credit Derivatives Determinations Committees Rules*)。该规则对决定委员会的组成、成员选取、解决的问题、决议程序等方面作了详尽的规定。

设立决定委员会最重要的目的,是使对信用事件是否发生的判断更具透明度和一致性。根据补充协议的规定,只要是适用补充协议的每笔信用衍生产品交易的双方,均有合同义务受到决定委员会相关决议的约束。为了达到该目的,决定委员会需要对是否发生了一个信用事件、是否发生了一个继承事件及继承实体的身份、替代参考债务,以及其他普遍关切的问题作出决议。此外,如果需要对信用衍生产品进行拍卖结算,则决定委员会还需要对拍卖的具体条件或条款作出决定。

市场之所以愿意接受决定委员会作出的决议,很大程度上在于决定委员会的组成和决议真实地反映了大多数市场参与者的利益。为了最大限度地保证决定委员会能够达到其设立的目的,ISDA 作出了严格的规定:首先,考虑到不同市场的交易习惯,全球共设立了 5 个决定委员会,即:美洲、欧洲-中东-非洲、日本、澳大利亚-新西兰,以及亚洲地区(日本除外);其次,为了平衡不同市场参与者的利益,每个决定委员会设有 15 名投票成员(包括 8 名全球做市商、2 名地区做市商和 5 名非做市商)和 3 名顾问成员(包括 1 名全球做市商、1 名地区做市商和 1 名非做市商),并由 ISDA 担任秘书;再次,为了保证积极参与交易的市场参与者能够充分地表达其观点,每个决定委员会的成员名单每年都会更新;最后,对于一些重要的问题(包括信用事件、可交付债务、继承事件等),决定委员会的决策需要达到 80% 的绝对多数票表决通过,如果未达到此票数,则相关的问题会自动转由外部评议小组进行评议。

通过这一系列的制度安排,设立决定委员会的意义已经不再仅限于增加信用事件决定机制的透明度和一致性。由于决定委员会能够决定替代参考债务及拍卖条款(包括哪些债务可以在拍卖中被当作可交付债务),这在很大程度上能够增加交易的可替代性,减少在套期保值过程中因参考债务或可交付债务不匹配而造成的风险错配。

(四)拍卖结算机制

虽然相对于实物结算,现金结算已经在制度上进行了很大的改进,但在进行具体现金结算时也会存在操作上的困难,其中最关键的"最终价格"可能无法获得。在现金结算中,交易双方需要获得参考债务的最终价格(通常采用市场价估值法),并进一步计算出信用保护卖方需要向信用保护买方支付的金额。由于每家机构对于参考债务的价值认定存在差异,其给出的报价也必然存在差异。因此,对于同一参考债务,市场上可能存在很多种最终价格。而且不同交易分别满足其结算条件的日期有可能是不同的,因此即使采用相同的估值方法,但是由于估值日的差异,最终的现金结算金额很有可能大不一样。

拍卖结算从本质上讲仍然是现金结算,但是在拍卖结算机制下,将取代原先(《2003 年 ISDA 信用衍生产品定义文件》)的"最终价格",以"最终拍卖价格"来确定现金结算下信用保护卖方的应付款项。

在 2003 年的定义下,交易双方需要通过不同的估值法来确定最终价格,因此在不同的估值法下,最终价格可能存在较大的差异;但就交易习惯而言,交易双方通常会选择市场价估值法来确定最终价格。在拍卖结算机制下,通过拍卖结算取得最终拍卖价格。由于拍卖流程公开透明,而且由拍卖确立的最终拍卖价格具有唯一性,因此在很大程度上能够解决实物结算与现金结算制度的缺陷:第一,与传统的实物结算方式相比,拍卖结算可以避免人为地制造可交付债务的紧缺;第二,与传统的现金结算方式相比,拍卖结算确立的最终拍卖价和拍卖结算日具有唯一性,可以避免背对背交易出现的风险错配。

除了为现金结算提供最终拍卖价格,在拍卖中参与者可以按照最终拍卖价格买入或者出售可交付债务。但需要明确的是,通过拍卖结算机制买入或者出售的可交付债务,是独立于以最终拍卖价格进行现金结算的 CDS 交易以外的新的交易。如果交易方希望按照原交易条款(比如实物结算)来结算 CDS 头寸,可以参加"有代表性的拍卖交易"(Representative Auction Settled Transactions)买入或者出售可交付债务。

通过这一系列的制度安排,拍卖结算为大量 CDS 交易的结算提供了统一的最终拍卖价格和拍卖结算日,这使得现金结算下的应付金额趋于一致。这不仅提高了信用衍生产品市场的透明度和一致性,为市场有序发展创造了条件,而且为将来推进中央对手方结算奠定了基础。

针对实物结算和现金结算中存在的不足,ISDA 早在 2005 年就引入了拍卖结算机制。经过几年的实践,拍卖结算机制已平稳处理了多起因信用事件而引发的清算交割程序,并经历了金融危机的考验。为此,"大爆炸"议定书引入了拍卖结算条款,即拍卖结算自动成为签署方之间优先选择的结算方式,只有对某些被排除在外的特定交易形式,才由交易双方自行约定进行实物或现金结算。

ISDA 拍卖结算机制的流程如下:

信用事件发生时,拍卖结算条款的主体部分由"大爆炸"议定书规定的拍卖方法的核心条款构成,变动很小。其他一些条款则由信用决定委员会根据每次拍卖的具体情况决定,如拍卖日、拍卖结算日、初始市场报价额、竞买期和代表性拍卖结算交易的可交付债务。

拍卖结算一般分为两个阶段:首先由竞拍参加人就可交付债务提出买卖报价和实物交割需求,拍卖管理人对竞拍参加人提交的报价进行排列配对,并据此计算出初始市场中间价(Initial Market Midpoint IMM)。如果首轮拍卖结束后仍然存在不能匹配完的未平仓量(Open Interest),则对未平仓部分组织第二轮竞拍,按照荷兰式竞标规则得到最终拍卖价(Auction Final Price),并以此价格进行现金结算。

ISDA 拍卖结算机制的主要优点是能够提高 CDS 结算的效率。由于针对同一公司的买入和卖出头寸之间的相互抵消和压缩,使得冲销后的合约净值相对于之前的合约总值将大大降低,从而减少了用于 CDS 合约结算的现金流。ISDA 的相关研究数据显示,采用拍卖结算机制后,相对于之前的合约总值,所需的支付金额减少了 12 倍之多。根据美国托管结算公司(Depository Trust & Clearing Corporation,DTCC)的相关数据,针对雷曼兄弟的单一名称 CDS 合约的总名义本金达到了 720 亿美元,但通过拍卖结算机制,最终只需要 CDS 的卖方向买方支付 52 亿美元。同样地,关于房利美(Fannie Mae)、房地美(Freddie Mac)和天柏公司(Tembec)的总计 120 亿美元的 CDS 合约,在拍卖后只需完成 4.29 亿美元的净支付。净额结算所带来的支付金额的巨幅减少也反映了买卖双方在拍卖活动中极高的参与程度。

拍卖结算机制比传统的现金结算方式（包括市场报价法、亏损法和结算款项法等方法）确定的最终价格更透明，可以对参考实体的所有基础债务建立一个统一的、公允的回收价格（Recovery Price），且在很大程度上避免了传统双边实物交割下对可交付债务的过度需求。通过拍卖结算机制确定的回收率更能体现隐含在 CDS 合约中的真实的经济风险。因为拍卖结算机制由两轮组成，第一轮中提出的未平仓量为确定最终的回收价格提供了一个告知市场并得到进一步纠正的机会。一方面，如果第一轮的未平仓量为负，说明对可交付债务的供给大于需求，第二轮中确定的回收价格就会降低；另一方面，如果第一轮的未平仓量为正，则说明对债券的需求大于供给，那么第二轮中确定的回收价格就会提高。通过两轮的拍卖结算机制，最终的回收价格能够比较准确地体现债券的供给和需求情况。

第三节 场外金融衍生产品主协议

一、场外金融衍生产品主协议的重要作用与完善历程

不同于场内金融衍生产品，场外金融衍生产品因合约条款、履约程序等方面的个性化和定制性容易导致交易主体对合约条款的理解产生偏差。为了降低法律风险，同时提高市场交易效率，各国监管机构多鼓励交易双方采用市场通行的标准法律文本，如在国际金融衍生产品市场，主要使用 ISDA 制定的 ISDA 主协议文本；在中国银行间市场，则根据中国人民银行的要求，签署 NAFMII 主协议开展场外金融衍生产品交易，以对场外金融衍生产品合约中的重要条款进行统一的约定。而主协议在场外金融衍生产品交易市场中的地位，在很大程度上形同于商业规则或商业惯例，具有指引相关市场参与主体交易行为的作用。

随着国际金融衍生产品市场的迅速发展，原有互换交易标准已不能满足市场发展的需要，业界希望在除互换交易以外的其他衍生产品交易领域建立国际市场公认的统一标准。在此大背景下，ISDA 于 1992 年推出了 1992 年 ISDA 主协议，扩大了协议的适用范围，从单纯的互换交易延伸到了几乎所有的衍生产品交易。2003 年 1 月，ISDA 正式发布了 2002 年 ISDA 主协议，对 1992 年版的主协议进行了修订，以反映新世纪场外金融衍生产品交易的最新实践。目前，ISDA 主协议已成为全球交易参与者从事国际场外金融衍生产品交易时使用最为普遍的蓝本，其影响力之大，使其几乎已经成为国际场外金融衍生产品交易的代名词。

在 2008 年金融危机中，"两房"（房利美、房地美）和雷曼兄弟相关衍生产品交易的清算过程彰显了 ISDA 主协议在场外金融衍生产品市场的重要作用。由于主要交易主体均

签署了主协议,"两房"和雷曼事件发生后,各交易主体均可立即根据主协议有关违约触发条款,及时有效地终止所有相关金融衍生产品交易,停止相关支付义务,在第一时间锁定因交易对手或特定实体违约以及市场波动带来的风险,及时阻止了风险的进一步扩散;同时,在主协议单一协议和终止净额这两项基础制度的安排下,通过交易各方间两两对主协议管辖下所有交易的轧差,极大地降低了整个市场各交易主体间的交割数额,也避免了因某一市场参与者支付困难而可能引发的多米诺骨牌效应,降低了系统性风险。以雷曼兄弟破产事件引发的CDS交易为例,雷曼事件涉及的单一名称CDS合约的总名义本金达到了720亿美元,而由于终止净额结算制度的存在,经过轧差之后的CDS结算总额最终只有52亿美元,大大降低了交割的难度和风险。在金融危机后,ISDA又相继发布了"大爆炸"和"小爆炸"议定书,进一步完善了标准协议文本。应该说,ISDA在行业标准文本制定方面的持续努力有效地降低了信用衍生产品市场的法律风险,对市场流动性的提高和信用衍生产品市场的不断发展起到了重要作用。

由于中国场外金融衍生产品发展历程尚短,在相关交易品种正式推出之前,行业内并没有通行的商业规则或商业惯例,交易双方唯一可遵循的交易规则就是彼此之间达成的一对一的交易协议。近些年来,中国金融衍生产品市场呈现出稳步发展的局面,中国人民银行推出了债券远期、人民币利率互换、远期利率协议、外汇远期、外汇掉期等金融衍生产品。2007年10月12日,中国银行间市场交易商协会(NAFMII)根据中国人民银行的授权公布了银行间市场会员从事场外金融衍生产品交易的标准文本——《中国银行间市场金融衍生产品交易主协议(2007年版)》及附件。与ISDA发布的主协议一样,NAFMII主协议几乎涵盖了国内衍生产品市场参与者进行场外金融衍生产品交易所需考虑的必要规则。2009年3月11日,中国人民银行宣布将原《中国银行间市场金融衍生产品交易主协议(2007年版)》与《全国银行间外汇市场人民币外汇衍生产品主协议》(即《CFETS主协议》)进行合并,并在借鉴国际场外金融衍生产品市场发展经验和教训的基础上,发布了《中国银行间市场金融衍生产品交易主协议(2009年版)》(以下简称《NAFMII主协议(2009年版)》),使会员之间达成的交易统一受新的主协议的管辖。

二、场外金融衍生产品主协议的主要内容与适用范围

主协议是具有框架性质的基础性文件,它对市场参与者进行场外金融衍生产品交易的指导原则、法律架构以及其他共性内容进行了规定,其设计目的在于规范当事人之间达成的一系列场外金融衍生产品交易。主协议正文主要由格式条款组成,除交易主体名称和签署日期外,当事人需通过"附件"修改主协议中的相关条款或者选择是否适用主协议中的某些条款。主协议及附件一旦签订,便成为当事人进行场外金融衍生产品交易的基本"游戏规则",交易双方续作的任何金融衍生产品交易均可纳入该主协议的管辖。而

交易确认书是当事人用来约定双方具体交易条款的文件，它是对作为交易一般性约定的主协议和附件的具体补充，对交易双方具有约束力。NAFMII 主协议的适用范围涵盖了利率衍生产品交易、汇率衍生产品交易、债券衍生产品交易、信用衍生产品交易、黄金衍生产品交易，以及衍生产品交易的组合，是一份统一的主协议，是迄今为止国内金融衍生产品市场参与机构最为广泛、接受度最高、最权威的主协议。

如前所述，作为其适用对象之一，主协议是以信用风险为标的的信用衍生产品交易的核心规范，推动了信用衍生产品交易的规范运行。它对信用事件、参考实体、可交付债务的范围、违约后的交割程序与方式、适用的法律等都作出了明确、细致的规范，从而有效地减少了交易双方的纠纷，由此提升了市场参与者的积极性和活跃度。

本章小结

信用衍生产品是一种双边合同，目的在于转移、重组和转换信用风险，主要包括信用违约互换、总收益互换、信用联结票据、一篮子 CDS、信用违约互换期权、信用利差期权和指数型信用衍生产品等。信用衍生产品不仅为银行提供了规避风险的新方式，同时为非银行金融机构的投资者在无须持有资产和管理资产的条件下，创造了新的、收益可观的信用暴露机会和更加有效的资产组合风险多样化管理方式。

国际金融衍生产品市场中的 ISDA 主协议对信用衍生产品交易的参考实体、参考债务、信用事件、信用保护期限、结算方式、决定委员会与拍卖结算机制等重要概念进行了明确的定义。在金融危机后，ISDA 又相继发布了"大爆炸"和"小爆炸"议定书，进一步完善了标准协议文本，有效地降低了信用衍生产品市场的法律风险，对市场流动性的提高和信用衍生产品市场的不断发展起到了重要作用。

与 ISDA 发布的主协议一样，我国场外金融衍生产品 NAFMII 主协议几乎涵盖了国内衍生产品市场参与者进行场外金融衍生产品交易所需考虑的必要规则。目前实行的《主协议（2009 年版）》《信用 NAFMII 定义文件》以及《NAFMII 术语与规则》等文件提高了我国信用衍生产品相关定义和市场实践的标准化，为信用衍生产品交易奠定了必要的制度基础。

本章重要术语

信用违约互换	总收益互换	信用联结票据	一篮子 CDS
信用违约互换期权	信用利差期权	指数型信用衍生产品	ISDA 主协议
NAFMII 主协议	参考实体	参考债务	信用事件
信用保护期限	实物结算	可交付债务	现金结算
报价估值	决定委员会	拍卖结算机制	

思考练习题

1. CDS 定价中 CDS 买方面临参考实体和 CDS 卖方违约的双重风险,而 CLN 的买方同样面临着参考实体和 CLN 卖方违约的双重风险,请问这两种双重风险是否相同?

2. 信用衍生产品的主要功能有哪些?

3. 假设某次拍卖结算中,各交易商提供的竞买价、竞卖价如下表所示

交易商	竞买价	竞卖价
1	56	58
2	56.25	58.25
3	53.25	55.25
4	54	56
5	53.875	55.875
6	55	57
7	54.5	56.5
8	54.875	56.875
9	54.75	56.75
10	55	57

请问初始市场中间价是多少?

参考文献

[1] Hull, John C., *Options, Futures and Other Derivatives*, America: Pearson, 2009, 571-597.

[2] Murphy, David, *Unravelling the Credit Crunch*, London: Chapman and Hall/CRC, 2009.

[3] Parker, Edmund, *Credit Derivatives: Documenting and Understanding Credit Derivative Products*, Globe Law and Business, 2007.

[4] Sandor, Richard, *Good Derivatives: A Story of Financial and Environmental Innovation*, Wiley, 2012.

[5] 范希文、孙健,《信用衍生品理论与实务:金融创新中的机遇与挑战》,北京:中国经济出版社,2010 年。

相关网络链接

http://www.isda.org/

http://www.nafmii.org.cn/

http://www.markit.com/Product/

第二章 信用衍生产品的估值定价技术和交易策略

本章知识与技能目标

- 了解并掌握信用衍生品的估值方法,对于盯市法的应用特征需有所了解并学会应用;
- 对于各类定价模型,特别是结构化模型与强度模型,应了解其模型假设、特点、应用范围以及存在的差异与不足;
- 了解各类交易策略,如套期保值、曲线价差交易、基差交易、主体套利交易等内容。

第一节 信用衍生产品的估值定价技术

信用衍生产品的交易结构和现金流具有复杂性和不确定性。如何计量每个具体产品所蕴含的价值,是市场参与者必须深入研究的课题。合理地估值、定价是开展信用衍生产品交易的前提条件,也是信用衍生产品市场持续健康发展的重要保障。

不同的市场参与者看待信用衍生产品的角度、立场有可能不同,其面临的风险、收益不同,对风险与收益的偏好、效用亦有可能不同。因此,同一信用衍生产品在不同市场参与者眼中的价值很有可能是不同的。对价值认识的差别,成为市场参与者开展交易的直接动因。

本节将介绍信用衍生产品定价的一般性原理,以及发达国家的文献和实际应用中较为常见的估值定价模型。

一、盯市法与模型法

和其他众多金融产品一样,要想知道一款信用衍生产品的价值,首先需要看一看这款产品在市场交易中形成的价格是怎样的。为此,我们有必要先了解盯市法(Mark-to-Market)和模型法(Mark-to-Model)的基本概念。

所谓盯市法(又称市价估值),是指采用证券的市场交易价格对证券进行估值。在场内市场中,市价一般是交易所公布的成交均价、收盘价等;在场外市场中,市价既可能是利用市场公开的交易信息得到的平均价格,也可能是权威机构发布的成交价格。与之对应的,模型法即建立数学模型,输入影响证券价值的各个因素的实际观测值,进而计算得到证券的合理价值。

一般来讲,市场成员及监管机构对盯市法的认可程度更高。在交易授权、风险计量、会计准则等多个方面,当条件允许时,一般都优先使用盯市法估计证券价值。具体来讲,在交易活跃的市场中,有充足的可观察价格时,应当采用市价来计量证券价值,即采用盯市法;在交易不够活跃的市场中,或市场成交价格难以获取时,方可采用模型法来估计证券价值,但仍需优先采用可观察的参数作为输入数据。

不过,信用衍生产品的实际情况是,一般场外市场交易公开透明的程度不及场内市场,广泛的市场数据难以获得。同时,与交易所交易的大多数股票、债券等金融产品相比,信用衍生产品市场往往呈现成交量相对较小、流动性不高、影响产品价值的交易要素灵活多变、报价差别较大、报价与成交价格的偏差相对较大等特点。此外,根据不同市场参与者的需求,以及受到交易对手风险价值的影响,即使同样或者类似的产品,在不同的交易对手间的成交价格也有可能存在较大差别。

信用衍生产品的上述特点决定了盯市法所需的条件往往不能满足,盯市法应用于估值时存在明显的局限性,很多时候,市场参与者难以用盯市法获得准确、及时、合理的估值结果。因此,模型法常常是更为重要的信用衍生产品估值定价方法。所谓模型法,是对证券进行估值时,采用估值模型计算出的价格。在价值判断、风险敞口管理、报价交易、后续监控等多个环节,市场成员更多地依赖由模型法计算得到的结果,各类估值定价模型形成了信用衍生产品估值定价的核心技术体系。

二、信用衍生产品估值定价模型的基本原理

经过数十年的理论研究和实践发展,与信用衍生产品定价相关的理论已相当丰富,且方法、模型众多。通过归纳这些方法、模型的基本思路,可以看到其基本原理差别不大,大致可分为风险中性定价和损失模型定价两大类思路。

(一) 风险中性定价

风险中性定价的理论依据是金融经济学的资产定价理论,该方法是金融期权定价的传统方法。风险中性定价方法的基本条件是完备市场假设(包括可以在一致的价格下以任意频率买卖任意资产,可以卖空等)和无套利假设。在完备市场假设下,任何衍生产品

的头寸都可以由其他已形成稳定价格的资产以自融资的形式复制得到；再运用无套利假设，任何衍生产品的价格都应该等于复制其现金流的资产组合价格，这样就能够得到衍生品价格。进一步可以从理论上证明，在标的资产满足特定概率模型时，可以通过恰当的测度变换，得到某虚拟的概率测度（即风险中性测度），使得衍生产品未来收益随机变量在此虚拟概率测度下的数学期望恰好是无套利假设下的价格，即风险中性价格。

风险中性思路下的概率模型包括如下两类：

1. 结构化模型（Structural Model）

结构化模型试图用参考实体的股价和资本结构解释债券的价格和风险，信用事件由某些隐性的价值过程决定。常用的结构化模型包括莫顿（Merton）期权定价模型、首达模型等。

结构化模型认为，信用事件发生的原因在于公司价值的恶化。结构化模型本身的假设存在着较大的局限性，该模型对数据的要求较高且很难处理一些复杂的情况，而模型的定价误差也难以满足投资者的要求。目前，结构化模型已经很少被应用于信用衍生产品的定价，而主要用来预测信用事件，并为银行等机构提供债务人信用恶化的预警机制。

2. 简约化模型（Reduced Model）

简约化模型不解释信用事件发生的原因，而是认为信用事件的概率分布客观存在，并利用市场信息直接计算具体概率模型下的风险中性违约概率。简约化模型并不考虑导致公司违约背后复杂的经济学因素，把信用事件的原因看作是不可预知的，模型刻画的是信用事件本身的统计特性（统计特征是在风险中性测度下计量的），从而大大简化了问题。常用的简约化模型包括离散时间违约率模型、连续时间违约强度模型、信用等级转移概率预测模型等。

由于风险中性定价模型都包含虚拟概率测度（即风险中性测度），直观意义不明显，因此在实际操作中，往往需要明确风险中性概率背后的资产复制过程，才能对定价过程进行更加深入的分析。

（二）损失模型定价

运用损失模型定价的核心方法是利用统计学原理与手段，考察产品在未来一段时间可能给交易方带来的收益与损失及其客观概率分布，根据可能发生的损失确定合理的补偿，从而确定产品价格。损失模型定价技术同非寿险精算技术（包括财产保险精算、信用保险精算等）非常相似。

在概率模型方面，可用于风险中性定价方法的所有模型都可用于损失模型定价方法，两种思路在数学工具的运用上大同小异。正因为如此，在两种思路下得到的定价模型，可能在数学公式的表达上是极其相似的，有时两种思路极易混淆，希望读者注意区别。

除此以外,损失模型中还常用泊松分布、二项分布、几何分布等离散型概率模型对损失率建模,用均匀分布、指数分布、贝塔分布等连续型概率模型对损失程度建模,以及用非参数、半参数方法估计未来损失。在最终确定产品价格时,除采用损失期望值外,损失模型定价方法还经常采用置信区间、风险价值(Value at Risk,VaR)、尾部期望(Expected Tail Loss,ETL)等方法确定产品价格。

从统计意义上来讲,损失模型定价方法在定价时往往需要充足的数据作为支撑才能够得到可靠的结果。数据选取对计算结果的影响较大。另外,损失模型定价方法建立在历史会重演的假设上,面临着对未来不确定性估计不足的问题。

(三)相关性模型定价

相关性是指不同的信用事件之间的关联关系和关联的强弱。一般而言,两个或者多个信用事件之间都具有一定的关联,它们发生或者不发生,发生到何种程度,不是孤立的,而是相互影响的。这种相互影响使得一个信用事件发生时,另一个(或一些)信用事件发生的可能性会随之发生变化。

有时,信用事件之间也有可能完全不具有相关性,即彼此之间完全不受影响,此时我们称这些信用事件是相互独立的。

对于相互独立的事件而言,其数学建模过程相对简单,多个独立事件同时发生的概率,即为各自发生概率的乘积。而对于非独立事件而言,其同时发生的概率的计算就可能十分复杂甚至是困难,其结果也难以用简单的乘积来表达。

实践表明,同一信用衍生产品涉及的信用事件,相互独立的情况是极少数的,几乎在所有的情况下,人们研究的不同信用事件之间都具有一定的相关性。这就意味着,相关性可能会对信用衍生产品的价值产生较大且复杂的影响。对相关性进行建模,是信用衍生产品估值定价技术的重要组成部分。

相关性建模的思路大概有以下几类:

1. 相关系数模型

相关系数是度量两个随机变量之间相关性的重要指标。若能合理估计两个变量之间的相关系数,则同两个变量都有关的其他变量(如同时发生的概率等)都可以得到估计值。最简单的相关系数模型是假设两个信用事件对应的随机变量发生则记为1,不发生则记为0,用二项分布的相关系数来度量两个事件的相关性。

实践表明,相关系数模型是对相关性非常粗略的描述,大多数情况下仅靠相关系数难以满足信用衍生产品估值定价的需要,因此我们需要寻求更加精细的思路。

2. 复合概率分布函数

相关系数模型是较为简单粗略的相关性模型,往往并不能准确地解决实际问题,进而需要用到多个随机变量的复合概率分布函数。其中比较有名的是 Li(1999)中提出的"信用连接函数"(Copula 函数)模型。该模型提出了将单个概率分布连结为复合概率分布的实用方法。

3. 因素模型

因素模型是先分析并假设同时影响多个信用事件的因子(Factor),在对各个事件进行结构化或简约化建模的过程中,引入各个因子的影响,从而刻画出不同事件之间的相关性。Hull and White(2001)就是因素模型的典型代表。

在第三小节对常见模型的思路介绍中,我们将分别在结构化和简约化模型的框架下,举例说明如何运用上述原理对信用事件的相关性进行建模。

三、常见的估值定价模型综述

本小节将在上一小节基本原理介绍的基础上,进一步介绍风险中性定价思路下常见的结构化模型、简约化模型。损失模型定价方法在在数学工具的运用上同风险中性定价方法差别不大,因此不再单独介绍。

为了使更多读者了解常见的思路,获得对重点方法、原理的直观认识,而不受困于艰深的数学推导,本小节以下内容仅对各个模型的基本概念和主要想法进行综述,而将有关数学公式归纳于附录 A 和附录 B 中,供有兴趣的读者参阅。需要了解各个模型具体计算结果和主要结论的读者,请进一步参阅相关的原始文献。

(一) 常见的结构化模型

1. Merton 模型

Merton 模型是最早的结构化模型,是 Merton 通过引进或有要求权的方法建立起来的。在 Merton 模型中,假设企业的资本结构由面值为 D、到期日为 T 的零息债券和股票构成,而企业的资产价值 V_t 是债券和股票价值之和。在这里,股票可以被看作期限为 T、行权价格为 D 的欧式看涨期权。如果企业资产不足以支付债务($V_T<D$),就会出现违约行为。

Merton 模型的主要优势就是能够直接应用布莱克-舒尔斯(Black-Scholes)期权定价模型。正因为如此,Merton 模型给出了许多必要的假设来调整企业动态资产价值过程、利率和资本结构以适应 Black-Scholes 模型的要求。这些假设虽然使得模型容易应用,但也为其应用的局限性埋下了伏笔。

事实上,目前对结构化模型的绝大部分拓展都是放宽 Merton 模型的原假设,引入更符合现实的假定。

2. 首达模型(First Passage Models)

为了突破 Merton 模型的局限,Black and Cox(1976)放宽了模型的假定,将结构化模型拓展到了违约可以发生在债券到期日前任何时间的情况,而不只是债券到期日。在这一模型中,当企业资产价值低于特定门槛值时,违约就会发生。

首达模型也假设人们对违约距离和资产价值遵循连续扩散过程的事实具有完全信息,这使得违约成为可预测的事件。不过,首达模型仍未能解决违约可预测性的问题。

3. 周期违约相关模型(Cyclical Default Correlation Model)

前面介绍的模型都是针对单一企业违约的模型。而在实际情况中,一个企业违约会影响另一个企业违约的概率。本部分的周期违约相关模型和以下的传染性违约相关模型、因素模型都属于多个企业违约模型。

在单一企业情况下,一般通过在企业资产价值运动过程中引入跳跃成分来解决违约可预测性的问题。而在多企业情况下,这些跳跃成分可以相关也可以不相关。在周期违约相关模型中,就是假设多个企业的资产价值波动由若干相互关联的布朗运动决定。

一方面,相关的跳跃成分除了能够使违约变得可预测,还能够说明信用风险传染效应的问题。而另一方面,该模型最大的问题在于对这些跳跃成分的校准,同时还无法解释企业间的违约风险传染和违约集聚周期现象。

4. 传染性违约相关模型(Contagion Default Correlation Model)

为了将违约相关引入模型,Giesecke(2004)、Giesecke and Goldberg(2004)提出,模型中企业违约门槛值相互依赖,即一个企业违约会触发相关企业违约。此外,当所有企业违约概率增加时,违约时期趋于集中。

同时他们放松了投资者对企业违约门槛值具有完全信息的假设。Giesecke(2004)假设债权人对门槛值和他们的联合分布不具有完全信息,但是当相应的公司违约时,门槛值被揭示,债权人会形成预先分布。模型中还假设了投资者对企业违约门槛值具有不完全信息,但对企业资产价值过程具有完全信息的情况。Giesecke and Goldberg(2004)将这一架构拓展到了投资者对企业资产价值和违约门槛都不具有完全信息的情形。在这种情况下,只有在企业违约时,投资者才能获得企业资产和违约门槛值的信息,而其他企业则使用这样的信息来更新企业资产价值和违约门槛值的分布。违约门槛水平以及企业间违约门槛水平相互依赖行为的不完全信息构成了信用风险传染的来源。

这一模型通过以下方面将违约相关引入了进来:一是企业间资产价值相互依赖,形成违约相关;二是企业间违约门槛值相互依赖,具有传染效应。这种方法的主要问题在于校准和估计违约界限(Default Threshold)较为困难。

5. 因素模型(Factor Models)

因素模型将企业资产价值表示为产生违约相关的一组共同因素加上企业特有因素的函数。Hull and White(2001)提供了一种方法来处理结构化模型中的违约相关性。一旦知道了共同因素实现企业的资产价值,那么企业的违约概率就是相互独立的。因素模型常常采用回归方法进行估计,而估计结果依赖于因素分布的假设。

6. 结构化模型的进一步拓展

20 世纪 90 年代以来,主要基于以下两种途径来拓展结构化模型:一是放宽结构化模型的相关假定,引入更符合现实的假设;二是尝试解决结构化模型中一直存在的违约可预测性的难题。

由于传统的 Merton 模型假设与现实情况相差较大,学者们针对其假设放宽进行了大量研究,主要在以下方面获得了突破性进展:一是引进入随机利率,对复杂的破产程序进行了定义;二是引入内生性的违约门槛值;三是引入不完全信息与跳过程(Jump Process)①。

由于上述模型普遍具有模型复杂、假设与实际差别较大,以及企业财务信息难以及时、准确获得等缺点,因此没能成为商业机构应用最为普遍的定价模型,而是主要用于研究工作。

为了更进一步接近现实情况,学者们将随机利率、破产成本、税收、债务调解、策略违约、时间依赖、随机违约门槛值、资产价值跳跃过程等纳入了 Merton 模型。然而这些因素的加入使模型分析变得异常复杂。数学分析的复杂性使得我们有可能无法得到企业股票、负债甚至违约概率的封闭形式解,而只能采用数值模拟分析方法。

(二)常见的简约化模型

1. 违约强度过程

基于强度的简约化模型是在 Jarrow and Turnbull(1995)、Jarrow et al.(1997)、Duffie and Singleton(1999)开创性研究的基础上发展起来的,并逐渐形成了三类主要的模型:

(1)信用等级转换矩阵模型

由于结构化模型未考虑信用等级变化对定价的影响,因此许多学者就从这一方面入手,通过描述信用等级的变化来构建刻画违约过程的简约化模型。Jarrow and Turnbull (1995)建立了一个离散形式的简约化模型,随后 Jarrow et al.(1997)将离散时间的简约化模型拓展到连续时间形式,建立了一个信用价差期限结构的马尔可夫模型(Markov Model)。

Jarrow et al.(1997)第一次明确地将破产过程看作是一个关于时间齐次的 Markov 链。将企业的生命过程看作是一个评级状态的转移过程,其中有一个吸收状态表示违约状态,而 Markov 链第一次到达吸收状态的转移时间则表示违约时间。表示违约时间的 Markov 链由一个 $K \times K$ 的转移概率矩阵描述。转移矩阵概括了从一个评级向另一个评级转移的可能性大小。

---

① 跳过程是一种拥有离散变化的随机过程。

信用等级转换矩阵模型具有较强的灵活性,可以方便地为信用衍生产品定价,但也有一定的局限性,具体表现在:一是模型采用历史数据研究违约概率,这成为其应用的限制因素,因为只有在现实情况和当时历史条件一致的情况下,模型才有效;二是模型假设违约过程与无风险利率是相互独立的,模型中的隐含假设是同一信用等级的公司具有相同的信用风险,这在一定程度上影响了模型的准确性;三是评级信息存在滞后性,现实生活中评级调整常常滞后于市场价格的变动,有时多达几周,这会影响模型的精度;四是模型的校准非常困难,如何调整历史上的转换概率来获得市场中观测到的价差曲线成为一大难题。

(2) 期限结构模型

期限结构模型是将无风险利率替换为带有违约强度调整的短期利率,按照无风险债券的特点对信用风险债券的期限结构进行相似的定义,将市场风险因素纳入进来,进而推导出风险中性概率下违约债券的价格。

Duffie and Singleton(1999)构建了一个期限结构模型,主要是针对一个面值为1、到期日为 T 的可违约零息公司债券在初始时间 0 时进行定价。

期限结构模型克服了 Jarrow et al.(1997)模型的缺点,但违约强度是外生过程,未能揭示公司资本结构与信用风险的关系,这也是大部分简约化模型无法避免的缺陷。

(3) 仿射强度模型

为了更准确地描述信用衍生产品价格变化的内在机制,学者们引入了更一般的随机过程——仿射过程。这类过程既可以描述均值、方差确定性变化的价格过程,又可以刻画均值、方差随机变化的价格过程。

Duffie and Kan(1996)提出了仿射分析框架,并利用 Cox 过程对 N 界定,得到了违约强度的封闭形式解。为了使模型更符合实际情况,一些学者考虑到决定违约概率的状态变量遵循仿射跳跃过程,故将仿射跳跃过程的特性引入了违约相关性,进而将突发风险引入了违约过程。

Duffie(2005)对采用仿射过程的强度模型进行了全面的回顾,并将这些模型对不同的信用衍生产品,如信用违约互换、信用担保、价差期权等进行了定价。

由于仿射过程的适用性、成熟性和一般性越来越受到研究者的关注,因此在仿射过程框架下,对信用衍生产品进行定价已经成为当前研究的热点。

2. 回收率

企业违约时,债权人获得的补偿比率称为回收率。因此回收率模型就是企业违约时针对剩余债务工具价值来建模。对于回收率的处理是结构化模型和简约化模型的另一重要区别,在结构化模型中企业违约时资产和负债的价值决定回收率,而简约化模型中回收率是外生给定的。

由于简约化模型简化了违约事件背后的经济学背景,因此为了更好地揭示内在的定价机制,就必须对回收率进行认真的校准。对于回收率的参数化,当前的主要研究成果集中在以下三个方面:

(1) 面值回收率(Recovery of Face Value,RFV)

Houweling and Vorst(2002)将回收率视为外生的,是违约债券面值的一部分,即面值回收率。一旦发生违约,授信人立即收到一个相当于面值的分数比例价值,这是理论研究和实践中都经常使用的假设。

(2) 国债回收率(Recovery of Treasury,RT)

Jarrow and Turnbull(1997)也将回收率视为外生的,是等价的无违约债券价值的一部分,即国债回收率。一旦发生违约,授信者立即收到一个相同但不发生违约的债券市场价值的分数比例。

(3) 市场价值回收率(Recovery of Market Value,RMV)

Duffie and Singleton(1999)将回收率固定为债券违约前市场价值的一部分,即市场价值回收率。他们采用带违约调整的短期利率过程给零息无风险债券定价。

RMV方法通过状态变量建立了短期利率、违约强度以及回收率之间的依赖关系,而且还通过引入一个随机过程作为流动性价差,将流动性风险引入了调整的贴现过程。

上述三种回收率具有各自不同的特点:RFV能够简化模型的复杂性,省去因依赖于时间变量而给总体期望值计算带来的困难;RT的形式更符合绝对优先性规则和交叉违约存在的情况,因此对于公司债券来讲,这种方法较为妥帖;RMV的假定较为符合一个互换合约的结构,并且容易推广,因此赢得了大部分学者的关注。

3. 违约相关性

同结构化模型一样,对违约相关性建模也是简约化模型的重点问题之一。以下介绍一些重要的相关性模型。

(1) Copula 函数模型

Copula 函数模型是刻画违约相关性的重要模型。Copula 函数通过输入边际概率和引入结构依赖产生联合违约概率。在众多对违约相关性建模的方法中,Copula 函数建模方法是最有发展潜力的。Li(1999)首次将高斯连接函数(Gaussian Copula 函数)模型方法引入了信用衍生产品定价理论。

相对于其他方法,Copula 函数模型的优势是实现了半解析,此外违约时间之间的依赖结构可以单独通过边际信用曲线来刻画。鉴于此,Gaussian Copula 函数模型逐渐成为多参考实体信用衍生产品市场定价的标准模型。

在现实的金融市场中,各种金融资产的收益率并不符合正态分布的假设条件,通常表现为"尖峰"和"厚尾"的特征。各种金融资产的收益率之间也不符合多元正态分布的假设,呈现出尾部相关性较高的特征。而 Gaussian Copula 函数模型不能有效处理相关性偏度的问题,同时对非标准的信用衍生产品也难以准确定价,由此也出现了对该模型的大量扩展和改进,在此不一一介绍。

(2) 条件独立违约模型(Conditionally Independent Defaults Model)

条件独立违约模型假设企业的强度过程依赖于共同的状态变量集,从而使各企业的信用风险相互依赖,一旦确定状态变量实现,则企业违约率是独立的(Jarrow and Turnbull, 1995)。

实践证明,这种模型产生的违约相关性比实际水平低。Duffie and Singleton (1999)通过在企业违约过程和共同违约事件中引入联合跳跃成分,或者基于仿射跳跃过程的潜在变量代替状态变量来克服这一问题,并采用最大似然估计方法对模型进行估计。该模型较难估计和校准,成为条件独立违约模型的主要缺陷。

(3) 传染模型(Contagion Model)

传染模型通过引入企业间的违约依赖来克服条件独立违约模型产生的低水平的相关性问题,主要包括传染模型(Davis and Lo, 2001b)和倾向(Propensity)模型(Jarrow and Yu, 2001)。

Davis and Lo(2001a, 2001b)分别研究了静态和动态两种情况下的模型。在静态模型中只考虑给定时期的违约数量,而在动态模型中,每个企业都具有初始危险率 L,当违约发生时,剩余企业的违约强度将增加 α 倍,α 为加强因子。在强度扩张时期,所有企业违约概率增加,反映了违约传染风险增加。

以上介绍的是常见的简约化模型。由于简约化模型的假设和客观实际较为接近,从现实的应用和未来的发展来看,简约化模型正逐渐成为信用衍生产品定价的主流模型。

(三) 综合模型

作为信用风险和信用衍生产品定价模型的两大分支,结构化模型和简约化模型具有明显的区别。然而在某种程度上,两种方法也具有内在的联系,在不同的信息过滤分析下,可以将简约化模型视为结构化模型的一种。由于两种方法各有优劣,因此许多研究者试图通过这种内在的联系将两者融合,以期建立一种既能表明模型的经济背景而形式上又不过于复杂的综合模型。

结构化模型和简约化模型连接的关键在于模型中的信息假设。结构化模型是基于可获得的企业管理信息集,假设投资者能够获得资产价值和负债的连续时间观测记录;而简约化模型则是基于可获得的市场信息集,假设投资者只能获得企业资产价值和负债的部分观测记录。因此通过改变模型的目的和可获得的信息集,可以实现将结构化模型转化为简约化模型。

基于简约化模型来构建综合模型的代表性研究为 Duffie and Lando(2001)。他们基于企业经理最大化企业资产价值的行为,建立了违约时间固定的模型。假设投资者不能直接观测到发行者的资产情况,而只能通过周期性的、不完全的会计报告来了解。基于投资者的信息,可以推出企业资产价值的条件分布,然后根据资产价值条件分布和违约门槛值来获得违约密度。

基于结构化模型构建综合模型的代表性研究为 Giesecke(2004)、Giesecke and Goldberg(2004)。Giesecke(2004)通过联合分布将企业违约概率和违约门槛值连接,建立了违约相关模型。他在模型中假设债权人对违约门槛值和它们的联合分布不具有完全信息,但是当相应的公司违约时,违约门槛值被揭示,债权人会形成预先分布。而对投资者,假设其对企业资产价值过程具有完全信息,但对企业违约门槛值具有不完全信息,这样在一定程度上可以克服结构化模型存在的违约可预测性的问题。

综合模型是近年来较为新颖的研究方向,模型大多较为复杂,在交易商的实践中也应用较少,在此不作详细介绍。

第二节 信用衍生产品交易策略

CDS 投资策略非常多元,最简单的是基于参考实体违约风险的单方向交易策略。若投资者认为 CDS 信用曲线过陡峭,则可通过滚动投资等方式,不断购买短期 CDS,以较低成本对较长期限信用风险进行保护;如果仅需要对信用主体未来某段时间进行风险规避,则可构造远期 CDS,提前锁定信用保护成本;基于对不同参考实体利差走势及某一参考实体信用曲线形状变化趋势的判断,可通过"CDS+CDS"交易进行套利;当判断 CDS 指数实际利差与其公允利差之间存在较大偏离时,可通过交易 CDS 指数及其基础 CDS 进行套利。

一、基于违约风险的策略

当判断参考实体违约风险较小时,投资者可卖出 CDS,收取信用保护费;而当判断参考实体未来会违约时,投资者可在不持有债券的情况下买入 CDS,待参考实体违约后收取违约金。由于该策略的收益完全取决于参考实体是否违约,因此风险较大。

若投资者对参考实体未来是否违约无确定性的把握,但认为其违约风险将上升,即未来 CDS 信用利差将变大,则可买入 CDS,待未来信用利差变大后卖出相同剩余期限的 CDS 合约进行平仓,从而获取盈利;与之相反,若投资者看多参考实体信用,则可卖出 CDS,待利差缩小后平仓。

二、滚动投资策略

假设投资者认为 CDS 的信用曲线过于陡峭，那么，投资者可以通过不断购买短期的 CDS 合约，以获取较长期限的信用风险保护。

比如投资者需要对某参考实体未来两年的信用风险进行规避，则可以采取两种策略：一是购买期限为 1 年的 CDS，价格为 S_1，1 年以后再购买期限为 1 年的 CDS，假设价格为 S_1'；二是直接购买期限为 2 年的 CDS，价格为 S_2。两种策略下，无论该参考实体何时违约，投资者都能得到相同的信用保护。

当投资者认为当前 CDS 信用曲线过于陡峭，即长短期 CDS 报价利差过大，并判断未来信用风险不会大幅上升时，则第一种策略的信用保护成本更低；若认为未来短期 CDS 报价将高于当前长期合约报价，使得买入短期合约总成本高于买入一个长期合约，则采用第二种策略将优于第一种策略。当然，若看多公司信用，投资者也可以在不持有债券的情况下，通过滚动投资不断买入短期合约，并卖出报价更高的长期合约来进行套利。

三、远期 CDS 策略

如果在 t_0 时刻，投资者仅需要对参考实体从未来某一时刻 t_1 到另一时刻 t_2 的信用风险进行规避，那么可采取两种策略：一是在 t_1 时刻买入一份期限为 (t_2-t_1) 的 CDS，假设报价为 S；二是在 t_0 时刻买入期限为 t_2、以该参考实体为标的的 CDS，并卖出以该参考实体为标的的期限为 t_1 的 CDS，构造远期 CDS 合约。假设从 t_0 到 t_1 时刻的 CDS 报价为 S_1，到 $t_2(t_2>t_1)$ 时刻的 CDS 报价为 S_2。

若构造远期合约，投资者可以购买 1 份到期日为 t_2 的 CDS，并卖出 $\frac{S_2}{S_1}$ 份到期日为 t_1 的 CDS，从而，在 t_1 时刻之前，投资者在每个付息日支出信用利差 S_2，并收取信用利差 $S_1 \times \frac{S_2}{S_1} = S_2$，净现金流为 0。而从 t_1 到 t_2 时刻，投资者支出信用保护费 S_2，并受到信用保护。

由于通常而言，短期合约的信用利差低于长期合约，因此，一般情况下，策略一更有优势，只有当 t_0 到 t_1 时刻参考实体的信用风险大幅上升，即 $S>S_2$ 时，构造远期合约的成本才会更低。同时，如果参考实体在 t_1 时刻之前违约，则在持有债券且其回收率为 0 的情况下，投资者的净现金流为 $-100 \times \frac{S_2}{S_1}$，而在不购买该组合时，投资者净的现金流为 -100，因此构造远期 CDS 合约在参考实体在 t_1 时刻前违约的情况下损失更大。总体而言，当投资者认为近期参考实体信用风险较小，但未来违约可能性较大时，可构造远期合约，提前锁定信用保护成本。

四、利差套利策略

通过对整个信用市场趋势的判断,可以对不同参考实体 CDS 之间的利差进行套利。

假设有两个参考实体 A 和 B,评级分别为 AAA 和 AA,其 CDS 报价分别为 S_A 和 S_B,二者之间的利差 $\Delta S=S_B-S_A$。当投资者判断未来 CDS 的报价将趋于扩张,即 $\frac{S_B'}{S_A'}>\frac{S_B}{S_A}$ 时,那么,就可以买入 B 的 CDS,卖出相同期限的 A 的 CDS 进行套利。如买入 1 份 B 的 CDS,每到付息日支付信用利差收益 S_B;同时,卖出 $\frac{S_B}{S_A}$ 份 A 的 CDS,每到付息日收取信用利差 $\frac{S_B}{S_A} \times S_A = S_B$,净现金流为 0。在 t 时刻,若 CDS 报价利差扩张,则可以做相反交易,对 CDS 进行平仓,即卖出 1 份相同剩余期限 B 的 CDS 而买入 $\frac{S_B}{S_A}$ 份 A 的 CDS。那么,从 t 时刻起的现金流为 $-\frac{S_B}{S_A} \times S_A' + S_B' > 0$。

此外,当判断不同参考实体 CDS 之间的报价趋于收窄时,因此投资者可反向操作进行套利。该策略风险在于,在 CDS 报价利差变化前,卖出的 CDS 参考实体违约。若利差变化并平仓后参考实体违约,由于买入与卖出的合约违约金相抵,因此投资者没有损失。

一般而言,当经济上行时,企业的资产负债表较为稳健,投资者对信用风险的关注程度也会下降,此时 CDS 之间的报价可能会趋于收敛。此外,对于两个处于同一产业链上下游的行业而言,当经济环境有利于行业发展时,CDS 报价利差也会收敛;对于两个互为替代关系的行业而言,当其中一个行业恶化时,另一个行业的信用风险会趋于下降,这时二者之间的 CDS 报价利差则会扩大。当然,还有很多因素会影响不同参考实体 CDS 之间的相对利差。

五、期差套利策略

CDS 信用曲线与债券的利率期限结构类似,是由某一参考实体期限不同的 CDS 信用利差所组成的曲线,反映了市场对该参考实体不同时期的信用风险的预测。

对于某一参考实体而言,其信用曲线形状及移动方向受时间、自身信用风险变化及市场变动等因素的影响。通过对某一参考实体信用曲线变化的趋势进行判断,可买卖不同期限的 CDS 合约,进行期差套利。

当判断未来信用曲线变平坦,即短期 CDS 合约与长期 CDS 合约之间利差收窄时,可买入短期 CDS 合约,并卖出长期 CDS 合约,待利差收窄后平仓;当判断未来信用曲线变陡峭,即长短期 CDS 合约间利差将扩大时,可进行反向套利。

期差策略可根据合约期初名义本金的不同细分为三种策略:等本金策略、风险中性策略、自融资策略。等本金策略即买卖的长短期合约名义本金相同,若参考实体发生信用事件,则投资者收入与支出的违约金相抵;风险中性策略即期初长短期合约信用利差变化的敏感度(CV01)相同,使得在信用曲线小幅平行移动时,组合价值不随之波动;自融资策略即期初长短期合约收入与支出的票息相同,在每个付息日净现金流为0,但当信用事件发生时,可能需要支付差额违约金。

六、CDS 指数策略

CDS 指数是以多个 CDS 为基础,按一定的标准编制的指数产品。CDS 指数的偏斜度为 CDS 指数公允利差与其市场利差之间的差值,其中公允利差是指 CDS 指数中基础 CDS 的平均利差。偏斜度从长期看应该非常小,因为市场参与者的套利会缩小偏斜度。若偏斜度较大,则意味着指数相对于单一名称 CDS 较便宜,此时可买入相对便宜的 CDS 指数,卖出相对昂贵的单一名称 CDS,待市场价格修正、两者价差收敛时,反向平仓进行套利。

在 2012 年的"伦敦鲸"事件中,由于摩根大通持有大量 10 年期 IG-9 CDX 空仓头寸,使得该指数价格较低,偏斜度较大。对冲基金经理发现这一套利机会,买入 10 年期 IG-9 CDX 指数、卖出单一名称 CDS 合约,期待市场套利行为使价差回归。然而,与预期相反,随着摩根大通所持头寸不断扩大,IG-9 CDX 偏斜度持续增加,采用该策略的对冲基金均损失惨重。

第三节 信用衍生产品的风险分析与管理

以 CDS 为代表的信用衍生产品是全球第三大场外金融衍生品。本节以 CDS 为例,对信用衍生产品的风险进行分析与管理。

一、市场风险管理

CDS 的市场风险是指 CDS 保护费的变化导致的 CDS 合约价值的不确定性。CDS 分为买入和卖出方向,若 CDS 保护费上升,则卖方受损,买方获益;若 CDS 保护费下跌,则卖方获益,买方受损。买入方向时,投资者付出固定的保护费,获得信用风险保护,最大损失为付出的固定保护费,故整体风险相对可控。卖出方向时,投资者相当于持有参考实体的信用风险敞口,与直接持有参考实体发行的债券具备相似的风险特征,当不发生信用事件时,投资者获得稳定的保护费收入(与获得债券信用利差的收入相似);当发生信用事件时(与债券违约相似),在现金结算方式下,投资者需向交易对手方支付相应的赔付金额,赔付金额=名义本金×(1-回收率),回收率一般通过拍卖等形式确认。整体来看,投资者卖出 CDS 与直接持有同类信用债具备相似的风险特征。

从市场风险管理角度来看,CDS 既是市场风险管理的对象,又是市场风险管理的工具。

单独作为一种资金产品,CDS 是市场风险管理的对象。从管理方式上来看,CDS 与其他衍生产品并无基本原则上的不同,也是根据组合管理模式,设定总体风险敞口。由于 CDS 的特性,其信用利差变化的敏感度指标通常采用 CV01,而组合层面的 VaR 模式依然适用。

从市场风险管理的角度来看,市场产品的大部分风险,无论是信用风险、汇率风险,还是流动性风险等,最终都以价格波动的形式体现(有效市场理论),因此市场风险管理的关注点虽然是价格波动,但对价格波动的来源,即风险因子的变化,也高度关注。CDS 是将信用风险因子从其他风险中剥离出来的产物,是对市场信用风险变化的直接描述,因此也成为市场风险管理的最佳工具之一。

(一) 敏感度模式

通常来说,市场产品的价格对于各种风险因子的变动存在不同的敏感度,而对于信用利差变化的敏感度通常采用 CV01 来衡量,即当信用利差变化 1 个基点时,产品价格的变化。

这种衡量方式与利率风险中常用的 DV01 非常相似,不同之处在于 DV01 描述的是价格对于利率变化的敏感度,而 CV01 针对的则是价格对于信用利差变化的敏感度。一般来说,个体企业信用利差的变化与利率变化关系不大,但由于宏观经济的影响,整体行业或相同评级的信用利差常常与利率变化存在直接关系。

使用 CV01 来衡量和管理 CDS 的市场风险时,首先需要计算的是确定时限的个体信用利差。首选当然是通过市场报价直接获得,或根据相应债务的报价间接获得。当市场不够活跃,报价无法反映该时限的个体信用利差的真实情况时,也可以采用信用等级相似的同时限个体信用利差近似,或该个体不同时限的信用利差推导。

有了市场个体信用利差,加上 CDS 的协议金额和初始利差(用来确定未来现金流)及贴现曲线(Discount Curve),就可以得到理论上的 CDS 价格,也可以很方便地计算出 CDS 的市场敏感度,即上下分别浮动信用利差 1 个基点,取市值变动的中间值,得到该产品的 CV01。

一般来说,在投资组合管理中,所有个体 CDS 的定价和 CV01 指标会被累计填入一个由时限和评级组成的矩阵中,矩阵形式大体如表 2-1 所示。

表 2-1 时限-评级矩阵

CV01	0—3 个月	3—6 个月	6—9 个月	9—12 个月	1—2 年	2—5 年	5 年以上	汇总
AAA+								
AAA								
AA+								
AA								
AA−								
A+								
A								
A−								
BBB+								
BBB								
BBB−								
BB+以下								
汇总								

管理者可以根据表 2-1 迅速得到一个 CV01 的分布概况和总体规模，并分析得出需要重点关注的风险区域。

上述矩阵虽然可以提供一个简单直接的概况描述，但由于忽视了信用曲线不同时限之间以及不同信用评级之间的独立性和相关性，其汇总数据无法精确地描述组合的真实市场风险情况，需要采用其他方法来加以解决。其中最重要也最常见的就是 VaR 模式。

（二）VaR 模式

VaR 模式自问世以来，虽然不断受到业界的各种质疑和批评，但由于其操作简便、结果统计意义明晰，仍然是市场风险管理中无法替代的重要工具，VaR 和压力 VaR 是《巴塞尔协议Ⅱ》中对市场风险管理的最重要的组成部分。

VaR 及压力 VaR 的具体计算相对简单，已经有大量的相关书籍、文献进行了详细的描述，在此不再重复。

VaR 模式中，在定价机制明确和市场数据来源可靠的前提下，CDS 像其他简单衍生产品（如利率互换）一样，可以作为组合中的一种产品直接进行计量，不需要特殊处理，这也正是 VaR 模式的兼容力强大之处。

通过 VaR 模式计算得出的 VaR 值（在险价值），包含了模型中所有风险因子之间相互的关联关系，根据历史情况（历史法）或对未来场景预测（参数法、模拟法）而得出的整体组合面临的市场风险指标，对组合管理具有强大的指导性和实用性。为了补偿 VaR 模式内在模型假设的不足，不同场景下的压力测试可以提供压力 VaR 值，从而帮助管理者更好地掌握整体组合面临的市场风险。

对于 CDS 来说，VaR 模式具有突出的优势，可以有效地描述信用曲线不同时限之间以及不同信用评级之间的独立性和相关性，特别是能够自然地对冲组合中其他类别产品（如债券、期权等）中隐含的信用利差风险，充分体现其风险管理工具的作用。

（三）市场风险指标的设定

作为监管要求和金融机构发展的方向，VaR 模式是市场风险管理的首选。CDS 作为组合中的一种衍生产品，其市场风险限额也包含在 VaR 模式下的整体组合风险指标中，但通常不会单独出现。有时会出现针对纯粹 CDS 组合的单独 VaR 限额，但那是业务管理中遇到的具体特例，不属于市场风险管理的通常做法。

作为 VaR 的替代或有效补充，市场风险管理也经常使用 CV01 限额。一般来说，根据业务复杂程度和风险管理能力，CV01 限额可以有整体限额（单一数字），也可以有分品种、分时限的限额矩阵，还可以针对交易集中度设置单一交易、单一交易对手、单一信用个体的 CV01 额度。

对于 CDS 来说，比较理想的市场风险限额体系应以 CV01 限额矩阵作为内部管理的参考，同时配备 VaR 和压力 VaR 以满足宏观组合管理和监管资本报告的要求。

（四）需要注意的问题

无论采用哪种模式管理 CDS 的市场风险，有几个问题均需要注意：

一是价格有效性。对于市场风险管理来说，价格是风险分析的基础，价格的准确、及时、有效非常关键。

二是市场流动性。市场风险管理中，很容易被忽略的就是流动性变化对价格的影响。我们常常发现，观测到的市场价格合乎常规，看起来一切正常，甚至有正常交易可以作为价格验证，但突发性事件会导致流动性突变，价格完全失效，从而影响市场风险管理的有效性。

三是市场独立性。CDS 作为特定债项所含信用风险的衡量标准，一般是与所标定的债项高度相关的。但是，由于 CDS 属于衍生产品市场，债券在债券市场交易，而贷款的交易功能较弱，CDS 与标的债项的交易市场不同，交易参与者不同，其价格决定因素和会计核算方法也有所区别。例如，贷款基本不参与交易与市场估值，因此会计核算方法与 CDS 不同，这常常会导致与贷款形成对冲的 CDS 价格不断波动，而贷款价值则基本不变，其中产生的市场风险需要特殊对待。

四是计量准确性。CDS 最大的功效之一就是信用风险的对冲和资本的节约，但这些都依赖于模型的准确性。不准确的模型会产生不准确的数据，进而带来错误的市场风险管理措施。

五是管理合理性。不同机构对CDS的使用不同,内部管理架构及风险管理能力不同,因此应采取对自身最有效的管理模式,而不是简单照抄,否则会导致风险管理的低效。

二、交易对手信用风险管理

CDS可将债券发行主体的信用风险转移出去,但CDS自身也具有信用风险,即交易对手信用风险。交易对手信用风险,是指交易一方未能履行合约义务而对另一交易方造成经济损失的风险。

因为存在交易对手信用风险,因此CDS将有可能失去风险转移的功能。在CDS交易中,当参考实体发生信用事件时,CDS的买方将有权从CDS的卖方获得一定的赔偿金额。不过,这种合约最终能否执行、CDS的买方能否真正对冲参考实体的信用风险,还得看CDS的卖方能否履行合约。当信用事件发生后,若CDS的卖方无法按照约定对CDS的买方进行补偿,那么CDS的买方将有可能因交易对手信用风险而承担更大的损失。

市场参与者应进一步改进对CDS交易对手信用风险的计量,提升交易对手信用风险管理的精细化程度,实现对交易对手信用风险敞口的日常监控和动态管理。在交易前,应加强对交易对手的信用状况和履约意愿及能力的调查,并将该调查结果与是否进行该业务以及如果进行该业务其主协议的设计、保证金或抵押品协议的设计结合起来;在日常交易中,应逐步将交易对手信用风险作为独立的风险加以管理,强化内部评级法体系建设,实现对相关产品的内部估值,尤其是实现考虑到各种风险要素、抵押品和保险要素之后对该风险敞口的准确、动态计量,从而有助于对该风险的管理。

市场参与者应当重视抵押品协议和抵押品在交易对手信用风险管理中的作用,同时应通过主协议实现净额结算。市场参与者应当加强对抵押品协议的运用,提高对抵押品的估值能力,应将抵押品管理和保证金管理动态挂钩,充分评估交易对手的风险抵御能力,要求交易对手及时追加抵押品或追缴保证金,更好地抵御交易对手信用风险;同时,在法律制度框架、会计准则和IT设施进一步完善的条件下,应促进主协议净额结算制度的运用(如《中国银行间市场金融衍生产品交易主协议》)来进行净额结算,实现对同一交易对手的信用风险敞口轧差,降低交易对手信用风险总敞口,推进对交易对手整体信用风险的管控。

另外,当信用衍生产品市场发展到一定阶段,具备较为成熟的市场环境和技术基础时,监管机构可借鉴国际经验,对标准化的CDS合约及CDS指数引入中央对手方清算制度。中央对手方实际上是介于CDS买卖双方的交易对手。中央对手方清算是CDS买卖双方成交后,中央对手方分别与买卖双方创设新的CDS,以取代最初成交的CDS。未来任何一方违约时,中央对手方将首先承担偿付责任。中央对手方清算制度有利于大规模减少交易对手信用风险的发生,特别是连锁发生,并且有助于市场监管者及时掌握CDS市场风险集中程度、控制过度投机行为等,进而降低市场系统性风险。

三、操作风险管理

CDS作为衍生产品,可参照其他衍生产品业务的管理模式进行严格的操作风险管理。开展CDS业务的机构应有交易人员资格审核、业务授权、业务流程、交易对手审核、风险管理办法及限额体系、系统录入、交易估值、会计处理、后台清算等各项管理办法和完备的法律合规。

四、杠杆风险管理

CDS作为金融衍生产品,具有一定的杠杆性。信用保护卖方相当于持有参考实体的信用风险敞口,可能采用双边授信或缴纳一定比例的履约保障品的形式开展交易。在这种模式下,信用保护卖方相当于获得了一定杠杆持有该信用风险敞口。

管理杠杆风险,需要监管机构加强对金融机构的监控力度,对交易头寸限额、交易杠杆实行严格的管控,实行基于《巴塞尔协议Ⅲ》的监管制度,对CDS实施更为严格的资本金要求。

五、"裸卖空"风险管理

CDS"裸卖空"是指投资者可以在无参考债务风险暴露的情况下买入信用保护。CDS"裸卖空"的交易目的主要有:为CDS卖方增加流动性;为投资者提供"代理对冲"的手段;成为套利、投机交易的工具。

CDS"裸卖空"带来的主要风险有:

一是引发系统性风险。由于大量的CDS买方并未拥有参考债务头寸,导致CDS头寸超过参考债务的待偿付金额,若卖方主要集中在少量机构,加上CDS本身具有杠杆效应以及缺少中央清算机构,一旦发生信用事件,容易造成连锁反应。

二是引发投机风险。由于信用保护买方并不需要真正持有作为参考的信用工具(常见的有按揭贷款、按揭支持证券、各国国债及公司债券,或者债券组合、债券指数),再加上CDS的杠杆性,使得CDS可以作为做空投机的便捷工具。

三是影响货币市场的流动性。例如CDS"裸卖空"有可能造成CDS利差过高,那么反过来就有可能对货币市场的流动性造成影响。这主要是因为CDS利差过高可能会打击投资者对参考债务的信心,从而影响该债券的需求和参考主体的再融资成本。

尽管"裸卖空"交易机制存在风险,但是严禁CDS"裸卖空"将会制约基础资产和CDS市场的流动性,对卖方机构的风险对冲交易造成限制,带来巨大的监管成本。因此,管理

"裸卖空"风险,需要在市场效率和市场风险上取得平衡。一方面,要继续秉承正确的发展思路和举措,强化信息报备和披露要求,进一步加强监管力度和提高市场透明度,在市场风险积聚过大的特定情况下禁止"裸卖空"交易;另一方面,要加大创新力度,在加强管理、严防风险的前提下,稳妥地发展这项基于市场实际需求的信用衍生产品,推动信用衍生产品市场的创新与发展。

六、模型风险管理

模型风险是指基于错误的模型或错误使用模型作出的决策而可能带来的不利损失。模型风险的来源有很多:其一是模型自身设定存在缺陷,包括基本定义不当、前提假设错误、建模所用样本数据不具代表性、风险驱动因素遗漏等;其二是模型管理存在缺陷,主要有管理政策制度存在缺陷和自由建模人才不足;其三是模型使用不当,包括数据信息录入错误、模型检测维护滞后和使用错误的模型等。

在 CDS 的定价和风险管理过程中,发展出了一系列模型方法,例如结构化模型和简约化模型。不同模型的结果具有差异性,根据不同模型的定价和风险管理,所导致的损益也具有很大的差别。例如在金融危机前,大量的模型没有考虑到交易对手信用风险、流动性风险,或对其估计不足,导致在危机中造成了较大的损失,风险管理失效。

管理模型风险,需要市场参与者持续有效地强化基础设施建设和准确使用量化模型:第一,强化管理者专业能力建设,提高管理者量化决策水平,为模型的研发、验证、使用配置有效的资源;第二,强化风险量化政策制度建设,规范建模流程,使整个建模过程有章可循;第三,强化系统整合和数据库建设,为模型的开发、使用及回测奠定可靠的基础;第四,组建和培养独立验证模型队伍,在模型生命周期内持续有效地独立检验模型的准确性和稳定性,防止使用错误的模型及调整滞后。

七、流动性风险管理

在 CDS 发展初期,由于其属于场外金融衍生产品,且相关法律体系不健全,合约标准化程度不足、信息不对称等,导致 CDS 存在一定的流动性问题。

管理流动性风险,需要监管机构加强监管力度,完善场外衍生产品的相关法律法规及基础设施建设,强化信息披露,提高合约的标准化程度,同时,还可以推出一些流动性较强的 CDS 产品,如 CDS 指数合约。

➲ 本章小结

本章第一节主要介绍了信用衍生产品的估值定价技术,第二节主要介绍了信用衍生产品特别是信用违约互换的交易策略。在估值定价技术方面,读者应当对盯市法与模型法有一个直观的认识。

目前,在国外的实际操作中,盯市法是为 CDS 估值定价应用较为广泛的方法,在有连续且准确的信用违约互换曲线的前提下,交易人员就可以通过 Bootstrapping① 的方法,计算各期限的违约率,从而得出 CDS 的价格。同时,我们也可以利用盯市法为 CDS 实时估值,利用市场价格与成本价格的差异,得到账面盈亏的测算数。

在交易策略方面,我们主要了解了 CDS 与利差套利、期差套利以及滚动策略等方法。当然,在实际操作中,这几类方法往往可以互相搭配使用,得到最优化的交易策略。不过,在实施过程中,其风险管理,特别是在期差套利中,如何调整久期、风险暴露,以及投资期限对最后的盈利结果有着至关重要的作用。

本章重要术语

盯市法　　　　模型法　　　　风险中性定价　　结构化模型
简约化模型　　Merton 模型　　首达模型　　　　面值回收率
市场回收率　　违约相关性

思考练习题

1. 结构化模型与简化模型的区别在哪里?
2. 为 CDS 定价,最重要的是哪些要素?
3. CDS 的交易策略主要有哪几种?
4. CDS 的风险管理中,有哪些风险值得关注?

参考文献

[1] Bielecki, T., and M. Rutkowski, *Credit Risk*: *Modeling*, *Valuation and Hedging*, Berlin: Springer Finance. Springer, 2002.

[2] Black, F., and J. C. Cox, "Valuing Corporate Securities: Some Effects of Bond Indenture Provisions," *Journal of Finanace*, 1976, 31, 351-367.

[3] Davis, M., and V. Lo, (2001a). "Modelling Default Correlation in Bond Portfolios", *Mastering Risk*, 2001, 2(1), 141-151.

[4] Davis, M., and V. Lo, (2001b). "Infectious Defaults," *Quantitative Finance*, 2001,

---

① Bootstrap 是非参数统计中一种重要的估计统计量方差进而进行区间估计的统计方法,也称为自助法。其核心思想和基本步骤如下:采用重抽样技术从原始样本中抽取一定数量(自己给定)的样本,此过程允许重复抽样;(2)根据抽出的样本计算给定的统计量 T;(3)重复上述 N 次(一般大于1000),得到 N 个统计量 T;(4)计算上述 N 个统计量 T 的样本方差,得到统计量的方差。

1(4), 382-387.

[5] Duffie, D., "Credit Risk Modeling with Affine Processes", *Journal of Banking and Finance*, 2005, 29(11), 2751-2802.

[6] Duffie, D., and D. Lando, "Term Structures of Credit Spreads with Incomplete Accounting Information", *Econometrica*, 2001, 69(3), 633–664.

[7] Duffie, D., and K. J. Singleton, "Modeling Term Structures of Defaultable Bonds", *Review of Financial Studies*, 1999, 12(4), 687-720.

[8] Duffie, D., and R. Kan, "A Yield-factor Model of Interest Rates", *Mathematical Finance*, 1993, 6(4), 379-406.

[9] Giesecke, K., and L. R. Goldberg, "Sequential Defaults and Incomplete Information", *Journal of Risk*, 2004, 7(1), 1.

[10] Giesecke, K., "Correlated Default with Incomplete Information", *Journal of Banking and Finance*, 2004, 28(7), 1521-1545.

[11] Heath, D., R. Jarrow, and A. Morton, "Bond Pricing and the Term Structure of Interest Rates: A New Methodology for Contingent Claims Valuation," *Econometrica*, 1992, 60(1), 77-105.

[12] Ho, T. S. Y., and S.-B. Lee, "Term Structure Movements and Pricing Interest Rate Contingent Claims," *Journal of Finance*, 1986, 41(5), 1011-1029.

[13] Houweling, P., and T. Vorst, "An Empirical Comparison of Default Swap Pricing Models", *Erim Report*, 2002.

[14] Hull, J., and A. White, "Valuing Credit Default Swaps I: No Counterparty Default Risk," *The Journal of Derivatives*, 2000, 8(1), 29-40.

[15] Hull, J., and A. White, "Valuing Credit Default Swaps I: No Counterparty Default Risk," *The Journal of Derivatives*, 2000, 8(1), 29-40.

[16] Hull, J., M. Predescu, and A. White, "The Valuation of Correlationdependent Credit Derivatives Using a Structural Model," *Journal of Cresit Risk*, 2010, 6(3), 99-132.

[17] Ingersoll, J. E., Jr., "A Contingent-claims Valuation of Convertible Securities," *Journal of Financial Economics*, 1997, 4(3), 289-321.

[18] Jarrow, R. A., and F. Yu, "Counterparty risk and the pricing of defaultable securities," *Journal of Finance*, 2001, 56(5), 1765-1799.

[19] Jarrow, R. A., and S. M. Turnbull, "Pricing Derivatives on Financial Securities Subject to Credit Risk", *Journal of Finance*, 1995, 50(1), 53-85.

[20] Jarrow, R. A, D. Lando, and S. M. Turnbull, "A Markov Model for the Term

Structure of Credit Risk Spreads", *Review of Financial Studies*, 1997,10(2), 481-523.

[21] Leung, S.-Y., and Y.-K. Kwok, "Credit Default Swap Valuation with Counterparty Risk," *Kyoto Economic Review*, 2005, 74(1), 25-45.

[22] Li, David, "On Default Correlation: A Copular Function Approach", *Social Science Electronic Publishing*, 1999, 9(4).

[23] Luciano, E., and W. Schoutens, "A Multivariate Jumpdriven Financial Asset Model," *Quantitative Finance*, 2006, 6(5), 385-402.

[24] Merton, R. C., "On the Pricing of Corporate Debt: The Risk Structure of Interest Rates," *Journal of Finance*, 1974, 29, 449-470.

[25] Musiela, M., and M. Rutkowski, *Martingale Methods in Financial Modelling*, Volume 36 *of Stochastic Modelling and Applied Probability*, Berlin: Springer-Verlag, 2005, Second Edition.

Part 2

第二篇

国际信用衍生产品市场发展动态和架构

第三章 国际信用衍生产品市场发展概况

本章知识与技能目标

- 了解国际衍生品市场的发展历史,特别是其定义文件、市场制度以及监管层面的沿革历史;
- 加深对债务违约、CDS 触发条件、结算等条款的认识;
- 掌握 2008 年金融危机后,CDS 市场改革的各个方面,包括信用衍生产品决定委员会机制、强制拍卖结算、CDS 的标准化合约、交割的处理,以及如此改革的理由;
- 对于《巴塞尔协议》中关于信用衍生产品的风险缓释认定方法,重点掌握其判定合格信用衍生产品的标准;
- 适当了解国外不同类型机构在 CDS 市场所发挥的作用。

第一节 信用衍生产品市场的发展历程和现状

一、欧美市场发展历程和现状

在过去的几年里,信用衍生产品是国际金融市场上发展得最快、最富创新意义的产品,且一度成为投资者避之不及的"大规模杀伤性武器"。自 2000 年以来,全球信用衍生产品市场经历了一个飞速发展而后快速收缩的发展路径,2008 年全球金融危机的爆发成为信用衍生产品市场发展道路上的重要转折点。根据国际清算银行(BIS)的统计数据,2008 年年底,全球信用违约互换的市场规模为 41.9 万亿美元,但截至 2012 年年底该市场规模已下降至 29.9 万亿美元,截至 2015 年年底,该市场整体存量金额为 12.3 万亿美元。

2008 年金融危机爆发后,在肯定信用衍生产品正面作用的同时,针对其暴露出的问题和缺陷,欧美各国监管当局和市场相关方面发起了一场重大变革,国际信用衍生产品市场出现了新的发展趋势。虽然改革未必尽善尽美,其全面落实也尚待时日,但信用衍生产品市场在去芜存菁之后,将能够在新的起点上实现健康发展并重现生机,继续发挥其重要功能。

(一) 发展历程

信用衍生产品的产生大约可以追溯到20世纪90年代。虽然在90年代初期,信用违约互换的雏形就已经出现,但比较公认的一个说法是,现代信用违约互换是在20世纪90年代中晚期,由当时在摩根大通担任财务总监的布莱思·马斯特斯(Blythe Masters)带领的团队首创。当时,摩根大通的目的是将其资产负债表上的公司债权和商业贷款的部分信用风险转移出去,按监管当局对银行资本金的要求,摩根大通可以因此节省一笔可观的资本金。不久,以公司为参考实体的信用违约互换便在市场上出现。大约同一时期,嵌入CDS的合成担保债务凭证(Collateralized Debt Obligation, CDO)①从现金流CDO中派生出来,进一步丰富了信用衍生产品市场。

和历史上所有的金融创新一样,信用衍生产品的出现与当时特定的经济环境密不可分。以美国为例,信用衍生产品的发展正是在美国利率市场化的背景下,由银行通过表外业务进行融资和风险缓释的需求所推动的。20世纪30年代美国经济大萧条后,美国对银行业的各种立法在很大程度上保护了银行的发展,例如对存款利率设置上限的Q条例、禁止银行跨州设立分支机构的规定、对银行发放牌照的限制等均使得美国银行业处于垄断竞争的状态。然而,从20世纪80年代起,上述保护性立法逐一被取消②,同时资本市场上出现了大量银行资产负债表中资产方和负债方的替代品,资产方大量高收益债券和短期融资券对传统银行贷款的挤占、负债方货币市场基金对银行存款的替代,均使得商业银行利润大幅降低。20世纪80年代出现的存贷机构危机、80年代末和90年代初出现的大批商用按揭违约,以及之后的经济衰退,使得银行的资产质量恶化、资本充足率下降、市场流动性匮乏,企业和其他借款人的筹资成本上升。

在这种背景下,市场需要一种既可以帮助银行大规模改善资产负债状况,同时又可以降低筹资成本的金融工具。据此,以CDS与合成CDO为核心的信用衍生产品应运而生,商业银行业务从传统的信贷"发起—持有"(Originate-to-hold)模式转变为"发起—分销"(Originate-to-distribute)模式。美国信用衍生产品创新是金融脱媒和利率市场化倒逼

---

① CDO是信用衍生产品的一种。它是将一系列债权资产(包括债券、贷款和其他结构化产品)组合起来,以其产生的现金流作为支持发行的债券,并依据风险分类切割成不同的券种,以提供给不同风险偏好的投资人作选择,是典型的资产证券化产品。按照证券化方法分类,CDO可划分为现金型CDO与合成型CDO。两类CDO在发起方式、分块方式、市场投资结构上都类似,主要差别在于资产的形成方式。现金型CDO要求发起人将信贷资产的所有权转移给社会创新投资伙伴(Socsal Venture Partners, SPV);合成型CDO要求发起人通过CDS将信贷资产的信用风险转移给SPV。合成型CDO是资产证券化和CDS的结合。

② 1980年的《货币控制法案》(Monetary Control Act)取消了Q条例,1994年的《里格-尼尔州际银行及分行效率法》(Riegle-Neal Interstate Banking and Branching Efficiency Act)取消了禁止银行跨州设立分行的限制。

的结果。但由于缺乏统一的定价标准和信息披露机制,这一时期信用衍生产品市场的透明度和流动性较低,在一定程度上制约了市场的进一步发展。

2001年,经历了网络泡沫破裂和"9·11"事件后,小布什政府为了推动经济增长,实行了扩张性的财政政策,推行了美国家庭"居者有其屋"计划,使得房地产市场出现了腾飞,债务资本市场同期也快速发展。在房价不断上涨的背景和低利率的货币环境的配合下,银行向财务状况较差的借款人大量发放购房贷款(次级贷款),并开展相应的证券化业务,合成型CDO在市场上脱颖而出。合成型CDO的出现和信用违约互换的日趋成熟有着密切的联系。由于信用违约互换将债券和信贷中的两大要素——信用风险和流动性分离开来,很快,现金型CDO便被合成型CDO所取代。合成型CDO在重组资产负债风险、改善资本运用效率等方面,比现金流CDO更加有效、便利。

到了2003年,这一情形有了根本改变。一方面,由于某些银行转让巨额CDO的需要,现金型CDO二级市场开始活跃;另一方面,在合成型CDO市场上,数家大银行首次推出了由100家公司为基础资产的CDO指数。CDO指数的出现,为合成型CDO市场增加了巨大的流动性。

在经历了初期的平稳发展后,欧美信用衍生产品市场的创新日益活跃。随着参考债务从贷款、公司债等基础资产逐渐向资产证券化(Asset-backed Secllrities, ABS)产品发展,各种结构复杂的创新产品如雨后春笋般涌现,欧美信用衍生产品市场从2005年开始出现爆炸式的增长。2005年出现了以ABS为参考债务的资产证券化信用违约互换ABCDS和以ABS为参考债务的CDO(ABS CDO)。2006年,由以20只次级房贷为抵押物的资产证券化产品组成的指数ABX开始正式交易,次年2月,ABX的风险分块市场开始运作。2007年2月,以高收益型公司杠杆贷款为参照的LCDX指数正式被引入市场交易,同年10月,LCDX风险分块交易在市场正式开盘。据BIS的估计,全球信用衍生产品的名义总额在2007年年底已达到62万亿美元,远远超过当时36万亿美元的全球股票市场资本总市值。

在信用衍生产品市场规模急剧膨胀的同时,以次级贷款为代表的"有毒资产"的过度证券化、各种创新产品交易结构的日益复杂,以及风险转移和传递链条的日趋延长,导致信用衍生产品逐渐背离了风险可控的基本原则,其应用也越来越从信用风险管理功能转向纯粹的投机套利功能,由此成为金融危机中的风险隐患。

2007年夏,美国爆发了次贷危机,并继而引发了更大规模的金融危机,导致信用风险加价大幅攀升、市场流动性急剧下降、各类资产大幅缩水,信用衍生产品市场也随之遭受了严重冲击。针对在金融危机中暴露出的问题,欧美各国监管当局及市场相关方面发起了一场重大改革,全球信用衍生产品市场开始进入收缩和调整阶段。以美国为例,次贷危机后美国通过的《多德-弗兰克华尔街改革与消费者保护法案》(以下简称《多德-弗兰克法案》)对金融体系进行了全面改革,加强了对金融体系系统性风险的监管,其中对信用衍生产品更是作出了严格的规定①,主要内容如下:

(1) 参与衍生品交易的银行将受相应的监管机构(包括美联储(FRB)、货币监理署(OCC)和联邦存款保险公司(FDIC))制定的审慎标准约束(第721条第(1)、(39)款);制定审慎标准时,监管机构需考虑参与衍生产品交易的机构自身的管理能力和财务状况,以及识别、计量、控制各机构参与衍生产品交易的体系等因素(第716条第(k)款);

(2) 新型的衍生产品需要经过美国证券交易委员会(SEC)和商品期货委员会(CFTC)审批并决定其交易场所和相应的监管机构(第718条);

(3) 责成SEC和CFTC研究全球衍生品市场、监管等问题(第719条);

(4) 第721条至第814条详细规定了包括清算机构(第725条)、保证金(第736条)、头寸限制(第737条)和内部交易(第746条)等在内的监管问题。

整体来看,较之危机前的监管空白,危机后针对信用衍生产品的一系列监管改革有助于该产品步入健康的发展轨道,并在一定程度上抑制了市场的野蛮发展(根据BIS统计,截至2016年上半年,全球信用衍生产品名义总额约为12万亿美元,较2007年年底大幅减少),使产品回归信用风险对冲工具的本质,后危机时代的信用衍生产品市场迎来了新的发展趋势。

回顾信用衍生产品的发展历程,其在过去十余年的快速发展有着客观必然性。首先,自20世纪80年代以来,全球兴起了金融自由化浪潮,信用市场的广度和深度不断扩大,为全球金融市场参与者如何管理信用风险提出了挑战,客观上要求出现新型的信用风险管理金融工具。其次,20世纪80年代后,国际信用危机频发且愈演愈烈。1980年拉美债务危机、1982年美国储贷危机、1997年亚洲金融危机、1998年俄罗斯债务危机,以及2001年世通、安然破产事件和2008年雷曼破产事件,每一次危机都有可能对利益攸关的金融机构造成致命的打击,金融机构迫切需要更加强大的风险管理手段。再次,《巴塞尔协议Ⅱ》对银行监管资本提出的信用风险计算方法与最低资本充足率要求,使得银行将信用风险管理方式逐渐从表内交易转化为独立进行信用风险转移的表外交易。最后,信用风险度量技术的发展和成熟、信用数据可获得性的增强、计算机和电子交易平台等技术手段的普及,以及标准合同文本的推广应用,都为信用衍生产品市场的发展提供了坚实的支持。

---

① 《多德-弗兰克法案》中关于信用衍生产品的改革措施主要在其第七章——"华尔街透明度和问责性"(Title VII—Wall Street Transparency and Accountability)。

案例3-1

希腊国债减记

2012年3月9日,ISDA宣布,希腊最新救援措施触发了希腊主权CDS的债务重组(Restructuring)信用事件,这引起了国内外社会对信用衍生产品的进一步关注,并可能对中国CRM市场的未来发展产生影响。

一、希腊债务减记的最新进展情况

(一)私人债务减记计划("PSI计划")

2012年2月21日,欧盟为进一步救助希腊政府,避免希腊国债发生无序违约(希腊政府144亿欧元债券于3月20日到期),达成了向希腊提供1 300亿欧元资金的救援方案。但欧盟为救助方案设定了前提,即要求希腊政府尽快组织完成希腊国债的私人债务减记计划,要求私人部门投资者将所持债券置换为面值减记53.5%、期限更长和利率更低的新债券(考虑到未来的利息损失,这相当于实际损失73%—74%)。

希腊政府于2月24日发布了PSI要约(Invitation),请希腊国债的私人部门投资者自愿选择将持有的希腊国债(面值100%)置换为以下四种新债券,包括:

a. 希腊政府发行的为原面值31.5%的不同期限及利率的新债券;

b. 欧洲金融稳定机制(EFSM)发行的为原面值15%的债券;

c. 与希腊GDP挂钩的债券;

d. EFSM短期票据(用以支付原债券的应计利息)。

欧盟计划以此将希腊政府的债务总额从约3 500亿欧元(其中私人部门债务原本占2 060亿欧元)降低到约2 500亿欧元的水平,并保证政府的负债率在2020年从目前的160%下降到120.5%以下。

(二)集体行动条款(CACs)

为了激励私人债务持有人积极参与"PSI计划",PSI要约中还加入了"集体行动条款",即在达到一定比例的私人债权人同意的情况下,由希腊政府根据自愿参与债务减记的比例情况,选择触发CACs条款:

a. 如果自愿参与置换债券的私人债权人的份额占比超过90%,则希腊政府不选择触发;

b. 如果参与比例在75%—90%之间,则可能选择触发CACs条款;

c. 如果参与比例在75%以下,则"PSI计划"失败,没有任何债券发生置换,希腊面临危机。

PSI要约于当地时间3月8日结束。3月9日,希腊政府发布了"PSI计划"的自愿参与结果,共有占份额85.8%(约1 720亿欧元)的私人债务持有人自愿参与"PSI计划",未达到其90%的理想目标。为保证完成"PSI计划"的预期减记额度,希腊政府选择启动CACs条款,将约束所有私人债务持有人参与"PSI计划",参与的份额也将达到95.7%(希腊法管辖下的债券100%强迫参加,根据国际法发行的债券,仍按照自愿原则进行减记,具体如表3-1所示),成功减记约1 000亿欧元。

表3-1 希腊到期债务PSI涉及金额

希腊债券类别	总金额（亿欧元）	使用CACs前		使用CACs后	
		参与PSI金额（亿欧元）	占比(%)	参与PSI金额（亿欧元）	占比(%)
希腊法管辖下债券	1 770	1 520	85.80	1 770	100.00
根据国际法发行的债券	290	200	69.00	200	69.00
合计	2 060	1 720	83.50	1 970	95.63

(三)ISDA信用事件决定委员会的决定

2012年3月9日,ISDA在其官网宣布,其"欧洲、中东及非洲(EMEA)信用事件决定委员会"一致投票决定,"PSI计划"的实施触发了希腊主权CDS的"债务重组"信用事件。ISDA在其声明中解释称:"希腊为迫使所有持债者接受现有希腊债务互换而触发CACs条款构成了2003年ISDA信用衍生产品定义所规定的信用事件。"3月19日,ISDA组织市场参与者对希腊主权债务依据已确定的回收价值进行了拍卖结算,以确定最终的偿付比例。已确定的回收价值决定了CDS合约规定的信用事件发生时的净偿付额,即CDS的净偿付现金额等于CDS合约面值减去CDS拍卖判定的潜在负债回收价值。

二、前期情况回顾

希腊债务危机起源于2009年,随后欧盟各国与国际社会为避免危机深化,开展了两轮的救援措施。第一轮救援措施为2010年5月欧盟与国际货币基金组织(IMF)提供给希腊政府共计1 100亿欧元的资金,以避免当期希腊国债的支付违约;第二轮救援措施,即"PSI计划"自2011年10月提出草案,到2012年2月欧盟提出最终救助方案。

(一)国际市场对触发希腊主权CDS信用事件的担忧

2011年10月"PSI计划"草案提出后,国际市场普遍担心希腊主权CDS信用事件的触发将出现类似2009年雷曼破产后的大笔资金偿付,从而导致金融市场爆发系统性风险,且该计划已在国际市场上引起了"自愿减记"行为是否触发主权CDS的广泛讨论,并导致市场普遍质疑ISDA及其信用事件决定委员会对现行信用定义条款的垄断解释权。

2011年10月至2012年3月1日期间,在"PSI计划"没有得到最终落实前,ISDA及其信用事件决定委员会曾多次声明或裁定希腊的债务减记计划尚未构成违约,其理由是,"PSI 计划"从首次公布至最终落实前,并没有动用 CACs 条款,是自愿进行,因此不构成信用事件。

(二) 希腊主权 CDS 净敞口评估

与此同时,国际市场开展了希腊主权 CDS 净敞口的评估,根据美国存管信托和结算公司(DTCC)公布的截至 2012 年 3 月 2 日希腊主权 CDS 的净敞口约为 31.6 亿美元,分散于 4 323 份交易合同之中;根据 ISDA 的统计调查,平均 70% 以上的场外衍生产品交易都被担保品所覆盖,故即使发生违约,最终的支付金额预计将少于 10 亿美元,且分散于不同的信用保护卖方,预计不会对国际金融市场带来较大冲击。

(三) 触发 CACs 条款表明"PSI 计划"对 CDS 市场的冲击有限

欧盟和希腊政府在 2011 年 10 月探讨救助计划之初,也担心希腊债务减记若触发 CDS 信用事件,可能对国际金融市场产生类似雷曼事件一样的影响,因此不愿采取强制措施,希望私人债权人能够采取完全自愿的方式接受"PSI 计划"。

但在对希腊主权 CDS 净敞口的评估完成后,最终打消了顾虑,即使占份额 85.8% 的私人债务持有人自愿接受了"PSI 计划",但在已经可以选择不触发 CACs 条款的情况下,希腊政府为保证完成"PSI 计划"的预期减记额度,仍决定置换全部希腊法管辖下的政府债务,表明其对 CDS 市场的冲击已有充分的评估,并认为冲击有限。

三、结论

(一) 国际 CDS 市场"起死回生"

希腊 CDS 赔付一直被看作是对 CDS 这一产品作用的考验,ISDA 信用事件决定委员会的决定终于让 CDS 市场"起死回生",对欧元区国债市场以及国内的 CRM 市场也同样是个利好消息。

(二) 政府部门债权人在债务重组时享有优先权可能被纳入 ISDA 信用事件条款

本次债务减记采取的做法是,为各国中央银行等政府部门持有的希腊国债设置优先转换条款,这引起了市场参与者的不满。

在 2012 年 3 月 9 日,希腊政府正式发布"PSI 计划"并选择启动 CACs 条款之前,欧洲央行及各国央行与希腊财政部达成特别协议,将持有的希腊国债提前置换为条款与原债券条款基本一致的新债券(而并非类似私人债权人需减记面额和延长期限),从而在对原债券启动 CACs 条款时,对政府部门持有的新债券不产生任何影响。

本次债务减记如未触发 CACs 条款,将不会触发 CDS 信用事件,市场参与者普遍认为(甚至包括 IMF 也公开表示),政府部门债权人在债务重组时享有优先权,实际上没有赋予全体债权人平等的权利,不符合接受债务减记的自愿原则(事实上,包括部分美国的养老基金、澳洲的退休基金等在内的投资者,也作为私人投资人承受了巨额损失)。ISDA 也在考虑对定义文件进行适当的修订,以纳入该情形,即将来再发生政府部门债权人在债务重组时享有优先权,也可能被纳入 ISDA 信用事件条款,并触发 CDS 违约。

(三)限制通过开展 CDS 交易进行的投机行为

本次针对希腊主权 CDS 的净敞口约为 31.6 亿美元,其中最大的信用保护买方(获利方)为汇丰银行和希腊本国银行,最大的信用保护卖方(亏损方)为法国巴黎银行等法国银行和意大利国内的部分银行。此前,高盛集团在通过货币互换交易为希腊掩饰政府债务后,也曾向德国一家银行购买巨额希腊主权 CDS 信用保护。

此类投机行为也同样受到市场参与者的指责,通过中央对手方清算机制、要求提供更高比例的担保品等方式预防和控制投机行为,也将成为未来国际 CDS 市场的重要发展趋势。

案例3-2

"伦敦鲸"事件

美国最大,也是公认的最稳健的银行之一摩根大通银行于当地时间 2012 年 5 月 10 日发布通知,称首席投资办公室(CIO)在合成债券上的仓位出现了 20 亿美元的交易损失,被该部门其他盈利抵消后预计出现 8 亿美元的亏损。这些亏损主要来源于一位绰号为"伦敦鲸"的交易员的交易。在该事件发生前的一段时间里,该交易员开始实施 flattener 策略(即看平 CDS 指数曲线的策略),买入短期 Markit CDX.NA.IG9 指数,并卖出长期 IG9 CDX 指数,下注 CDS 指数期限曲线将变平坦。最终信用环境趋于改善,使得实施该策略的摩根大通蒙受了巨大的损失。

CIO 所持敞口是为了对冲摩根大通银行其他部门投资资产的风险敞口。2005 年,CIO 批准开展信用衍生产品交易,交易项目被称为合成信用组合管理(Synthetic Credit Portfolio,SCP)。当公司其他业务(尤其信贷业务)在看多风险时,作为对冲部门的 SCP 组合中主要是一些高收益 CDS 多头、投资级 CDS 空头。

2011 年年底,由于市场上某一发行人破产,SCP 有较大损失。为了对冲信用风险,SCP 买入了更多高收益 CDS。同时为了降低买入 CDS 的固定保费成本,SCP 卖出了大量投资级 CDS,即 10 年期 IG9 CDX,并买入了 5 年期 IG9 CDX 以对冲信用风险,此时组合方向中性。

2012 年 2 月上旬,由于另一家公司预期破产,SCP 扩大了组合持仓规模,操作与 1 月份一致。该 flattener 策略意味着需要保持在 CDS 指数期限结构近端(短期合约)的购买与远端(长期合约)的卖出之间的比例。由于对冲头寸巨大,且 10 年期 CDS 指数流动性较差,该策略意味着一旦判断错误,其敞口将变得风险巨大且极具波动性。与摩根大通银行预期相反,信用市场持续上涨,信用利差不断回落,CDS 指数曲线发生陡峭化变动,组合亏损持续扩大。3 月 23 日,"伦敦鲸"停止交易,并开始平盘操作,但亏损一直持续。3 月底,SCP 的亏损为 7.2 亿美元;6 月底亏损为 40 亿美元;到 2012 年年底,亏损为 60 亿美元。SCP 在 2012 年的亏损是其成立以来所有赢利的三倍。

二、新兴经济体发展历程和现状

在新兴经济体中,信用风险交易市场是欠发达的。韩国、巴西、墨西哥三个国家的本土都没有成熟的信用衍生产品市场。在韩国,信用衍生产品市场发展的阻碍因素主要是定价问题。对这类交易的一些尝试失败的一个原因是在于银行管理者参与意愿不足及双方无法在定价上取得一致意见,另外一个原因是缺乏与这些交易相关的明确的法律规定。而韩国国外和国内机构间的信用衍生产品市场出现于 1995 年,到 1997 年 CDS 的交易额已达到 13 亿美元。但 1997 年亚洲金融危机后,因为韩国信用评级的剧烈下降,导致跨国信用衍生产品市场迅速萎缩。目前,以保险公司为主的本土金融机构开始通过购买 CLN 进入信用风险交易市场。

2002 年,巴西出现了信用衍生产品市场。当时只有 CDS 和总 TRS 两种工具获得了许可,而且还有诸多限制措施:投资基金和养老基金不允许作为风险购买者进入市场;风险出售者必须持有已购买信用保护的资产;市场参与者必须向金融监管部门报告与信用衍生产品交易相关的信息。目前,监管措施主要侧重于建立信用衍生产品市场交易信息的披露机制,以提高市场的透明度和监管的便利性。

对于墨西哥而言,阻碍其本土信用衍生产品市场发展的因素主要包括:一是 1995 年开始的信贷规模萎缩,影响了银行进行信用衍生产品交易的积极性。银行参与信用风险交易市场的主要目的是降低信用风险集中度和减少最低资本金要求,而贷款规模的缩小大大降低了银行参与信用风险交易市场的意愿。二是缺乏具有流动性的公司债券市场,导致信用风险交易市场缺乏定价基础。三是尚无相关的监管措施,导致市场参与者因为担心自身权益得不到保障而缺乏进行信用风险交易的意愿。2003 年,一些外资银行开始与墨西哥本土的投资者进行信用联结票据交易,交易形式一般是国内的保险公司购买外资银行发行的长期票据。但因为此类证券的主要潜在购买者,比如养老基金仍未获准进行此类交易,所以市场规模较小。

中国的信用衍生产品市场起步较晚,2010 年 10 月,中国银行间市场交易商协会发布了《银行间市场信用风险缓释工具试点业务指引》(以下简称《CRM 业务指引》),正式推出了中国版信用衍生产品——信用风险缓释工具。

2016 年 9 月 23 日,中国银行间市场交易商协会在其官网发布了《银行间市场信用风险缓释工具试点业务规则》与《术语与规则》两份文件,在原有 CRMA 与 CRMW 产品的基础上,向市场推出了 CDS 与 CLN 两种信用衍生产品,进一步完善了中国信用衍生产品市场的产品结构。

三、全球信用衍生产品市场现状

自 2008 年以来,受金融危机和发展历史阶段的影响,全球信用衍生产品市场规模告别了高速增长的态势,此外,前文所述的产品要素标准化后的压缩交易和中央对手方清算机制的引入也是信用衍生产品规模缩减的重要原因之一。

截至 2015 年年底,全球场外市场续存名义本金为 492.91 万亿美元(如图 3-1 所示),其中信用衍生产品续存金额为 12.29 万亿美元,占比为 2.49%,是场外金融衍生品市场的第三大品种。

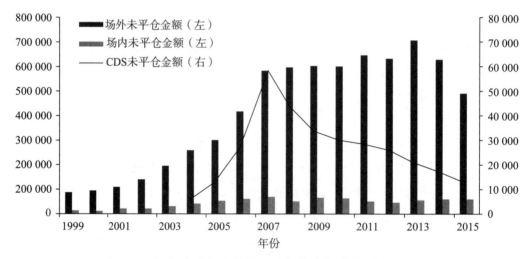

图 3-1 场内、场外衍生品及 CDS 规模对比(单位:十亿美元)

资料来源:国际清算银行。

按公司评级分类,如图 3-2 所示,截至 2015 年年底,以 A/BBB 级公司债券为参考实体的 CDS 在全球市场上占据最大的市场份额,占比为 56.0%。反之,高信用低收益债券和低信用高收益债券的 CDS 规模较小,合计占比为 27.0%。AAA/AA 级公司债券信用风险极低、信用利差稳定,CDS 买入方向需求较少,所以存量占比仅为 8.9%;而投资级(BBB级)以下公司债券信用风险较高、历史违约事件频发,CDS 卖出风险敞口较大,导致卖出方向供给较少。

按参考实体所属部门分类,如图 3-3 所示,截至 2015 年年底,以非金融企业债券为参考实体的 CDS 在全球市场上占比最高,为 34.9%。主权债务原本有国家担保,其风险较小,CDS 规模不大,占比为 16.3%。自 2008 年金融危机以来,特别是经历了欧债危机,主权 CDS 的交易量逐年攀升(续存量占比从 2008 年年底的 4% 逐步上升至 2015 年年底的16.3%),同时部分发达市场国家的监管部门要求银行在新兴市场国家计提更多的资本,银行需要购买新兴市场国家的CDS来降低资本损耗。综合上述原因,主权类CDS规模逐渐扩大。

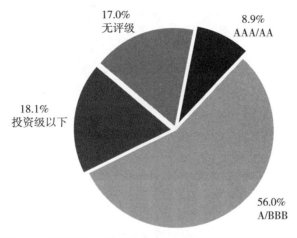

图3-2　CDS(按公司评级分类)占比(截至2015年年底)

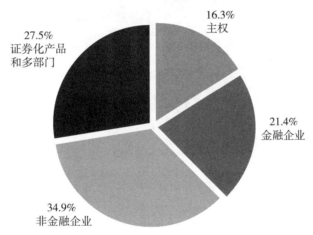

图3-3　CDS(按参考实体所属部门分类)占比(截至2015年年底)

资料来源:国际清算银行。

按参考实体数量分类,单一名称CDS(Single-name CDS)指有唯一参考实体的CDS;多参考实体CDS(Multi-name CDS)指有不止一个参考实体的CDS,例如一篮子CDS和CDS指数。目前市场上仍以单一名称CDS产品为主。如图3-4所示,截至2015年年底,单一名称CDS占比为58.4%,多参考实体CDS占比为41.6%。

按剩余期限分类,如图3-5所示,截至2015年年底,全球CDS市场上的合约剩余期限以1—5年期为主,占比为71.4%。随着期限增加,违约风险上升,长期(5年以上)违约风险已处于高位,CDS发行方风险敞口较大,导致发行量较少,占比为6.7%。而期限较短的CDS合约(1年及1年以下),由于发生违约的概率较小,其市场份额也相对较小,占比为 21.9%。

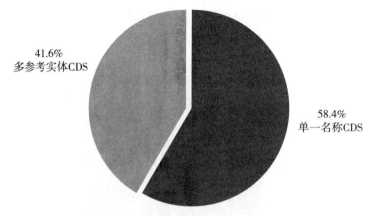

图 3-4　CDS（按参考实体数量分类）占比（截至 2015 年年底）

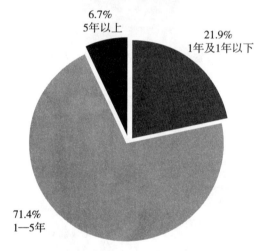

图 3-5　CDS（按剩余期限分类）占比（截至 2015 年年底）

资料来源：国际清算银行。

第二节　信用衍生产品与次贷危机

一、次贷危机的发展脉络

（一）互联网泡沫的破裂与"9·11"事件导致了经济刺激政策的推出

20 世纪 90 年代末，美国迎来了经济发展的春天。从 1998 年年底到 2000 年 3 月，由于新兴产业前期的高利润率和风险资本的介入，美国股市，尤其是 IT 科技股急剧升温。代表"新经济"的新兴互联网企业和通信企业受到热烈追捧，以科技股为主的纳斯达克指数从 1 600 余点攀升至 5 000 余点，股票市值的增长远远超前于实体经济的增长。然而，泡沫终究会破裂，当这些互联网企业和通信企业的发展未能达到投资者的预期时，市场信心开始动摇,依赖于对行情的盲目跟风看涨所创造的虚假繁荣最终破灭。自 2000 年 3 月以来,纳斯达克指数开始反复剧烈波动,截至 2011 年 3 月末,指数下跌将近 2/3,再度下降至 1 600 余点。随后发生的"9·11"恐怖袭击事件更是进一步挫伤了美国投资者的信心,互联网企业市值大幅缩水。2011 年 9 月,纳斯达克指数跌破 1 500 点,S&P 500 指数更是下跌至当年最低点 965.8 点,美国经济陷入衰退。1995 年至今纳斯达克指数、S&P 500 指数的走势如图 3-6 所示。

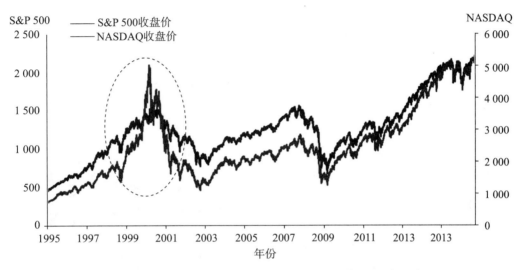

图 3-6　纳斯达克指数(NASDAQ)、S&P 500 走势(1995 年至今)

资料来源:WIND。

(二) 扩张的财政政策和货币政策促进了房地产市场的繁荣

为了缓解互联网泡沫破裂和"9·11"恐怖袭击事件对经济造成的负面影响,恢复市场信心,美联储和美国政府开始实行宽松的货币政策和财政政策。在货币政策方面,自 2001 年 1 月至 2003 年 6 月,美国连续 13 次大幅下调联邦基金利率,从 6.5%下调至 1%,并维持了这一历史最低水平一年之久(如图 3-7 所示)。美联储此番大幅降息向市场注入了大量流动性,降低了资金借贷成本,避免了金融市场的流动性干涸,为房地产市场的繁荣提供了有利的货币环境。

自 20 世纪 90 年代克林顿总统执政以来,美国民主党政府一直主张大力削减财政赤字,实现预算平衡。但 2001 年小布什总统上台后,力主通过减税刺激经济,同时在"9·11"事件后发动境外军事行动,扩大国防开支,这使得美国政府由财政盈余转为了财政赤字,直接刺激了美国国债发行量的迅速上升。2001 年,美国国债总额达到了 5.9 万亿美元,较 2000 年增长接近 5%,环比增速提高了将近 7 个百分点(如图 3-8 所示)。上述扩张性的财政政策在刺激投资增长的同时,为房地产市场的繁荣创造了条件。

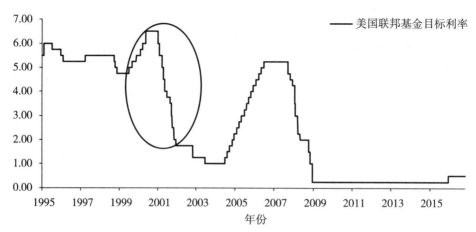

图 3-7 美国联邦基金目标利率(日)走势(1995年至今)(单位:%)

资料来源:WIND。

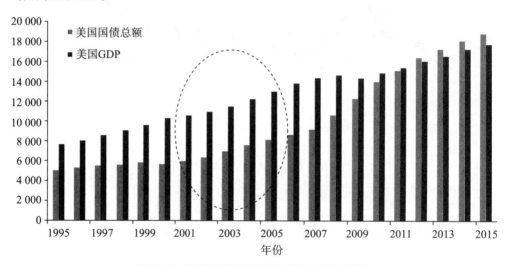

图 3-8 美国国债存量走势(单位:十亿美元)

资料来源:WIND。

(三) 不断放松的金融监管导致金融体系在危机前即已积累了过高的杠杆

在美联储前主席艾伦·格林斯潘(Alan Greenspan)就任期间,美联储大力主张金融创新和自由化,提倡放宽对市场的监管,过分强调和依赖金融机构的内部控制和市场的自我约束功能。监管部门对市场的过度信任在推动金融产品不断创新和发展的同时,也导致市场监管的缺失,监管真空和交叉监管现象非常严重。在不断放松的监管环境下,金融机构的财务杠杆率大幅上升。在金融危机前,雷曼兄弟、美林和贝尔斯登的杠杆率水平就高达30倍左右。在美国房地产市场繁荣时期,商业银行系的花旗银行、投资银行系的高盛和摩根士丹利的杠杆率也出现了急速上升的态势(2000—2015年各大金融机构财务杠杆率对比走势如图3-9所示,杠杆率水平如表3-2所示)。过高的杠杆经营导致公司在经济形势逆转时面临巨额损失，抵御风险能力变差，进一步为引爆次贷危机埋下了伏笔。

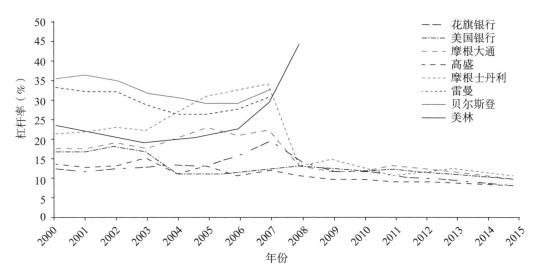

图 3-9　各大金融机构财务杠杆率对比走势图（2000—2015 年）

资料来源：Bloomberg。

表 3-2　各大金融机构财务杠杆率水平（%）

年份	花旗银行	美国银行	摩根大通	高盛	摩根士丹利	雷曼	贝尔斯登	美林
2000	12.7	13.5	16.7	17.2	21.3	32.9	35.0	23.5
2001	11.9	12.8	16.7	17.1	21.9	31.8	35.8	22.1
2002	12.7	13.1	17.9	18.7	22.9	31.8	34.5	20.6
2003	12.9	15.0	16.7	17.6	21.7	28.1	31.2	19.0
2004	13.6	11.1	11.0	19.8	26.4	26.0	30.3	19.4
2005	13.3	12.7	11.2	22.7	30.7	26.2	28.6	20.6
2006	15.7	10.8	11.7	20.7	31.6	27.0	28.7	22.1
2007	19.3	11.7	12.7	22.4	33.4	30.3	32.1	29.3
2008	13.5	10.3	13.0	13.4	13.0	—	—	43.3
2009	12.0	9.6	12.3	11.8	14.6	—	—	—
2010	11.5	9.9	12.0	11.6	12.3	—	—	—
2011	10.4	9.3	12.3	12.9	10.7	—	—	—
2012	9.8	9.3	11.6	12.3	11.2	—	—	—
2013	9.1	9.0	11.4	11.6	12.1	—	—	—
2014	8.7	8.6	11.1	10.3	11.1	—	—	—
2015	7.8	8.4	9.5	9.9	10.3	—	—	—

资料来源：Bloomberg。

(四)房地产市场的繁荣和"有毒资产"的积累加剧了泡沫

一方面,在异常宽松的货币政策和财政政策环境下,长期的信贷扩张以及低迷的抵押贷款利率刺激了房地产市场的投机心理,导致大量资金涌入了房地产领域,房地产市场进入了高速发展期。在此期间,由于对房价行情的盲目看涨,投机商为了追求高利润,不断放松贷款条件,贷款对象由原先的收入稳定、信用等级高的客户群拓宽至信用评级低、还款能力差的客户群,首付比例不断降低,甚至出现了零首付,房地产市场杠杆不断上升,导致房地产价格进一步攀升。在这个螺旋式的过程中,房地产泡沫不断地积累和膨胀。另一方面,次级抵押住房贷款和次优级贷款的发放导致"有毒资产"大规模积累。为了提高资金的流动性,进一步扩大贷款规模,创造更多的经济利润,住房抵押贷款机构将这些"有毒资产"转卖给了特殊目的机构(SPV),并经由SPV层层打包证券化,包装成抵押贷款证券化(MBS)、CDO等金融衍生品,在二级市场上作为独立的证券进行流通交易,次级贷款证券化的过程逐渐演变成了金融衍生品的过度创新。由于对市场的盲目自信,大量投资者在未准确评估风险敞口的情况下,购买了大规模的证券化产品,风险链条被不断拉长的同时,信息不对称加剧,为次贷危机的爆发埋下了伏笔。

在此阶段,作为衡量美国房地产市场健康状况的领先指标,美国标准普尔/CS房价指数(20个大中城市)持续攀升。截至2006年7月,美国房价指数从以2000年为基数的100点上涨至206.52点,增长两倍有余,并达到历史最高水平,美国房地产行业达到巅峰。2000年1月至2016年7月美国标准普尔/CS房价指数(20个大中城市)及CPI历史走势如图3-10所示。

(五)紧缩性的经济政策最终刺破了泡沫并导致次贷危机爆发

在利率持续下调、房价疯狂上涨的宏观经济环境下,美国的通货膨胀水平开始持续攀升,从2002年年初的1.1%上升至2005年的4.7%。为了缓解日益增大的通胀压力,从2004年6月到2006年6月,在短短的两年时间内,美联储连续17次加息,上调联邦基金利率至5.25%。一方面,骤然趋紧的货币政策导致了美国房地产市场的繁荣开始逆转,房地产价格大幅下跌。美国次级抵押贷款市场多采用前期固定利率和后期浮动利率相结合的还款方式,当利率上升后,许多接受次级贷款的购房者认为还贷的价格高于当时购买新房的价格,于是纷纷选择贷款违约,从而导致了次级贷款违约率激增。美国两大住房抵押贷款融资机构房利美和房地美陷入巨额亏损,拉开了房地产市场泡沫破裂的序幕。另一方面,随着事态的进一步恶化,越来越多的按揭贷款发生拖欠和违约,迫使评级机构下调信用评级,以次级贷款为基础资产的MBS、CDO等金融衍生品的价格急剧下跌,购买了大量证券化产品的对冲基金等机构面临巨额赎回压力,被迫纷纷宣告破产,进而

图 3-10　美国标准普尔/CS 房价指数（20 个大中城市）及 CPI 历史走势（2000/01—2016/07）

资料来源：WIND。

引发了连锁反应，次贷危机爆发，并最终演化成了一场波及整个金融行业的金融海啸。

二、CDS 在次贷危机中扮演的角色

梳理次贷危机的发展脉络，从互联网泡沫破裂、"9·11"事件爆发引起美国经济陷入低迷，到美联储大幅降息刺激经济导致次级贷款大量发放和"有毒资产"不断积累，房地产价格一路走高，最终泡沫破裂，次贷危机和金融危机相继爆发，我们可以得出结论：次贷危机的罪魁祸首是底层的"有毒资产"——零首付把钱借给了买不起房的人。"有毒资产"是在扩张性的货币政策和财政政策、政府不切实际的承诺、过度放松的监管以及房地产市场的高杠杆等多重因素的共同作用下形成的，而 CDS 本质上虽然是风险分散和转移的工具，但因为不恰当的使用而成为危机的催化剂。

在信用衍生产品市场发展的初期，CDS 发挥了其内在的优势和功能，成功帮助银行等金融机构转移和对冲了信用风险。但由于金融机构的过高杠杆经营和"有毒资产"的证券化，CDS 的信用风险管理功能逐渐被扭曲，CDS 的不恰当使用使其成为金融危机的催化剂之一。庆幸的是，在次贷危机后，监管层和市场参与者针对危机中不断暴露的各种问题实施了一系列监管改革措施，包括各项监管法案的出台以及信用衍生产品交易的标准化，促进了信用衍生产品市场的规范发展，使 CDS 在合规审慎的基础上，继续为实体经济和金融市场创造价值。

三、金融危机后国际信用衍生产品市场的主要变革

金融危机后，各国监管当局和市场相关方面对信用衍生产品市场进行了一系列改革

和调整,相继发布了金融监管改革方案、"大爆炸"和"小爆炸"议定书,推进合约标准化,加强信息披露力度,并为中央清算做好准备。经历金融危机的涤荡后,信用衍生产品从复杂向简单回归的趋势日益明显,今后将向着更为健康、可持续的方向发展。

(一) 加强市场监管

金融危机前,绝大部分的场外金融衍生产品都被排除在欧美各国的金融监管体系之外,场外金融衍生产品市场基本处于监管真空状态。美国 2000 年发布的《商品期货现代化法案》(Commodity Futures Modernization Act)就明确将除股票互换和证券期权之外的绝大部分场外产品(包括外汇远期、商品互换、利率互换、远期利率协议等)排除在受监管的"期货"定义之外。随着金融危机中问题的不断暴露,欧美各国致力于重构金融监管体系,并开始加强对包括信用衍生产品在内的场外衍生产品市场的监管。

1. 金融监管体系改革

2009 年 4 月 2 日发布的"二十国集团伦敦峰会公报"就建立金融稳定委员会、扩大监管范围、改进会计准则等国际金融监管问题达成了共识;同年 9 月,二十国集团匹兹堡峰会的"领导人声明"进一步就提高资本标准、薪酬改革、场外金融衍生品市场监管方面的内容达成了共识。2009 年 6 月,巴塞尔委员会正式发布《巴塞尔新资本协议框架完善意见》,对三大支柱部分内容进行了修改和补充。

2009 年 2 月,英国《2009 年银行法案》正式实施,法案包括决定建立"金融稳定委员会"、加强英格兰银行监管权力、授权财政部门制定规则应对投行破产等内容。2009 年 9 月 23 日,欧盟委员会提出了欧盟金融监管改革法案,提议成立欧盟系统风险委员会和欧洲金融监管者系统,以强化欧盟各成员国的宏观金融监管和微观金融监管。但该法案未在 2010 年 7 月 5 日的欧洲议会讨论中达成一致,议会决定对该法案的一读审议推迟至 2010 年 9 月份。2009 年 6 月,美国政府发布了金融监管体系改革"白皮书",并于 7 月 22 日向国会递交了《美国金融监管改革法案》,主要包括改革美国金融监管体制、加强对大型金融机构的审慎监管、建立金融市场全面监管体系等内容。在 2010 年 5 月 20 日,美国参议院通过《2010 年重塑美国金融稳定法》后,参、众两院在 6 月 25 日就各自版本的金融监管改革方案达成了一致。根据草案,美国将把监管触角伸到金融市场的各个角落,这实际上拉开了自 20 世纪 30 年代大萧条之后七十多年来,美国力度最大的一次金融监管改革的序幕。

2. 加强场外衍生产品市场监管

2009 年 7 月 22 日,美国众议院审议了《衍生品交易问责制和披露法案》(Derivative Trading Accountability and Disclosure Act),以加强监管,控制交易风险。主要内容包括:在财政部建立衍生产品监管办公室;提出一系列关于衍生产品交易员的监管要求;衍生产品监管办公室可邀请美国证券交易委员会（SEC）和美国商品期货交易委员会（CFTC）的代表、国内外立法者和专家，组成国际监管工作组，共同审查研究国际监管标准，对相关国际规则进行评估。

2009年10月15日，美国众议院金融服务委员会审议通过了《场外衍生品市场法案》，该法案旨在加强场外金融衍生产品市场的监管，推动美国金融市场监管改革，控制和降低系统性风险。2009年12月11日，美国众议院通过了《场外衍生品市场法案》，并将其纳入了《多德－弗兰克法案》。其主要内容包括：所有在交易商和大型市场主体之间进行的标准化互换交易，必须由中央清算系统清算，并在交易所或电子平台完成交易；"主要互换市场主体"和相关的产品、市场、交易商、交易平台，由 SEC 和 CFTC 按照各自的法律权限进行监管；对不适用于中央清算的情形进行了规定，对非标准化产品并不强制推行中央清算机制；对中央清算、交易所交易的市场主体强制要求登记。

2009年12月，英国财政部及金融服务局也提出了关于场外衍生品市场的改革方案，以弥补场外衍生品交易市场在信用风险管理和流动性方面的系统缺陷。主要内容包括：采用标准化程度更高的场外衍生品交易合约；建立健全更为稳健的交易风险管理体系；为中央交易对手提供可持续、高质量的国际化交易标准；通过国际协议规范标准交易产品的认定准则；通过资本性支出适度反映金融体系风险；对交易存托机构中所有的相关场外衍生产品交易实施注册准入制度；完善场外交易市场的流动性机制，强化市场交易信息对价格形成机制和市场效率的积极作用。

（二）完善标准协议文本

目前国际上通行的信用衍生产品交易标准协议文本为 ISDA 主协议和 2003 年版的 ISDA 信用衍生产品定义文件（以下简称"2003 年定义文件"）。在交易过程中，交易双方通过在交易确认书中援引 2003 年定义文件，并明确该交易构成 ISDA 主协议项下的一笔交易，以实现定义文件与主协议的对接，从而明确双方的权利义务关系。金融危机爆发后，ISDA 在 2009 年 3 月和 7 月相继发布了"大爆炸"议定书和"小爆炸"议定书，对信用衍生产品交易的标准协议文本进行了修改和完善。2014 年，ISDA 发布了最新的定义文件版本，对若干条款作出了修订。

1. 3 月补充文件与"大爆炸"议定书

2009 年 3 月 12 日，ISDA 发布了《2009 年 ISDA 信用衍生产品决定委员会与拍卖结算补充文件》。补充文件主要包括以下几方面内容：一是建立信用衍生产品决定委员会及相应的议事规则；二是引入强制拍卖结算条款；三是就信用事件和承继事件增设回溯日（Backstop Date）。为加速补充文件有关条款的应用，在发布补充文件文本的同时，ISDA 发布了"大爆炸"议定书。市场参与者通过多边签署"大爆炸"议定书，使得信用衍生产品交易即使在有关双边交易文件中没有特别指出,但在双边交易中也自动视为适用经补充协议修订的2003年定义文件。

(1) 建立信用衍生产品决定委员会。在调整前,一般由交易双方自行约定其中一方作为信用事件的计算代理方,由此可能引发交易双方对信用事件的触发标准不能达成一致,从而导致双方出现争议和纠纷的情况。

针对上述问题,ISDA在全球5个地区(美洲、亚洲(除日本外)、日本、澳大利亚-新西兰和欧洲-中东-非洲)分别设立了信用衍生产品决定委员会,负责对该区域参考实体的信用事件进行审议,并作出最终裁决。各个地区的决定委员会有着相同的组织架构,一般都由18个成员构成,包括15个具有投票权的机构代表(8家全球交易商、2家地区交易商、5家非交易商)和3个不具有投票权的机构代表,其中ISDA代表作为委员会秘书,组织协调委员会的各项工作。决定委员会的主要职责是对信用事件的发生情况(时间、类型等)及可交付债务进行裁定,同时拥有对承继事件、拍卖时间、可替代的参考债务等相关条款的裁定权。

(2) 引入强制拍卖结算条款。传统上,信用衍生产品交易主要通过实物和现金两种方式进行结算。就CDS交易而言,实物结算是指信用保护买方向卖方交付面值等于CDS交易名义本金且债权地位与其相同的债券,而卖方则以现金方式向买方支付名义本金值。现金结算是指卖方按照事先约定的估值方法或ISDA规定的程序确定参考债务的市场价值,并按此计算最终需要支付的净现金额。

但在实践中,上述两种结算方式都存在一定的不足。实物结算的问题在于,由于CDS交易的名义本金一般会远远超过流通在外的债券数量,当发生信用事件时,实物结算会导致可交付债券的数量不足,买方为了获得所需的债券,会人为推高违约债券的价格,从而导致该债券价格的泡沫增长。最典型的案例是在2005年10月美国德尔福公司破产时,该公司流通在外的债券只有20亿美元,但以这些债券为标的的CDS却有280亿美元,市场竞相寻求可交付债券导致该债券价格飙升。现金结算的问题在于,对卖方应交付金额的估值难以获得统一、权威的标准,且市场报价的获取时间和个数对最终价格的影响较大。

针对实物和现金结算中存在的不足,ISDA早在2005年就引入了拍卖结算机制。当一些交易量较大的参考实体发生信用事件后,ISDA会公布拍卖议定书,有关的交易双方通过向ISDA提交签署函自愿加入拍卖结算程序。经过几年的实践,拍卖结算机制已平稳处理了多起信用事件而引发的清算交割程序,并经历了金融危机的考验。为此,"大爆炸"议定书引入了强制拍卖结算条款,即拍卖结算自动成为签署方之间首选的结算方式,只有对某些被排除在外的特定交易形式,才由交易双方自行约定进行实物或现金结算。

拍卖结算机制比传统的现金结算通过"市场报价法""亏损法"和"结算款项法"等方

法确定最终价格的方式更加透明和统一,且在很大程度上避免了传统双边实物交割下对可交付债券的过度需求,为信用事件发生后的债务定价及结算提供了有效的解决方案。

专栏3-1

拍卖结算机制安排

拍卖结算机制的核心是通过拍卖确定初始市场中间价来确定最终结算价格。拍卖结算一般分为两个阶段:首先由竞拍参加人就可交付债务提出买卖报价和实物交割需求,拍卖管理人对竞拍参加人提交的报价进行排列配对,并据此计算出初始市场中间价;如果首轮拍卖结束后仍然存在不能匹配完的未平仓量,则对未平仓部分组织第二轮竞拍,按照荷兰式竞标规则得到"最终拍卖价",并以此价格进行现金结算。拍卖机制的具体步骤如下:

1. ISDA针对已发生信用事件的参考实体公布交割程序,明确时间表和可提交的债务清单等内容。

2. 拍卖参与机构(具有投票权的交易商,以及其他提出申请并获信用事件决定委员会通过的机构)收集并整理客户的实物交割需求后,向拍卖管理人(ISDA)提交竞标买入价、卖出价和总的实物交割需求。

3. 拍卖管理人将收到的买入价从高到低排列,卖出价从低到高排列,买入价高于卖出价的配对交易构成了"可交易市场"(Tradable Market),按照差额从小到大排列的买入价低于卖出价的配对交易则构成了"不可交易市场"(Untradeable Market)。构成不可交易市场的前50%(四舍五入)配对为"最佳一半报价"(Best Half),这些交易配对的买入价和卖出价的平均值(取最接近的1/8的整倍数),就是指导性的初始市场中间价(例子如表3-3所示)。

第一步:对竞标买入价降序排列和卖出价升序排列;

第二步:忽略所有的可交易市场报价;

第三步:确定不可交易市场中的最佳一半报价,并计算算数平均值。

初始市场中间价格 = (40+41+39.5+42+38.75+42.75)/6 = 40.667%,取最接近的1/8的整倍数,即40.625%。

4. 在得到初始市场中间价后,拍卖管理人根据拍卖参与机构报来的实物交割需求确定未平仓量,即决定采用实物交割的买卖双方在竞标中未相互抵消的部分。比如,购买订单为1亿美元,出售订单为5 000万美元,那么就有5 000万美元的未平仓量。

表 3-3 初始市场中间价的计算

提交的报价（comtributed）		排序后的报价（sorted）	
初始市场买价（IM Bids）	初始市场卖价（IM Offers）	初始市场买价（IM Bids）	初始市场卖价（IM Offers）
39.500%	41.000%	45.000%	34.000%
40.000%	42.000%	41.000%	39.500%
41.000%	43.000%	41.000%	40.000%
45.000%	47.000%	40.000%	41.000%
32.000%	34.000%	39.500%	42.000%
38.750%	40.000%	38.750%	42.750%
38.000%	39.500%	38.000%	43.000%
41.000%	42.750%	32.000%	47.000%

其中排序后的报价中：前三行（45.000%/34.000%、41.000%/39.500%、41.000%/40.000%）为可交易市场；中间（40.000%/41.000%）左侧为配对市场，右侧为最佳一半；后三行（39.500%/42.000%、38.750%/42.750%、38.000%/43.000%、32.000%/47.000%）为不可交易市场。

5. 如果未平仓量为零，初始市场中间价就是本次拍卖结算的最终价格。如果不为零，则拍卖管理人对未平仓部分组织第二轮竞拍，拍卖参与机构须在两小时内针对未平仓量提交新的限价指令（限价指令的买卖方向与未平仓量相反），并根据荷兰式招标规则确定中标价格，最后的中标价格则为本次拍卖结算的最终价格。在上述例子中，根据拍卖参与机构对 5 000 万美元未平仓量的投标情况，确定最终价格为 48%（如表 3-4 所示）。

表 3-4 最终价格的计算

卖出报价	卖出量（万美元）
50%	2 000
49%	1 500
48%	2 000
47%	1 000
46%	2 000

（3）增设信用事件和承继事件回溯日。传统上，CDS 合约在交易日后的第一个工作日开始生效，如果信用事件发生日在交易生效日之前，那么信用事件就不适用于该交易。而按照市场惯例，CDS 交易的付息日和到期日一般为 3 月 20 日、6 月 20 日、9 月 20 日和 12 月 20 日，因此，两笔针对相同参考实体、相同信用保护额度、相同期限及买卖方向相反

的交易,如果交易日不同,则由于存在一定的断档期而不能有效对冲和抵消。例如,一个投资者在 2009 年 1 月 8 日卖出了信用保护,出于对冲风险或其他原因,在一个星期后即 1 月 15 日,又买入了针对相同参考实体的等额信用保护。但由于两笔交易的生效日分别为 1 月 9 日和 1 月 16 日,存在 7 天的信用保护断档期,如果信用事件发生在 9 日和 16 日之间,则会出现对卖出合约生效而买入合约无效的情况,从而使两笔交易无法有效对冲和抵消。

为解决上述问题,"大爆炸"议定书增设了信用事件和承继事件回溯日,只要信用事件或承继事件发生在回溯日之后,就能适用于该交易,而不再局限于交易生效日之后。其中,信用事件的回溯期为 60 个自然日,承继事件的回溯期为 90 个自然日。通过增设信用事件和承继事件回溯日,就能够覆盖对冲交易间的断档期,从而提高 CDS 合约之间的互换性和替代性,使得不同交易日达成的合约也可以很容易地进行压缩及合并。同时,为保护买卖双方权益平等,根据回溯日调整的有关规定,信用保护买方需在信用事件发生后的 60 个自然日内采取行动。

2. 7 月补充文件与"小爆炸"议定书

由于 2009 年 3 月的补充文件未能解决重组信用事件发生后适用拍卖结算的技术困难,2009 年 7 月 14 日,ISDA 又发布了《2009 年 ISDA 信用衍生产品决定委员会、拍卖结算与重组事件补充文件》。与 3 月的补充文件相比,7 月的补充文件对信用衍生产品决定委员会规则进行了修改、完善,并将拍卖结算机制的适用范围扩大至重组事件。同样地,7 月的补充文件对信用衍生产品交易的修改也是通过签署多边议定书的方式实现的,即俗称的"小爆炸"议定书。虽然被称为"小爆炸"议定书,但其实质上是对"大爆炸"议定书的覆盖和替代,无论市场参与者之前是否签署了"大爆炸"议定书,只要通过签署"小爆炸"议定书就能够将"大爆炸"议定书的约定一并纳入。

综上,可将 CDS 合约的主要变革内容总结于表 3-5。

表 3-5 CDS 合约的主要变革内容

时间	名称	主要内容
2009 年 3 月	"大爆炸"议定书	决定委员会
		拍卖结算
		信用事件/继承事件的回溯日
2009 年 7 月	"小爆炸"议定书	重组事件也适用于拍卖结算机制
		修订"大爆炸"协议文本

3. 2014 年版定义文件

2012 年欧债危机发酵,希腊主权债务违约,国际金融环境亦发生了较大的改变。

ISDA 在 2014 年公布了最新版的定义文件,新版定义文件新增了"政府介入"这一信用事件,认为由政府主导的债务重组事件等也属于信用事件。同时,ISDA 推动了参考债务的标准化条款,以及对承继事件条款进行了修订。另外,对重组事件后的拍卖结算机制也做出了简化修订。

(三)推动票息标准化

金融危机后,为提高合约的标准化程度,ISDA 开始大力推动 CDS 票息标准化进程,主要包括三个方面:现金流支付日期标准化、全票息交易和前端费用。

1. 现金流支付日期标准化

现金流支付日期标准化即 CDS 保护费只在每年的 3 月、6 月、9 月和 12 月的 20 日进行支付,且 CDS 合约终止日只能是上述四个日期之一。

2. 全票息交易

全票息交易即 CDS 买方在每个标准化日期支付整个季度的全额费用,这意味着首次付息日买方全额支付的保护费中可能包括了一部分多收的保护费,即从上一个标准化日期到交易日之间的应计保护费,这部分由买方多支付的款项将在交易日由卖方补偿给买方。这种做法使 CDS 与债券在应付利息计算方面保持了一致,也就是说,应计利息将在同一期间付清而不是转到下一个付款期,并且支付数额将按第一个付款期内的有效天数进行调整。在实行全票息交易以前,首次保护费支付发生的日期和金额取决于交易日与首次付息日之间的天数。

3. 前端费用

在前端费用结合标准票息的支付方式下,信用保护买方将需要支付一笔前端费用以及以后每一期的标准票息。在北美地区,标准票息通常是每年 100bps(1bp = 0.0001)(参考实体为投资级别)或 500bps(参考实体为高收益级别)。从现值角度出发,常规利差支付方式与前端费用结合标准票息的支付方式,对投资者而言没有差异。

> **示 例**
>
> 假设有一笔名义本金为 1 000 万元、参考实体为投资级别的 5 年期 CDS,交易发生在 2016 年 1 月 8 日,常规利差报价为 168bps,则其在票息标准化的支付方式下,适用的标准票息为 100bps,交易日买方应交付的金额等于每期差额(1 000 万元×68bps×(A/360))的现值之和(前端费用)减去 2015 年 12 月 20 日至 2016 年 1 月 8 日期间的应计保护费;首次票息支付日为 2016 年 3 月 20 日,买方在每个标准化日期应支付保护费 1 000 万元×100bps×(A/360)。其中,A 为每期的天数。其现金流如图 3-11 所示。

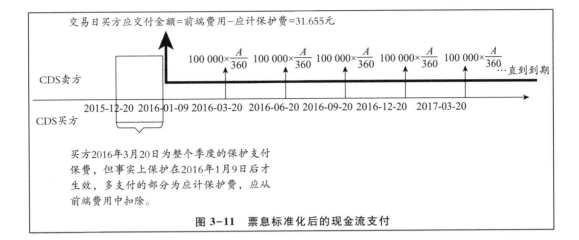

图 3-11 票息标准化后的现金流支付

> **示例**
>
> 美国 Markit 公司设立了 CDS 转换器,以帮助用户实现针对做市商所提供的投资级别 CDS 的常规差价报价以及相应的前端费用之间的转换。CDS 转换器的算法说明如图 3-12 所示。
>
>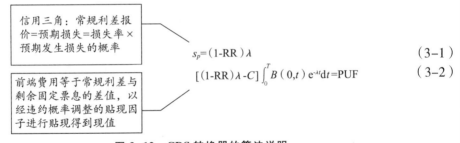
>
> 图 3-12 CDS 转换器的算法说明
>
> 其中,S_p 为 CDS 利差,RR 为预期回收率,λ 为违约密度(条件违约概率,Hazard Rate),C 为固定票息,T 为 CDS 剩余期限(连续时间下),$B(0,t)$ 为 t 时刻到期的零息债在 0 时刻的价格,PUF 为以基点数表示的前端费用。
>
> 给定 CDS 利差 S_p、标准票息 C 和预期回收率 RR,加上贴现曲线(即 $B(0,t)$ 已知),联立(3-1)、(3-2)两式即可求得违约密度 λ 和以基点数表示的前端费用 PUF。若假设贴现曲线水平,即贴现率为常数 r,则(3-2)式可化简为:
>
> $$C + \text{PUF}/T \approx (1-\text{RR})\lambda \quad (3\text{-}3)$$
>
> 联立(3-1)、(3-2)两式可粗略求得违约密度 λ 和以基点数表示的前端费用 PUF,显然,此时的 PUF 与预期回收率 RR 无关。

票息标准化使得不同交易的现金流可以相互抵消,这不仅能够有效地简化交易过程,更能够积极地推动交易的压缩及合并。

(四) 完善清算机制

2008年金融危机中,雷曼兄弟的倒闭引发了市场对交易对手风险的重视,金融危机后,市场参与各方便通过多种方式努力降低交易对手信用风险,其中最主要的措施就是加快推进中央对手方清算机制(CCPs)和开展交易压缩(Trade Compression)。

1. 加快推进中央对手方清算机制建设

2008年金融危机后,为了提高市场透明度,降低市场系统性风险,加快中央对手方清算机制建设成为各国信用衍生产品改革的重要方向。在监管机构的推动和自身利益的驱使下,现有的清算机构、交易平台和证券保管结算机构开始纷纷扩大清算产品的范围,或加快设立跨地区的分支机构。在欧洲,伦敦国际金融期货交易所(LIFFE)2008年12月22日开始对指数型信用衍生产品进行中央对手方清算。2009年3月,美国证券交易委员会接受了洲际交易所(Inter Continental Exchange,ICE)为CDS的中央清算机构,美国市场的CDS开始进行中央对手方清算。同年9月,ICE欧洲交易所开始负责欧洲CDS的清算,信用衍生产品市场的中央对手方清算趋势更加显著。2010年5月,国际支付结算体系委员会(CPSS)和国际证监会组织(IOSCO)发布了《关于实施2004年场外衍生品中央交易对手方建议的指引》,为建立场外衍生产品的中央对手方清算机制提出了指导性意见。

中央对手方清算机制的核心在于中央对手方(中央对手方)的清算流程。中央对手方本身既是一个独立的法律实体,也是一个交易对手,但不同于一般的交易对手,它是介乎合约买方和卖方之间的交易对手。简单来说,在两个交易对手达成交易之后,中央对手方与这两个交易对手分别订立一份新的合约,以两份新合约取代这两个初始对手方之间的单一合约。中央对手方清算机制的实质是将市场参与方之间的双边信用风险替换为中央对手方与市场参与者之间的标准化信用风险。

在清算安排上,CDS指数交易一般通过中央对手方集中清算。相比之下,单一名称CDS较CDS指数的流动性差,目前仍主要采用询价交易及双边清算机制,但少数平台也为单一名称CDS提供了竞价撮合及中央对手方清算机制。例如,MarketAxess交易平台于2013年12月向市场参与者提供了单一名称CDS电子化交易匹配服务,伦敦清算所(LCH)的CDSclear也于2013年向市场推出了单一名称CDS集中清算服务。

中央对手方清算机制的引入并不改变信用衍生产品场外交易的特征,并不是将场外交易场内化。交易双方仍然还是通过询价、谈判等典型的场外方式达成交易,只是通过在清算中引入中央对手方,实现CDS交易的多边净额结算。具体而言,中央对手方清算机制具有以下优点:一是提高了管理交易对手风险的效率。各市场参与者只需与中央对手方进行清算,中央对手方通过统一方法对CDS合约进行市值计价和风险敞口评估,从而有效地提高了市场参与者管理交易对手风险的效率。二是降低了结算风险。中央对手方清算机制通过规范化的程序对结算会员进行多边净额结算,大大减少了结算涉及的交付金额。三是降低了操作风险。中央对手方清算机制避免了双边法律协议和个别交易对手的授信管理,在很大程度上降低了营运成本,并营造出了一种更加精简的自动化交易流程。

专栏3-2

中央对手方清算机制介绍

中央对手方清算机制的核心就是中央对手方的清算流程。中央对手方本身既是一个独立的法律实体,也是一个交易对手,但不同于一般的交易对手,它永远是介于合约买方和卖方之间的交易对手。简单来说,中央对手方的参与过程就是在两家机构达成交易后,与这两家缔约方分别订立两份新合约并取代初始买卖双方之间的单一合约,最终买方和卖方均以中央对手方作为其法律对手方。

一、中央对手方清算的主要作用

中央对手方清算并不是一个新的概念,全世界几乎所有的股票交易所(包括国内A股市场)都采取中央对手方清算的方式,而在场外金融衍生产品市场,针对个别产品的中央对手方清算早已运行多年。国际金融危机的爆发,才使得中央对手方清算成为全球热议的焦点。在场外金融衍生产品交易中,由于采取一对一的交易模式,交易对手方的信用风险始终是市场参与者风险管理的重要内容。虽然历史上交易对手违约或倒闭的情况时有发生,但一般都属于个别现象,即使是安然等衍生品市场上的重要投资者的倒闭,也未给衍生品市场造成太大的连锁反应。然而,近年来,随着金融衍生产品交易量的迅速上升,使交易网络变得纵横交叉、错综复杂。当个别主要交易对手发生信用事件时,市场内的风险敞口容忍度整体开始急剧下降,这就导致了多米诺骨牌效应的产生,进而引发了市场系统性风险。中央对手方介入后降低市场系统性风险的功能主要体现在:

(一) 降低市场参与者的风险敞口

通过图3-13我们可以清楚地看到,引入中央对手方清算机制后,市场参与者的总风险敞口大幅下降。假设每个交易的敞口是100万美元,那么6家市场参与者的总风险敞口(每家500万美元)一共是3 000万美元,而引入中央对手方清算机制后,6家市场参与者的总风险敞口(每家100万美元)一共是600万美元。

(二) 下降日常的清算总风险

通过中央对手方清算,交易主体面对的是一家交易对手,而且该对手的风险远低于原本的交易对手。日常的结算风险不可小视,因其大量的结算金额及纵横交叉的结算路线已经是系统性风险的一部分。

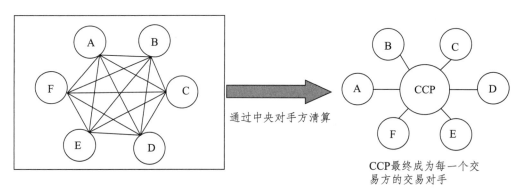

图 3-13 有无中央对手方清算的场外市场比较

(三) 清算所的违约处置机制

清算所的违约处置机制,有助于在某个市场参与者发生信用事件或倒闭时,化解由此带来的大量交易提前终止、轧差结算或平盘的风险。以雷曼破产事件为例,在破产后的一个星期内,仅利率互换交易一项,LCH就对6万多笔名义本金总额为9万亿美元的交易进行了平盘和对冲,成功地将风险总量降低了90%以上,并于3周内用LCH所持的保证金全部平仓,没有对任何交易对手造成损失。而在整个过程中,LCH只启用了不到50%的雷曼提交的保证金。如果美国国际集团(AIG)的巨量CDS都通过中央对手方清算进行,那么AIG应该不会毫无控制地就积聚了惊人的交易总量。即便其最终无法履约,适当的违约处置机制也足以化解相当一部分的风险。

二、中央清算所的主要组成部分

(一) 清算会员

通常中央清算所以清算会员的形式来运作清算机制,即清算所只与会员进行清算,非会员只能通过清算会员参与清算。为了控制风险,清算会员一般限于具有足够财务实力和业务能力的机构,如大型商业银行、投资银行、交易经纪等。目前,清算会员逐渐向买方市场开放,但因保证金要求等门槛较高,基金公司和一般企业的参与度不高。

清算会员除了要遵守清算所的规章制度和操作程序外,还要签署有关法律文件,与清算所建立合同关系,并对交易执行、交易确认、已清算和未清算交易的分隔、保证金或担保品的缴退等每项运作进行规范和登记。

(二) 合格清算产品

界定清算产品的范围对中央清算非常重要,因为这不仅会影响清算程序,而且会直接考验清算所的容量和能力。评估合格清算产品需要考虑的因素有很多,除了要考虑产品的标准化程度和价格透明度,市场的深度和流动性状况也是需要重点考量的因素。在实践中,可以由监管机构、中央清算所及市场参与者共同确定合格清算产品的范围。

(三) 保证金缴付

中央清算所需要建立一套高效的保证金缴付管理方法,因为通过这个关键环节,一方面能够限制清算会员的风险敞口,另一方面也为潜在的违约处置提供了足够的保护。保证金的额度应由清算所基于市场普遍接受的标准与会员共同确定。一般来说,有两种保证金形式:一种是初始固定保证金;另一种是依据敞口的变化缴纳的动态调整的保证金。

(四)违约处置机制

清算所需要明确违约交易对手全部交易的有序清算流程(如图3-14所示)。

- 召集违约委员会会议
- 将违约通知非违约对手方
- 最后将违约通知公众

- 通过与非违约对手方订立新的结算合约,宏观对冲(Macro Hedge)违约会员的投资组合
- 清算所可自行执行对冲,或临时调派来自非违约对手方的交易人员

- 相关头寸(包括相应的对冲)会被拍卖
- 中标的交易对手在中标通知发出后立即对头寸(包括潜在的保证金额外增长)履约

- 流拍后,违约方投资组合中余下的头寸将分配给非违约对手方
- 整个分配过程遵循公开、公平、公正的原则

图3-14 违约管理清算流程

因为违约处置程序比较复杂,同时还受到市场情况变化的影响,因此清算所要不断开发、测试和提升违约处置机制的有效性,使得在发生会员违约事件时能够尽快地转移会员和客户的投资组合。

(五)清算直通处理

交易和清算的衔接是启动清算的重要环节,包括交易确认和交易报告。目前国际上普遍采用的是"$T+0$"确认的直通式处理系统(STP)。由于不是所有的交易都纳入中央清算,所以如果交易平台和清算所之间有成交单联网自动传送的系统,则须增加一个环节让清算会员确认或核准哪些交易需要中央清算。清算所同时得到新的成交单来替代原来的交易合同,替代交易一方与另一方建立清算义务,并据此重新计算须缴纳的保证金并执行缴交指令。

2. 压缩交易

压缩交易是国际场外金融衍生产品市场上经常采用的一种机制,在2008年金融危机前就已在利率互换等标准化程度较高的产品上被广泛应用。金融危机后,为了尽快降低 CDS 的市场规模,实现去杠杆化进程,压缩交易也开始在 CDS 市场推广应用。压缩交易的主要目的是在保持总的净交易量和各方风险净敞口保持不变的情况下,减少 CDS 交易的名义本金规模,并同时减少总的交易量。为了保持交易的经济指标及净交易量不变,压缩后的交易必须拥有一致的风险状况以及现金流,并且某个具体交易对手的风险敞口上限也须纳入考虑。交易压缩的运作原理大致如图 3-15 所示。

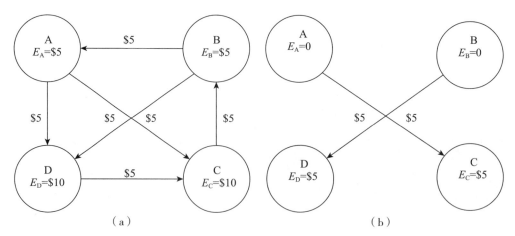

图 3-15 交易压缩技术示意图

资料来源：kiff et al.(2009)。

假设市场上有 A、B、C、D 四家机构，存在如图 3-15(a)所示的 CDS 交易链条，圆圈中的 E 代表各家机构的信用风险暴露，则在四家机构达成一致的安排下，可以将环绕在 A、B、C、D 一周的交易予以压缩，仅剩下中间的两笔交易，如图 3-15(b)所示。这样的安排不仅能够降低大量的冗余名义本金交易量，也能够降低各家机构的风险敞口。

为了提高交易压缩效率，Creditex 和 Markit 公司合作开发了交易压缩系统，该系统能够在很短的时间内，对不同交易商的上千张合约进行电子分类。

（五）增强市场透明度

2008 年金融危机发生前，信用衍生产品的交易信息一般都由参与交易的双方各自保存，没有专门机构负责交易价格、交易各方的风险头寸等信息的集中存储与发布，因此相关交易信息极度不透明。而且，与其他金融衍生产品一样，信用衍生产品交易也多被记录在资产负债表外，其头寸无法被以资产负债表为基础的监管模式所获知。虽然美国货币监理署（Office of the Comptroller of the Currency）、国际清算银行等相关机构也按季度或年度发布关于信用衍生产品市场的数据信息，但由于缺乏统一的监管要求，各家机构在统计数据时，一般都由相应的被监管机构（或主要交易商）主动提交报告，数据信息的准确性和全面性不能得到保证。而且，数据信息分散在不同的监管或统计机构中，市场参与者和监管当局无法及时、全面、准确地掌握市场交易情况。金融危机后，信用衍生产品市场信息透明度较低的问题引起了广泛关注，各国监管当局和市场相关方面都加强了信用衍生产品交易信息的报告和披露要求。

1. 强化信用衍生产品在财务报告中的信息披露要求

2008 年 3 月，美国财务会计准则委员会（FASB）引入了第 161 条财务会计准则（FAS

161)——"衍生产品工具和套期保值行为信息披露"(Disclosure about Derivative Instruments and Hedging Activities),要求披露与对手方风险,以及与构成信用衍生产品基础的核心债券相关的信息。上述准则的引入使信用衍生产品对机构财务状况和财务表现的影响能够更加真实地得到体现。2008年10月,SEC和FASB又对公允价值计量方法第157号准则作出了补充,这在一定程度上解决了金融危机情况下的公允价值计价问题。2009年3月,国际会计准则理事会(IASB)公布了关于"嵌入式衍生产品"的会计准则修订,要求对所有的嵌入式衍生产品进行评估,并在必要时单独核算。

2. 强化交易数据披露要求

美国监管当局一方面推动中央清算以实现信息集中,另一方面修改有关法案,要求未经中央清算的交易向受监管的交易信息库(Trade Repository)报告。在对信息进行集中处理后,由主要交易平台和交易信息库向公众提供市场敞口头寸和交易总量等数据,并向主要监管机构报送数据。2008年10月31日,美国证券托管结算公司(DTCC)宣布,自2008年11月4日起,每周公布每家参考实体(交易量最大的前1000家)对应的CDS名义金额和净头寸数据。2010年5月6日,DTCC表示将进一步向公众公布不同币种的CDS交易量。据估计,2010年DTCC的数据已能覆盖全球80%以上的CDS交易。DTCC的数据集中登记和发布服务的推出,标志着CDS市场的透明度不断地得到了提高,这有助于避免因信息不透明而产生的市场恐慌和剧烈波动。

(六)推动市场基础设施建设

2008年金融危机后,为提高市场透明度,防范系统性风险,欧美监管当局加大了对信用衍生产品市场的监管。在监管部门的推动下,信用衍生产品市场的交易平台、交易后处理平台、清算平台等金融基础设施建设得到了迅速发展。

1. 交易平台

在新监管要求下,符合条件的信用衍生产品要求通过有组织的交易平台开展交易,如美国掉期交易执行设施(SEF)。交易平台主要为CDS指数提供电子化交易服务,单一名称CDS虽然尚未实行强制交易要求,但市场参与者可选择是否通过SEF进行交易。

目前,国际信用衍生产品市场为CDS提供的电子化交易执行服务平台主要包括Bloomberg、Tradeweb、GFI、Creditex等,这在一定程度上简化了交易流程,提高了交易效率。

2. 交易后处理平台

(1)交易确认

CDS交易初期主要是通过电话、传真等方式进行双边确认,其成本和风险较高。2003年,DTCC成立了衍生品服务有限责任公司(Deriv/SERV LLC),为场外衍生品交易提供电子化自动对比和确认服务,以帮助核实交易数据和细节是否匹配,这提高了交易的准确性。2009年9月,DTCC和Markit进行平台整合后,交易后处理能力得到了进一步加强。

(2) 交易冲销

压缩交易的引入降低了交易对手信用风险,推动了交易压缩平台的诞生和发展。在美国,ISDA选定Creditex和Markit为单一名称CDS提供交易压缩服务。2008年,两家公司联合推出了首个单一名称CDS的信用衍生产品交易压缩平台。

对于CDS指数,ICAP集团旗下的子公司Trioptima的triReduce平台为CDS指数提供了交易压缩服务,其服务范围涵盖全球,交易压缩品种包括清算及无须清算的交易。

(3) 交易后处理平台

交易信息不透明是导致次贷危机进一步恶化升级的关键因素之一。交易报告库(Trade Information Warehouse, TIW)通过向监管机构和市场参与者提供及时有效的交易数据,较大程度地减少了信息不对称问题,提高了市场透明度。

目前,为信用衍生产品提供交易报告服务的机构数量逐渐增加。根据2014年4月金融稳定理事会(FSB)发布的场外交易衍生品市场报告,截至2014年2月底,交易报告库已达20家,其中18家在营,2家计划运营。DTCC推出的交易报告库是首个全球性场外信用衍生产品交易报告库,为信用衍生产品的交易后处理提供了一个可靠的集中化全球基础架构,较大程度地降低了交易后处理的风险和成本。

3. 清算平台

中央对手方清算的推行是2008年金融危机爆发后信用衍生产品市场的一项重大变革,对于降低交易对手信用风险、维护市场的安全及高效运行具有重要意义。目前,为CDS交易提供中央对手方清算的机构主要包括ICE Trust US、ICE Clear Europe、LCH. Clearnet SA、Eurex Clearing以及日本证券清算公司(JSCC)等,并且中央对手方清算以CDS指数为主。根据FSB发布的场外交易衍生品市场报告,截至2016年6月底,信用衍生产品市场未偿名义本金为10.3万亿美元,其中可由中央对手方清算的信用衍生产品续存名义本金为6.4万亿美元,约占63%,已通过中央对手方清算的信用衍生产品续存名义本金为2.6万亿美元,约占25%。数据表明,由中央对手方清算的信用衍生产品在市场上所占的比重逐渐提高,但目前仍以双边清算为主。

第三节 国际信用衍生产品资本缓释功能的基石——《巴塞尔协议》

1974年,G10(十国集团)国家的中央银行在BIS的支持下成立了巴塞尔银行监管委员会(Basel Committee on Banking Supervision, BCBS)。为了统一各国风险资产的衡量标准,消除不平等竞争,加强国际银行系统的稳定性,巴塞尔银行监管委员会于1988年7月公布了著名的《巴塞尔协议》。从诞生至今,《巴塞尔协议》不断完善,现已经历了三个阶段:第一阶段是1988年的《巴塞尔协议Ⅰ》,该版巴塞尔协议在风险加权资产的计量上采用了权重法,分为0、20%、50%、100%四个档,根据不同的风险特点匹配相应的权重计量风险资产,并要求总资本(减去对应资本扣减项后)和加权风险资产之比不低于8%;第二阶段是2004年正式发布的《巴塞尔协议Ⅱ》,该版巴塞尔协议是风险管理领域的重大变革,主要解决了《巴塞尔协议Ⅰ》在风险权重的敏感性以及对金融形势的适应性等问题上存在的缺陷,修正了其对监管资本计量和信用风险缓释的认定范围,在风险加权资产的计量上采用了两种方法——标准法和内部评级法,并提出了资本与风险之间的动态联系机制,构建了以三大支柱为核心的风险管理体系;第三阶段是2010年的《巴塞尔协议Ⅲ》,该版巴塞尔协议除了保留了《巴塞尔协议Ⅱ》的大部分监管要求,还提高了复杂证券化产品的风险权重,同时对合格信用保护提供者的范围进行了部分调整,提出了更严格的监管资本要求。

根据《巴塞尔协议Ⅰ》第193款至194款,首先,在满足其中"合格信用衍生工具需满足的要求"的基础上,当所提供的信用保护与保证相同时,信用违约互换和总收益互换可以作为合格信用衍生工具;其次,在满足一定条件后,第一违约互换(First-to-default)和第二违约互换(Second-to-default)也可以发挥资本缓释作用;最后,银行为对冲银行账户风险而发行的,且满足合格信用衍生工具要求的现金预置型信用联结票据,应参照现金抵质押考虑其资本缓释效果。除此以外,《巴塞尔协议Ⅰ》暂不认可其他类型的信用衍生工具。以上规定同时适用于标准法和内部评级法。

《巴塞尔协议Ⅱ》风险管理体系的第一支柱是最低资本要求,该部分扩大了1988年的规则,并且允许风险权重体系基于外部或者内部信用评级法计量风险加权资产;第二支柱是外部监管,目的是确保银行的头寸与其整体风险情况和策略相一致;第三支柱是市场约束,鼓励高质量的信息披露,通过鼓励利益相关者(包括银行股东、存款人、债权人等)在自身利益驱动下关心其利益所在银行的经营状况、风险状况[如图3-16(a)所示]。相比之下,《巴塞尔协议Ⅰ》只处理了三大支柱中的部分风险,比如第一支柱中仅用简单的方式处理了信用风险,而市场风险的管理是事后追加上去的,对操作风险则基本没有涉及。

从《巴塞尔协议》的发展历程来看,其核心理念从初期单纯以资本抵御风险转变为了以风险管理体系管理风险。同时,《巴塞尔协议Ⅱ》对损失界定和资本覆盖也有了新的思路:资产的风险在于其损失的不可预测性,银行的潜在风险可以分为预期损失(Expected Loss,EL)、非预期损失(Unexpected Loss,UL)与极端损失[如图3-16(b)所示]。预期损失是商业银行在经营过程中主动吸收的部分,可以通过提取资产减值准备来覆盖;非预期损失由银行资本来抵御,其大小取决于两个因素:损失的分布和风险容忍水平;极端损失是资产减值准备和资本金不能覆盖的部分,需要靠金融体系的系统性应对措施来加以解决。

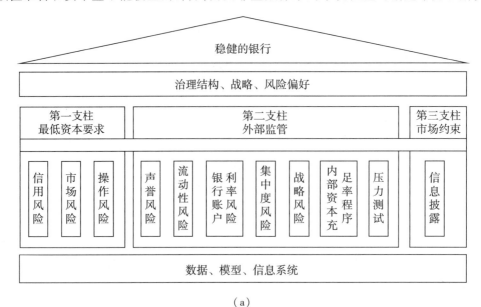

图 3-16 《巴塞尔协议Ⅱ》搭建的全面风险管理体系框架

资料来源:《风险管理与巴塞尔协议十八讲》,杨军。

《巴塞尔协议Ⅱ》的标准法承袭了《巴塞尔协议Ⅰ》中的权重法,有所不同的是在有关具体风险暴露的分类以及权重的处理方式上,《巴塞尔协议Ⅱ》做出了更为细致的区分。而新发展出的内部评级法允许银行通过构建自己的内部评级体系,依监管要求收集相关数据,建立模型评估各类风险的违约概率(Probability of Default,PD)、违约损失率(Loss Given Default,LGD)、违约风险暴露(Exposure at Default,EAD)和有效期限(Maturity,M),并按照给定的规则计量风险加权资产。

在计量风险加权资产时,《巴塞尔协议Ⅱ》对非零售风险暴露资本要求的比例为 K[①]:

---

① 中国《商业银行资本管理办法》中对非零售风险暴露资本要求的计量与《巴塞尔协议Ⅱ》一样。

$$K = \left[\text{LGD} \times N\left(\sqrt{\frac{1}{1-R}} \times G(\text{PD}) + \sqrt{\frac{R}{1-R}} \times G(0.999) \right) - \text{PD} \times \text{LGD} \right] \times$$
$$\left\{ \frac{1}{1-1.5 \times b} \times [1 + (M-2.5) \times b] \right\} \tag{3-4}$$

其中，b 是期限调整因子，N 是标准正态随机变量的累积分布函数，G 是标准正态随机变量的累积分布函数的反函数，R 是资产价值相关系数，公式后半部分大括号内为期限调整项。

若定义极端损失发生在 0.1% 的经济环境下，则一笔贷款所需的理论经济资本应覆盖 99.9% 的经济环境下的损失（也可以理解为 99.9% 的置信度下一笔贷款的风险价值）减去预期损失的剩余部分，即非预期损失。(3-4)式依据上述理念，在贷款组合充分分散化并符合标准正态分布的假设下，以单因素模型为基础，计量了一笔贷款需要的经济资本。(3-4)式中第一个中括号里的前半段代表的是经期限调整后预期损失与非预期损失之和，后半段代表的是经期限调整后的预期损失，两者相减得到非预期损失，即为图 3-17 中呈倒"U"形的黑实线。图 3-17 中预期损失与非预期损失均已经期限调整项调整（设 $M=2.5$ 年）。

从(3-4)式和图 3-17 中可以看到，随着 PD 的上升，EL 部分线性增加，而 EL 与 UL 之和部分一开始增长率较高，之后增长率逐渐降低，在两者的联合作用下，使 UL 曲线呈现先增后减的倒"U"形形态。从内涵上看，当 PD 趋近于 0 时，未来的不确定性较小，EL 与 UL 都趋近于 0；随着 PD 的上升，未来的不确定性增加，但发生的损失多为 UL；当 PD 上升到超过某一临界点时，较高的 PD 使得未来损失的确定性较大，相应地 EL 增加，而 UL 逐渐减少；当 100% 发生违约时，则全部为 EL，因而资本要求随着 PD 的上升呈先增加后减少的趋势。

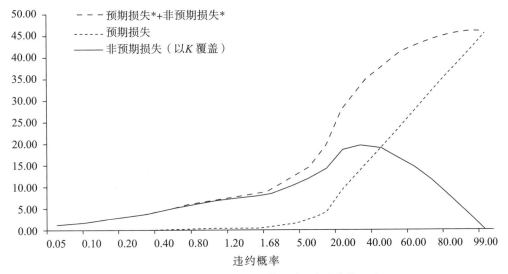

图 3-17　资本要求系数监管公式图析（单位：%）

注：* 代表图中预期损失与非预期损失均已经过期限调整项调整。
资料来源：国泰君安证券整理。

在《巴塞尔协议》的框架下,无论是采用标准法还是内部评级法的商业银行,都可以通过 CDS 等合格信用风险缓释工具来降低资本要求。在标准法下,可以将标的资产的风险权重替换为 CDS 发行人的风险权重;在初级内部评级法下,可以将标的资产发行人的违约率替换为 CDS 发行人的违约率,以此降低资本要求,起到资本缓释的效果。

在《巴塞尔协议》对风险进行精细化管理的思想下,信用风险通过 PD、LGD、EAD、M 等风险因子进行更加精确和动态的计量,有助于商业银行使用信用衍生产品管理信用风险,缓释风险资本,提高资产负债表的管理效率。

第四节　国际市场机构参与信用衍生产品业务的定位

任何金融产品的广泛运用及其市场的发展,都离不开多样化的交易需求以及多元化的交易群体。从市场参与者的构成角度来看,根据国际清算银行的统计,国际 CDS 市场参与者主要包括商业银行、对冲基金、投资银行(券商)、投资公司、养老金、企业、政府机构等。其中,商业银行是最主要的市场参与者,占据了绝大部分的市场份额。随着市场的不断发展,投资银行、保险公司和对冲基金等机构也越来越多地参与到了信用衍生产品市场,并获得了一定的市场份额。不过,各类型机构参与信用衍生产品市场的目的与交易行为仍有较大的差异。图 3-18 刻画了 2015 年年底 CDS 卖方和买方市场的机构组成,表 3-6 列示了全球 CDS 市场的主要参与者及其交易动机。

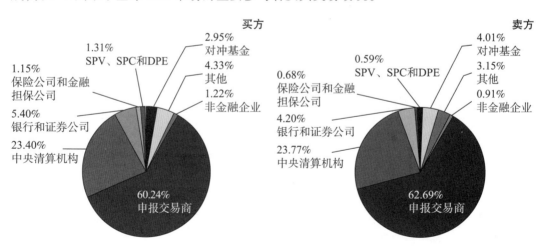

图 3-18　CDS 市场参与者情况统计(截至 2015 年年底)(单位:十亿美元)

注:SPC 为特殊目的公司(Special Purpose Company),SPE 为特殊目的实体(Special Purpose Entities)。

资料来源:国际清算银行。

表 3-6 全球 CDS 市场的主要参与方及其交易动机

参与 CDS 交易的主要机构	交易方向	交易动机
申报交易商和商业银行	主要买方	多以信用风险缓释、信用资产组合多样化为目的;降低风险资产的权重,提高资本充足率,降低信贷资产集中度;部分大型商业银行是 CDS 市场主要做市商,流动性提供者
保险公司	主要卖方	与其提供保险获得保险费的性质类似
投资银行	买方/卖方	从代客、做市、套利和产品创设的角度参与市场,为市场提供流动性;部分杠杆较低的投资银行带有部分交易目的
对冲基金	买方/卖方	主要的投机者,通过 CDS 获得交易杠杆、交易参考实体信用风险,以卖出方向为主
资产管理机构	主要卖方	以配置型为主;卖出 CDS 或买入 CLN(实质是卖出 CDS)增厚即期收益,或者买入 CDS 降低组合的信用风险
非金融企业	主要买方	减少商业往来中产生的应收账款等债务关系带来的信用风险
部分高净值个人客户	买入 CLN(实质是卖出 CDS)	通过私人银行参与市场,增厚即期收益

(一) 商业银行

作为国际金融市场最为重要的参与群体,商业银行在信用衍生产品的发展过程中扮演着重要的角色。即使经历了 2008 年金融危机,时至今日,商业银行仍然是国际信用衍生产品市场最重要的参与机构,而信用衍生产品的发展对于商业银行经营效率的提升同样意义重大。

1. 商业银行参与信用衍生产品交易的概况

信用衍生产品创新的最初动因,是商业银行为了有效地降低自身的信用风险。传统的 CDS 业务主要是为银行的特定大型贷款项目提供保险服务。CDS 市场的参与者主要是商业银行,受限于商业银行业务监管的相对严格性,以及信贷资产的巨大规模和非标准化,它们便利用 CDS 来管理信用风险,以满足监管部门对资本金的要求。即便是经历了 2008 年金融危机,商业银行仍是信用衍生产品市场最大的参与者,这和商业银行参与信用衍生产品市场的初衷是相吻合的。

商业银行最开始从事 CDS 交易活动,主要是用于对冲自身的信用风险,对风险进行分散化操作。此后,随着《巴塞尔协议Ⅱ》的应用,商业银行普遍开始运用 CDS 来合理地降低信用风险资本,提高资本利用效率,同时随着市场的发展,商业银行开始主要运用 CDS 等信用衍生产品对交易活动进行管理。

2. 商业银行参与信用衍生产品交易的主要目的

信用衍生产品交易业务是现代商业银行业务的重要组成部分。中间业务在银行各类业务中占据优势是现代商业银行的显著特征之一。其中,交易类业务和资产管理业务是现代商业银行中间业务的核心,此类业务要求商业银行进行专业化的风险配置和管理,而信用衍生产品是现代金融市场的重要风险载体,因此,信用衍生产品业务是现代商业银行发展的重要趋势。从境外银行衍生产品交易的情况来看,商业银行作为衍生产品交易商的需求远大于其作为终端持有者的需求。

商业银行参与信用衍生产品交易的目的可以分为以下三个方面。

(1) 解决信用悖论,主动管理风险

信用衍生产品,特别是 CDS 的产生,解决了长期困扰商业银行信用风险管理的悖论:从风险控制角度来看,商业银行应该避免信贷过度集中,尽量持有分散化贷款组合;但对于业务部门来说,信贷部门不可能也不愿意拒绝核心客户的大量贷款要求,而且银行的信贷组合往往受制于银行主要业务地区的产业结构,不同银行在地理和客户基础上都有相对的比较优势,这就造成了商业银行贷款集中化的趋势。风险管理和业务需要的冲突困扰了欧美商业银行多年。

在信用衍生产品产生之前,商业银行管理信用风险的手段主要包括对信贷客户进行内、外部评级以及进行信贷资源转移或贷款出售等,选择比较有限。同时商业银行选择采用贷款出售来平衡风险,往往会损害与客户的关系,这与强调客户是核心价值的宗旨相悖。信用衍生产品的出现使银行从这一困境中获得了解脱。借助于信用衍生产品,银行既可以避免信用风险的过度集中,又能够继续保持与客户的业务关系,甚至还可以突破信贷限额,放手与客户发展持续性的信贷交易,且只需出售多余的信用敞口。信用衍生产品的这一"鱼与熊掌"兼得的效果对传统银行业的经营方式产生了革命性的影响。

(2) 降低资本占用,提高资本利用效率

2008 年金融危机后,各国银行业监管机构均着手加强对本国银行体系风险抵御能力的建设,其中提高商业银行的资本充足率要求成为广受重视的内容,如何提高资本的使用效率、合理降低资本占用成为各国商业银行关注的重点。而根据《巴塞尔协议Ⅱ》,信用衍生产品属于合格的信用风险缓释工具,能够允许商业银行按照一定的规则释放贷款、债券等基础资产占用的资本。因此,很多商业银行出于节约资本的考虑,在发放贷款或购买债券时,同步考虑了购买相应的信用风险保护。在信用衍生产品合理定价的基础上,商业银行可以更低的资本占用开展针对更广泛主体的信贷或投资活动。除此之外,商业银行还可以通过信用衍生产品调节不同交易对手之间的风险权重,以此来满足资本充足率的要求,无须进行实际的金融资产交易,从而节约了经济资本,提升了资本回报率。

(3) 交易套利,拓展新的盈利渠道

信用衍生产品本身就是一种交易品种。随着宏观基本面的变化,金融市场对参照实体信用状况的预期也在不断地发生变化。当市场预期参照实体的违约概率上升时,投机者可以买入CDS,通过CDS利差的扩大来获利,反之亦然。此外,信用衍生产品可以与其他基础产品构建相应的交易策略进行套利,即利用信用衍生产品市场、债券市场和股票市场对于同一主体信用变化定价速度和程度的不同产生交易机会获利。

(二)保险公司

保险公司在国际CDS市场中主要以净卖出方出现,但出于自身信用分析能力与研究资源等考虑,纯保险资金参与CDS交易的程度并不深,整体来说,2008年受金融危机的冲击也不大。过去几年,国外和中国台湾地区的保险(尤其是寿险)资金更多的是投资于与抵押贷款相关的资产(特别是"两房"债券比重较大),在金融危机中,这些资产的债权人并未损失,其反而因美元利率的大幅下降而获益,只是因提前偿还等原因在期限匹配方面受到了一些影响。

1. 美国保险公司参与信用衍生产品交易的概况

美国寿险公司是信用衍生产品的积极买方,其参与CDS市场的主要目的是对冲风险。在2008年金融危机中,因信用利差扩大,这些寿险公司普遍获利,但当信用市场复苏的时候,其盈利受利差收窄的影响而有所下降。

美国非寿险公司在20世纪90年代末至21世纪初曾大量参与到衍生产品市场,尤其是信用衍生产品市场,其中包括信利保险、美国国际集团、丘博保险等保险公司。在经历了2000—2002年美国经济衰退之后,这些机构大多数退出了信用衍生产品业务,那些没有退出的则通过保险公司内部的非保险实体(包括金融担保或金融产品运作部门)依托母公司的信用评级来做此业务。但在2008年金融危机期间,几乎所有这些非保险实体或者被迫取消或者需要进行重大资产重组。

2. 欧洲保险公司参与信用衍生产品交易的概况

2008年在欧洲保险公司中,瑞士再保险公司和安盛保险公司曾经是CDS市场上最活跃的投资者。前者在2008年金融危机前的CDS头寸包括300亿欧元左右的相关性交易和300亿欧元左右的银行资产组合CDS。安盛保险则是将CDS作为投资信用债券的替代品,其2007年为了从高信用利差中获益而增加了60亿欧元的CDS敞口,但在2008年金融危机后其名义敞口已经显著下降(如表3-7所示)。

表 3-7　安盛保险的 CDS 名义敞口　　　　　　　　　　（单位：百万欧元）

信用等级	2008 年	2009 年	2010 年
AAA	595	798	126
AA	4 536	2 051	667
A	8 779	6 021	4 265
BBB	4 372	2 694	1 418
投资级以下	183	212	−60
无评级	589	1 175	518
汇总	19 054	12 951	6 934

资料来源：NAFMII（2012），《信用风险缓释工具（CRM）主体多元化相关问题研究》。

3. 国际市场中保险公司参与信用衍生产品交易的经验总结

保险公司参与的 CDS 交易绝大部分是保险集团内部的非保险实体（包括金融担保或金融产品运作部门）依托母公司的信用评级来进行的。AIG 即采用这一模式进行信用衍生产品交易。AIG 曾是世界上最大、最成功的保险巨人，在全球保险业具有举足轻重的地位和影响力，却因旗下的 CDS 交易几乎遭遇灭顶之灾。因此，我们可以 AIG 为案例，对国际保险机构的 CDS 交易行为进行初步总结。

（1）严控风险基础上的信用风险保护出售的确可带来可观的收益

从实质上来说，保险机构向金融机构出售针对标的实体的信用风险保护，与其收取保费为其他投保人提供保险服务的性质极为相似。事实上，在做好充分的尽职调查的基础上，基于有效分析的信用保护出售行为与信用债券投资行为在风险承担方面并无实质区别，相反，由于不需要初始现金流的支付，因此可以有效地提高资金的使用效率，提高保险公司的经营效益。

（2）大量卖出结构复杂的信用保护，对风险累积估计不足

AIG 主要是通过旗下金融产品部门——AIG 金融产品公司（AIG Financial Products Corporation，AIGFP）以衍生产品交易的名义提供 CDS 保险服务的。与很多投资银行相比，AIG 的 CDS 交易量较小，所占市场总份额不到 5%。AIG 参与 CDS 交易的模式主要是通过出售 CDS 信用保护获取保护费收入，它是 2008 年金融危机前市场中最重要的信用保护净卖出方。

2007 年，AIG 持有的 CDS 合同名义总量达到了 5 270 亿美元，只占 AIGFP 衍生产品总量（2.66 万亿美元）的 20%，其中以 CDO、CLO（债券抵押）为标的的两种套利 CDS 为 1 490 亿美元，仅占 6%。但 CDS 在 2007 年和 2008 年计提的未实现损失中却占到了 99% 的比重，其中以 CDO 为标的的 CDS 总量仅占到了衍生产品总量的不到 3%，但却占到了两年损失的 90%。可以说，正是大量出售针对复杂结构产品的信用风险保护，导致了 2008 年金融危机爆发后 AIG 的巨额亏损。

AIGFP 曾自认为拥有完美的 CDS 风险定价模型,但事后证明,该模型的多种假设与实际情况并不相符,其因出售风险而承担的保护也大大超出了此前的想象。AIG 以 CDS 形式持有的 782 亿美元的 CDO 中,有 614 亿元与美国次优贷款有关,其占比高达 78.7%,大大超出了模型构建人员与其内部风险分析师的假设。此外,AIG 一直认为自己所保护的是信用评级达到 Aaa 级以上的超高级层,风险极小。但事实上,2008 年 9 月 30 日,穆迪公司对价值 4 500 亿美元的 4 221 只分层 CDO 进行了降级,此前其中 80% 被评为 Aaa 级的,降级后半数还被预警有坏账风险。其 CDS 的各种特殊条款使得 AIG 并不是在触及超高级层时才作出赔偿,最后不得不通过不断追加保证金的方式以原值买下这些 CDO。

(3) 利用集团信用评级优势进行信用套利的盈利模式是一把双刃剑

AIGFP 与 CDO 有关的 CDS 交易的未实现损失在 2008 年金融危机高峰时约为 330 亿美元,并不足以压垮 AIG 这个庞大的金融巨人,也不足以使美国政府断然作出支援 1 820 亿美元巨资的决定。真正压垮 AIG 的是 AIG 集团层面的盈利模式,这种模式可以概括为:利用集团信用评级优势,一方面低借高贷,另一方面放大杠杆,实现信用套利。

表面上看,AIG 并不向 AIGFP 直接提供融资,但 AIGFP 的融资与投资实际上全部由 AIG 提供直接或间接的担保。而 AIG 作为美国少有的几家具有 AAA 总体信用评级的综合性金融企业之一,其较高的信用评级使得 AIGFP 能够在融资和投资两个方向上都进行杠杆放大操作。但 AIG 的信用评级一旦下调,就有可能导致 AIGFP 的融资成本、投资交易中的担保条件甚至交易性质发生变化。该套利模式在低风险品种上的长期成功,促使 AIGFP 不断扩大运用这一套利模式。1998 年,AIGFP 开始进入以 MBS 为标的物的 CDS 套利交易,2000 年进入以企业贷款为标的物的 CDS 套利交易,2004 年进入以 CDO 为标的物的 CDS 套利交易。

这种杠杆化操作的交易模式如同一把双刃剑:在市场发展趋势符合预期时,能够获得巨额利润;但在市场发生哪怕是很小的反向运动时,这种杠杆化操作一方面使资产缩水,另一方面使负债陡然放大,形成了双向压迫之势,使 AIGFP 和 AIG 迅速陷入"所保护资产风险上升——交易对手要求提高保证金要求——加剧 AIG 财务风险——降低 AIG 信用等级——交易对手进一步要求提高保证金……"的螺旋式倒塌的漩涡之中。

(三) 投资银行

在传统 OTC 市场的衍生产品交易中,投资银行充当的交易商只是作为搭配交易的中介提供信息服务。交易商把客户的衍生产品需求聚集到自己的柜台,然后在自己的柜台或者在批发市场进行搭配交易,赚取交易的佣金收入。在国际信用衍生产品的发展过程中,投资银行作为交易商在提供市场流动性的同时,也逐渐开始根据市场需要,不断组合、设计新的产品形式以满足投资者的个性化需求,并形成了有效的交易策略。

1. 投资银行参与信用衍生产品交易行为的变化

在 CDS 市场发展的初期,投资银行主要是作为交易商参与市场交易活动,通过匹配不同投资者的交易需求获取佣金收入。随着 CDS 市场的发展,投资银行以交易商身份参与 CDS 市场时,已不再满足于只作为配对交易的中介,还选择提供管理合约违约风险的服务。也就是说,它直接充当 CDS 的交易对手,这样交易商将 CDS 买卖双方的风险集于一身,主要赚取买卖衍生产品的差价。

在 20 世纪末 21 世纪初,华尔街独立的投资银行面对着来自金融控股公司和欧洲全能银行的双面夹击,不得不转型为"全能投行",以期增加"协同效应",应对外部的竞争压力。这些投资银行上市以后,内部又面临着来自股东对资本回报的压力。多种因素促使华尔街的投资银行向高风险领域挺进,采用高杠杆运作的模式,不断进行激进的业务和产品创新。在国际信用衍生产品快速发展的鼎盛时期,流动性过剩的宏观环境使得对冲基金等投资者存在对高收益债券的需求。作为卖方的投资银行为了满足客户的需求,要设计出高收益的债权产品,如含有股权层级的 CDO 等产品,并利用 CDS 交易转移信用风险。通过 CDS 构造部分融资合成型 CDO 等复杂的投资工具,就是投资银行在市场需求压力下进行的产品创新。

除此之外,此时的投资银行在 CDS 市场已不再单纯地作为交易商赚取买卖价差,它们作为专业的机构还利用自己的优势在衍生品价值链上寻找价值增值,并根据自己的专业判断开始积极配置衍生产品头寸风险来赚取衍生产品投资收益,甚至是进行投机炒作。根据惠誉(Fitch Ratings)对全球银行业的市场调查,在 2003 年有 77% 的银行表示交易套利是其应用 CDS 的主要动机,而这一比例在 2005 年上升到了 89%。

投资银行越来越大胆地通过维持风险敞口头寸来获取收益,即投资银行业对冲基金化经营。一些投资银行采用了激进的交易策略,在一定时期产生了良好的收益,并促使投资银行利用杠杆越来越激进地持有风险头寸,而并不是把所有的风险都对冲掉。根据 2006 年《经济学人》(*The Economist*)杂志的数据,高盛 68% 的收入来自交易和主要投资收益,而依赖传统的投资银行业务和商务咨询的服务收入仅占 17%。在 2008 年金融危机前,高盛购买了大量次贷抵押债券 CDS,随着次贷抵押债券指数 ABX 一路狂跌,高盛购买的 CDS 价值大幅上涨,这给高盛带来了 40 亿美元的收益。

投资银行将 CDS 视作交易和套利的工具,热衷于开发各种结构复杂的信用衍生产品,倾向于订立更加个性化、复杂化的合约,并乐于向第三人转让合约而不是等待到期履约。转让行为虽然使市场流动性得以提升,但是频繁的转让交易以及相应条款的修改使得原始信息出现流失,与基础资产的参照关系愈发稀薄,利益转移和传递的链条也变得越来越复杂,也间接地放大了相关风险。

在经历了 2008 年金融危机之后,投资银行整体在信用衍生产品市场上的交易风格逐渐稳健,与此同时,CDS 市场的集中度相应提高。以美国信用衍生产品市场为例,2016年美国信用衍生产品市场第二季季末交易量排名前十的银行与信托公司买入和卖出CDS 的交易总额占所有银行与信托公司交易总额的 99%以上,其中摩根大通一家的 CDS 买入和卖出量就占相应市场份额的 40%左右(如表 3-8 所示)。

表 3-8 美国银行和信托公司买入与卖出 CDS 合约的名义价值(2016 年 6 月 30 日)

排名	银行名称	CDS 买入量 (百万美元)	CDS 卖出量 (百万美元)	占 CDS 买入 总额的比重(%)	占 CDS 卖出 总额的比重(%)
1	摩根大通	1 297 577	1 259 172	39.83	39.93
2	花旗银行	1 082 289	1 053 520	33.22	33.41
3	美国银行	703 977	696 211	21.61	22.08
4	汇丰银行	76 567	74 906	2.35	2.38
5	高盛	81 993	65 314	2.52	2.07
6	富国银行	4 651	3 870	0.14	0.12
7	摩根士丹利	8 342	0	0.26	0.00
8	多伦多道明银行	647	5	0.02	0.00
9	美国合众银行	285	250	0.01	0.01
10	太阳信托银行	520	0	0.02	0.00
前十家银行与信托公司		3 256 848	3 153 248	99.97	99.99
所有银行与信托公司		3 257 853	3 153 538	100.00	100.00

资料来源:美国货币监理署(OCC)。

2. 投资银行参与信用衍生产品交易的策略

在信用衍生产品市场,投资银行充当了做市商的角色,在保持有限净头寸的同时,提供买卖报价,为市场提供流动性,满足投资者分散信用风险的需求,间接上也起到了提升债务融资效率的作用。同时,投资银行自身也利用信用衍生产品进行套利交易,其常用的套利策略有以下两种:一是基于信用风险曲线的交易。根据单一名称 CDS 在不同期限的交易价格,结合其对该信用风险曲线未来陡峭或平坦化的预期,构建单一名称 CDS 投资组合:如买入 10 年期 CDS,卖出 5 年期 CDS 等。二是基差交易。在国际市场上反映债券信用风险的另一个常用工具是资产互换(Asset Swap),如果信用违约互换和资产互换的价格发生了较大的偏离,投资银行也会构建包括信用违约互换和资产互换的套利组合。

2008 年金融危机前,信用衍生产品市场过度杠杆化、复杂化的趋势对投资银行的交易策略产生了直接影响。投资银行从上述交易简单的信用衍生产品过渡到了热衷于开发和交易各种结构复杂的结构化衍生产品,如合成套利型 CDO(Synthetic Arbitrage CDO)

等,以达到获取高收益的目的。

2008年金融危机后,信用衍生产品市场结构出现了明显的变化,在交易规模下降的同时,简单、透明、标准的CDS日益成为主要的交易品种,与次级贷款关联度高、结构复杂的CDO产品则几乎销声匿迹。上述变化直接导致了银行开发和交易与次级贷款关联度高、结构复杂的CDO产品的业务停滞,投资银行从事信用衍生产品交易的主要目的重新回归到了信用风险管理上来。在做市商方面,尽管金融危机前拥有较大复杂信用衍生产品头寸和较高杠杆率的雷曼兄弟、美林、贝尔斯登等退出了市场,但是银行在信用衍生产品市场依旧表现活跃,摩根大通、花旗银行、美国银行、汇丰银行及高盛占据了全球CDS做市商的前5位。

3. 投资银行参与信用衍生产品交易的经验总结

(1) 投资银行的活跃交易为市场提供了充足的流动性

在信用衍生产品的发展过程中,投资银行作为重要的交易商群体,为市场提供了买卖的双边报价,提供并保障了信用衍生产品的流动性。在此基础上,随着信用衍生产品活跃程度的提高,投资银行等交易商群体的报价更加贴近某一信用风险的实际价值水平,这为市场提供了定价的基础参考值,成为金融市场对信用风险定价水平的重要基础。

(2) 缺乏有效监管、过度创新开发导致衍生产品偏离实体经济的真实需求

如前文所述,信用衍生产品的产生来源于市场参与者的真实需求,早期单一名称CDS等简单产品在信用衍生产品市场也一直处于主流地位,保持着平稳发展的态势,不但为稳定金融市场提供了切实可行的有效工具,同时也为市场提供了基础定价参考。然而,在2008年金融危机发生前,由于国际市场对衍生产品市场的监管相对较为宽松,同时在流动性泛滥的大背景下,投资银行面对不断增长的盈利要求必须寻找新的盈利增长点,投资银行随后不断推出了各种组合产品及其他复杂信用衍生产品,走上了脱离实体经济的道路,最后付出了昂贵的代价。

(四) 基金公司

1. 基金公司参与信用衍生产品交易的概况

在国际市场中,基金公司也是信用衍生产品的重要参与机构之一。以对冲基金、养老金、共同基金为代表的基金类投资者,在2008年金融危机前,买入合约份额占比已经达到了34%,卖出合约份额占比达到了39%,成为继商业银行之后的第二大信用衍生产品市场参与者。随着CDS市场的快速发展,基金在这个市场上的参与程度逐步提高。但在2008年金融危机前,CDS市场上聚集了大量的投机者,债券型基金持有的高额CDS名义值也远远超出了自身的风险对冲需求,产生了较大的风险敞口。2009年2月13日,奥本海默冠军收益基金(Oppenheimer Champion Income Fund)被爆出一直向投资者隐瞒了

对 CDS 持有的大量头寸,其目的在于加大风险敞口、赢取高额回报,但在 2008 年,因为过高的暴露头寸在市场的系统性崩盘下,损失了 74% 的资产净值,引发了基金行业的震动。在此以后,美国证监会加强了对基金公司参与 CDS 交易的监管,而投资者也对这一市场充满了疑虑,部分基金公司(如太平洋投资管理公司)对衍生产品的投资比例进行了限制或明确表示基金可投资的资产类别中不包括衍生产品。

随着对信用衍生产品交易活动的深入参与,基金公司的交易策略也出现了多样化的特征。它们不仅会通过买入 CDS 合约来对冲信用风险,也会根据信用债券市场的情况来选择卖出 CDS 合约而承担更多的风险暴露,以获取更高的投资收益。

2. 基金公司参与信用衍生产品交易的策略

在 2008 年金融危机前,基金公司参与信用衍生产品交易的目的不完全是对冲信用风险,否则债券型基金应该是市场上 CDS 合约的净买入方,而其持有的 CDS 合约净值也应该是正的。

Koski and Pontiff(1999)的研究显示,美国有 20.8% 的共同基金投资于各种金融衍生产品;其中 45% 用于套期保值目的,大约 8% 用于投机。根据 Johnson and Yu(2004)对加拿大共同基金使用衍生产品情况的研究,债券型基金使用衍生产品主要是为了提高投资收益,但同时也增加了其风险暴露的程度。而 Chen(2010)对对冲基金使用各类衍生产品的策略进行的分析则表明,固定收益类衍生产品在固定收益率套利型、可转换套利型及宏观对冲型对冲基金中使用得最多。

国外基金公司对于不同种类的 CDS 采用的策略也有所不同。根据 Adam and Guttler(2010)的研究,对于针对单一名称 CDS,基金公司采用的普遍策略是卖出套利或投机,即增加自己对信用风险的暴露程度来博取更大的投资收益;针对多参考实体 CDS,基金公司有时候是作为净买入方,有时候是作为净卖出方,显示出基金公司在交易时会根据具体的市场判断和交易策略来不断地调整自己的头寸,而不是单纯地将 CDS 作为对冲信用风险的工具。

从海外基金参与 CDS 交易的经验来看,基金类机构参与 CDS 交易不完全是以风险对冲为目的,而更多的是通过信用衍生产品 CDS 构建具体的交易策略,在不同的市场环境下实施套利或投机,以提高投资收益。

3. 基金公司参与信用衍生产品交易的经验总结

(1)基金公司是市场流动性的重要提供者

基金公司是最早以投机和套利为目的参与到 CDS 市场的金融机构。与投资银行一样,在早期 CDS 市场发展的过程中,基金公司的参与解决了商业银行和保险公司等金融机构持有到期策略而导致的市场流动性不足,为市场提供了定价参考基础。

(2) 参与信用衍生产品交易有助于提高基金公司的盈利能力

一方面,参与信用衍生产品交易能够促使基金公司构建、完善相应的定价能力与对基础信用的评估能力。在各类基础债务的信用水平不断变化的背景下,分析与定价能力的提升能够使得基金公司把握更多有利的交易时机,提高盈利能力。另一方面,参与信用衍生产品交易能够丰富基金公司的日常交易方式,利用该产品与其他金融产品的组合,能够构建更为丰富的交易策略,推动基金公司在多个金融子市场中发现有效的盈利机会。

(3) 风险防范需要得到进一步重视

2008年金融危机爆发之前,随着流动性的提高,以及市场规模的迅速扩大,CDS市场的参与者越来越多,但不少基金公司对于这一衍生产品种类的风险认识并不明确。当2008年金融危机中的系统性风险暴露时,不仅商业银行和保险机构受到了冲击,少数基金公司由于过大的风险暴露也遭受了损失。

本章小结

本章重点在于介绍CDS市场的历史沿革。从1994年诞生第一笔CDS合约起,CDS市场开始稳步发展,1999年ISDA公布了第一版定义文件,2003年作出了重大修改,2008年金融危机后作出了重大变革,推出了"大爆炸"和"小爆炸"议定书,并推行了信用衍生产品决定委员会、标准化合约、强制拍卖结算机制、中央对手方清算等一系列市场制度改革。

同时,本章介绍了《巴塞尔协议》中关于信用衍生产品的信用风险、交易对手风险以及风险资本界定的相关内容,并对如何调整内部评级法下的违约概率(PD)、风险暴露(EAD)、违约损失率(LGD)、期限(M)四个关键参数提供了初步解读。另外,本章对境外不同机构以何种姿态参与CDS市场作出了文献梳理,为保险、基金、券商以及银行从业人员提供了一定借鉴,读者可作适当了解。

本章重要术语

信用衍生产品决定委员会	拍卖结算	回溯日
"大爆炸"议定书	"小爆炸"议定书	标准化合约
中央对手方清算	压缩交易	《巴塞尔协议》

思考练习题

1. 什么是标准化合约?有哪些要素被标准化?为什么要推行标准化合约?其特点在哪里?

2. 什么是信用衍生产品决定委员会？
3. 什么是强制拍卖结算？简要叙述其流程。
4. 各类型机构在 CDS 市场中的定位是什么？

参考文献

[1] 美国金融危机调查委员会,《美国金融危机调查报告》,北京：中信出版社,2012年,第 11—151 页。

[2] 顾纪瑞,"美国网络泡沫的破裂及其对中国的影响",《世界经济与政治论坛》,2002 年第 3 期,第 19—20 页。

[3] 李翀,"论美国金融危机原因及影响",《中山大学学报》,2009 年第 49 卷第 2 期,第 184—185 页。

[4] 彭罡,"小布什与克林顿政府的宏观调控政策比较分析",《南方经济》,2001 年第 12 期,第 73—74 页。

[5] 王大波,"从 AIG 被政府接管看金融危机对中国保险业的启示",《保险理论与实务》,2010 年第 1 期,第 54—56 页。

[6] 余永定,"美国次贷危机：背景、原因与发展",《当代亚太》,2008 年第 5 期,第 14—32 页。

[7] 陈继勇、盛杨译、周琪,"解读美国金融危机——基于实体经济的视角",《经济评论》,2009 年第 2 期,第 73—85 页。

[8] 黄妍,"美欧金融危机中 CDS 泡沫形成的原因与影响以及相关风险管理问题的思考",《外汇市场》,2010 年第 9 期,第 21—27 页。

[9] 王焕舟、黄帅、颜欢,"信用风险管理：解读 CDS 合约与探寻中国路径",《金融市场研究》,2016 年第 15 卷,第 91—105 页。

[10] 杨农,《中国债券市场发展报告(2015—2016)》,北京：社会科学文献出版社,2016 年,第 67—76 页。

[11] 杨军,《风险管理与巴塞尔协议》,北京：中国金融出版社,2013 年,第 12—49 页。

[12] 王焕舟、黄帅、颜欢,"浅析 CDS 在中国市场的需求和应用——从商业银行监管和经营的角度",《货币市场和债券市场》,2016 年第 10 期,第 52—57 页。

[13] Kiff, J., A. M. J. Elliott, E. G. Kazarian, J. G. Scarlata, and C. Spackman, "Credit Derivatives: Systemic Risks and Policy Options?", *IMF Working Papers*, 2014, 09 (254), 1-35.

[14] Koski, J. L., and J. Pontiff, "How are Derivatives Used? Evidence from the Mutual

Fund Industry," *The Journal of Finance*, 1999, 54(2), 791-816.

[15] Johnson, L. D., and W. Y. Wayne, "An Analysis of the Use of Derivatives by the Canadian Mutual Fund Industry," *Journal of International Money and Finance*, 2004, 23(6), 947-970.

[16] Chen, Y., "Derivatives Use and Risk Taking: Evidence from the Hedge Fund Industry," *Journal of Financial and Quantitative Analysis*, 2011, 46(4), 1073-1106.

[17] Adam, T., and A. Guettler, "The Use of Credit Default Swaps by US Fixed-Income Mutual Funds," *FDIC Center for Financial Research Working Paper*, 2010, (2011-01).

Part 3

第三篇

中国信用衍生产品市场发展与实务

第四章 中国信用衍生产品市场概述

本章知识与技能目标

- 了解中国推出信用风险缓释工具的背景和意义;
- 掌握中国2016年版信用风险缓释工具的产品体系和配套机制,以及信用风险缓释合约(CRMA)、信用风险缓释凭证(CRMW)、信用违约互换(CDS)、信用联结票据(CLN)四类信用风险缓释工具的区别;
- 了解中国信用衍生产品市场的发展现状;
- 理解中国信用衍生产品市场的管理框架和运行机制。

第一节 中国信用衍生产品市场的发展现状和意义

一、中国推出信用风险缓释工具的背景

2010年9月23日,中国银行间市场交易商协会发布了《银行间市场信用风险缓释工具试点业务指引》,正式启动了中国版的信用风险缓释工具(Credit Risk Mitigation, CRM),包括信用风险缓释合约(Credit Risk Mitigation Agreement, CRMA)和信用风险缓释凭证(Credit Risk Mitigation Warrant, CRMW)两类产品,填补了中国信用衍生产品市场的空白。略显遗憾的是,由于当时中国金融市场所处的历史发展阶段和产品结构等原因,信用衍生产品的需求较为薄弱,中国信用衍生产品市场的发展暂时进入了停滞期。

近年来,中国债券市场从规模、债券品种、市场参与者数量等方面来看均发展迅速,截至2016年6月底,中国债券市场托管量已达到57万亿元。在市场大幅扩容的同时集中和积累了一定规模的信用风险敞口,债券市场的风险结构也从单一的利率风险转变为了利率风险和信用风险并存。2014年起,中国债券市场进入了偿债高峰,"11

超日债"①无法按期全额支付利息拉开了债券市场违约的序幕,2014年成为中国债市券市场风险开始暴露的"元年"。目前,中国经济正处于增速换挡期,市场波动加剧,不良贷款率逐步提高,信用事件频发。面对如此庞大的信用债市场规模以及逐渐复杂的风险结构,市场迫切需要相应的工具来管理信用风险。

2016年9月23日,中国银行间市场交易商协会发布了《银行间市场信用风险缓释工具试点业务规则》(以下简称《业务规则》)和《中国场外信用衍生产品交易基本术语与适用规则(2016年版)》(以下简称《术语与规则》)。《业务规则》在之前CRMA和CRMW的基础上,新增了信用违约互换(CDS)和信用联结票据(CLN)两类信用风险缓释工具,而《术语与规则》则对上述产品具体交易要素的适用规则提供了相应的法律解读,供市场参与者在业务中引述使用。新增的信用风险缓释工具在整体的产品设计上取得了重大进展,从单一债务扩展到了对参考实体的债务族进行保护,并与商业银行等金融机构的监管法规要求进行了有效衔接;在具体交易要素的设计上,借鉴了国际通行标准,并根据中国的实际情况进行了调整,采用了一系列的标准化安排;在风险管理上,对市场参与者适当性、杠杆比例也给予了明确约束。

二、中国推出信用风险缓释工具的意义

信用风险缓释工具的推出,对巩固和加强金融体系具有以下重要意义和价值:

一是帮助市场主体有效对冲信用风险。2005年以来,在中国人民银行及相关监管部门的大力推动下,银行间信用债券市场取得了卓有成效的发展。2015年中国全年债券发行达到了23.2万亿元,较2014年增加了11.0万亿元,同比增长90.1%,中国银行间市场在2016年上半年发行债券总计约11.56万亿元。截至2016年6月底,债券市场总托管余额为57.0万亿元,其中公司信用债托管余额为16.2万亿元;银行间债券市场托管余额为51.4万亿元,占债券市场总托管余额的90.2%。面对日益庞大的信用衍生产品市场规模,中国银行间市场在信用衍生产品领域的长期空白,使得市场参与主体难以通过市场化的工具高效地对冲、转移和规避信用风险,这不仅容易造成风险积聚,而且制约了市场深化发展。广大的市场参与者始终在规模庞大的信用债券市场中"裸泳",对一件合体的"救生衣"的渴求可想而知。适度发展衍生产品市场,增加管理市场风险和信用风险等风险的有效手段,对于提高市场参与主体的风险抵御能力具有重大意义和价值。此外,推出信用衍生产品业务对于进一步促进中国信用衍生产品市场发展、填补证券市场信用衍生产品空白、帮助证券市场参与者管理信用风险、提高市场流动性等具有重要意义。

二是丰富市场参与者管理信用风险的手段。长期以来,中国的金融机构主要通过信

---

① 指超日太阳于2012年3月7日发行的2011年公司债券。

用等级分类、授信制度及信贷资产转让等传统的、预防性的、静态的方式来管理信用风险，既缺乏主动的、动态管理方法，也没有通过市场转移信用风险的金融工具。通过信用风险缓释工具，金融机构可以将信用风险从其他风险中剥离出来并转移出去，从而在根本上改变了金融机构的信用风险管理方式，为金融机构提供了革命性的管理信用风险的创新工具。

三是促进市场机构实现可持续发展。近几年，随着利率市场化改革的深入和市场化竞争的逐步加剧，各类金融机构开始积极拓宽业务范围，增加业务收入渠道，稳步扩大业务规模。其中，中国商业银行的资产规模和资本规模近几年同步快速扩张，若干大型国有商业银行在2008年金融危机的此消彼长之下一跃成为国际大型银行。然而，规模至上的发展理念和扩张路径注定会受到资本市场容量和资本补充渠道的限制，从而使商业银行缺乏可持续发展的内在动力。面对现实的资本约束和发展瓶颈，商业银行需要通过发展信用衍生产品为存量信贷资产和信用风险寻找合适的出口，促使其在不过度依赖外部资本补充的情况下，始终保持良好的监管和经营指标，实现规模适中的可持续经营发展模式。

四是推动直接债务融资市场的持续发展。目前，中国信用债券的发行人仍以高信用等级的企业为主，由于投资者只能通过担保、保证金等传统形式获得信用增进，这就导致部分资金实力雄厚，但风险厌恶程度较高的投资者参与直接债务融资市场的深度和广度仍然有限。通过引入信用风险缓释工具，可以进一步扩大直接债务融资市场的投资者范围，有效解决市场需求的制约因素，为中小企业等低信用等级发行主体通过债券市场进行直接融资创造条件，从而促进直接债务融资市场的持续发展。

五是促进市场价格发现，提高市场运行效率。信用风险缓释工具作为一种衍生产品，可以有效地缓解因信息不对称所产生的逆向选择和道德风险问题，促使市场信息更加公开化，市场更加透明，从而降低市场交易成本，提高金融市场运行效率。而且，信用风险缓释工具将信用风险与市场风险分离开来，使得投资者能够更加清晰地对信用风险进行定价，方便投资者优化资本和资金配置。此外，信用衍生产品是对金融市场的一次重新整合，使金融机构能进入更多的市场领域，相当于把所有的市场都联系起来，也有利于促进市场运行效率的提高。

六是完善市场信用风险分担机制。由于缺少有效的信用风险管理工具，中国债券市场投资者难以通过市场化的方式便利地分离并交易信用风险，导致投资者持有债券就必须承担信用风险，想承担信用风险就必须买入债券，从而极大地限制了资金充裕的风险厌恶型及资金短缺的风险偏好型投资者参与直接债务融资市场的深度和广度。通过信用风险缓释工具，不同风险偏好的投资者可以根据自身需求，差异化地承担风险，从而促进了信用风险在整个金融系统中的重新优化分配。

七是维护宏观经济金融稳定。在2008年全球金融危机中,中国经济成功克服了巨大的冲击和困难,在全球经济中率先实现了复苏,但是随后也出现了一定程度的回落和调整。正是因为宏观经济走势具有内在的周期性和波动性,信用风险在金融体系内部或某个金融子领域的过度集中,必然会给金融体系造成风险隐患,尤其是当宏观经济走势发生转向时将更为突出。通过发展信用衍生产品,促进信用风险在不同金融市场和经济领域的合理配置和分散,将有助于平抑上述顺周期现象,从而降低信用风险对经济金融体系的冲击,有利于维护宏观经济金融稳定。

综上所述,在中国发展信用衍生产品是必要而紧迫的,我们从2008年金融危机中汲取的教训不是该不该发展信用衍生产品,而是要如何合理发展符合中国实际需求的信用衍生产品。

三、2016年版信用风险缓释工具的产品体系和配套机制

(一)产品体系

信用风险缓释工具(CRM)是指信用风险缓释合约、信用风险缓释凭证、信用违约互换以及信用联结票据等用于管理信用风险的信用衍生产品。

信用风险缓释合约(CRMA)是信用保护买方按照约定的标准和方式向卖方支付信用保护费用,由卖方就约定的标的债务向买方提供信用风险保护的金融合约。

信用风险缓释凭证(CRMW)是由标的实体以外的第三方创设的、为持有人提供信用风险保护的有价凭证。从形式上看,它是由凭证创设人面向投资者发行的、可在二级市场流通转让的、附带信用保护权利的证券;从实质上看,它是标准化的信用风险缓释合约;从市场运行架构上看,它的创设、交易、托管、结算等方式与债券类似。

信用违约互换(CDS)是针对参考实体提供信用风险保护的衍生产品合约。CDS和CRMA同为合约类信用风险缓释工具,但CDS受保护的债务范围由CRMA的单一债务扩展到了参考实体的债务族。并且,CDS作为合格信用风险缓释工具,资本缓释功能得到了明确,与商业银行等金融机构的监管法规进行了有效衔接,进一步推动了中国信用衍生产品体系逐步与国际市场接轨。

信用联结票据(CLN)是一种表内融资工具(债务融资工具)。CLN与CRMW虽然同为凭证类信用风险缓释工具,但CLN除了涉及信用保护外,还附有现金担保,即相当于买方不但向卖方寻求信用保护,还寻求现金融资。CLN在CRMW的基础上进一步丰富了信用风险缓释工具的功能。

表4-1将对四种信用风险缓释工具从类型、定义、所适用债务种类、债务特征及参考债务等方面进行对比解析,以便读者更为清晰地理解CRM产品体系。

表 4-1 银行间市场信用风险缓释工具对比

名称	信用风险缓释合约（CRMA）	信用风险缓释凭证（CRMW）	信用违约互换（CDS）	信用联结票据（CLN）
类型	合约类	凭证类	合约类	凭证类
定义	交易双方达成的，约定在未来一定期限内，信用保护买方按照约定的标准和方式向信用保护卖方支付信用保护费用，由信用保护卖方就约定的标的债务向信用保护买方提供信用风险保护的金融合约	由标的实体以外的机构创设的、为凭证持有人就标的债务提供信用风险保护的、可交易流通的有价凭证	交易双方达成的，约定在未来一定期限内，信用保护买方按照约定的标准和方式向信用保护卖方支付信用保护费用，由信用保护卖方就约定的一个或多个参考实体向信用保护买方提供信用风险保护的金融合约	由创设机构向投资人创设的、投资人的投资回报与参考实体信用状况挂钩的、附有现金担保的信用衍生产品
债务种类	仅为参考债务，可以为债券、贷款或其他债务	仅为参考债务，可以为债券、贷款或其他债务	参考实体的一揽子债务，但目前仅限于非金融企业债务融资工具	参考实体的一揽子债务，但目前仅限于非金融企业债务融资工具
债务特征	无	无	参考实体所负债务的一项或多项特征，包括但不限于一般债务、次级债务、交易流通、本币或外币等特征	参考实体所负债务的一项或多项特征，包括但不限于一般债务、次级债务、交易流通、本币或外币等特征
参考债务	标的债务	标的债务	交易有效约定中参考实体的一项或多项债务	交易有效约定中参考实体的一项或多项债务
可交付债务	标的债务	标的债务	由债务种类、债务特征、参考债务等框出的一揽子债务	由债务种类、债务特征、参考债务等框出的一揽子债务

（二）配套机制

中国银行间市场交易商协会（以下简称"交易商协会"）通过深入研究、分析并吸取国际信用衍生产品发展的经验教训，作出了以下机制安排。

1. 合理配置风险

国际信用衍生产品市场一般对参与者没有准入要求,更没有依据参与者的风险管理和承担能力进行分层运行,这容易将风险不适当地转移到不具备相应风险管理和承担能力的机构,从而埋下系统性风险的隐患。鉴于2008年金融危机的教训,对市场参与者进行适当分层、实现信用风险的科学配置,是提高交易效率、防范市场风险的有效措施,符合市场发展的内在要求。CRM试点业务按照核心交易商(包括金融机构、合格信用增进机构)和一般交易商(包括非法人产品、其他非金融机构)的方式进行市场分层管理,确保信用风险向具备相应风险管理和承担能力的机构进行转移,有利于实现风险的合理配置。

2. 提高市场透明度

在2008年金融危机中,国际CDS市场由于缺乏统一的信息披露和报告要求,市场透明度极低,市场参与者和监管当局难以及时、准确、全面地掌握市场的交易情况,从而严重削弱了市场的有效性。雷曼兄弟公司倒闭后,在很长一段时间内,没有一家机构能准确计量该公司持有的CDS头寸。相比之下,CRM市场由协会接受交易集中报备、定期披露信息,有效地确保了市场透明度,为CRM市场的健康运行提供了重要保障。

3. 严格控制杠杆

国际上对CDS等信用衍生产品市场监管和风险防范措施的缺失,造成CDS市场规模不断膨胀、杠杆率过高,最终酿成系统性风险。《业务规则》通过建立风险控制指标,规定任何一家核心交易商的信用风险缓释工具净卖出总余额不得超过其净资产的500%,任何一家一般交易商的信用风险缓释工具净卖出总余额不得超过其相关产品规模或净资产的100%,对CRM市场交易杠杆进行了控制,实现了对系统性风险的有效防范。

四、市场发展现状

(一)机构资质备案情况

2010年,CRM初创时,有17家机构备案成为CRMA的交易商,14家机构备案成为CRMW的创设机构。截至2011年年底,CRM交易商共有43家,其中核心交易商25家,28家创设机构完成了备案。此后至2014年年底,3年时间里CRMA交易商仅增加了4家,其中核心交易商仅增加了1家,CRMW创设机构仅增加了2家。

根据2016年10月31日至12月2日交易商协会官方网站公告信息,经过新一轮的申请和审核,信用风险缓释工具交易商名单经历了一次重新调整。截至2016年12月2日,核心交易商共有17家,其中包括国家开发银行、工商银行、农业银行、中国银行、建设银行、交通银行、民生银行、兴业银行、浙商银行和上海银行等10家银行机构,以及国泰君安证券、中信证券、中金公司、中信建投证券、光大证券、渤海证券和中债增信等7家非银行金融机构。一般交易商共有2家,分别为浙商基金管理有限公司和晋商信用增进投资股份有限公司。CRM凭证创设机构共有11家,包括6家银行和5家非银行金融机构。信用联结票据创设机构也同样为11家,包括6家银行和5家非银行金融机构。随着市场的稳步发展,预计后续的备案机构也将逐步增加。

(二)交易情况

从2010年10月交易商协会发布指引至当年12月,期间共有11家交易商达成了23笔CRMA交易,名义本金合计19.9亿元。此外3家机构创设的首批4只名义本金共计4.8亿元的CRMW也于11月24日在银行间市场交易流通。然而初设期之后,CRM市场的发展逐步放缓,成交活跃度日渐走低,甚至在2011年上半年出现了合约交易为零的尴尬局面。截至2012年年底,共有16家交易商达成了47笔CRMA交易,名义本金合计40.4亿元,相比刚创设一个月之内的交易量增加寥寥,在2013年之后也并没有达成新的CRMA交易。CRMW的发展也是如此,从初设至2016年8月中信建投创设最近的一只CRMW产品,总计只有7家机构创设了10只CRMW产品,名义本金合计15.4亿元。此外市场参与主体数量增幅也较为缓慢。

CRM自推出以来,市场之所以反应冷淡,其中一个重要的原因是债务资本市场存在的结构性问题。中国过去三十年来一直处于加速发展阶段,经济快速增长淡化了债务周期的影响。自2003年银行大规模处置不良贷款以来,中国债务资本市场稳步发展,但也产生了所谓的"刚性兑付"和"政府隐性担保"现象。在这样的背景下,对冲信用风险不是市场参与者迫切考虑的因素,CRM的部分功能没有实际需求。然而值得注意的是,根据国际市场的历史经验,违约概率随着经济环境的变化呈现明显的周期性特点,近期中国经济进入了转型期,不良贷款率逐步抬头,债券市场违约频发,预计未来中国市场也将与国际市场一样,进入债务周期的轮回。

但是,相较于中国债务资本市场所处历史阶段和结构性特点的影响,我们认为,相关合规问题和合约的交易要素非标准化可能是更重要的影响因素。CRMA的保护范围是单一债务,即"基础债项、参考债务、事件债务"三者合一。而在国际市场上,通行的CDS合约的保护范围是参考实体下符合一定标准的债务族,由债务种类(付款义务、借贷款项、贷款、债务工具、贷款或债务工具、仅为参考债务等)、债务特征(一般债务、次级债务、交流流通、本币或外币等)和约定的参考债务所框出,最终的效果是CDS合约的保护范围基本上覆盖了参考实体的主要债务,真正起到了整体对冲信用风险的效果,避免了参考实体债务选择性违约等问题。需要强调的是,《巴塞尔协议》中对合格信用风险缓释工具有专门的认定条款。从合规角度而言,商业银行购买CDS,只有符合《巴塞尔协议》相关条款要求,才能够进行信用风险缓释并起到资本节约的作用。商业银行是全球金融市场最主要的参与者,也拥有最大的CDS市场份额,使CDS的合约设计符合商业银行监管的相关要求,对推动CDS市场发展的重要性不言而喻。如前文所述,CRMA针对单一债务的特性会导致合约期限、标的债务等因素非标准化,降低了产品的流动性,这并不符合商业银行资本管理办法对合格信用风险缓释工具的认定,因而商业银行等金融机构没有买入需求,信用风险缓释工具的市场进一步压缩,资本缓释功能未得到充分发挥。

2016年11月1日,根据交易商协会公告,首批CDS交易落地。工商银行、农业银行、中国银行、建设银行、交通银行五大行和民生银行、兴业银行、浙商银行、上海银行、中债信用增进等10家机构开展了15笔CDS交易,名义本金总计3亿元,交易参考实体涉及石油天然气、电力、水务、煤炭、电信、食品、航空等行业,交易期限为1—2年不等。自此,中国信用风险缓释工具市场再度扬帆起航。

第二节 中国信用衍生产品的市场架构

一、市场管理框架

(一)行政管理

目前,包括CRM在内的中国银行间金融衍生产品市场的行政管理体系由市场监管和机构监管共同构成。

在市场监管方面,中国人民银行负责对自律组织和各类市场参与者开展的银行间市场衍生产品创新、日常交易结算和配套制度建设等相关环节进行行政管理和业务指导。

在机构监管方面,银监会、证监会和保监会等金融监管部门针对商业银行、证券公司、保险公司等相关监管对象实施机构监管。金融监管部门各自出台了相关行政法规或部门规章,以明确各类金融机构以自营或代客形式开展衍生产品交易的准入条件、业务类型限制、风险管理要求和信息披露细则。与此同时,在客户端,国有资产管理委员会对国有企业参与衍生产品交易需要注意的业务流程和风险管理手段,以及信息披露方法进行了规定。金融机构开展信用衍生产品业务,应在上述法规的基础上相应地获得许可或完成备案。

(二)自律管理

CRM上线后,由交易商协会全面负责该业务的自律管理工作。具体来说,交易商协会针对CRM等银行间市场金融衍生产品的自律管理包括以下几个方面:第一,制定发布业务相关自律规则和标准文本。一方面,通过制定相关自律规则和指引,明确CRM的产品结构、产品类型、业务相关要求、协会自律管理职能流程等相关内容;另一方面,通过对《中国银行间市场金融衍生产品交易主协议》的持续修订,不断为市场参与者提供更加周密的交易对手风险管理手段,为参与者开展交易提供便利的标准协议文本。第二,不断完善产品体系和配套机制建设。针对市场运行过程中反映的新情况、新问题和发展瓶颈,组织市场机构专家就共同关心的问题开展专题研讨,根据市场参与者的实际需求,集合市场智慧研究推出新的产品子类和交易手段,不断推动交易、结算、会计、法律、估值定价和风险管理等相关配套机制的完善。第三,开展日常自律管理工作。交易商协会的日常自律管理工作包括协助市场参与者完成不同类型机构资质的备案工作,协助市场参与者完成凭证类CRM的创设登记工作,协助市场参与者完成所有CRM产品的交易信息备案工作,持续监测市场运行情况和风险管理指标,并就市场运行情况定期撰写报告报中国人民银行。

从自律管理规则体系上看,与CRM相关的自律管理规则包括以下两个层次:第一,普适性的衍生产品自律管理规则,即《银行间市场金融衍生产品交易内部风险管理指引》。该规则明确了市场参与者开展各类银行间市场金融衍生产品交易所必须具备的人员资质、交易管理系统、风险管理制度、会计核算制度等内部风险管理体系各项要件,明确了市场参与者交易过程中的执业道德和交易商协会的自律管理职能,并为市场参与者提供了内部风险管理办法示范文本。第二,CRM专项自律规则,包括一个规则文件,即《银行间市场信用风险缓释工具试点业务规则》(协会公告[2016]25号)和四个指引文件,即《信用风险缓释合约业务指引》(协会公告[2016]26号)、《信用风险缓释凭证业务指引》(协会公告[2016]27号)、《信用违约互换业务指引》(协会公告[2016]28号)、《信用联结票据业务指引》(协会公告[2016]29号)(以下简称"指引")。其中,前者是CRM业务最为重要的业务指导文件,全面涵盖了CRM产品类型、交易清算、参与者资质备案要求、市场参与者分层体系、风险管理指标、信息披露要求、协会的自律管理职能和相关工作流程等各方面内容;后者则进一步明确了四类CRM产品的具体事项,是对前者的重要补充。

二、市场运行机制

CRM市场发展六年多来,市场运行平稳、正常,机制日趋健全。下面简要介绍CRMA、CRMW、CDS及CLN的运行机制。

(一) 合约类CRM(CRMA、CDS)的市场运行机制

1. 交易环节

在进行CRM交易之前,交易双方需签署《中国银行间市场金融衍生产品交易主协议(2009年版)》。此外,考虑到交易对手风险,若信用风险保护卖方不提供抵质押物,则信用风险保护买方需对卖方进行授信。现在市场上一般采用衍生产品交易授信或收取履

约保障品等方式来解决此问题。

由于合约类 CRM 不在公开市场进行,只涉及交易双方机构,其步骤较为简单。在取得授信之后,交易双方谈判确定合约类 CRM 的参考实体、参考债务、交易方向、合约费率和信用事件、信用保护费、结算方式等交易要素及信用风险缓释合约合同文本(可参考交易商协会《中国银行间信用衍生产品交易定义文件》中的交易确认模板),经双方正式签署合约后视为达成交易,根据合约进行付款收款,并在交易完成后向交易商协会报备交易数据。合约类 CRM 一旦达成交易不可单方面撤销,但是可以通过进行反向交易进行对冲或是双方友好协商根据主协议等法律文件提前终止。

2. 托管环节

合约类 CRM 为合约形式,不能在市场流通,因此不存在托管环节。

3. 结算环节

结算方面,若未发生信用事件,则在 CRM 到期后交易自动结束;若发生信用事件,则按照事先约定的结算条件(可选择发送信用事件通知、公开信息通知及实物交割通知)、结算方式(现金结算或实物结算)按时进行交割结算。在业务开展初期,CRM 主要采用双边清算模式。未来随着市场的发展,标准化后的 CRM 可以采用集中清算的模式。

4. 中介机构

市场参与者可以考虑经由货币经纪公司寻求合约类 CRM 的报价信息。

5. 信息服务

各机构可通过彭博、路透社、万得等信息服务机构查询合约类 CRM 的相关信息。

(二) CRMW 的市场运行机制

1. 凭证创设环节

凭证创设方需向交易商协会提交凭证创设登记文件,具体包括:(1)凭证说明书,需说明凭证创设登记的有关事项,包括但不限于标的实体、标的债务、名义本金、保障期限、信用事件、信用事件后的结算方式、持有人会议、凭证注销安排等内容;(2)创设凭证的拟披露文件,包括凭证创设公告、创设机构的信用评级报告和财务报告等内容;(3)交易商协会要求提供的其他文件。待交易商协会登记通过后,将发布凭证创设公告,同时在交易商协会网站及上海清算所网站刊登创设公告、凭证创设说明书等文件。公告后 3 个工作日内,凭证创设方将安排簿记建档并根据投资者注明认购价格和投标量的认购函进行配售,并发送《凭证配售确认及缴款通知书》。投资者将认购款划至指定账户;缴款日下午 15 时之后,凭证创设方向上海清算所提供本期凭证的资金到账确认书;次日通过交易商协会、上海清算所的网站公布创设规模、凭证期限等创设情况;缴款日后 1 个工作日凭证开始在银行间市场流通转让。

2. 托管环节

CRMW 的登记托管均在上海清算所。

3. 交易环节

CRMW 因为具有标准化、可分割的特征，因此适用于二级市场交易。CRMW 的二级市场交易类似于债券买卖，目前主要在银行间本币交易系统（外汇交易中心）上完成。凭证创设方可以在凭证流通交易期间买入自身创设的凭证并通过上海清算所进行注销登记。

4. 结算环节

结算方面，若未发生信用事件，则在 CRM 到期后交易自动结束；若发生信用事件，则按照事先约定的结算条件（可选择发送信用事件通知、公开信息通知及实物交割通知）、结算方式（现金结算或实物结算）按时进行交割结算。CRMW 的结算包括凭证结算和资金结算。凭证结算是指上海清算所根据有效的结算指令进行的凭证过户；资金结算可以选择交易双边自行完成，亦可委托上海清算所代为完成。

5. 中介机构

由于 CRMW 可在银行间市场进行流通交易，因此可通过货币经纪中介机构进行询价、报价以促成交易。

6. 信息服务

交易商协会、上海清算所定时披露 CRMW 交易及创设机构的财务数据。另外，各机构可通过彭博、路透、万得等信息服务机构查问 CRMW 的相关信息。

（三）CLN 的市场运行机制

1. 创设环节

票据创设机构创设信用联结票据应向交易商协会秘书处提交以下创设备案文件：(1) 信用联结票据说明书，内容包括但不限于票面利率、票据总额、参考实体、保障期限、信用事件、结算方式、认购资金投资范围等。在现阶段，非金融企业参考实体的债务种类限定于在交易商协会注册发行的非金融企业债务融资工具，专业委员会将根据市场发展需要逐步扩大债务种类的范围；(2) 创设信用联结票据的拟披露文件，包括创设机构的信用评级报告和财务报告等；(3) 信用联结票据的投资风险说明书；(4) 交易商协会要求提供的其他材料。

2. 托管环节

CLN 的登记托管均在上海清算所。

3. 结算环节

若信用事件未发生，则发行人偿还本金，形式上类似发行人向投资者发行附息债券；

若信用事件发生,则发行人仅支付发行金额×清算回收比例,即支付回收部分,相当于投资人对发行人进行赔付。

4. 中介机构

由于CLN可在银行间市场进行流通交易,因此可通过货币经纪中介机构进行询价、报价以促成交易。

5. 信息服务

交易商协会、上海清算所定时披露CLN交易及创设机构的财务数据。另外,各机构可通过彭博、路透社、万得等信息服务机构查询CLN的相关信息。

⊃ 本章小结

2010年10月29日,中国银行间市场交易商协会发布了《银行间市场信用风险缓释工具试点业务指引》,正式启动了中国版的信用风险缓释工具,包括信用风险缓释合约和信用风险缓释凭证两类产品,填补了中国信用衍生产品市场的空白。2016年9月23日,中国银行间市场交易商协会发布了《银行间市场信用风险缓释工具试点业务规则》(业务规则)和《中国场外信用衍生产品交易基本术语与适用规则(2016年版)》。《业务规则》在之前CRMA和CRMW的基础上,新增了信用违约互换(CDS)和信用联结票据(CLN)两类信用风险缓释工具。

信用风险缓释工具的推出,对巩固和加强金融体系具有以下重要意义和价值:一是帮助市场主体有效对冲信用风险;二是丰富市场参与者信用风险管理手段;三是促进市场机构实现可持续发展;四是推动直接债务融资市场的持续发展;五是促进市场价格发现,提高市场运行效率;六是完善市场信用风险分担机制;七是维护宏观经济金融稳定。

2016年版信用风险缓释工具(CRM)的产品体系包括信用风险缓释合约(CRMA)、信用风险缓释凭证(CRMW)、信用违约互换(CDS)以及信用联结票据(CLN)。信用风险缓释工具的配套机制安排包括合理配置风险、提高市场透明度和严格控制杠杆。合约类CRM(CRMA、CDS)的市场运行机制主要包括交易、托管、结算、中介机构及信息服务等环节;CRMW的市场运行机制主要包括凭证创设、交易、托管、结算、中介机构及信息服务等环节。

2010年CRM推出后,市场之所以反应冷淡主要有两个原因:一是中国债务资本市场存在结构性问题;二是相关合规问题和合约的交易要素非标准化。

在市场管理方面,由中国人民银行负责对信用衍生产品市场进行行政管理和业务指导,由银监会、证监会和保监会等金融监管部门针对商业银行、证券公司、保险公司等相关监管对象实施机构监管,由交易商协会全面负责该业务的自律管理工作。

本章重要术语

信用风险缓释工具(CRM)　　　　　信用风险缓释合约(CRMA)

信用风险缓释凭证(CRMW)　　　　信用违约互换(CDS)

信用联结票据(CLN)　　　　　　　核心交易商

一般交易商　　　　　　　　　　　自律管理

思考练习题

一、单项选择题

1. 2016年9月23日，中国银行间市场交易商协会发布了《银行间市场信用风险缓释工具试点业务规则》，并新增了(　　)和(　　)两类信用风险缓释工具。

  A. CDS；CRMA　　　B. CLN；CRMW　　　C. CRMA；CRMW　　　D. CDS；CLN

2. 合约类信用风险缓释工具主要包括(　　)和(　　)。

  A. CDS；CRMA　　　B. CLN；CRMW　　　C. CRMA；CRMW　　　D. CDS；CLN

3. 《银行间市场信用风险缓释工具试点业务规则》通过建立风险控制指标，规定任何一家核心交易商的信用风险缓释工具净卖出总余额不得超过其净资产的(　　)，任何一家一般交易商的信用风险缓释工具净卖出总余额不得超过其相关产品规模或净资产的(　　)。

  A. 500%；150%　　　B. 500%；100%　　　C. 300%；150%　　　D. 300%；100%

4. CRM上线后，由(　　)全面负责该业务的自律管理工作。

  A. 人民银行　　　B. 外汇交易中心　　　C. 专业委员会　　　D. 交易商协会

二、综合题

1. 信用风险缓释工具的推出对巩固和加强金融体系的重要意义和价值体现在哪几个方面？

2. 简述CDS和CRMA的区别和联系。

参考文献

[1] 王焕舟、黄帅、颜欢，"浅析CDS在中国市场的需求和应用——从商业银行监管和经营的角度"，《货币市场和债券市场》，2016年第10期，第52—57页。

[2] 姬江帆、王志飞，"中国版CDS扬帆再启航——信用风险缓释工具试点业务规则指引及相关配套规则简评"，中国国际金融股份有限公司，2016年。

[3] 姬江帆、王志飞，"中国信用衍生品探索与实践——信用违约互换系列专题三"，中国国际金融股份有限公司，2016年。

第五章 中国信用风险缓释工具业务实务

本章知识与技能目标

- 理解中国市场信用事件的定义及相关处理；
- 了解信用风险缓释工具交易的前期准备及业务流程；
- 理解信用风险缓释工具的定价思想及模型；
- 理解信用风险缓释工具的会计处理及税收政策；
- 掌握 CDS 在内部评级法下对银行风险资本的缓释作用；
- 了解信用风险缓释工具在各机构中的应用。

第一节 关于中国市场信用事件及其相关处理的讨论

根据《ISDA Credit Derivatives Definations》(2014年修订版)中的定义,"信用事件"是指对于信用衍生产品而言,相关交易确认书中载明的破产、支付违约、债务加速到期、债务违约、拒绝偿付/延期偿付、债务重组或政府干预中的一个或多个事件。根据中国银行间市场交易商协会(以下简称"交易商协会"或"NAFMII")的《中国场外信用衍生产品交易基本术语与适用规则(2016年版)》中的定义,信用事件是指交易双方在相关交易有效约定中就一笔信用衍生产品交易约定的触发结算赔付的事件,包括但不限于破产、支付违约、债务加速到期、债务潜在加速到期、债务重组等事件。此外,根据《商业银行资本管理办法》中的定义,"信用事件"至少应包括债务人违约、无力偿还、破产、基础债项重组或其他借款合同约定的事件。通过比较这三份文件可以发现,对于信用衍生产品的各类信用事件的定义在实质上大体是一致的(如表5-1所示)。

表 5-1　各监管文件对信用事件定义的对比

ISDA Credit Derivatives Definitions（2014 年修订版）	NAFMII《术语与规则》	《商业银行资本管理办法》附件六
破产：所涉参考资产的债务人发生解散、资不抵债或无力偿还债务，或未能偿还到期债务等情形。 **债务到期未能支付**：债务人未能支付到期（包括展期后到期）债务。 **重组**：应付本金的利率减少（包括"折减"）、推迟偿付利息或本金（包括到期的发行债务展期）、将债务列为次级后偿债务、将债务支付货币变为并非 G7 国家或 AAA 评级的经合组织成员国法定投标货币等情形。 **债务加速到期**：因债务人的违约导致相关债务在原约定的到期日之前到期，但不能支付情形不在其列。 **债务人不履行债务**：因债务人发生违约导致债务可被宣告提前到期而债务人未能履行债务的信用事件，但未能支付不属于该情形。 **拒绝清偿或延期还款**：债务人（包括政府机构）撤销债务或以其他方式拒绝清偿债务等行为。 **政府干预**：由政府机关发起的纾困（Government-initiated Bail-in）行为而触发，体现为其引发的利息/本金减记、延期、债务转移、交换的事件。	**破产**：Ⅰ.解散（出于联合、合并或重组目的而发生的解散除外）；Ⅱ.不能清偿到期债务，并且资产不足以清偿全部债务或明显缺乏清偿能力的；Ⅲ.书面承认其无力偿还到期债务；Ⅳ.为其债权人利益就其全部或实质性资产达成转让协议或清偿安排，或就其全部或大部分债务的清偿事宜与债权人做出安排或达成和解协议…… **支付违约**：参考实体未按约定在一项或多项债务的支付日足额履行支付义务，未支付款项总金额超过适用的起点金额，且在适用的宽限期届满后仍未纠正。 **债务加速到期**：因参考实体在一项或多项债务项下的违约（但未支付任何到期应付款项的支付型违约事件除外）导致该债务在原到期日之前已被宣告提前到期应付的情形，且已被加速到期应付的债务总金额超过了起点金额。 **债务潜在加速到期**：因参考实体在一项或多项债务项下的违约导致该债务可被宣告提前到期应付的情形，且可被宣告提前到期应付的债务总金额超过了起点金额。 **债务重组**：因本金、利息、费用的下调或推迟或提前支付等原因对债务的重组而导致的信用损失事件。	**四、合格保证和信用衍生工具** （三）当信用违约互换和总收益互换提供的信用保护与保证相同时，可以作为合格信用衍生工具。除本部分（二）的要求外，采用合格信用衍生工具缓释信用风险还应同时满足以下要求： …… 3. 信用衍生工具合约规定的信用事件至少应包括： （1）未按约定在基础债项的最终支付日足额履行支付义务，且在适用的宽限期届满后仍未纠正。 （2）债务人破产、资不抵债或无力偿还债务，或书面承认无力支付到期债务，以及其他类似事件。 （3）因本金、利息、费用的下调或推迟支付等对基础债项的重组而导致的信用损失事件。当债项重组不作为信用事件时，按照本部分第 9 项的规定认定信用风险缓释作用。 …… 9. 信用衍生工具并未覆盖债务重组的情况，但满足前述 3 到 8 项的要求，可部分认可信用衍生工具的风险缓释作用。如信用衍生工具的金额不超过基础债项的金额，信用衍生工具覆盖的部分为信用衍生工具金额的 60%。如信用衍生工具的金额大于基础债项的金额，信用衍生工具覆盖部分的上限为基础债项金额的 60%。

信用事件的出现表明参考实体的信用风险发生了严重恶化，因此触发了信用衍生产品交易下的结算。参考实体发生了信用事件并根据约定发出信用事件通知后，信用保护

卖方有义务按照约定向信用保护买方进行支付。

在正常情况下,确定某一事件是否构成信用事件并不困难,尤其是在有公开信息通知书及有关证据支持时,交易双方一般不会在此问题上产生争议。但是,如果交易双方对有关信用衍生产品交易文件或定义文件的某些措辞有不同的理解,就某一事件是否构成信用事件发生了争议,甚至出现了信用保护卖方有意发生"争议"以拖延履行义务时间的情况时,就必须通过市场化、快速、专业的机制加以解决。

中国市场的信用事件及其相关处理可以参考 ISDA 于 2009 年 3 月发布的补充文件对信用事件确定机制所设计的"委员会机制"。具体而言,由相关自律组织设立一个"信用衍生产品专业委员会",如果交易双方就某一事件是否构成了约定的信用事件存在争议,则任何一方有权提请该委员会审阅有关文件,并在规定的时限内(例如三个工作日)以专家身份提出有关审阅意见。

从机制设计的角度出发,在市场发展初期,可以考虑由金融衍生产品专业委员会行使该"信用衍生产品专业委员会"的职能。在交易一方提交申请后,由交易商协会秘书处在专业委员中指定与交易双方无利害关系的数名委员组成一个专家组(人数可取决于案件涉及的金额大小及事实或法律问题的复杂程度),在规定时限内就有关事件是否构成信用事件发表意见。专家组成员均以个人身份参与该项工作。如果专家组成员之间的意见不一致,则以多数意见为准,作为专家组的统一意见应告知交易双方,并附上专家组中代表多数意见的成员撰写的书面意见。

第二节 信用风险缓释工具的资质备案和交易流程

一、CRM 的相关资质备案要求和流程

(一) CRM 的相关资质备案要求

根据《银行间市场信用风险缓释工具试点业务规则》的相关规定,备案成为核心交易商、一般交易商、创设机构需要满足以下要求:

1. 金融机构备案成为核心交易商应符合如下要求:
(1) 符合国家金融管理部门的业务资质要求;
(2) 配备从事信用风险缓释工具的专业人员;
(3) 建立信用风险缓释工具内部操作规程和风险管理制度;
(4) 最近 2 年没有违法和重大违规行为。

2. 非法人产品备案成为一般交易商应符合如下要求:
(1) 符合投资协议约定的投资范围;
(2) 配备从事信用风险缓释工具的专业人员;

(3) 非法人产品的管理人建立信用风险缓释工具内部操作规程和风险管理制度;

(4) 非法人产品的管理人最近 2 年没有违法和重大违规行为。

3. 其他非金融机构备案成为一般交易商应符合如下要求:

(1) 配备从事信用风险缓释工具的专业人员;

(2) 建立信用风险缓释工具内部操作规程和风险管理制度;

(3) 最近 2 年没有违法和重大违规行为。

4. 核心交易商备案成为信用风险缓释凭证创设机构(简称凭证创设机构)应符合如下要求:

(1) 净资产不少于 40 亿元人民币;

(2) 具有从事信用风险缓释凭证业务的专业人员,并配备必要的业务系统和信息系统;

(3) 建立完备的信用风险缓释凭证创设内部操作规程和业务管理制度;

(4) 具有较强的信用风险管理和评估能力,有丰富的信用风险管理经验,并配备 5 名以上(含 5 名)的风险管理人员。

5. 核心交易商备案成为信用联结票据创设机构(简称票据创设机构)应符合如下要求:

(1) 净资产不少于 40 亿元人民币;

(2) 具有从事信用联结票据业务的专业人员,并配备必要的业务系统和信息系统;

(3) 建立完备的信用联结票据创设内部操作规程和业务管理制度;

(4) 具有较强的信用风险管理和评估能力,有丰富的信用风险管理经验,并配备 5 名以上(含 5 名)的风险管理人员。

(二) CRM 的相关资质备案流程

符合上述要求的信用风险缓释工具业务参与者应加入中国银行间市场交易商协会成为会员,并按照相关要求向交易商协会秘书处提交备案材料。核心交易商、凭证创设机构和票据创设机构的相关备案材料经交易商协会金融衍生品专业委员会审议通过后,可开展相关业务;一般交易商的相关备案材料经交易商协会秘书处备案后,可开展相关业务。

二、CRM 的交易前准备(协议签署、交易对手授信等)

(一) 操作职责分工

信用风险缓释工具交易日常操作职责分工应严格遵循监管部门业务开展要求和交易对手方适当性要求,做好相关内控准备和法律体系建设。前台、中台和后台应执行相互分离、互相制约、有效衔接的原则,在人员配置、业务运作和风险监控等方面切实做到职责明确、各司其职。

(1) 合规部门负责事前审核业务开展资质、交易对手方适当性、本方内部控制制度建设、业务隔离要求等合规性事务。

(2) 法务部门负责事前审核相关法律协议,处理信用风险缓释工具业务相关法律事务。

(3) 交易部门(前台)负责信用风险缓释工具的日常报价、市场风险敞口以及客户交易。

(4) 风险控制部门(中台)负责对信用风险缓释工具交易业务进行日常监控,对市场风险、交易对手方及参考实体的信用风险、操作风险等相关风险进行实时监测与控制。

(5) 清算部门和财务部门(后台)分别负责对信用风险缓释工具交易进行后台确认,完成交易结算、资金交收和会计账务处理和交易信息报备等事务。

(二) 交易准备

1. 法律文书准备

与交易对手在开始交易之前,应完成除交易有效约定外相关法律协议的签署。交易双方需要签署的协议文件主要包括:由交易商协会发布的《中国银行间市场金融衍生产品交易主协议》或其根据某一类别信用风险缓释工具产品制定发布的交易协议特别版本及其补充协议。

2. 指定交易员

交易前台须明确指定交易员,由交易员负责当天交易报价和市场风险敞口管理。

三、CRM 业务相关内外部流程(交易、清算和结算流程)

(一) 内部流程

1. 前台:达成交易

(1) 市场风险敞口限额检查。交易前台应依照市场风险授权的有关规定,检查信用风险缓释工具市场风险敞口限额,在市场风险敞口限额范围内进行具体交易。

(2) 交易对手信用额度检查。交易前台应选择有信用额度的交易对手叙做信用风险缓释工具交易。

(3) 参考实体信用额度检查。作为信用保护卖方,交易前台在交易前要确保交易的信用风险额度占用小于本公司对参考实体的信用额度。

(4) 选择报价交易渠道。交易前台应选择合适的渠道平台对交易对手报价交易,渠道平台包括但不限于通过交易电话系统直接联系、通过货币经纪公司联系、中国银行间同业拆借中心本币交易系统、Reuters Messaging 等。报价和交易过程应当留有记录备查。

（5）报价和成交。交易前台和交易对手在交流过程中，必须按照市场惯例进行报价，并且以明确的符合市场惯例的方式确认成交。

（6）前台确认。成交后，前台应选择合适的前台交易确认方式并保留相关信息的交易凭证。前台交易确认方式包括但不限于本币交易系统记录、交易双方签字的交易确认书、货币经纪公司出具的交易成交书、Reuters Messaging 成交信息、交易双方公司邮箱发送的交易确认邮件等。交易凭证上的交易要素信息应至少包含名义本金、参考实体、债务种类、债务特征、参考债务、信用事件、结算方式。

（7）资料保管。交易凭证是重要文件，交易员应确保其记载的各项要素完整、无误，电子交易凭证应专门保存，纸质交易凭证需以专项档案保存。

2. 中台：审核与监控交易

交易中台负责实时监控交易状况。交易中台应审核信用风险缓释工具交易的信用风险和市场风险敞口是否符合交易商协会及交易方内部风险控制限额的要求，审核内容包括但不限于交易对手信用额度、参考实体信用额度以及市场风险敞口限额等风控指标；交易期间，应控制交易的交收风险，直至清算交割完成。

3. 后台：交收、清算与报告

（1）交易后台负责进行独立于前台的交易确认，后台对交易确认书审核无误后，应进行信用风险缓释工具交易的交收。

（2）交易方的清算部门负责对外信用风险缓释工具交易资金的收付清算处理。

（3）交易方的财务部门负责信用风险缓释工具交易业务的日常台账核算，实施账务监督，编制信用风险缓释工具交易业务的相关备案与监管报表。

（4）交易方相关部门应根据其监管机构及信用风险缓释工具交易与清算场所对市场参与者交易信息披露的要求，进行交易情况的备案及交易数据日常与定期的统计与报送。

（二）外部流程（2016 年）

1. 申请资格

信用衍生产品市场参与者应向交易商协会备案成为核心交易商或一般交易商。其中，核心交易商可与所有参与者进行信用风险缓释工具交易，一般交易商只能与核心交易商进行信用风险缓释工具交易。核心交易商包括金融机构、合格信用增进机构等。一般交易商包括非法人产品和其他非金融机构等。

2. 签署协议

参与者开展信用风险缓释工具交易应签署由交易商协会发布的《中国银行间市场金融衍生产品交易主协议》或其根据某一类别信用风险缓释工具产品制定发布的交易协议

特别版本及其补充协议。

3. 成交方式

信用风险缓释工具既可通过中国人民银行认可机构的交易系统达成，也可通过电话、传真等其他方式达成。

4. 清算结算

信用风险缓释工具中参与主体、合约要素适合进行集中清算的，应提交中国人民银行认可机构的清算系统进行集中清算；不适合进行集中清算的，其清算和结算可由交易双方自行进行。

5. 信息披露

信用衍生产品市场参与者应对披露和报备信息的真实性、准确性、完整性、及时性负责，不得有虚假记载、误导性陈述或者重大遗漏。在进行信用风险缓释工具交易时，应及时向交易对手提供与交易相关的必要信息，并确保所提供信息的真实、准确、完整，不得欺诈或误导交易对手。

当创设机构发生可能影响履约行为的重大事项时，创设机构应于下一工作日通过交易商协会综合业务和信息服务平台及其他指定平台向市场披露。

在凭证类信用风险缓释工具存续期内，创设机构应按照创设披露文件的相关约定，在交易商协会综合业务和信息服务平台及其他指定平台持续披露信息，披露内容包括评级报告、财务报告和审计报告等。

中国人民银行认可的交易、清算、结算机构应于每个工作日结束后将当日的信用风险缓释工具业务运行情况送交易商协会。

交易商协会应根据中国人民银行的有关规定，及时向市场披露信用风险缓释工具交易统计数据等有关信息，并定期向中国人民银行报告信用风险缓释工具市场情况，发现异常情况应及时向中国人民银行报告。

6. 交易备案

核心交易商应于交易达成后的次一工作日 12:00 前，将信用风险缓释工具交易信息如实填写在《交易信息备案表》中，并以电子邮件和传真的形式发送至交易商协会秘书处。其中，电子邮件主题和附件文件均以"交易信息—（机构名称）—（交易日）"的方式命名，传真件应由经办人和复核人签字确认。

第三节　信用风险缓释工具估值定价技术

在前面的章节中，我们已经对信用衍生产品常用的估值定价技术作了概括性的介绍。

但是我们还应该看到,中国缺乏违约数据等市场特点决定了其估值定价技术不能照搬国外的方法,而是要在已有的理论基础上,进行深入的研究与必要的调整,使估值定价模型真正适应产品的交易结构与市场条件。

本节以 CDS 为例,介绍了几种国内市场主要的定价方法。同前文关于估值定价技术的章节一样,本节中涉及的具体公式及计算步骤,整理在附录 C 中,请读者根据自身情况选读。

一、中国市场主要的定价方法

（一）CDS 定价主要思路概述

国内市场为 CDS 定价仍以传统的信用衍生产品定价原理和各类模型为基础,根据 CDS 的交易特点与市场实际进行理论推导和模型设计。主要思路包括等成本参考、信用利差、信用套利、基于评级确定违约率等。

1. 等成本参考法

假设市场上同时存在基础实体的有担保和无担保的两种债券,而且这种债券的期限与 CDS 的期限相同。那么有担保债券与无担保债券之间的信用利差就可以用作为该 CDS 的定价参考。这种方法尚没有考虑债券发行人和 CDS 交易对手之间的信用差异。如果有担保债券担保人的信用等级高于 CDS 卖出方的信用等级,那么 CDS 的价格应该低于两类债券的信用利差。

等成本参考法要求的条件比较苛刻,必须同时存在与 CDS 期限相同的两种债券或贷款:有担保的和无担保的债券或贷款,因此该方法的适用性有限,一般机构只是将其作为参考定价思路,而不是普适定价方法。

2. 信用利差方法

信用利差方法主要考察的是相同期限的无风险利率与基础实体发行的债券的收益率之间的利差。这种方法假设基础债券基于无风险利率之上的风险利差完全是由于发行人的信用风险导致的,而并没有考虑税收和流动性问题。

信用利差方法较为简单、直接,在目前国内信用类债券市场发展迅速的环境下,有一定的适用性。有不少机构将其作为主要定价方法或参考定价方法。

3. 信用套利方法

信用套利方法主要基于衍生产品和债券之间的无套利关系,其基本假设是债券的利差有效地反映了信用风险的价格。构成基本的无套利关系的因素是融资成本、信用风险和利率风险。

假设一个 5 年期浮动利率债券的息票为 Libor+S,债券面值为 100 元。同时假设存在一个 5 年期 CDS,其息票和债券息票支付日期与之相同。假设此 CDS 的参考债务仅限于上述一只债券且实物交割,由卖方支付债券面值和未支付的累积利息(Accrued Interest);假设信用风险曲线和回购利率曲线为常数,忽略对手风险和回购平盘费用(Bid Ask),则我们购买此债券,并在回购市场借出此债券(假设可以收到100元现金而无估值折扣),支付回购利率R,同时在CDS市场购买信用保护,保护费为P。出现违约时,我们实物交割债券,在回购市场平盘。债券、CDS和回购交易三项未支付的应计利息(Accrued Interest)抵消,则整个交易没有风险。由于初始投资为0,无套利原则说明整个交易也不可能存在收益:

$$\text{Libor} + S = P + R \tag{5-1}$$

Libor与回购利率的差 Libor-R 对不同信用等级的债券来说,应该是不同的。所以,信用衍生产品的基础曲线应该是融资成本曲线,在一个理想的条件下,严格的无套利模型需要的是回购利率曲线。

一般情况下,债券价格并不是面值100元。由于银行通常把自己的融资成本曲线建立在Libor的基础上,并且分析债券时使用资产互换,这样可以把债券的融资成本和利率风险考虑进去。

CDS的票息应该同债券的资产互换息差和零波动率息差(Z-Spread)进行比较。基础的曲线是利率互换曲线。由于回购融资成本、供需关系和其他因素,CDS的票息和债券的息差并不完全相等,一般把CDS票息和Z-Spread的差叫做Basis。以上可总结为:

$$P = \text{Z-Spread} + \text{Basis} \tag{5-2}$$

其中,Z-Spread代表了信用风险,Basis则代表了供需关系、流动性和对手风险。上述都是基于假设无对手风险、无抵押和集中清算的结果。对手风险由于抵押品的要求和集中清算的推广,改变了实际上的融资成本和贴现率。

信用套利方法也具有较好的适用性,为众多机构所采用。当然,流动性或者供求关系对债券价格的影响可能会对该方法的准确性造成一定影响。

4. 基于评级确定违约率方法

基于评级确定违约率方法,即利用违约导致的损失率来定价。该种定价方法需要确定以下三个变量:一是违约率,二是回收率,三是风险中性概率。由于违约率可以通过信用迁移矩阵来确定,并且可以利用马尔可夫(Markov Process)过程来推导信用的迁移过程,因而可以先估计1年期的信用迁移矩阵,然后利用马尔可夫过程推导目标期限的信用迁移情形,最后确定违约率。回收率是基于银行的历史数据确定一个平均的回收率。风险中性概率是定价的核心,银行在经营过程中给贷款定价通常利用银行对风险要求的回报率来替代。具体定价步骤如下:第一,根据信用迁移矩阵以及历史回收率确定违约率和违约损失率,推导出预期损失。第二,根据预期损失率确定风险资本要求。第三,根据风险资本要求确定风险回报率。第四,确定信用利差,即风险资本要求的回报率减去银行的融资成本。

该方法较为严密,属于相对高级的定价方法,在现在环境下属于条件性适应。现存的主要问题是,国内银行自身的信用迁移矩阵的稳健性没有经过检验,同时由于不良资产率较低,违约样本相对稀少,推算的回收率可能会存在较大偏差。

从上述介绍可以看出,各种不同的定价思路,其适应性各不相同,各机构将根据自身需要做出选择。

在上述各个思路的指引下,CDS市场各个参与者都开发或者引进了适合自身的估值定价模型。目前应用最为广泛的模型是信用利差模型和基于违约率的模型。接下来就对这两种模型作较为详细的介绍。

(二) CDS主要定价模型之一:信用利差模型

信用利差模型是目前国内市场应用最为广泛的模型,其基本思路建立在现金流贴现模型之上,基本原理是:在还本付息时间相同、现金流相仿的情况下,无风险债券的现值减去有风险债券的现值之差,即为信用衍生产品的价值。也可以表述为:信用风险缓释产品的报价即信用违约互换曲线为风险收益率曲线(Risky Curve)与无风险收益率曲线(Risk-free Curve)的差值(Spread)。具体公式见附录C第一部分。

1. 风险收益率曲线的构建

(1) 曲线以机构为单位或以信用评级为单位的考虑

理想情况下,信用违约互换曲线和相应风险收益率曲线应以发行主体为单位逐一构建,以考虑到各家机构(即使在同一信用评级下)不同的信用风险敞口,便于投资者更精确地规避信用风险。

但由于发行主体数量众多,而且每个发行主体各自的风险收益率曲线所需的交易数据的可获得情况各有不同,且从另一个方面看,在同一信用评级下的各发行主体,未来的信用风险应相差不远。考虑该模型应适用于所有交易机构(包括中小机构在内),在平衡成本收益的情况下,不建议在目前阶段以机构为单位构建市场层面的风险收益率曲线。

基于对可行性和效率的考虑,我们建议以各主要信用评级为单位构建风险收益率曲线。而每个信用评级的风险收益率曲线,将基于该评级内具有代表性的若干家发行主体的风险收益率构建而成。

(2) 构建思路

步骤一:确定主要信用评级并选取各信用评级的代表发行主体形成评级池。

鉴于市场数据的可靠性和可得性,我们建议区分以下七大评级:AAA+、AAA、AA+、AA、AA-、A+、A。

在确立七大主要信用评级的基础上,应在所有发行主体中按信用评级选取多家机构组成评级池(Rating Pool),以反映各信用评级下具有代表性和相似性的发行主体集合。

我们建议每一评级池应保持不少于七家发行主体,并定期对评级池中的发行主体进行评估以决定其是否符合最终曲线构建的需求。

步骤二:从各评级池中按一定标准选取三家机构组成机构池。

从上述评级池中,选取不少于三家所发行的债券市场认可度较高、债券期限较为多元化的发行主体,组成机构池(Issuer Pool),从而以其所发行的债券市场交易信息作为构建曲线的数据基础。机构池中发行主体所发行的债券,应具备以下条件才能作为最终构建曲线的数据:

① 市场认可度较高,流动性较好,债券期限丰富。

② 具备可靠性较高的市场报价或估值信息。这里的可靠性是指该报价或估值能客观地、公允地反映该债券的信用风险。

任何一家机构池内的机构项下的债券数据无法满足构建曲线的要求时,应当将其从数据池中剔除,并在评级池中寻找符合条件的发行主体替代该机构进入机构池。

我们建议每一机构池应保持不少于三家发行主体,并定期对机构池中的发行主体进行评估以决定其是否符合最终曲线构建的需求。

步骤三:选取机构池中各机构的代表债券形成各信用评级债券池(Bond Pool)。

入选债券池的债券需符合以下标准:

① 该债券流动性佳(最近一个月交易量占其发行量50%以上);

② 该债券的可靠交易价格是可获得的。

小结步骤一至三,设定评级池、机构池和债券池的基本逻辑如图 5-1 所示。

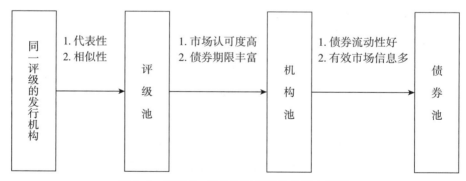

图 5-1 评级池、机构池和债券池的基本逻辑

步骤四:根据债券池内各期限债券的收益率使用内插法构建债券收益率曲线。

在确定了构建曲线所需要的数据之后,构建过程如下:

首先,建议设定的信用违约互换曲线标准期限为隔夜、1 个月、3 个月、6 个月、9 个月、1 年、2 年、3 年、4 年、5 年。从授权信息提供商的平台上取得债券池内所有债券的剩余期限、市场双边报价、中国债券信息网日终债券估值收益率信息。

其次，在收益率数据的取用上，优先使用双边报价，因为它能更加客观地反映该债券的市场供需以及估值情况，不过，由于相当一部分信用债券在银行间市场中缺乏每日有效的双边报价，从可行性角度出发，建议选取中国债券信息网每日公布的该债券估值收益率作为替代。具体做法是将单只债券的有效双边报价的买入收益率与卖出收益率进行简单的算术平均，如果该债券在该交易日当天缺乏有效的双边报价，则使用中国债券信息网每日公布的该债券估值收益率。通过双边报价与中债估值相结合的方法，可以得到供下一步流程构建使用的收益率数据。

最后，将单一债券池中的所有债券的收益率数据和剩余期限数据汇总，通过内插法推导出一条完整的债券收益率曲线。

步骤五：将各关键期限的债券收益率曲线以息票剥离法转化成各期限零息利率，即构建为风险收益率曲线。

需采用息票剥离法（Bootstrapping）将债券到期收益率（Yield to Maturity）转换成零息利率（Zero Rate），从而获得该信用评级（评级池）下标准期限的风险收益率曲线，其中，1年以下的到期收益率视同于零息利率。息票剥离法转换收益率的具体公式见附录C第二部分。

2. 无风险收益率曲线的构建

（1）国际经验分享

在短期利率市场上，国际市场上一般使用货币市场利率（如Libor利率或者回购利率）作为无风险收益率。而在长期利率市场上，利率互换曲线是目前国际市场上在信用违约互换曲线估值过程中普遍使用的无风险收益率曲线之一。例如，针对美元信用违约互换产品，其无风险收益率曲线为以美元Libor为对象的利率互换曲线，而针对港币CDS，其无风险收益率曲线则以Hibor（香港同业拆放利率）为对象的利率互换曲线居多。使用货币市场利率（短端）和利率互换曲线（长段）作为无风险收益率，主要是考虑到：

① 国际利率市场相对较为成熟，如美元和港币的货币市场利率和利率互换，在当地甚至是在国际市场上均经过了几十年的发展，报价种类丰富，交投活跃；

② 交易期限较为全面，如美元Libor利率互换曲线和Hibor利率互换曲线，最长的交易期限均可达到40年，能够涵盖几乎全部的信用衍生产品；而零息的政府债券一般集中在较短期限的市场；

③ 另外，与政府债券相比，货币市场利率和利率互换曲线没有免税效应，可以直接在计算中使用；

④ 部分国际政府债券，如美国国债，有相当一部分投资者与持有人均非境内投资者，这些境外投资者对美国国债的投资与长期持有，对美国国债的流动性以及收益率都产生

了一定影响;

⑤ 与政府的"绝对"信用保证相比,货币市场利率和利率互换曲线更能反映在市场参与者之间进行拆借时的无担保利率水平。

(2) 国内可选利率指标比较

国内可选利率指标的优点与局限如表 5-2 所示。

表 5-2 国内可选利率指标

利率指标	优点	局限
国债利率	期限较完整 发行量大且频率高 二级市场交易活跃	具有免税效应,各机构由于税率不同其免税效应或税后收益不具有可比性
央票利率	一级市场发行量大 二级市场交易活跃	收益率曲线期限不完善,仅限于 3 年以内 3 年期央票易受宏观调控方向影响而调整频率甚至停发
政策性金融债利率	发行频率稳定且发行量大 二级市场交易活跃 期限较完整 税后收益一致	未来部分政策性金融机构存在转制问题,影响收益率
7 天回购或 3 个月 Shibor 互换利率	短端市场交易活跃,是对市场利率的真实连续反映	长端交易量不稳定

3. 小结

长期而言,货币市场利率(短端)和利率互换市场利率(长端)是无风险收益率的最优选择。

短期而言,考虑到目前市场的局限性,我们建议采用基于政策性金融债收益率转换而成的零息利率曲线作为无风险收益率。这主要是基于对以下几方面因素的考量:

① 政策性金融债符合流动性较好且收益率曲线期限相对完整的要求;

② CDS 交易机构多为银行,以政策性金融债收益率曲线作为信用利差定价模型所需要的无风险收益率曲线比较合理;

③ 政策性金融债收益率曲线可考虑采用中债银行间固定利率政策性金融债收益率曲线。

(三) CDS 主要定价模型之二:基于违约率的模型

目前国内 CDS 市场成员应用的基于违约率的模型较多,其基本思路相同,都是先通过恰当的方法计算参考实体的违约率,再通过违约率计算 CDS 的价值。违约率模型的具体形式包括二叉树模型、违约强度曲线模型、彭博违约率模型等,以下将分别进行介绍。

1. 二叉树模型

国际市场对 CDS 进行定价的各种模型,基本原理都是源自 Jarrow-Turnbull 模型,该模型(以债券为例)考虑了利率波动过程和违约过程的影响,其基本原理如下:

该模型分为两个步骤:第一,计算债券的违约率。主要是通过债券现值(PV)、回收率(R)、无风险收益率等变量推算出不同期限(t)的有违约风险债券的违约率(PD),其二叉树模型如图 5-2 所示。

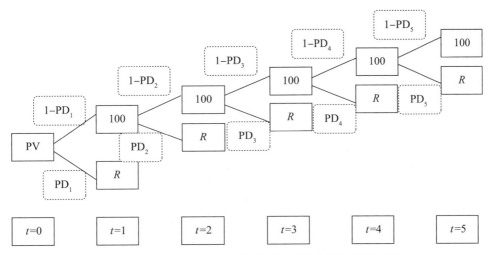

图 5-2 Jarrow-Turnbull 二叉树模型:有违约风险债券的价值

第二,计算 CDS 的价值。假设购买 CDS 是购买了一种期权,信用事件发生时可行权,CDS 的价值即为期权所代表的未来期望的现值。主要是通过违约损失率(LGD)、无风险收益率、违约率(PD)等变量推算出不同期限(t)的 CDS 的价值,其二叉树模型如图 5-3 所示。

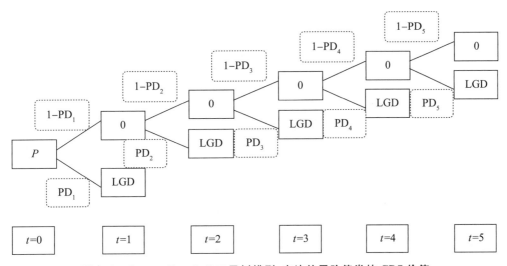

图 5-3 Jarrow-Turnbull 二叉树模型:有违约风险债券的 CDS 价值

另外,该模型认为,当计算多期限时,需要考虑利率的随机游走过程,并假设利率游走过程与违约过程是互相独立的。

我们对 CDS 的定价测算以 Jarrow-Turnbull 模型为基础,并根据国内债券市场的现实情况,提出了如下假设条件:

第一,模型采用贴现债券进行计算,但因为现实中贴现发行的信用债券较少,我们测算中所采用的债券价格均采用根据票息进行贴现倒算的现值。

第二,国内存在国债和央票两条无风险收益率曲线,但央票收益率曲线期限较短,我们选取政策性金融债加以替代;国债因存在税收和流动性等因素而具有不完善性。另外,特别值得指出的是,人民币利率互换市场发展迅速,基本形成了连续的 7 天回购利率互换曲线和 3 个月 Shibor 利率互换曲线,也可作为无风险基准利率的参考。我们分别采用上述 4 条曲线进行测算。

第三,假设国债适用税率为 20%。

第四,参照国际通用假设值,假设违约损失率为 60%,相应的回收率为 40%。

第五,假设 CDS 购买方在年初支付 CDS 费用,信用事件触发后在当年年末以现金方式进行交割。该假设直接影响到 CDS 价格的贴现年数,实际交易过程中可根据需要调整。

第六,测算期限包括 1—5 年,目前国内信用类债券市场已初步具备 1 年、3 年、5 年等关键期限数据。

第七,测算评级包括 AAA 级到 AA-级国内已有的主要外部评级。

第八,国内人民币信用债券市场一级发行利率和二级成交利率差异较大,考虑到要反映市场的真实价格,测算中我们均采用二级市场成交价格作为基础数据,无成交的则采用中债估值价格。

第九,各类型债券现值均采用市场收益率进行推算,暂不考虑未来利率波动和游走过程。

第十,选取政策性金融债收益率与各评级同期限信用债券收益率的信用利差作为参考价格。

二叉树模型的主要推导过程及公式见附录 C 第三部分。

2. 违约强度曲线模型

(1) 违约强度(Hazard Rate)曲线简介

正如我们需要通过拟合即期利率或远期利率曲线才能对国债等利率产品进行精确定价一样,对 CDS 的定价也需要以构建违约强度曲线作为定价的基础。

一般而言,我们可以选择一些流动性较好的可违约债券或信用互换的信用利差来构建市场隐含的违约强度曲线,它代表了市场对未来违约事件发生趋势的判断。市场上度量可违约债券的信用利差的标准包括 Z-Spread、I-Spread 和信用评级部门公布的所在评级的信用利差等。这些参数和违约强度曲线一样,可以直观地反映债券的信用违约风险。在回收率为 0 且违约强度为常数时,它们与违约强度非常接近。但是当违约强度通过一条曲线来近似时,可以更准确地反映出信用违约风险。

根据违约强度曲线,我们可以知道未来任意时间的违约强度,进而可以计算得到违约率,从而可以对 CDS 进行定价。

(2)违约强度曲线的构建

对于一个特定债券来说,由于关于其本身及其发行公司的市场信息一般较少,考虑到在同一信用评级下的各发行主体,其未来的信用风险应相差不远,为了获得尽可能准确的违约强度曲线,可以分为两步来构建其违约强度曲线:

第一步,根据对债券的信用评级,构建所在评级的违约强度曲线;

第二步,基于所在评级的违约强度曲线,根据债券自身的市场报价,利用无套利原则,通过对所在评级的违约强度平移得到债券的违约强度曲线。

下面我们将详细介绍这两步的具体步骤。

债券的违约率信息可以通过以下三种途径得到:

通过分析评级机构提供的违约率及评级转移概率矩阵得到。 一般国际知名的信用评级机构(如标准普尔、穆迪等)会根据历史违约情况,提供每一个评级、不同性质的债券对应的违约率及评级转移概率矩阵(如:Aaa 级在一年后变为 Aa 级的概率),表 5-3、表 5-4 是穆迪的一个样例。

表 5-3 债券历史评级转移概率矩阵(1920—2015 年)　　　　　　　　(单位:%)

期初评级＼期末评级	Aaa	Aa	A	Baa	Ba	B	Caa	Ca-C	取消评级	违约
Aaa	87.480	8.135	0.590	0.058	0.024	0.003	0.000	0.000	3.709	0.000
Aa	0.833	85.151	8.448	0.438	0.064	0.036	0.017	0.001	4.991	0.021
A	0.056	2.572	86.601	5.366	0.510	0.113	0.043	0.005	4.679	0.056
Baa	0.036	0.159	4.296	85.442	3.744	0.694	0.163	0.021	5.261	0.183
Ba	0.006	0.044	0.466	6.174	76.172	7.173	0.679	0.124	8.246	0.916
B	0.008	0.032	0.149	0.449	4.784	73.515	6.486	0.562	10.604	3.412
Caa	0.000	0.009	0.027	0.108	0.416	7.021	66.772	2.806	14.321	8.521
Ca-C	0.000	0.000	0.056	0.000	0.623	2.461	9.468	39.589	23.714	24.089

资料来源:Moody's。

表 5-4　不同级别公司的平均累计违约率（1920—2015 年）　　（单位：%）

年份 评级	1 年	2 年	3 年	4 年	5 年	6 年	7 年	8 年	9 年	10 年
Aaa	0.000	0.008	0.027	0.075	0.144	0.219	0.313	0.442	0.578	0.737
Aa	0.063	0.183	0.289	0.443	0.680	0.956	1.236	1.503	1.750	2.026
A	0.089	0.266	0.541	0.848	1.182	1.543	1.923	2.306	2.728	3.157
Baa	0.274	0.771	1.345	1.979	2.635	3.292	3.919	4.567	5.246	5.922
Ba	1.245	2.926	4.795	6.752	8.650	10.464	12.124	13.720	15.261	16.889
B	3.545	8.010	12.470	16.495	20.068	23.165	26.006	28.411	30.524	32.293
Caa-C	10.441	18.290	24.447	29.306	33.277	36.429	38.938	41.105	43.136	45.016
投资级评级	0.149	0.423	0.758	1.134	1.544	1.971	2.396	2.827	3.277	3.736
投机级评级	3.689	7.413	10.890	14.003	16.756	19.162	21.304	23.204	24.949	26.602
全部评级	1.473	2.977	4.375	5.629	6.748	7.741	8.629	9.438	10.208	10.949

资料来源：Moody's。

但在国内，由于目前基本上没有历史违约数据，所以很难根据历史违约数据获得一个经验的违约强度曲线。在以后有足够的历史数据后，就可以通过历史违约数据得到比较合适的违约强度曲线。

通过分析市场交易活跃的债券价格得到。由于国内的债券市场流动性相对比较好，这也是目前国内最合适的方法。附录 C 的第四部分以一个信用评级为 AA 的债券为例，介绍了构建违约强度曲线的具体步骤。

通过分析市场交易活跃的 CDS 价格得到。如果以某一评级的债券为参考债务的 CDS 有活跃的交易，则可以认为 CDS 的交易价格反映了投资者对这个债券的违约率的预期，因此也可以通过 CDS 的交易价格通过息票剥离法构建出一条合适的违约强度曲线。

结合三条违约强度曲线得到某一评级最终的违约强度曲线。通过以上三种途径可以分别得到一条违约强度曲线，然后可以通过对违约强度进行加权平均的方法综合这三条违约强度曲线得到一条最终的曲线，权重由市场流动性、数据量等因素综合决定。

通过以上步骤，我们已经得到了一条比较准确的债券所在评级的违约强度曲线。如果该公司有交易较为活跃的债券，则为了避免套利，债券的违约强度曲线应使得其现值 PV＝市场报价，从而需要在所在评级的违约强度曲线的基础上进行调整。所以，我们考虑通过对所在评级的违约强度曲线进行平移得到债券对应的违约强度曲线。假设有 k 个交易较为活跃的债券，到期日分别 $M_1, M_2, \cdots, M_k$。则区间 $[t_0, M_1]$ 的平移值 h_1 的确定可以由到期日为 M_1 的债券 PV＝债券市场报价和简化模型解得，区间 $[M_1, M_2]$ 的平移值 h_2 的确定可以由到期日为 M_2 的债券 PV＝债券市场报价、简化模型和 h_1 解得，以此类推，

区间 $[M_{k-1}, M_k]$ 的平移值 h_k 的确定可以由到期日为 M_k 的债券 PV=债券市场报价、简化模型和 $h_1, h_2, \cdots, h_{k-1}$ 解得。

(3) 基于违约强度曲线的 CDS 的定价

CDS 的具体现金流分析如下:

CDS 买方:在合约开始时,支付一笔保险费,然后定期支付合约规定的信用违约互换费用,直到合约到期或参考实体发生预先约定的信用事件。

CDS 卖方:若在 CDS 合约到期时,参考实体没有发生预先规定的信用事件,则不用支付任何现金。如果发生信用事件,则根据交易双方约定进行赔付。

无论是哪一种违约支付方式,与 CDS 的定价相关的主要是违约率和回收率。违约率可以通过违约强度曲线得到,回收率可以通过参考实体所在评级的历史回收率估计得到。根据上述 CDS 现金流分析,我们可以得到如下公式:

$$NPV = 保险费 + PV(CDS 买方定期支付的违约互换费用) - PV(CDS 卖方支付的费用) \tag{5-3}$$

在合约签订日 t_0, NPV 应为 0。因此:

$$保险费 = PV(CDS 卖方支付的费用) - PV(CDS 买方定期支付的违约互换费用) \tag{5-4}$$

由此方法即可计算 CDS 的具体价格。附录 C 第五部分给出了计算的公式步骤。

3. 彭博违约率模型

彭博系统利用国际信用衍生产品市场中较为普遍认可的违约率模型来对中国的 CDS 产品进行定价。彭博违约率模型的本质思路与违约强度曲线模型相同,基本方法都是以息票现金流和赔偿现金流在风险中性概率下进行贴现并作差来计算信用衍生产品的价值的。彭博违约率模型也对违约强度曲线的构建进行了研究。附录 C 第六部分介绍了彭博违约率模型的基本推导过程及主要结论、建议。

总结起来,**信用利差模型和基于违约率的模型是实践中运用最为普遍的两种模型**。在实践中,国内各 CDS 市场参与机构可根据自身情况灵活选择;目前各机构也在积极推动标准模型的建立,以利于交易、平盘和估值参考。

二、主流定价方法相对于传统定价方法的特点

中国 CDS 市场参与机构以发达国家市场较为成熟的传统方法为基础,通过改进完善得到,本质上与传统的定价方法并无区别。相对于传统的定价方法,中国 CDS 定价方法的最大特点是为适应中国市场环境,作出了有针对性的改进,实现了可操作性。相对于发达金融市场,中国 CDS 市场的主要特点包括:

1. 历史数据稀少

目前,中国信用类债务融资工具市场尚处于发展初期,违约历史数据稀少,运用统计

方法估计客观违约率存在一定困难。针对这一情况，国内市场机构在构建 CDS 定价模型时，应充分利用市场普遍认可的收益率曲线数据或银行内部违约数据，采用类似数据替代、风险中性概率反推违约率、审慎区间估计等方法来克服上述困难。

2. 产品品种不丰富，缺乏对冲工具

不少机构选择无套利定价或风险中性定价方法，这就涉及了衍生品未来现金流的复制与对冲问题。与欧美的成熟市场相比，中国金融市场上的交易品种还有待进一步丰富，不少对冲需求得不到满足，或对冲成本过高，市场无法达到无套利原理所要求的完备性要求。在这种情况下，国内市场参与者在建模时均对现金流复制过程进行了相应调整：合理化选择相关基础资产（例如无风险债券的选择），运用符合国内市场特点的相关产品来复制信用产品的现金流。

三、基差分析

对于信用衍生产品交易而言，产品的公允定价和估值是交易的基础。基差是 CDS 利差与债券信用利差的差值，分析基差有利于使用信用利差方法定价，对于提高 CDS 定价准确性，形成客观、公允的市场化定价具有重要意义。

（一）基差影响因素

从理论角度来讲，由于 CDS 利差主要包含信用风险，而债券信用利差除了包含信用风险，还包含流动性风险，基差理论上应该是负基差，然而现实生活中却并非如此。比如，根据《商业银行资本管理办法》附件 6 规定，CDS 对于采用内部评级法的金融机构具有风险缓释的作用，因此，采用内部评级法的金融机构会愿意支付更多的保护费购买 CDS，从而提高了 CDS 利差，可能产生正基差。再比如，某些债券因为供给较少而需求较大，导致债券价格较高，信用利差显著低于其同类型债券的水平，但 CDS 利差主要体现了参考实体的信用风险，因而产生了正基差。

表 5-5 是影响 CDS 基差的主要因素，其中"最廉券交割"选择权和"轧空"等因素随着 CDS 业务采用现金结算为主的模式而逐渐减弱或消失。

表 5-5 基差影响因素

影响基差的因素	解释	影响结果
CDS 的信用风险缓释作用	购买 CDS 可以缓释风险资本，有利于 CDS 买方	提高 CDS 利差 扩大基差
投资便捷性（对 CDS 买方）	有债券做空需求，或持有债券且难以卖出时，选择买入 CDS 对冲信用风险	提高 CDS 利差 扩大基差

（续表）

影响基差的因素	解释	影响结果
CDS 包含"最廉券交割"选择权（强制拍卖避免了该可能性，只有在现券交割时才会存在该问题）	CDS 实物交割时，买家倾向于选择最便宜的券种交割，有利于 CDS 买方	提高 CDS 利差扩大基差
债券卖空障碍	正基差（如有）套利需卖空债券来实施，而债券通常难以借到	使正基差延续
投资便捷性（对 CDS 卖方）	因资金问题或债券供给限制无法获得需要的信用风险敞口，选择卖出 CDS 建仓	降低 CDS 利差缩小基差
CDS 卖出方违约风险	CDS 卖方违约的可能性越大，越不利于 CDS 买方	降低 CDS 利差缩小基差
结构化信用衍生产品市场供给	结构化信用衍生产品发行量的增加使 CDS 的发行量（卖出）同时增加了	降低 CDS 利差缩小基差
"轧空"（强制拍卖避免了该可能性，只有在现券交割时才会存在该问题）	CDS 实物交割时，许多 CDS 买方并不持有可交割债券，一旦发生违约，债券现货市场价格上升，CDS 买方受损	降低 CDS 利差缩小基差

资料来源：张海云，国泰君安证券整理。

案例5-1

CDS 利差的变动会对债券现货市场造成一定程度的影响。一般来说，如果 CDS 利差增大，表明参考实体的信用风险增加，参考实体的债务违约率增加，对投资者的信心可能会造成一定程度的负面影响。债券现货市场参与者可能会采取做空债券的方式降低潜在的信用风险。同样地，如果 CDS 利差减小，表明参考实体的信用风险减小，参考实体的债务违约率减小，从而能够提升投资者的信心，使其做多债券。而债券现货市场对信用衍生产品市场的影响则相对较小。

1. 中国银行

在 2015 年以前，中国银行的 CDS 基差围绕零值上下波动；但从 2015 年起，CDS 基差开始增大并长时间维持显著的正值。2015 年 2 月到 2015 年 12 月期间，其基差的均值水平为 17.75bps，标准差为 9.83bps；而 2016 年年初至今正基差进一步放大，其均值水平达到了 56.07bps，标准差为 15.03bps（如图 5-4 所示）。一个可能的解释是，中国银行的债券存在较大的配置需求，导致债券信用利差较低，但中国银行作为大型金融机构，和中国主权 CDS 的相关性较高，所以导致了较大的正基差。

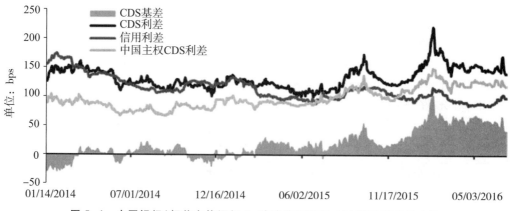

图 5-4　中国银行（标普主体评级 A，穆迪债项评级 A1）CDS 基差的走势

资料来源：Bloomberg。

2. 国际商业机器公司（IBM）

与金融机构不同，非金融机构受行业和企业自身经营水平影响较大，受宏观因素影响较小，且债券供给和需求相对均衡，故基差比较符合理论，即呈现负基差。

穆迪给予 IBM 公司发行人的评级为 Aa3，IBM 公司的 CDS 利差波动小于其公司债的信用利差波动，可以看出其 CDS 基差在不同时间段内，分别呈现出围绕零值小幅波动和长时间保持明显负基差的态势，基差的方向主要受 IBM 公司债的信用利差影响。

IBM 公司的 CDS 基差长期均值为 -11.3bps，标准差为 15.7bps；在 2014 年 3 月至 2015 年 7 月期间，IBM 公司的 CDS 基差稳定在零值附近上下小幅波动，2015 年 7 月至 2016 年 4 月期间，公司债的信用利差在高位震荡，使 CDS 基差负向放大（如图 5-5 所示）。

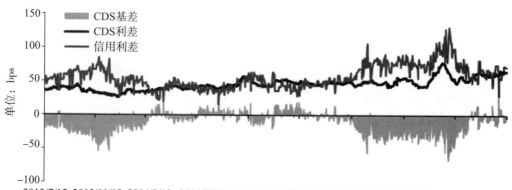

图 5-5　IBM（穆迪主体评级 Aa3，穆迪债项评级 Aa3）的 CDS 基差的走势

资料来源：Bloomberg。

第四节 信用风险缓释工具的会计处理及税收政策

目前中国尚未针对信用风险缓释工具出台具体的会计准则,市场参与者在开展信用衍生产品业务的同时,面临着信用衍生产品会计处理属性判定以及处理方法的争议。为服务市场需要,提高会计信息的有效性和可比性,进一步推动 CRM 业务规范、健康、持续发展,本节针对 CRM 的会计处理和税务征管,为市场参与者合规开展 CRM 相关会计处理、依法缴纳税款提供了参考。

一、现有制度下的会计处理安排

(一) CRM 会计属性判定的准则依据和方法

1. 中国会计准则关于 CRM 属性判定的相关规定

随着中国 CDS 和 CLN 的推出,CRM 产品体系逐渐与国际接轨,信用风险缓释功能进一步得到释放。参考国际信用衍生产品会计属性判定的准则和经验,中国 CRM 产品的会计属性可以划分为衍生金融工具和财务担保合同两种。

根据中国《企业会计准则第 22 号——金融工具确认和计量》(以下简称"CAS22"),衍生工具是指具有下列特征的金融工具或其他合同:

(1) 其价值随特定利率、金融工具价格、商品价格、汇率、价格指数、费率指数、信用等级、信用指数或其他类似变量的变动而变动,变量为非金融变量的,该变量与合同的任一方不存在特定关系;

(2) 不要求初始净投资,或与对市场情况变化有类似反应的其他类型合同相比,要求很少的初始净投资;

(3) 在未来某一日期结算。

准则指出,属于衍生工具的金融资产或金融负债应当划分为交易性金融资产或金融负债,但是属于财务担保合同的衍生工具除外。

同时,财政部编制的《企业会计准则解释第 5 号》中指出,财务担保合同是指当特定债务人到期不能按照最初或修改后的债务工具条款偿付时,要求签发人向蒙受损失的合同持有人赔付特定金额的合同。

2. 关于 CRM 会计属性判定方法的探讨

根据 CRM 产品持有人是否可以在债务人未能如期支付的情况下获得偿付,CRM 的会计属性可分为衍生金融工具和财务担保合同两种。若未发生债务人到期无法偿付债务的情况,但出现债务人信用级别降低等约定的信用事件时,则该类 CRM 产品应划分为衍生金融工具;若债务人到期无法按约定支付债务,则划分为财务担保合同。

国际会计准则和企业会计准则对 CRM 合同属于财务担保合同还是衍生金融工具的判断依据如表 5-6 所示。

表 5-6　将 CRM 判定为衍生金融工具或财务担保合同的判断依据

分类	国际会计准则	企业会计准则
衍生金融工具	一些信用担保合同并不把"合同持有人由于债务人未能如期支付因而导致损失"作为理赔的先决条件。例如：与信用评级或信用指数的变化相关的这些合同应当视为衍生合同。	可以理解为与国际会计准则的划分相同。
财务担保合同	财务担保合同是指当特定债务人到期不能偿债时，要求签发人按照最初的或修订的债务工具条款给发生损失的合同持有人赔付特定金额的合同。	《企业会计准则解释第 5 号》指出，当特定债务人到期不能按照最初或修改后的债务工具条款偿付时，要求签发人向蒙受损失的合同持有人赔付特定金额的合同。可以理解为与国际会计准则的划分相同。

上述财务担保合同和衍生金融工具的考虑因素对发行方和持有方同样适用。

(二) 属于衍生金融工具的 CRM 的确认和计量

根据 CAS22 第九条的相关规定，CRM 作为衍生金融工具，应当划分为交易性金融资产或金融负债。在这类情况下，CRM 的会计确认和计量大致遵循以下方式：

第一，当企业成为 CRM 合同的一方时，应当按照公允价值确认一项金融资产或金融负债；

第二，在 CRM 存续期以公允价值计量且变动计入当期损益；

第三，CRM 到期结束、发生信用事件或交易双方经协商提前终止后，应当进行终止确认，并将终止确认部分的账面价值与支付的对价之间的差额计入当期损益。

以商业银行参与 CDS 业务为例，属于衍生金融工具的 CDS 的会计核算分析可分别按照卖方和买方进行处理：

1. CDS 卖方会计核算处理

对于不满足财务担保合同定义的 CDS 应按照衍生法进行会计处理，即按照衍生产品核算。

① 交易日，卖出 CDS，收取保护费：

借：存放中央银行准备金存款

　贷：衍生金融负债

同时，在表外台账登记 CDS 名义本金，并记录：

借：备查登记
　　贷：CDS 担保名义本金

② 保护费按季/年收取时，应作为负债记录：

借：存放中央银行准备金存款
　　贷：衍生金融负债

③ 资产负债表日，对所持有的 CDS 合约进行估值：

借/贷：CDS 公允价值变动
　　贷/借：CDS 公允价值变动损益

④ 若约定的信用事件未发生，到期日终止 CDS：

借：衍生金融负债
　　贷：CDS 投资收益

借/贷：CDS 公允价值变动
　　贷/借：CDS 公允价值变动损益

同时，在表外台账销记该笔 CDS 名义本金，并记录：

借：CDS 担保名义本金
　　贷：备查登记

⑤ 合约期间发生信用事件，若为实物结算：

借：×××资产（标的资产所在科目）（资产转入时的公允价值）

借/贷：CDS 投资收益
　　贷：存放中央银行准备金存款（按合同条款支付的款项）

借：衍生金融负债
　　贷：CDS 投资收益

借/贷：CDS 公允价值变动
　　贷/借：CDS 公允价值变动损益

同时，在表外台账销记该笔 CDS 名义本金，并记录：

借：CDS 担保名义本金
　　贷：备查登记

⑥ 合约期间发生信用事件，若为现金结算：

借：CDS 投资收益
　　贷：存放中央银行准备金存款（实际支付的款项）

借：衍生金融负债
　　贷：CDS 投资收益

借/贷：CDS 公允价值变动

借/贷:CDS 公允价值变动损益

同时,在表外台账销记该笔 CDS 名义本金,并记录:

借:CDS 担保名义本金

  贷:备查登记

2. CDS 买方会计核算处理

属于衍生金融工具的买方会计核算仍然按照衍生法核算,但与卖方作相反的会计分录。

① 交易日,买入 CDS,支付保护费:

借:衍生金融资产

  贷:存放中央银行准备金存款

同时,在表外台账登记 CDS 名义本金,并记录:

借:备查登记

  贷:CDS 被担保名义本金

② 保护费按季/年收取时,应作为一笔资产:

借:衍生金融资产

  贷:存放中央银行准备金存款

③ 资产负债表日,对所持有的 CDS 合约进行估值:

借/贷:CDS 公允价值变动

  贷/借:CDS 公允价值变动损益

④ 若约定的信用事件未发生,到期日终止 CDS:

借:CDS 投资收益

  贷:衍生金融资产

借/贷:CDS 公允价值变动

  贷/借:CDS 公允价值变动损益

同时,在表外台账销记该笔 CDS 名义本金,并记录:

借:CDS 被担保名义本金

  贷:备查登记

⑤ 合约期间发生信用事件,若为实物结算:

借:存放中央银行准备金存款(实际收取的款项)

借/贷:CDS 投资收益(其他各项差额,或者实际收取款项与实际价值之差)

  贷:×××资产(标的资产的实际价值)

借:CDS 投资收益

  贷:衍生金融资产

借/贷:CDS 公允价值变动

  贷/借:CDS 公允价值变动损益

同时,在表外台账销记该笔 CDS 名义本金,并记录:

借:CDS 被担保名义本金

  贷:备查登记

⑥ 合约期间发生信用事件,若为现金结算:

借:存放中央银行准备金存款

  贷:CDS 投资收益(收到赔付的金额)

借:CDS 投资收益

  贷:衍生金融资产

借/贷:CDS 公允价值变动

  贷/借:CDS 公允价值变动损益

同时,在表外台账销记该笔 CDS 名义本金,并记录:

借:CDS 被担保名义本金

  贷:备查登记

(三) 属于财务担保合同的 CRM 的确认和计量

根据《企业会计准则解释第 5 号》,属于财务担保合同的信用风险缓释工具,除融资性担保公司根据《企业会计准则解释第 4 号》第八条的规定处理外,信用保护买方和卖方应当按照 CAS22 中有关财务担保合同的规定进行会计处理。其中,信用保护买方支付的信用保护费用和信用保护卖方取得的信用保护收入,应当在财务担保合同期间内按照合理的基础进行摊销,计入各期损益。

以商业银行参与 CDS 业务为例,属于财务担保合同的 CDS 的会计核算分析可分别按照卖方和买方进行处理:

1. CDS 卖方会计核算处理

根据 CAS22 第三十三条,不属于指定为以公允价值计量且其变动计入当期损益的金融负债的财务担保合同,应当在初始确认后按照下列两项金额之中的较高者进行后续计量:

(1) 按照《企业会计准则第 13 号——或有事项》确定的金额;

(2) 初始确认金额扣除按照《企业会计准则第 14 号——收入》的原则确定的累计摊销额后的余额。

同时,准则允许企业将财务担保合同指定为以公允价值计量且其变动计入当期损益的金融负债。

另外,根据《企业会计准则解释第 4 号》,融资性担保公司发生的担保业务,应当按照

《企业会计准则第25号——原保险合同》《企业会计准则第26号——再保险合同》《保险合同相关会计处理规定》(财会[2009]15号)等有关保险合同的相关规定进行会计处理。

综上,属于财务担保合同的CDS卖方存在三种可能的会计处理方式:

(1) 预计负债法

采用公允价值进行初始确认,并按照《企业会计准则第13号——或有事项》与《企业会计准则第14号——收入》的要求计算金额中较高者进行后续计量。

① 交易日,卖出CDS,收取保护费:

借:存放中央银行准备金存款
　　贷:递延收益

同时,在表外台账登记CDS名义本金,并记录:

借:备查登记
　　贷:CDS担保名义本金

② 逐日/定期在保护费覆盖期间内按照直线法摊销递延收益:

借:递延收益
　　贷:对外担保手续费收入

③ 保护费按季/年收取时,建议直接计入损益:

借:存放中央银行准备金存款
　　贷:对外担保手续费收入

④ 资产负债表日,判断按照《企业会计准则第13号——或有事项》确定的预计负债金额和递延收益摊销后的余额两项孰高;若预计负债金额高于递延收益摊销后的余额:

借:递延收益(未摊销完的递延收益全部冲回)
　　其他营业支出(其他各项差额)
　　贷:预计负债

若预计负债金额高于递延收益摊销后的余额,不作会计处理。

⑤ 以后每个资产负债表日,如果预计负债金额需要调整的:

借/贷:预计负债
　　贷/借:其他营业支出

⑥ 若约定的信用事件未发生,到期日终止CDS:

借:递延收益
　　贷:对外担保手续费收入

对于已经计提的预计负债,应作如下会计处理:

借:预计负债
　　贷:其他营业支出

同时,在表外台账销记该笔 CDS 名义本金,并记录:

借:CDS 担保名义本金

    贷:备查登记

⑦ 合约期间发生信用事件,若为实物结算:

借:×××资产(标的资产所在科目)(资产转入时公允价值)

借:预计负债(账面余额)

借/贷:其他营业支出(其他各项差额)

    贷:存放中央银行准备金存款(按合同条款支付的款项)

同时,在表外台账销记该笔 CDS 名义本金,并记录:

借:CDS 担保名义本金

    贷:备查登记

⑧ 合约期间发生信用事件,若为现金结算:

借:预计负债(账面余额)

借/贷:其他营业支出(其他各项差额)

    贷:存放中央银行准备金存款(实际支付的款项)

如有未摊销完毕的递延收益,全部冲回。

同时,在表外台账销记该笔 CDS 名义本金,并记录:

借:CDS 担保名义本金

    贷:备查登记

(2) 指定法

指定为以公允价值计量且其变动计入当期损益的金融资产和金融负债,其核算方式实质上与衍生金融工具一致,只是报表披露项目不同。

① 交易日,卖出 CDS,收取保护费:

借:存放中央银行准备金存款

    贷:衍生金融负债

同时,在表外台账登记 CDS 名义本金,并记录:

借:备查登记

    贷:CDS 担保名义本金

② 保护费按季/年收取时,应作为负债记录:

借:存放中央银行准备金存款

    贷:衍生金融负债

③ 资产负债表日,对所持有的 CDS 合约进行估值:

借/贷:CDS 公允价值变动

贷/借：CDS 公允价值变动损益

④ 若约定的信用事件未发生，到期日终止 CDS：

借：衍生金融负债

  贷：CDS 投资收益

借/贷：CDS 公允价值变动

  贷/借：CDS 公允价值变动损益

同时，在表外台账销记该笔 CDS 名义本金，并记录：

借：CDS 担保名义本金

  贷：备查登记

⑤ 合约期间发生信用事件，若为实物结算：

借：×××资产（标的资产所在科目）（资产转入时的公允价值）

借/贷：CDS 投资收益

  贷：存放中央银行准备金存款（按合同条款支付的款项）

借：衍生金融负债

  贷：CDS 投资收益

借/贷：CDS 公允价值变动

  贷/借：CDS 公允价值变动损益

同时，在表外台账销记该笔 CDS 名义本金，并记录：

借：CDS 担保名义本金

  贷：备查登记

⑥ 合约期间发生信用事件，若为现金结算：

借：衍生金融负债

  贷：CDS 投资收益

借/贷：CDS 公允价值变动

  贷/借：CDS 公允价值变动损益

同时，在表外台账销记该笔 CDS 名义本金，并记录：

借：CDS 担保名义本金

  贷：备查登记

（3）保险合同

按照保险合同进行会计处理的情形只适用于融资性担保公司。根据《企业会计准则解释第 4 号》，融资性担保公司发生的担保业务具体可参《企业会计准则第 25 号——原保险合同》《企业会计准则第 26 号——再保险合同》《保险合同相关会计处理规定》（财会[2009]15 号）等有关保险合同的相关规定进行会计处理。

(4) 属于财务担保合同的 CRM 卖方会计处理小结

上述三种会计处理方式中,指定为以公允价值计量且其变动计入当期损益的金融负债的会计处理与属于一般衍生金融工具的 CRM 的会计处理相似,仅使用的会计科目名称不同。此外,企业应结合自身性质、业务特点、进行 CRM 交易的目的以及业务管理上的需求等因素,合理选择会计处理方式。考虑到目前 CRM 市场处于发展初期,存在流动性不足等问题,对于属于财务担保合同的 CRM,按照实际利率进行摊销不失为一种可行选择。图 5-6 是属于财务担保合同的 CRM 卖方会计处理的决策树。

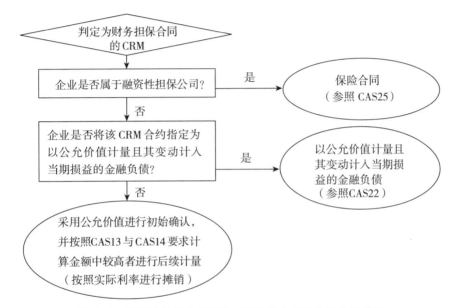

图 5-6 属于财务担保合同的 CRM 卖方会计处理的决策树

注:CAS13 和 CAS14 分别指《企业会计准则第 13 号——或有事项》和《企业会计准则第 14 号——收入》。

2. CDS 买方会计核算处理

企业会计准则及国际准则均没有就财务担保合同持有人的会计处理提供明确指引。但从财务担保合同的持有目的来看,持有人是在债务损失发生时要求 CRM 发行人进行不超过实际损失金额的补偿,实质是为获得补偿而支付一笔费用。因此,CRM 买方可以支付的对价应确认为一项资产,并在 CRM 存续期间内进行摊销且计入损益。以 CDS 为例,属于财务担保合同的 CDS 买方会计核算如下:

① 交易日,买入 CDS,支付保护费:

借:递延支出
　　贷:存放中央银行准备金存款

同时,在表外台账登记 CDS 名义本金,并记录:

借:备查登记

贷：CDS 被担保名义本金

② 逐日/定期在保护费覆盖期间内按照直线法摊销递延支出：

借：对外担保手续费支出

贷：递延支出

③ 资产负债表日，一般不处理 CDS 合约价值的上升，即可能因为债务未来违约而收取的补偿（注意：对被担保资产的估值/减值处理的影响）。

④ 若约定的信用事件未发生，到期日终止 CDS：

借：对外担保手续费支出

贷：递延支出

同时，在表外台账销记该笔 CDS 合约，并记录：

借：CDS 被担保名义本金

贷：备查登记

⑤ 合约期间发生信用事件，若为实物结算：

借：存放中央银行准备金存款（实际收取的款项）

借/贷：×××资产投资收益（转出时资产账面价值与公允价值之差）

贷：其他业务收入（其他各项差额，或者实际收取款项与公允价值之差）

贷：×××资产（标的资产所在科目）（账面价值）

同时，在表外台账销记该笔 CDS 合约，并记录：

借：CDS 被担保名义本金

贷：备查登记

⑥ 合约期间发生信用事件，若为现金结算：

借：存放中央银行准备金存款（实际收取的款项）

贷：其他业务收入（其他各项差额，或者实际收取款项与公允价值之差）

现金结算后，被担保资产回归正常会计处理，即进行估值/减值处理。

同时，在表外台账销记该笔 CDS 合约，并记录：

借：CDS 被担保名义本金

贷：备查登记

3. 总结

不同属性 CRM 的会计确认和计量，可以用表 5-7 简要表示。

表 5-7 衍生金融工具和财务担保合同的区别——核算

分类	国际会计准则	企业会计准则
衍生金融工具	衍生工具以公允价值计量且其变动计入损益	同国际会计准则

（续表）

分类	国际会计准则	企业会计准则
财务担保合同——信用保护卖方	1. 采用公允价值对这些财务担保合同进行初始确认，并按照下列两者中的较高者进行后续计量： （1）按照 IAS37 中对担保事项或有负债确认要求计算出的金额； （2）初始确认金额减去累积摊销计入收入金额后的余额。 2. 当满足一定条件时，可选择将财务担保合同指定为以公允价值计量且其变动计入损益的资产处理。 3. 如果发行人声明将财务担保合同视为保险合同，并采用保险合同的会计处理方法，则按照 IFRS4 计量。	同国际会计准则 1. 预计负债法 《企业会计准则第 22 号——金融工具确认和计量》第三十二条（三）不属于指定为以公允价值计量且其变动计入当期损益的金融负债的财务担保合同，应当在初始确认后按照下列两项金额之中的较高者进行后续计量： （1）按照《企业会计准则第 13 号——或有事项》确定的金额； （2）初始确认金额扣除按照《企业会计准则第 14 号——收入》的原则确定的累计摊销额后的余额。 2. 指定法 指定为公允价值计量的选择权同国际会计准则。 3. 保险合同 融资性担保合同，按照《企业会计准则第 25 号——原保险合同》《企业会计准则第 26 号——再保险合同》《保险合同相关会计处理规定》（财会[2009]15 号）等有关保险合同的相关规定进行会计处理。
财务担保合同——信用保护买方	无明确规定，通常的处理方法为： 1. 如果是为了管理或对冲外部转入的信用风险，或财务担保属于所持有的其他金融工具的一个组成部分，则指定为公允价值计量且其变动计入当期损益； 2. 如财务担保不属于所持有的其他金融工具的组成部分，则根据为财务担保合同所支付的对价确认预付款项，同时按照 IAS37 核算获得赔偿的权利，即对价确认法。	无明确规定，可以认为同国际会计准则的处理。

表 5-8　衍生金融工具和财务担保合同的区别——套期会计

分类	国际会计准则	企业会计准则
衍生金融工具	若用划分为衍生金融工具的信用风险缓释工具来对冲债券投资的信用风险，此对冲关系必须达到套期会计的要求，特别是能够可靠计量信用风险对债券投资的公允价值或现金流的影响。	同国际会计准则
财务担保合同	企业可以选择将财务担保合同指定为公允价值计量的金融工具，但该项指定的金融工具是否可以视同普通衍生工具作为套期工具，准则未做明确说明。	同国际会计准则

在实践中,鉴于将信用风险与流动性风险对债券投资的影响区分开并分别计量较为困难,因此对信用衍生工具运用套期会计进行处理目前尚存在一定争议。

(四) CRM 的套期会计处理

2014 年 7 月,IASB 发布了《国际财务报告准则第 9 号——金融工具》(以下简称"IFRS9")终稿,拟于 2018 年 1 月 1 日生效并取代现行《国际会计准则第 39 号——金融工具》(以下简称"IAS39")。IFRS9 主要引入了一种以原则为导向的新的套期会计要求和方法,降低了套期会计运用门槛,使套期会计与风险管理活动更紧密结合。在套期有效性的评估方面,IFRS9 仅需进行前瞻性测试,且根据套期的复杂性,可以采用定性方法。以目标为基础的测试取代了 80%—125% 的界限测试,并将更加关注于被套期项目和套期工具之间的经济关联,以及信用风险的影响不应主导该经济关系所产生的价值变动。

基于上述国际会计准则的变化,并结合中国企业会计的相关实务,财政部于 2016 年 8 月修订起草了《企业会计准则第 22 号——金融工具确认和计量(征求意见稿)》《企业会计准则第 23 号——金融资产转移(征求意见稿)》和《企业会计准则第 24 号——套期会计(征求意见稿)》(以下简称"CAS24"),新准则主要变更了金融工具分类和计量、金融资产减值、金融资产转移和套期会计规定。CAS24 在借鉴新国际金融工具会计准则做法的基础上,进一步完善了套期会计处理,以"套期会计和风险管理紧密结合,企业的风险管理活动能够恰当地体现于财务报告中"为核心理念,进一步拓宽了套期工具和被套期项目的范围,同时改进了套期有效性评估,取消了现行准则中 80%—125% 的套期高度有效性量化指标及回顾性评估要求,代之以定性的套期有效性要求,同时更加注重预期有效性评估,保持了我国企业会计准则与国际财务报告准则的持续趋同。

就 CRM 采用套期会计而言,CAS24 第三章对套期关系的评估进行了规定,其中第 14 条要求套期关系需符合套期有效性,第 15 条规定在被套期项目和套期工具经济关系产生的价值变动中,信用风险的影响不占主导地位。CRM 虽然具有对冲信用风险的功能,但考虑到上述条款的规定,CRM 需采用套期会计规定中的"特别条款",即 CAS24 第五章中对信用风险敞口的公允价值选择权的规定,以实现信用风险敞口和信用衍生工具公允价值变动在损益表中的自然对冲,以此作为套期会计的一种替代。采用上述方法后,目的是对冲信用风险、进行套期保值的 CRM 的相关会计处理可以被认为符合套期会计规定。

此外,根据中国《银行业金融机构衍生产品交易业务管理暂行办法》第四条关于套期保值类衍生产品交易的相关规定,"套期保值类衍生产品交易,即银行业金融机构主动发起,为规避自有资产、负债的信用风险、市场风险或流动性风险而进行的衍生产品交易。此类交易需符合套期会计规定,并划入银行账户管理。"明确 CRM 在新会计准则下的套期会计处理方式,有助于银行等金融机构使用 CRM 进行信用风险缓释,提高资本使用效率。

（五）CRM 信息披露的基本办法

信息披露是指经济活动主体依照法律、法规的规定,真实、准确、及时、完整地向投资者及其他利害关系人公开传递相关信息的过程,信息披露的指导思想是公开、公平和公正。2008 年金融危机后,信用衍生产品市场信息透明度较低的问题引起了广泛关注,各国监管当局和市场相关方面都加强了信用衍生产品交易信息的报告和披露要求。市场参与者正确开展 CRM 信息披露工作,充分披露 CRM 交易情况、持仓情况以及公允价值,有利于提高市场信息的透明度,防控市场风险。

1. 国内相关规定关于公允价值信息披露的要求

国内公允价值信息披露的要求主要依据的是《企业会计准则第 37 号——金融工具列报》以及相关准则讲解等方面的规定。同时,对于 CRM 主要交易参与者的商业银行来说,在金融工具信息披露方面还应符合银监会的有关规定。具体如表 5-9 所示。

表 5-9　中国会计准则要求及监管机构规定

	财政部《企业会计准则讲解 2010》	财政部 财会（2010）25 号[①]	银监会 银监发[2010]105 号[②]
第一层级	同类资产或负债在活跃市场上（未经调整）的报价	企业在计量日能够获得相同资产或负债在活跃市场上报价的,以该报价为依据确定公允价值	运用相同资产或负债的活跃市场报价得出的估值金额
第二层级	直接（比如取自价格）或间接（比如根据价格推算的）可观察到的、除市场报价以外的有关资产或负债的输入值	企业在计量日能够获得类似资产或负债在活跃市场上的报价,或相同或类似资产或负债在非活跃市场上的报价的,以该报价为依据做必要调整确定公允价值	第一层级之外的,运用资产或负债直接或间接观察到的参数得出的估值金额
第三层级	以可观察到的市场数据以外的变量为基础确定的资产或负债的输入值（不可观察输入值）	企业无法获得相同或类似资产可比市场交易价格的,以其他反映市场参与者对资产或负债定价时所使用的参数为依据确定公允价值	以资产或负债的不可观察参数得出的估值金额

除以上对于三个层级的定义外,《企业会计准则讲解 2010》对公允价值分层进行了补

---

① 《财政部关于执行企业会计准则的上市公司和非上市企业做好 2010 年年报工作的通知》。
② 《商业银行金融工具公允价值估值监管指引》。

充:"公允价值计量中的层级取决于对计量整体具有重大意义的最低层级的输入值。基于此考虑,输入值的重要程度应从公允价值计量整体角度考虑。如果公允价值计量使用可观察到的输入值,且要求基于不可观察到的输入值进行重大调整,那么该计量应属第三层级计量的结果。为从整体上评估特定输入值的重要程度,需要考虑与该资产或负债特定相关的因素。"

2. CRM 公允价值信息披露的层级选择

与其他金融衍生产品相同,CRM 的公允价值层级水平的判断程序如图 5-7 所示。

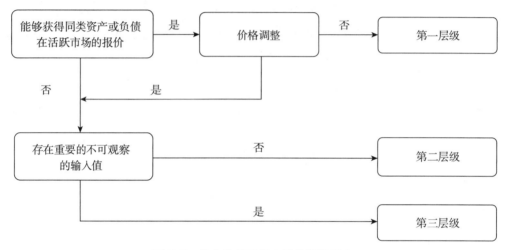

图 5-7 公允价值层级水平的判断程序

目前国内银行间市场进行的 CRM 产品交易量较低,对某一名义合同的交易通常不存在大量的出价和要价,CRM 产品的价格通常最终由双方谈判协商得出。从这个意义上讲,CRM 交易市场可能不满足活跃市场对"足够频繁和大量的交易"(Sufficient Frequency and Volume)以及"持续提供定价信息"(To Provide Pricing Information on an Ongoing Basis)的要求。因此,目前 CRM 产品可能达不到第一层级的要求。

基于暂不活跃的市场这一现状,在确定 CRM 所属的公允价值层级时需要衡量 CRM 内部估值模型所采用的输入值是否可观察、不可观察的输入值是否将对可观察输入值构成重大调整,以及从公允价值计量整体角度考虑的输入值的重要程度,从而确定某 CRM 层级计量的结果。目前市场参与者使用的内部估值模型包括信用利差模型、二叉树模型、违约强度曲线模型、彭博违约率模型等。由于不同模型采用的输入值存在一定差异,除债券现值、票息、支付频率、无风险收益率等在一定程度上可能满足"公开可获取的市场数据"(Market Data,Such As Publicly Available Information)这一条件外,其他模型假设,包括违约率、违约损失率、违约事件的发生时间、内部信用评级、对将来债务流动性的预估、债务优先级别对信用风险的影响等都不是公开市场数据,这在很大程度上取决于管理层的判断。从公允价值计量整体角度来考虑,如果这些输入值影响程度较大,则计算出的公允价值可能属于第三层级。

目前,在中国 CRM 会计处理实务中,银行通常将 CRM 与其他衍生金融工具合并披露公允价值分级,部分银行将其列为第二层级,另有部分银行将其列为第三层级。

二、税收政策及政策建议

CRM 作为金融机构重要的风险管理工具,其征税制度的完善与否对市场的发展起着关键作用。从中国目前的税法上看,尚无直接针对金融衍生产品如何征税的相关规定,CRM 作为一种新兴的信用风险类金融衍生产品,其税务处理从税法上更无可参照。在这种情况下,如何对 CRM 进行税务处理可能需要通过对 CRM 的业务性质、会计核算、风险大小,以及相关法律文书等进行综合分析和判断来确定其业务和交易实质,从而确定如何对其进行税务处理。对于 CRM 的课税制度,可以适度引进区别对待原则:一方面对对冲交易与投机交易要区别对待,另一方面对长期持有收益与短期持有收益也要区别对待。对于相当一部分 CRM 持有者而言,对冲交易是管理信用风险不可或缺的手段。税收政策应该避免惩罚真实的对冲交易。而对长短期资本性资产收益区别课税,主要是为了限制对 CRM 的投机性买卖行为,防止恶意放大风险杠杆。目前中国 CRM 可能涉及的税种主要包括增值税、企业所得税和印花税等。

(一)"营改增"背景下 CRM 的流转税处理问题

1. 金融保险业的"营改增"

1983 年,经第六届全国人民代表大会批准,国务院开始实施工商税制改革,将工商税按性质分为增值税、营业税、产品税、盐税。1984 年 9 月,财政部发布了《中华人民共和国增值税暂行条例(草案)》及其实施细则,以及《中华人民共和国营业税暂行条例(草案)》及其实施细则,正式确立增值税、营业税双税制结构。此时的营业税适用于商品的流通环节及各种服务行业,其中包括金融保险业;而增值税仅适用于生产和进口环节。直至 1993 年年底中华人民共和国成立后的第二次全面税制改革,增值税的征收范围被扩展至工业生产领域以外的批发零售行业以及修理修配行业;对不实行增值税的劳务、转让无形资产和销售不动产征收营业税。金融保险业在"营改增"之前都为营业税的应税项目。

增值税制度与营业税制度并存的局面造成了中国间接税领域严重的层叠征税及效率损失问题,而中国金融服务行业的发展也因此受到了不利影响,并使得中国在面对日益激烈的外来竞争时处于劣势。因此,为了优化中国整体的税收制度,减轻重复征税问题,改善金融服务行业的税收环境,2016 年财政部出台的《关于全面推开营业税改征增值税试点的通知》(财税[2016]36 号)文件规定,金融保险业自 2016 年 5 月 1 日起从营业税改征增值税,自此,中国全面告别营业税。

2. 消费型增值税视角下的 CRM 税务分析

金融保险业的"营改增"减轻了过去重复征税的问题,但由于金融保险业的涉税业务范围、税收结构、征管方式等极其繁杂,在实践中仍面临较大的挑战。从征税范围来看,按照增值税原理,其税基应当包含所有货物及服务的供应,这也是西方多数征收增值税国家的实践。从征税方式来看,发票抵扣方式是包括中国在内的大多数国家采取的一种增值税征收方法。在发票抵扣式增值税制度下,每一个"生产—分配"环节的应纳税额以其销售额为基础进行计算,每一环节的企业都有权抵免其供应商已缴纳的税额或获得退税,主张的凭证一般是供应商向其出具的增值税发票。然而,正是由于这种征收方式,如何在金融服务业适用增值税成为各国面临的共同难题。

考虑如何将增值税适用于 CRM 这类新型的金融衍生产品也面临着同样的挑战。但首先应当明确的是纳税主体问题。由于增值税的税基是商品及劳务的供应,而并非所有 CRM 交易的参与方都属于金融服务的供应商。以 CDS 为例,CDS 卖方是提供信用保护服务的一方,应被视为金融服务的供应者;而 CDS 买方属于服务接受方,不是纳税主体。另外,应该对对冲交易和投机交易主体进行区分,在一定程度限制 CRM 的风险杠杆。

其次需要明确的问题是如何确定应税服务费。要解决这一问题,首先需要明确 CRM 的交易的定价机制。一般认为,CRM 的交易价格包含多种因素,除交易商收取的业务费(应税服务费)外,标的债务的违约率和违约后的回收率也是定价的关键因素,但后两者的基本理念都是对未来现金流的折现而非所提供服务价款的一部分,因此不应被征收增值税。

结合中国的增值税实践,建议未来 CRM 的增值税处理方法如下:

(1)采取操作较简单的普遍豁免政策,与欧盟大部分增值税国家保持一致。在欧盟,CDS 作为一种金融衍生产品免征增值税。在这种处理方法下,CRM 卖方对其收取的费用全额豁免,但同时也无法抵扣相应的进项税额。因此,收取的费用会因进项税额转出作为成本而增加。对于 CRM 买方来说,由于其无法从 CRM 卖方处获得增值税专用发票,其支付的费用中所包含的卖方发生的进项税额将被一并计为成本或费用,包含在其最终的销售额中,从而产生税上税。

(2)采取零税率措施,即对 CRM 卖方在 CRM 交易中收取的费用适用零税率。此方法与免税处理的区别在于,CRM 卖方发生的进项税额在获得有效抵扣凭证的前提下依然可以得到抵扣。这种处理方法可以避免产生税上税,因为 CRM 买方支付的是完全无税价款。但从国家财政收入的角度来看,这种转变对国家的税收收入将产生一定的挑战。

(3)采取特殊的征税方法。考虑到 CRM 价格组成的多样化,可以通过适用较低的税率进行一定程度的弥补。为保持增值税抵扣链条的完整性,可以允许 CRM 卖方抵扣进项税额,并向买方开具增值税专用发票。

根据国际上针对CDS在流转税方面的通行做法,大部分国家对CDS及金融衍生产品征收增值税,但一般采取免税或零税率的优惠政策。虽然在中国CRM刚刚起步,但从参照国际通行做法和支持CRM快速发展的长远角度出发,中国也可以对CRM采取免征或零税率征收流转税的优惠政策,既包括CRM卖方从买方收取的定期费用,也包括信用风险发生后,CRM买方从卖方处获得的补偿。

(二) CRM的所得税处理问题

1. 中国企业所得税相关政策

对金融衍生产品发生的损失,按照所得税税法规定可以税前扣除,国家税务总局关于发布《企业资产损失所得税税前扣除管理办法》的公告(国家税务总局公告2011年第25号)中第二章"申报管理"第九条第五项规定,企业按照市场公平交易原则,通过各种交易场所、市场等买卖债券、股票、期货、基金以及金融衍生产品等发生的损失,应以清单申报的方式向税务机关申报扣除。

由于CRM实质上是一种债券保险行为,因此可以参照国内对保险行业相关所得税税前扣除的标准执行,如《关于保险公司准备金支出企业所得税税前扣除有关政策问题的通知》(财税[2012]45号)中规定了保险公司所得税税前的扣除标准,其中,规定保险公司按规定提取的未到期责任准备金、寿险责任准备金、长期健康险责任准备金、未决赔款准备金,准予在税前扣除;保险公司实际发生的各种保险赔款、给付,应首先冲抵按规定提取的准备金,不足冲抵部分,准予在当年税前扣除。

2. 关于CRM所得税处理的政策建议

CRM的所得税处理,无论是参照期权还是互换的所得税处理方法,均存在缺点和不足。根据CRM的特点,我们建议采取期权征税制度处理CDS有关征税问题。具体来说,保费收入只有待期权到期后或某信用事件发生后(譬如期权行使当日)才能被记为已实现收入(Realized Income)。因此,在此之前的溢价可能并不需要摊销;若需摊销,该收入也应当被记为卖方未实现收入(Unrealized Income)。以下列举了不同国家采用期权征税制度的进展:在经济合作与发展组织成员国中,除希腊、荷兰、新西兰和土耳其等4个国家外,澳大利亚、加拿大、丹麦、法国、爱尔兰、挪威、瑞典、英国和美国等9个国家制定了具体的规定,以决定期权的税收处理办法;澳大利亚和加拿大规定按照一般税收原则对期权征税,加拿大还规定了同时参照会计原则征税;没有具体规定的国家,如芬兰、瑞士等国是根据会计原则处理的。在决定对期权的税收处理时,大多数国家是采取以下两种办法中的一种作为起点:一种是把期权税收建立在将期权看作是一种独立的金融工具的基础上,另一种是把期权税收建立在与期权股票税收相联系的基础上。两种办法在期权收益和应税性、可扣除性上的处理结果不完全相同,尤其是在什么时候征税方面,两种办法往往会导致不同的结果。

综上，CDS溢价和回报应在收益已实现的基础上分别对买方和卖方征税或减税，但无须按市盯市价值（Marked-to-market）或公允价值（Fair Value）进行调整。

（三）CRM的印花税处理问题

目前《中华人民共和国印花税暂行条例》中并未将金融衍生产品列入印花税应税的范围。此外，对于保险合同，目前亦仅有财产保险合同明确要按0.1%的税率缴纳印花税。

作为以债务为标的的CRM产品合同，不应被视为财产类保险合同，而更应被视同金融衍生产品合同。因此，CRM产品合同应该不属于印花税的应税范围。

第五节 CDS与银行资本管理

资本管理是商业银行最重要的工作，直接关系到商业银行的持续生存发展能力，涉及商业银行的内部风险是否会危及客户储蓄，甚至蔓延成为系统性风险。因此，资本管理也受到监管机构的高度重视。作为国际商业银行监管的最普遍准则，《巴塞尔资协议Ⅱ》也主要关注资本管理，其中，资本充足率及核心资本充足率成为监管者及投资者最关注的指标，这也从另一个角度说明了资本管理的重要性。随着《商业银行资本管理办法》在中国的施行，资本管理已成为各银行的管理重点。

一、权重法与内部评级法

2013年1月1日，中国银行业监督管理委员会正式颁布《商业银行资本管理办法》。该管理办法体现了巴塞尔委员会的最新监管精神，构建了以最低资本要求、外部监管和市场约束三大支柱为核心的风险管理体系，使中国境内商业银行的资本管理要求和风险资产计量方式更加严谨、规范和专业，并和国际标准基本对接。

《商业银行资本管理办法》中，信用风险、市场风险、操作风险的资本占用构成了商业银行资本管理的第一支柱。对中国绝大部分商业银行来说，信用风险对资本的占用最为突出，是风险资本的主要组成部分。

相对于市场风险，信用风险对资本的占用比例更高、周期更长，同时，贷款类资产以及投资类债券的流动性不佳，商业银行迫切需要市场工具来实现对信用风险的动态管理，而CDS完全是针对剥离信用风险而设计的产品，最主要目的是用于信用风险管理，是非常理想的信用风险缓释工具。

《商业银行资本管理办法》对信用风险的计量分为权重法和内部评级法。权重法即《巴塞尔协议Ⅱ》中的标准法，但根据中国的实际情况对其进行了一定调整，例如赋予中小企业75%的风险权重。《商业银行资本管理办法》的内部评级法与《巴塞尔协议Ⅱ》的要求基本一致。

《商业银行资本管理办法》附件2和附件6分别针对权重法和内部评级法下的信用风险缓释工具[①]的认定提出了具体要求,上述认定要求基本承袭了《巴塞尔协议Ⅱ》的相关条款,但也有细微差别。在权重法下,信用风险缓释工具包括质物和保证,其中保证的主体为一定评级以上的主权(政府)、银行类金融机构、国际多边类金融机构等。需要特别指出的是,在《巴塞尔协议Ⅱ》下,CDS等信用衍生工具在标准法下可以用作合格信用风险缓释工具,但在《商业银行资本管理法》下,CDS等信用衍生工具在权重法下不能作为合格信用风险缓释工具。在内部评级法下,信用风险缓释工具包括抵质押品、净额结算、保证和信用衍生工具。其中,保证的主体新增了一般金融机构(券商、保险、基金、信托等)、一般工商企业和非法人主体等,信用衍生工具包括CDS和TRS。

目前,中国大部分银行类金融机构依然采用权重法计量风险资产。2014年,工商银行、农业银行、中国银行、建设银行、交通银行和招商银行获批采用初级内部评级法进行风险资产管理。上述银行通过信用衍生工具进行信用风险缓释具备初步的合规性基础。

风险加权资产计量方法的比较如表5-10所示。

表5-10 风险加权资产计量方法的比较

	权重法	内部评级法	
方法内涵	根据风险暴露的特点,将风险资产划分到监管当局规定的积累档次上,每一类对应一个监管给定的固定风险权重(例如国债为0%,3个月以内同业借款为20%,一般工商企业为100%,中小企业为75%等)	银行可以构建自己的内部评级体系计量风险资产。初级法和高级法下都可自行评估各类风险的PD,而对LGD等风险因子的规定则有所区别	
		初级法:银行只能采用监管给定的LGD值(非零售主体无抵押品高级债权和次级债权LGD分别为45%和75%)	高级法:允许银行在满足监管给定的最低标准条件下,自行评估LGD
对信用风险缓释工具的认定	质物、保证	抵质押品、净额结算、保证和信用衍生工具	
对信用风险缓释的计算	按合格质物和合格保证主体对应的风险权重进行计算	不直接调整风险权重,而是调整PD、LGD或EAD	

资料来源:《商业银行资本管理办法》。

[①] 此处信用风险缓释工具指《商业银行资本管理办法》中定义的具有信用风险抵补作用的工具(权重法下包括质物和保证;内部评级法包括抵质押品、净额结算、保证和信用衍生工具),而非交易商协会推出的CRM。

为了更好地理解初级内部评级法的内涵,在此我们用一个案例来展示风险资产的计量效果:

> **示例**
>
> 2015年1月1日,某银行贷款给某公司(穆迪评级Baa)的账面贷款金额为人民币2亿元,期限为3年,现剩余2.5年。银行根据《商业银行资本管理办法》采用映射外部数据法,取2006—2015年穆迪评级Baa公司的年平均违约率均值0.27%,作为该公司未来一年的违约率,最低资本充足率要求为8%,在初级内部评级法下,给定的非零售主体无抵押品的高级债权的违约损失率为45%。
>
> 《商业银行资本管理办法》附件3沿用了《巴塞尔协议Ⅱ》在内部评级法下的信用风险加权资产的计量规则,对于非零售的风险暴露,资本要求系数K的计量公式如下:
>
> $$K = \left[\text{LGD} \times N\left(\sqrt{\frac{1}{1-R}} \times G(\text{PD}) + \sqrt{\frac{R}{1-R}} \times G(0.999)\right) - \text{PD} \times \text{LGD} \right] \times \left\{ \frac{1}{1-1.5 \times b} \times [1 + (M-2.5) \times b] \right\} \quad (5-5)$$
>
> 其中,R是信用风险暴露的相关性,对于主权和一般公司而言,R的计算公式如下:
>
> $$R = 0.12 \times \frac{1 - \frac{1}{e^{(50 \times \text{PD})}}}{1 - \frac{1}{e^{50}}} + 0.24 \times \left[1 - \frac{1 - \frac{1}{e^{(50 \times \text{PD})}}}{1 - \frac{1}{e^{50}}} \right] \quad (5-6)$$
>
> b是期限调整因子:
>
> $$b = [0.11852 - 0.05478 \times \ln(\text{PD})]^2 \quad (5-7)$$
>
> 初级内部评级法下资本要求的计算过程如图5-8所示。

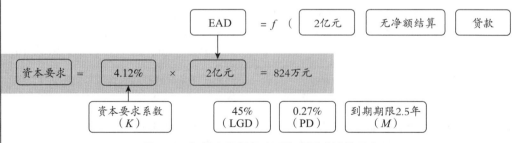

图5-8 初级内部评级法下资本要求计算示意

资料来源:《商业银行资本管理办法》;国泰君安证券整理。

> 在初级内部评级法下,根据以上公式可计算得到风险暴露相关性R为0.2248,期限调整因子b为0.1958,资本要求系数K为4.12%,资本要求为824万元;而权重法下,相应的资本要求为1 600万元(100%×2亿元×8%)。

二、合格信用衍生工具的认定

在初级内部评级法下,CDS 等信用衍生工具通过调整 PD 来进行信用风险缓释,以起到资本节约的作用。《商业银行资本管理办法》附件 6 第四条第(三)款规定了合格信用衍生工具的认定条件,其中最重要的是信用事件的认定范围以及基础债项①与参照债项②错配的可接受条件。

关于信用事件的认定范围,《商业银行资本管理办法》规定:"合格信用衍生工具合约中认定的信用事件至少应包括:未按期支付、破产及类似事件、债项重组。"当债项重组不作为信用事件时,风险缓释效果至多只能覆盖基础债项的 60%。本次交易商协会发布的《术语与规则》对信用事件的定义完全符合《商业银行资本管理办法》对合格信用衍生工具的认定条件。

关于基础债项与参照债项错配,《商业银行资本管理办法》规定:"信用衍生工具基础债项与用于确定信用事件的参照债项之间的错配在以下条件下是被接受的:参照债项在级别上与基础债项相似或比其等级更低,同时参照债项与基础债项的债务人相同,而且必须要有依法可强制执行的交叉违约或交叉加速还款条款。"该条款与《巴塞尔协议Ⅱ》第 191 款一致。信用风险缓释的路径选择如图 5-9 所示。

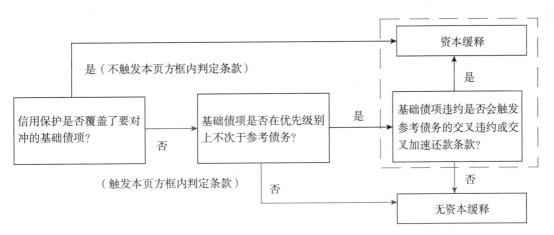

图 5-9 信用风险缓释的路径选择

注:"本页方框内"指图中虚线框内。

资料来源:张海云等,《信用风险缓释工具:产品改造与缓释失效》,《科学决策》,2014 年第 5 期。

根据以上条款,交易商协会于 2010 年推出的 CRMA 即使被纳入合格信用工具的行列,也会因为不符合基础债项与参照债项错配引发的判定条件而失去资本缓释的作用。

---

① 基础债项即标的债务,债务持有者购买信用衍生产品所覆盖的自身债务头寸。
② 参照债项即参考债务,CDS 合约中提及的用来确定保护范围和可交付债务的债务。

表 5-11、表 5-12 以一个案例说明了 CDS 与 CRMA 最本质的区别。

表 5-11 案例——某参考实体的债务情况

参考实体的所有债务	参考债务	基础债项
贷款 A(优先有担保) 贷款 B(优先有担保) 债券 C(优先无担保) 债券 D(优先无担保) 债券 E(次级)	债券 C(优先无担保,无交叉违约条款)	贷款 A(优先有担保)

资料来源:张海云等,《信用风险缓释工具:产品改造与缓释失效》,《科学决策》,2014 年第 5 期。

表 5-12 案例——CDS 和 CRMA 对比

	CDS	CRMA
债务种类	贷款或债务工具	—
债务特征	一般债务,次级债务	—
债务①	贷款 A(优先有担保) 贷款 B(优先有担保) 债券 C(优先无担保) 债券 D(优先无担保) 债券 E(次级)	债券 C(优先无担保)
可交付债务种类	贷款或债务工具	—
可交付债务特征	一般债务	—
可交付债务②	贷款 A(优先有担保) 贷款 B(优先有担保) 债券 C(优先无担保) 债券 D(优先无担保)	债券 C(优先无担保)
若贷款 A 违约,债券 C 未违约	买方有权要求信用保护偿付	买方无权要求信用保护偿付
能否缓释信用风险和资本	能够缓释信用风险和资本	不能缓释信用风险和资本

资料来源:张海云等,《信用风险缓释工具:产品改造与缓释失效》,《科学决策》,2014 年第 5 期。

在国际通行 CDS 中,债务包含一整类债务,信用保护范围也涵盖一整类债务。与之不同的是,CRMA 合约只能保护特定的一笔债务,因而参考债务、债务和可交付债务三种概念合而为一。如表 5-12 所示,CRMA 始终针对债券 C 提供保护,若贷款 A 违约,债券 C 未违约,则 CRMA 买方无权要求信用保护偿付,不能对其起到信用风险缓释和资本缓释的作用。因此,CRMA 不能真正覆盖参考实体的信用风险。

关于"参照债项必须有依法可强制执行的交叉违约或交叉加速还款条款"一条,为便

---

① 债务:符合触发信用事件要求的债务。
② 可交付债务:符合实物交割要求的债务。

于理解,我们以一个案例说明其必要性:假设某商业银行持有贷款 X,不持有债券 Y,但同时购买了参考债务为债券 Y 的信用衍生工具。一段时间后,贷款 X 违约,而债券 Y 未违约。此时,若债券 Y 附有交叉违约或交叉加速还款条款,则贷款 X 的违约将触发该条款,继而触发该信用衍生工具所规定的信用事件,该商业银行将获得赔付,并以此对冲贷款 X 的损失。若债券 Y 未附有交叉违约或交叉加速还款条款,则该商业银行无法就贷款 X 的违约获得赔付(如图 5-10 所示)。

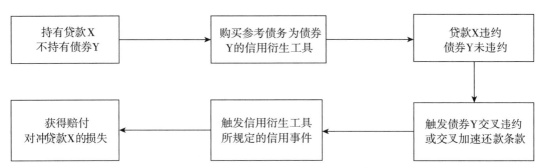

图 5-10　参考债务的交叉违约或交叉加速还款条款解读

资料来源:《商业银行资本管理办法》。

国际通行 CDS 合约的保护范围是参考实体下满足条件的债务族,一般不会触发债务错配的判定条款,并且国际市场上债券普遍含有交叉违约条款,也符合发生错配后的判定条件。目前,中国市场的情况是贷款大多具备较为明确的交叉违约及交叉加速到期条款,而债券相关条款暂时缺失。但近期交易商协会推出的《投资人保护条款范例》,明确了交叉保护条款在投资人保护制度中的地位,并对具体触发情形和违反约定责任作出了细化。此举对促进债券市场规范发展具有重大意义,也有望为银行间市场 CDS 发挥信用风险缓释功能扫清障碍。

但值得指出的是以下两点:一是《投资人保护条款范例》系交易商协会发布的标准条款,供发行人选择是否加入募集说明书,加入后方具有法律效力;商业银行贷款合同相应条款系借款人违反合同义务后即适用的强制性条款;二是范例中条款触发后债券并不立即到期,而是召开持有人大会给予投资者选择豁免的权利,如果投资者不同意豁免或者发行人未能完成豁免条件才到期;商业银行贷款合同则无此豁免程序。表 5-13 是《投资人保护条款范例》和典型的商业银行贷款合同相关条款的对比。

除《商业银行资本管理办法》附件 6 第四条第(三)款外,附件 6 第二条第(六)款也值得市场参与者关注:"信用风险缓释工具的期限比当期风险暴露的期限短时,商业银行应考虑期限错配的影响。存在期限错配时,若信用风险缓释工具的原始期限不足 1 年或剩余期限不足 3 个月,则不具有信用风险缓释作用。"

表 5-13 《投资人保护条款范例》和商业银行贷款合同相关条款的对比

	《投资人保护条款范例》	商业银行贷款合同
交叉保护	【触发情形】发行人及其子公司未能清偿到期债务,或未能清偿金融机构贷款金额超过特定数额	【违约情形】借款人未按约定按时足额偿还贷款本息,或借款人未能履行其他协议项下的任何其他债务导致对协议项下义务产生影响的,构成违约事件
	【处置程序】发行人书面通知主承销商;主承销商书面通知全体持有人	
	【救济与豁免】主承销商在约定时间内召开债务融资工具持有人会议,由发行人作出解释或提供救济方案,债务融资工具持有人进行表决	
	【宽限期】不得超过 10 个工作日;若发行人在该约定的期限内恢复原状,则不构成发行人在本期债务融资工具项下的违反约定;可选择宽限期内是否需要支付罚息	
事先约束	【触发情形】发行人的财务指标未满足约定要求	【约束情形】借款人的财务指标突破约定标准,或股权结构、生产经营、对外投资等发生重大不利变化,已经或可能影响到其在本合同项下义务的履行的情形;发生重大财务亏损、资产损失或其他财务危机;信用状况下降、主营业务盈利能力减弱等
	【处置程序】发行人 2 个工作日内公告,并书面通知主承销商;主承销商书面通知全体持有人	
	【救济与豁免】主承销商在约定时间内召开债务融资工具持有人会议,由发行人作出解释或提供救济方案,债务融资工具持有人进行表决	
	【宽限期】若发行人在该约定的期限内恢复原状,则不构成发行人在本期债务融资工具项下的违反约定;可选择宽限期内是否需要支付罚息	
控制权变更	【触发情形】发行人的控股股东、实际控制人、董事长、总经理或一定比例以上股东发生变动;控制权变更导致信用评级下调或信用评级展望由稳定调为负面	【触发情形】借款人股权结构发生重大不利变化;借款人主要投资者个人、关键管理人员异常变动、失踪或被司法机关依法调查或限制人身自由;借款人的法定代表人、董事或重要高层管理人员发生人事变动
	【处置程序】发行人 2 个工作日内披露控制权变更的起因、现状和可能影响,并持续披露相关事项,由投资者选择是否行使回售选择权;主承销商应协助发行人进行债券回售登记	

资料来源:国泰君安证券整理。

三、CDS 符合银监会《商业银行资本管理办法》的要求

《商业银行资本管理办法》明确将 CDS 列入合格信用衍生工具的行列,并对合格信用衍生工具的资本缓释办法进行了详细规定。此外,《商业银行资本管理办法》在附件 6 第一条第二款规定了具有信用风险缓释功能的工具需要满足的五项基本原则,这对判断一个产品是否从总体上满足《商业银行资本管理办法》原则具有重要意义。因此,我们特

针对《商业银行资本管理办法》提出的五大原则,对 CDS 的总体适用性进行了讨论。具体分析如下:

(一)合法性原则

《商业银行资本管理办法》要求:"信用风险缓释工具应符合国家法律规定,确保可实施。"因此,只有满足合法性要求的信用保护措施,经监管部门认可为合格的信用风险缓释工具,才能够为商业银行提供信用保护。将合法性放在首位,强调了商业银行无论采取何种信用风险缓释工具,都必须在法律明确的范围内,确保在债务人违约、无力偿还或破产时,能够采取一切必要的程序和措施向信用保护提供方进行追偿。

CDS 业务的基本运行规则《银行间市场信用风险缓释工具试点业务规则》(以下简称《业务规则》)和《信用违约互换业务指引》(以下简称《CDS 业务指引》)是包括法律专家在内的市场成员集体智慧的结晶,并经主管部门中国人民银行备案通过。CDS 的交易双方在平等、自愿的基础上达成并签署交易合同,根据《中华人民共和国合同法》,履行各自的权利和义务。与此同时,交易双方还在平等、自愿的基础上签署了《NAFMII 主协议》及其补充协议。因此,根据上述规定达成的 CDS 业务符合合法性的要求。

(二)有效性原则

《商业银行资本管理办法》要求:"信用风险缓释工具应手续完备,确有代偿能力并易于实现。"因此,商业银行采取信用衍生工具进行信用风险缓释监管资本时,应当确保自身管理的规范性和有效性。商业银行应当确保信用保护提供方具备代偿能力。如果商业银行不能够为信用风险缓释建立规范的内部管理,疏于对交易对手的代偿能力检查,则有可能在债务人违约时无法借助信用风险缓释工具达到获取信用保护的效果。那么也就无法达到监管机构对有效性的要求。

交易商协会在《业务规则》中,对信用风险缓释工具试点业务参与者的内部控制度和操作流程都提出了明确要求。交易商协会金融衍生品专业委员会不仅要对申请成为核心交易商的金融机构进行评审,还将根据市场需要适时建立核心交易商的市场化评价机制,以确保市场交易行为的有效性,维护银行间市场正常的交易秩序。对参与 CDS 业务的金融机构的自律要求充分体现了《商业银行资本管理办法》中的有效性原则。

(三)审慎性原则

《商业银行资本管理办法》要求:"商业银行应考虑使用信用风险缓释工具可能带来的风险因素,保守估计信用风险缓释作用。"商业银行的资本用于抵御非预期损失,因而应该审慎处理信用风险缓释工具对监管资本要求的抵减作用。商业银行在使用信用风险缓释工具时,对集团内部或与关联公司之间相互提供信用保护的情况应从严掌握,对无法有效抵减所持有信用风险的情况应保守处理。

《业务规则》第三十一条规定:"参与者不得开展以其自身债务为标的债务或以自身为参考实体的信用风险缓释工具业务,开展以关联方债务为标的债务或关联方为参考实体的信用风险缓释工具业务应予以披露,并在信用风险缓释工具存续期按季度向交易商协会报告。"同时,第三十二条规定:"任何一家核心交易商的信用风险缓释工具净卖出总余额不得超过其净资产的500%。任何一家一般交易商的信用风险缓释工具净卖出总余额不得超过其相关产品规模或净资产的100%。"因此,从《业务规则》的自律规则来看,对CDS业务参与者的审慎性要求也达成了一定的共识,设定了最起码的审慎性原则。因此,CDS业务符合审慎性的要求。

(四) 一致性原则

《商业银行资本管理办法》要求:"如果商业银行采用自行估计的信用风险缓释折扣系数,应对满足使用该折扣系数的所有信用风险缓释工具都使用此折扣系数。"商业银行无论是在银行内部还是在集团内部都有可能碰到对同一标的债务运用多个信用风险缓释工具进行信用保护的情况。商业银行根据一致性原则,应当采取《商业银行资本管理办法》所要求的方法计量信用风险缓释工具对监管资本要求的抵减作用。对于商业银行自行估计信用风险缓释工具折扣系数的,应当将该系数适用于该类信用风险缓释工具,避免不一致性,保持相对的连续性。一致性原则有助于防止商业银行随意挑选处理方法导致的监管资本套利,同时统一了不同商业银行的处理方法,增强了监管资本计量结果的可比性。

《商业银行资本管理办法》将缓释效应折扣系数的一致性原则贯彻于商业银行所适用的所有监管指引要求中。国内商业银行也严格按照监管要求进行监管资本的计量,对于CDS的使用,仍然适用于此一致性原则。因此,CDS业务在商业银行中的开展完全可以达到银监会对一致性原则的基本要求。

(五) 独立性原则

《商业银行资本管理办法》要求:"信用风险缓释工具与债务人风险之间不应具有实质的正相关性。"独立性原则与有效性原则是密不可分的。信用风险缓释工具的参与者(无论是信用保护的购买方还是提供方)如果与债务人有着实质的正相关性,则所提供的信用保护就不应视为合格的信用风险缓释工具,也就失去了其应当具备的有效性。

《业务规则》第三十一条规定:"参与者不得开展以其自身债务为标的债务或以自身为参考实体的信用风险缓释工具业务,开展以关联方债务为标的债务或关联方为参考实体的信用风险缓释工具业务应予以披露,并在信用风险缓释工具存续期按季度向交易商协会报告。"因此,CDS 业务参与者应当遵循《业务规则》的自律规范,不得开展也不得接受与债务人相关的信用保护。可以说,该规定比《商业银行资本管理办法》的要求更为严格,商业银行按照《业务规则》开展交易必然符合《商业银行资本管理办法》所要求的独立性原则。

根据以上分析,从五大基本原则上来看,商业银行按照《业务规则》进行 CDS 交易能够满足《商业银行资本管理办法》关于合格信用风险缓释工具的总体原则。

四、CDS 在不同账户下的风险资本计量规则

CDS 在不同账户下的风险计量规则对比如表 5-14 所示。

表 5-14　CDS 在不同账户下的风险计量规则对比

账户及风险计提		《巴塞尔协议》	《商业银行资本管理办法》(中国)	《银行业金融机构衍生产品交易业务管理暂行办法》(中国)
银行账户	不同账户的计量要求	根据《巴塞尔协议Ⅱ》下的"1.风险暴露类别":215.按照 IRB 法的要求,银行必须根据下面的定义将银行账户分为具有不同潜在风险特征的广泛资产类别。资产类别包括(a)公司,(b)主权,(c)银行,(d)零售,(e)股权。在公司资产大类中,专业贷款的五个子类需被单独识别…… 4.A.1 如果购买的第三方保护在计量资本时被认定为银行账户风险暴露的对冲工具,则在计量资本需求时,不管其是银行内部交易账户中的信用衍生品,或是从外部购买的对冲工具,都不得包括在交易账户中。	无规定	第四条:套期保值类衍生产品交易。即银行业金融机构主动发起,为规避自有资产、负债的信用风险、市场风险或流动性风险而进行的衍生产品交易。此类交易需符合套期会计规定,并划入银行账户管理。

（续表）

账户及风险计提		《巴塞尔协议》	《商业银行资本管理办法》（中国）	《银行业金融机构衍生产品交易业务管理暂行办法》（中国）
	不同风险的计量要求：			
银行账户	市场风险	根据《巴塞尔协议Ⅱ》下的"A.风险计量框架"：683(i).市场风险被定义为因为市场价格波动导致的表内和表外的损失风险。需要计量该风险的为：(1)与交易账户中工具的利率及股票相关的风险；(2)银行中所有的外汇风险及大宗商品风险。	第八十二条：市场风险资本计量应覆盖……全部汇率风险和商品风险。	无规定
	信用风险	根据《巴塞尔协议Ⅱ》下的"(ii)通常的标记"：111.在第二部分中设定的框架适用于标准法下的银行账户暴露，对于内部评级法的信用风险缓释工具处理办法见第三部分。 根据《巴塞尔协议Ⅱ》附录四： 在本附录确定的三种方法下，当银行通过购买信用衍生品来保护一个银行账户风险暴露或一个交易对手信用风险暴露时，它应该根据有关认可信用衍生品的资本减免标准和一般规则（即恰当的替代法或双重违约规则），对这些已对冲的信用风险暴露确定资本要求。当这些规则适用时，此类工具的交易对手信用风险的风险暴露总额或违约风险暴露为0。	第五十一条：权重法下信用风险加权资产为银行账户表内资产信用风险加权资产与表外项目信用风险加权资产之和。 附件8：商业银行为对冲银行账户信用风险或交易对手信用风险而购买的信用衍生工具，若在计量资本要求时考虑了该信用衍生工具的风险缓释作用，则在计算交易对手信用风险加权资产时该信用衍生工具的风险暴露为0。 附件8：若商业银行将销售的信用违约互换放在银行账户，并且将其当作保证来计算信用风险加权资产，计算交易对手违约风险加权资产时该信用违约互换的违约风险暴露为0。	无规定

(续表)

账户及风险计提		《巴塞尔协议》	《商业银行资本管理办法》(中国)	《银行业金融机构衍生产品交易业务管理暂行办法》(中国)
银行账户	交易对手信用风险	根据《巴塞尔协议Ⅱ》：任何在本框架中出现的对信用和交易对手风险的资本要求，包括交易账户和银行账户中的场外交易和证券融资交易中的交易对手信用风险，需要满足在49(i)至49(xii)设定的资本基础中已存在的定义。705.对于银行账户中像回购这样的交易而言，交易对手资本计算将会使用147至181(i)和附录四的办法。	附件8：商业银行应计算银行账户和交易账户中交易对手信用风险暴露的风险加权资产，包括：1.场外衍生工具交易形成的交易对手信用风险；…… 附件8：商业银行为对冲银行账户信用风险或交易对手信用风险而购买的信用衍生工具，若在计量资本要求时考虑了该信用衍生工具的风险缓释作用，则在计算交易对手信用风险加权资产时该信用衍生工具的风险暴露为0。 附件8：若商业银行将销售的信用违约互换放在银行账户，并且将其当作保证来计算信用风险加权资产，计算交易对手违约风险加权资产时该信用违约互换的违约风险暴露为0。	无规定
交易账户	不同账户的计量要求	根据《巴塞尔协议Ⅱ》：685.交易账户包括为交易目的或对冲交易账户其他项目的风险而持有的金融工具和商品的头寸。这些金融工具必须在交易方面不包含任何限制性条款，或者是能够完全规避风险，才能符合进入交易账户计算资本的条件。此外，银行对这些头寸应经常进行准确评估，应积极管理投资组合。	第八十三条：交易账户包括为交易目的或对冲交易账户其他项目的风险而持有的金融工具和商品头寸。前款所称为交易目的而持有的头寸是指短期内有目的地持有以便出售，或从实际或预期的短期价格波动中获利，或锁定套利的头寸，包括自营业务、做市业务和为执行客户买卖委托的代客业务而持有的头寸。	第4条：非套期保值类衍生产品交易。即除套期保值类以外的衍生产品交易。包括由客户发起，银行业金融机构为满足客户需求提供的代客交易和银行业金融机构为对冲前述交易相关风险而进行的交易；银行业金融机构为承担做市义务持续提供市场买、卖双边价格，并按其报价与其他市场参与者进行的做市交易；以及银行业金融机构主动发起，运用自有资金，根据对市场走势的判断，以获利为目的进行的自营交易。此类交易划入交易账户管理。

（续表）

账户及风险计提			《巴塞尔协议》	《商业银行资本管理办法》（中国）	《银行业金融机构衍生产品交易业务管理暂行办法》（中国）
银行账户	不同风险的计量要求：				
	市场风险		根据《巴塞尔协议Ⅱ》下的："A.风险计量框架"：683(i).市场风险被定义为因为市场价格波动导致的表内和表外的损失风险。需要计量该风险的为：(1)与交易账户中工具利率及股票相关的风险；(2)银行中所有的外汇风险及大宗商品风险。	第八十二条：市场风险资本计量应覆盖商业银行交易账户中的利率风险和股票风险，以及全部汇率风险和商品风险。	第三十五条：银行业金融机构从事非套期保值类衍生产品交易，应当计提此类衍生产品交易敞口的市场风险资本，市场风险资本计算方法按照《商业银行资本充足率管理办法》和《商业银行市场风险资本计量内部模型法监管指引》的相关规定执行。第三十六条：银行业金融机构从事非套期保值类衍生产品交易，其标准法下市场风险资本不得超过银行业金融机构核心资本的3%。
	信用风险		无规定	无规定	无规定
	交易对手信用风险		根据《巴塞尔协议Ⅱ》下的"4.交易账户中的交易对手信用风险计量"：702.银行将被要求计算场外衍生品交易、回购交易及其他记录在交易账户中的交易的交易对手信用风险，此风险的计量独立于一般市场风险和特定风险。	附件8：商业银行应计算银行账户和交易账户中未结算的证券、商品和外汇交易对手信用风险暴露的风险加权资产，包括：1.场外衍生工具交易形成的交易对手信用风险；……	无规定

资料来源：根据《巴塞尔协议Ⅱ》《商业银行资本管理办法》《银行业金融机构衍生产品交易业务管理办法》整理。

（一）银行账户中的CDS及其风险计量

根据《巴塞尔协议Ⅱ》中关于"风险暴露类别"的相关规定，当CDS被认定为银行账户风险暴露的对冲工具，则在计量资本需求时，不管其是银行内部交易账户中的信用衍生产品，或是从外部购买的对冲工具，都不得包括在交易账户中。即当商业银行持有的CDS作为对冲银行账户的风险暴露时，不得被归入交易账户，因此必须被归为银行账户。根据《巴塞尔协议Ⅱ》附录四，以信用风险缓释为目的的CDS，其资本要求在使用替代法时已计量，无须计量信用风险、市场风险和交易对手信用风险。而银行账户中的CDS没有汇率和商品风险属性，所以无须计提市场风险。因此，以银行账户风险对冲为目的的CDS应归入银行账户，且无须计量信用风险、市场风险和交易对手信用风险。

根据《商业银行资本管理办法》的规定，以交易为目的或对冲交易账户其他项目风险的CDS应被归入交易账户。《商业银行资本管理办法》虽然未明确规定银行账户中应归入的金融工具和商品的种类，但根据其第八十三条关于"交易账户"的定义，以风险缓释而非交易为目的的CDS理论上应被归入银行账户。银行账户需要计提信用风险、市场风险（针对利率和商品风险）和交易对手信用风险。而根据《商业银行资本管理办法》的附件8，无论是购买还是出售以风险缓释为目的的CDS，其违约风险暴露均为0，并且银行账户中的CDS无利率和商品风险属性，无须计提市场风险。因此，以信用风险缓释为目的的CDS交易理论上应被归入银行账户，无须计量市场风险、信用风险和交易对手信用风险。照此理解，则《商业银行资本管理办法》与《巴塞尔协议Ⅱ》针对银行账户中CDS的计量要求基本一致。根据《银行业金融机构衍生产品交易业务管理暂行办法》，套期保值类衍生产品交易应被划入银行账户进行管理。

因此，综合来看，根据中国现行的管理规定，符合套期会计规定、以套期保值为目的的CDS理论上应被归入银行账户，并且无须计量信用风险、市场风险和交易对手信用风险。

（二）交易账户中的CDS及其风险计量

根据《巴塞尔协议Ⅱ》，交易账户中的CDS交易需计提市场风险和交易对手信用风险。商业银行所持有的具有交易目的或规避交易账户其他项目风险的CDS应被归入交易账户，交易账户中的CDS需要计量的风险种类为市场风险和交易对手信用风险。

根据2012年银监会发布的《商业银行资本管理办法》及其附件，以交易为目的或对冲交易账户其他项目风险而持有的金融工具以及商品头寸应被归入交易账户，交易账户需要计提所有的市场风险，交易账户中未结算的证券、商品和外汇交易（包括场外衍生工具交易）应计提交易对手信用风险。再者，根据中国银监会出台的《银行业金融机构衍生产品交易业务管理暂行办法》，非套期保值类衍生产品交易应被归入交易账户进行管理。并且应当按照相关监管办法的规定，计算非套期保值类衍生产品交易的市场风险资本。

因此，综合来看，根据中国现行的管理规定，具有交易性质的 CDS 理论上应被归入交易账户，且需计量市场风险和交易对手信用风险。可见，《商业银行资本管理办法》及《银行业金融机构衍生产品交易业务管理暂行办法》中关于交易账户中 CDS 的风险计量规则与《巴塞尔协议 II》基本相一致。

《商业银行资本管理办法》还提出，通过将信用衍生产品转换为相关信用参考实体的本金头寸，并使用其当前市值，可以计算利率风险的市场风险资本要求。场外衍生工具的交易对手信用风险计量包括交易对手违约风险和信用估值调整风险（CVA）两部分。

关于 CDS 市场风险的计量，《巴塞尔协议 III》中针对市场风险资本计量的标准法，认为最低资本要求由"特定市场风险"和"一般市场风险"两个相互独立计算的部分组成：特定市场风险的资本要求是"用于保护由于与单个发行人相关的因素所导致的该发行人的证券的价格不利波动的风险"，一般市场风险的资本要求是"用于覆盖市场利率变化所导致的损失风险"。《商业银行资本管理办法》中不仅说明了 CDS 的市场风险计量需要同时考虑"特定市场风险"和"一般市场风险"，还明确指出了两种情况下 CDS 的具体转换规则（如表 5-15 所示）。根据该规则，商业银行可以将不同情况下持有的 CDS 转换为对应的债券或互换以进一步计算市场风险。

表 5-15 交易账户信用衍生产品转换规则

		多头/信用保护卖方	空头/信用保护买方
信用违约互换	一般市场风险	若有任何费用或利息的支付，则视为持有无特定市场风险债券多头	若有任何费用或利息的支付，则视为卖出无特定市场风险债券空头
	特定市场风险	视为持有信用参考实体多头，若为合格证券的情况，则视为持有互换风险暴露	视为持有信用参考实体空头，若为合格证券的情况，则视为卖出互换空头

资料来源：《商业银行资本管理办法》。

五、如何运用 CDS 缓释银行信用风险的资本占用

在得到银监会认可的前提下，CDS 对商业银行信用风险资本占用的缓释作用非常明显，使用也比较简便，下面我们通过一个例子来说明。

CDS 可以有效地提升商业银行资产负债表和资本金的管理效率。不同违约率对应的资本要求系数如表 5-16 所示。

> **示例**
>
> 假设某银行贷款给某公司(穆迪评级 B),剩余期限为 2.5 年,无合格抵质押品,违约率近似取 2006—2015 年 B 级债券的年违约率均值 1.68%。根据《商业银行资本管理办法》附件 6 第四条第(五)款的规定,采用初级内部评级法的商业银行,对信用衍生工具覆盖的风险暴露部分采用替代法计量 PD,该银行可购买某金融机构发行的以该公司为参考实体的 CDS,使用替代法将该公司的违约率(1.68%)替换为该金融机构的违约率(0.27%)(该金融机构的穆迪评级为 Baa,违约率近似取 2006—2015 年,即过去 10 年 Baa 级债券的年平均违约率均值),将一般公司信用风险暴露的相关性替换为金融机构信用风险暴露的相关性,使资本要求从 8.74% 降低到 5.48%,即节约 37% 的资本金。

表 5-16　不同违约率对应的资本要求系数　　　　　　　　　　　(单位:%)

评级	Aaa	—	Aa	A	—	Baa	—	Ba	—	—	B	—	—	Caa-C
PD	0.00	0.03	0.07	0.10	0.20	0.27	0.40	0.56	0.80	1.50	1.68	3.00	5.00	8.63	20.00
K	—	1.16	1.92	2.37	3.51	4.12	5.02	5.86	6.79	8.45	8.74	10.28	11.99	14.62	19.06
K_{FI}	—	1.57	2.61	3.21	4.70	5.48	6.60	7.64	8.75	10.62	10.94	12.56	14.37	17.18	21.64

注:K 为根据主权、一般公司信用风险暴露的相关性公式计算的资本要求系数;K_{FI} 为根据金融机构信用风险暴露的相关性公式计算的资本要求系数。

资料来源:国泰君安证券整理。

上述分析是基于商业银行采用初级内部评级法的结果。如果采用高级内部评级法,则商业银行可以采用债务人自身的违约率和银行内部估计的该 CDS 保护卖方的风险暴露的违约损失率,进一步获得风险缓释效果。

如果商业银行认为该公司的信用风险主要集中在贷款发生初期,则为了节省费用,可以只购买部分期限的 CDS,只要原始 CDS 期限超过 1 年,在剩余期限超过 3 个月的期间内,仍可获得风险缓释效果,其公式调整为:

$$Pa = P \times (t - 0.25) / (T - 0.25) \tag{5-8}$$

其中,Pa 为期限错配因素调整后的信用保护价值;P 为期限错配因素调整前经任何折扣调整后的信用保护价值;t 为信用保护的剩余期限与 T 之间的较小值,以年表示;T 为风险暴露的剩余期限与 5 之间的较小值,以年表示。值得提醒的是,CDS 作为市场化衍生工具,如果计入交易账户,还需占用市场风险资本,应按照市场风险管理模型计量。

第六节 机构参与信用风险缓释工具业务的需求与应用浅析

金融产品创新发展的基础在于实体经济和金融市场参与者的实际需求。对于某一金融产品市场而言,能否服务实体经济、满足市场参与者的客观需求,决定了该产品是否拥有持续发展的生命力。因而,信用衍生产品的诞生和发展是市场基于分散和管理风险的内生性需求而出现的,通过 CDS 等信用衍生产品,使得市场上有能力且愿意承担风险的参与者能够承担更多风险并获得可能的高收益,而其他市场参与者则能够实现分散风险和提升资产负债表使用效率的目的。在海外发达金融体系中,正是由于市场参与者种类丰富,需求多样化,信用衍生产品实现了在不同市场参与者之间合理配置风险的功能,最终起到了降低整体系统性风险、服务实体经济的作用。

在中国信用衍生产品发展的初期,商业银行是最主要的参与者。随着信用衍生产品应用的普及,参与主体将覆盖商业银行证券公司、保险公司、信用增进机构、公募基金、资管公司及其非法人产品、私募基金等。不同参与主体开展 CRM 的需求及应用浅析如下:

一、商业银行

从国际经验来看,商业银行是信用衍生产品市场中最活跃的交易者,在买卖双方市场中的份额都很大。信用衍生产品在 1994 年产生之后发展迅速,主要原因在于银行意识到可以利用 CDS 等信用衍生工具分散信用风险,提高资本金使用效率。与其他贷款的证券化、贷款出售不同,信用衍生产品在消除拖欠风险的同时保留了持有的资产而不必改变资产负债表,避免了因出售相应资产而破坏客户关系。可以说,信用衍生产品为商业银行提供了一种新的资产组合管理方式。商业银行可通过信用衍生产品来使其贷款组合实现最优化,从而实现跨地域、跨行业的贷款组合,避免信用风险的行业或区域过度集中,实现贷款组合分散化管理。中国绝大多数商业银行仍然将以客户为主导型的存贷业务作为主业,但在当前运营模式下,银行的贷款风险难以转移,只能是被动接受市场波动所带来的信贷资产的风险变动。对于重要客户的信用风险,银行可以通过信用衍生产品对其进行精准定位,在维持客户关系的同时,转移信贷风险,并通过在市场波动中调节客户的风险敞口的方式,达到最佳风险优化收益。

从中国市场来看,银行是债券市场最大的参与主体,拥有丰富的基础资产和市场经验;银行对参考实体具有较为全面的信息和历史信用,拥有准确定价信用衍生产品的基础,有条件成为信用衍生产品的卖方;出于自身风险管理和资本金约束等需要,也有买入信用衍生产品的需求。因此,银行有望成为中国信用衍生产品市场的主力机构。在发展初期,基于强大的客户信息和信用管理基础,银行或以卖出信用保护为主。未来,随着银监会陆续核准部分商业银行实施内部评级法,信用衍生产品对商业银行资本进行缓释的功能有望实质性落地,这将有助于促进银行业机构对信用衍生产品的买入。

二、证券公司

国际上,投资银行是信用衍生产品市场越来越重要的参与者。在中国,证券公司也有可能成为信用衍生产品市场的主要参与机构之一。随着中国宏观经济的短期波动及信用风险的出现,证券公司采用信用衍生产品进行风险管理,对巩固和加强服务实体经济的能力具有重要的意义和价值。

随着自身资本实力及风险定价能力的增强,证券公司有望从信用衍生产品买方逐渐向卖方转变。在风险可控的前提下,对于信用资质较好或把握能力较强的参考实体,证券公司可以通过向商业银行等客户提供信用风险管理服务获取低风险收入。就证券公司的债券承销业务而言,发行信用衍生产品有助于提升债券发行效率,降低企业融资成本。由于债券承销商相较于一般的市场参与者更为了解发行人的经营情况等信息,若在发行债券的同时发行针对同一参考实体的信用衍生产品将有利于提升投资者信心,间接降低信息不对称带来的影响,在一定程度上提高债券发行效率,降低企业融资成本。若为做市商,则可以根据客户的需求来为客户提供信用衍生产品交易服务,从买卖中赚取中间差价。

三、保险公司

2012年12月20日,中国保监会发布了《保险资金参与金融衍生产品交易暂行管理办法》,明确提出在中国境内依法设立的保险集团(控股)公司、保险公司、保险资产管理公司可以参与包括远期、期货、期权及互换在内的境内金融衍生产品交易,同时要求保险机构参与衍生产品交易,仅限于对冲或规避风险,不得用于投机,具体包括"对冲或规避现有资产、负债或公司整体风险""对冲未来一个月内拟买入资产风险,或锁定其未来交易价格",这说明保险机构参与信用衍生产品交易,可以作为其持有资产的信用风险管理工具。特别是对于寿险公司来说,由于长期寿险保单具有储蓄的性质,因此持有债券类资产的规模较大,是中国债券市场中的一大机构投资者。因此,随着投资信用债体量日益增大,保险公司具有利用信用衍生产品来对冲债券投资信用风险的需求。

2015年12月,国家发改委下发了《关于简化企业债券审报程序加强风险防范和改革监管方式的意见》,其第十四条"探索发展债券信用保险"指出,"鼓励保险公司等机构发展债券违约保险,探索发展信用违约互换,转移和分散担保风险"。在美国,债券保险机构是单一业务的保险机构,人寿保险公司和财产保险公司不得参与金融担保保险业务。

然而,中国目前的债券履约保险则是财产保险公司业务的一种。国内一些财产保险公司已经开展了"履约保证保险"业务,即保险公司向履约保证保险的受益人(即债权人)承诺,如果被保险人(即债务人)不按照合同约定或法律规定履行还款义务,则由该保险公司按照保单约定承担赔偿责任的一种保险形式。例如,宜信为小额信贷集合信托计划投保,为信托计划项下借款人的还款违约风险提供保险保障服务。尽管保险公司在积累了一定的"履约保证保险服务"经验的基础上可深入探索信用衍生产品业务,以拓宽保险公司的营业收入,但是,不少保险公司对于信用衍生产品的创设还处于谨慎观望的阶段。未来,保险公司可能需要通过与持有标的资产的银行等金融机构合作,并且结合第三方评级机构对信用保险进行评级,来充分识别其所承保的标的资产的信用风险。

四、信用增进机构

信用增进机构服务的对象是直接融资的资本市场产品,主要目的是保护资本市场的投资者,而非传统的信用债券保护,其最终目标是加速投资者的投资行为、简化资本市场投资者的交易过程、提供风险管理。就美国市场的实践来看,它已经起到了降低市场交易成本的作用,为资本市场节约了大量的融资成本。

2009年9月21日,中债信用增进投资股份有限公司在北京成立,是中国首家专业债券信用增进机构。2016年9月28日,晋商信用增进投资股份有限公司在太原挂牌成立,成为中国第一家省级层面开展信用违约互换交易的企业。同日,中债信用增进投资股份有限公司与晋商信用增进投资股份有限公司合作推出了中国首单联合增信业务——同煤集团20亿元超短期融资券信用增进项目。这两家公司的信用增进业务基本趋同:一是基础类信用增进业务。通过多样化的信用增进手段和措施来降低债务融资工具的违约率、违约损失率,以降低投资人承担的违约风险和损失。二是集优信用增进业务。依托地方政府,遴选符合条件的各类企业(融资主体),提供信用增进服务,联合商业银行等机构为融资主体提供直接融资,从而降低区域集优直接债务融资工具投资人承担的违约风险和损失,降低区域违约率、违约损失率,促进区域优质企业融资渠道的拓宽。三是可选择信用增进合约。由投资者根据自身风险偏好,决定在投资时仅购买基础债券,或者购买基础债券的同时捆绑购买信用保护合约。对于捆绑购买信用保护合约的投资者,在票据到期时,如果发行人违约,将由信用增进机构对投资人进行损失补偿。可见,增信机构可通过信用风险缓释工具、信用增进、资产管理等业务支持当地企业开展融资,服务地方的供给侧结构性改革,促进当地直接融资市场的发展。

五、公募基金、资产管理公司及其非法人产品

目前,中国资产管理行业中的各类非法人产品已经积累了较大的信用债投资规模。作为这些产品的投资管理人,资管公司通过信用衍生产品可以主动地管理这些信用债投资的信用风险。所以，出于投资管理的避险需求，基金公司和资产管理公司也会是中国信用衍生产品的主要买方。未来，在严控风险的基础上，它们也可合理利用信用衍生产品的交易属性，提升自身收益。

六、私募基金

信用衍生产品的交易策略比债券的交易策略要丰富得多，交易主体可以通过买卖信用风险，交易信用利差和波动率来参与信用衍生产品市场。在金融危机前，美国信用衍生产品市场活跃的一大因素是，市场内很多对冲基金通过信用衍生产品和股票市场的股票进行资本结构套利，促进了信用衍生产品市场的飞跃发展，吸引了更多的投资者加入市场，同时也提高了市场的流动性。私募基金也是投资策略比较灵活的机构，它们利用信用衍生产品市场、债券市场和股票市场等不同交易市场对同一主体信用变化定价速度和标准判定的不同，发现一些市场存在定价不公允的套利机会，与此同时，也为市场提供了信用风险的公允定价。

七、现状总结

自CRM在中国诞生以来，存在交易主体过于单一的状况。据交易商协会公告显示，2016年10月31日，10家机构在银行间市场开展了15笔CDS交易，名义本金总计3亿元。而这10家参与首批CDS交易的机构以商业银行为主。一方面，这造成了风险仍聚积在银行体系内；另一方面，券商、保险等机构本身也持有大量的信用债，分散风险的需求也很强烈，但由于目前监管部门尚未明确放开保险、证券、基金类机构深入参与中国银行间市场，使得中国银行间市场内的参与信用衍生产品交易的机构类型不够丰富、机构数量有限，导致市场交易需求同质化，阻碍了市场流动性的提高，不利于信用风险在不同参与主体之间的有效配置。

国内学术界和实务界已经对如何发挥信用衍生产品的风险缓释功能进行了充分的讨论。然而，只有通过拓宽信用衍生产品市场参与主体，引入证券、保险、基金、非金融企业等不同类型的机构共同参与信用风险的市场化管理，才能够形成不同方向的交易需求，从而真正满足各市场主体差异化的信用风险管理需要；也只有通过大量的信用衍生产品交易实践，才能够在发展过程中逐步发现问题、解决问题，为更好地完善定价估值等相关配套机制奠定基础，最终实现信用衍生产品市场的规范和可持续发展。

● 本章小结

信用事件是指交易双方在相关交易有效约定中就一笔信用衍生产品交易约定的触发结算赔付的事件，包括但不限于破产、支付违约、债务加速到期、债务潜在加速到期、债务重组等事件。

信用衍生产品市场参与者应向交易商协会备案成为核心交易商或一般交易商。其中，核心交易商可与所有参与者进行信用风险缓释工具交易，一般交易商只能与核心交易商进行信用风险缓释工具交易。核心交易商包括金融机构、合格信用增进机构等。一般交易商包括非法人产品和其他非金融机构等。

国内市场为CDS定价仍以传统的信用衍生产品定价原理和各类模型为基础，主要思路包括等成本参考、信用利差、信用套利、基于评级确定违约率等。

根据《企业会计准则第22号——金融工具确认和计量》第九条的相关规定，CRM作为衍生金融工具，应当划分为交易性金融资产或负债。目前中国CRM可能涉及的税种主要包括增值税、企业所得税和印花税等。

《商业银行资本管理办法》对信用风险的计量分为权重法和内部评级法。在《商业银行资本管理法》下，CDS等信用衍生工具在权重法下不能作为合格信用风险缓释工具。在内部评级法下，信用风险缓释工具包括抵质押品、净额结算、保证和信用衍生工具，信用衍生工具包括CDS和TRS。在初级内部评级法下，CDS等信用衍生工具通过调整PD来进行信用风险缓释，以起到资本节约的作用。

由于目前监管部门尚未明确放开保险、证券、基金类机构深入参与中国银行间市场，使得中国银行间市场内的参与信用衍生产品交易的机构类型不够丰富、机构数量有限，导致市场交易需求同质化，阻碍了市场流动性的提高，不利于信用风险在不同参与主体之间的有效配置。

本章重要术语

信用事件	核心交易商	信用利差模型	零波动率息差
违约强度曲线	基差	权重法	内部评级法
风险加权资产	资本要求系数	交叉违约	

思考练习题

（一）选择题

1. 具备一定条件的核心交易商经（　　）备案认可，可成为凭证类信用风险缓释工具创设机构（简称"创设机构"）。

　　A. 专业委员会　　　　　　　　B. 交易商协会

　　C. 人民银行　　　　　　　　　D. 外汇交易中心

2. 参考国际信用衍生产品会计属性判定的准则和经验，中国CRM产品的会计属性可以根据产品持有人是否可以在债务人未能如期支付的情况下获得偿付进行划分。若债务人到期无法按约定支付债务,CRM 产品应划分为( )。

A. 交易性金融资产 B. 衍生金融工具

C. 保险合同 D. 财务担保合同

3. 信用衍生工具基础债项与用于确定信用事件的参照债项之间的错配在以下条件下是被接受的:参照债项在级别上与基础债项( ),同时参照债项与基础债项的债务人相同,而且必须要有依法可强制执行的交叉违约或交叉加速还款条款。

A. 相似 B. 比其等级更低

C. 相似或比其等级更低 D. 相似或比其等级更高

4. 采用高级内部评级法的商业银行,可以通过调整( )的估计值来反映信用衍生工具的信用风险缓释作用。

A. 违约率 B. 违约损失率

C. 违约率或违约损失率 D. 以上都不是

(二) 计算题

1. 2015 年 12 月 31 日,某银行贷款给某公司(穆迪评级 B)的账面贷款金额为人民币 2 亿元,期限为 3 年,现剩余期限 2.5 年,无合格抵质押品,违约率取 2006—2015 年 B 级公司的年违约率均值 1.68%(如下表所示)。同时,该银行购买了某金融机构(穆迪评级 Baa)发行的以该公司为参考实体的 CDS。已知该银行采用初级内部评级法,下表给出了不同违约率对应的资本要求系数。

不同违约率对应的资本要求系数　　　　　　　　　　　　单位(%)

评级	Aaa	Aa	A	Baa	Ba	B	Caa-C
PD	0.00	0.07	0.10	0.27	0.56	1.68	8.63
K	——	1.92	2.37	4.12	5.86	8.74	14.62
K_{F2}	——	2.61	3.21	5.48	7.64	10.94	17.18

(1) 若该银行认为能够采用完全替代的处理方法,则该银行能够缓释的风险资本是多少?

(2) 若该银行认为不能采用完全替代的处理方法(假设用 Ba 级替代),则该银行能够缓释的风险资本是多少?

⇨ 参考文献

[1] 王焕舟、黄帅、颜欢,"浅析 CDS 在中国市场的需求和应用——从商业银行监管和经营的角度",《货币市场和债券市场》,2016 年第 10 期,第 52—57 页。

[2] 张海云、左思斌、王博,"信用风险缓释工具:产品改造与缓释失效",《科学决策》,2014 年第 5 期,第 47—57 页。

第六章 中国信用衍生产品市场的问题与展望

本章知识与技能目标

- 了解2008年金融危机发生的机理,正确认识信用衍生产品的作用;
- 了解目前中国信用衍生产品市场发展存在的问题;
- 理解信用衍生产品对于促进完善金融市场信用风险价格发现机制、提高货币政策信用传导渠道下的传导效率的作用机理;
- 理解从宏观审慎角度推进信用衍生产品市场发展的必要性;
- 思考中国信用衍生产品发展的路径。

第一节 对信用衍生产品的认识存在误区

2008年金融危机后,在欧美监管当局和市场相关方面对信用衍生品市场进行重大改革和调整之际,如何全面、客观地看待信用衍生产品成为摆在我们面前的现实问题。应该说,金融危机并不改变信用衍生产品中性金融工具的本质属性,而发达市场国家针对场外衍生产品市场监管不足、投机过度的现象开出的药方,并不完全适用于中国的发展实际。与发达市场存在的监管不足、投机过度现象不同,中国面临的最大问题是发展不足,金融衍生产品创新与发展步伐难以满足实体经济的需求。因此,厘清误区、统一认识对于推动中国信用衍生产品的创新与发展具有十分重要的意义。

一、误区一:信用衍生产品是2008年金融危机爆发的罪魁祸首

有观点将2008年金融危机的根源归结于信用衍生产品泛滥,在被冠以"大规模杀伤性武器"的名称后,信用衍生产品就被贴上了罪恶的标签。然而,就像历次危机一样,本

轮金融危机的爆发绝不是任何单一产品所造成的,其根源在于宏观经济失衡和微观经济失控的综合作用。包括信用衍生产品在内的金融产品只是金融危机真正肇事者手中的工具,将金融危机简单归咎于信用衍生产品显然有失公允,也没有抓住问题的实质。

(一) 全球经济失衡是造成 2008 年金融危机的基本面因素

全球经济失衡具体表现为美国过度消费,并导致了美国的长期贸易逆差以及亚洲新兴国家、石油输出国家和某些欧洲国家的长期贸易顺差。美国通过大量的负债来满足其巨额消费之需,这种"赤字融资"的经济结构,在资产价格泡沫的帮助下吸收了日益攀升的债务,造成了一种美国经济和世界经济均衡增长的假象。然而,这种"均衡"建立在美国经济虚拟化和泡沫化的基础之上,其结果是美元的泛滥和泡沫的不断膨胀。当资产价格(包括房地产)的上涨最终无法支撑庞大的债务时,脆弱的均衡体系就被打破,迸发出了金融危机的巨大破坏力。

(二) 长期宽松的货币政策发生转向触发了危机

在 21 世纪初互联网泡沫破灭后,美联储连续降息,联邦基金利率由 6.5% 降到了 1%,导致实际利率不断下降,市场流动性过剩,在推动房地产、次级贷款以及相关衍生产品市场繁荣的同时,也为危机埋下了隐患。然而,随着美联储为了抑制通货膨胀而采取紧缩的货币政策,联邦基金利率不断上升。在 2004 年 6 月至 2006 年 8 月期间,美联储连续 17 次加息,联邦基金利率由 1% 升至 5.25%,从而大幅地提高了抵押贷款成本,最终刺破了房地产市场的泡沫,使美国房地产市场的繁荣开始出现逆转,次级贷款违约率大幅上升,继而导致以次级贷款为基础的 MBS 及 CDO 价格暴跌,成为 2008 年金融危机的导火索。

(三) 不断放松的金融监管加大了金融体系的脆弱性

20 世纪下半叶以来,金融自由化思潮引领了美国金融市场和金融监管的发展方向,不断放松的金融管制,在推动金融行业进入崭新发展阶段的同时,也使金融创新步伐远远快于监管步伐,部分产品呈现出滥用趋势。而且在多线多头的监管体制下,各监管机构之间权责界定不明,导致出现了监管真空地带,既不能及时发现风险所在,也无法采取有效措施阻止风险的蔓延和扩散。在 2008 年金融危机中,监管当局对形势的错误判断导致次贷危机在初期并没有引起足够的重视,没有尽到风险预警与提示的职能。

总之,2008 年金融危机爆发的原因十分复杂,除了上述宏观层面的因素,信用评级机构的失误、公允价值会计准则和基于历史数据和数量化模型的定价方式等微观层面的因素也起到了推波助澜的作用。

二、误区二：信用衍生产品是高风险的投机工具

有观点认为,信用衍生产品结构复杂,是高杠杆的投机工具,投资者大量使用会造成市场风险积聚。事实上,信用衍生产品只是一种中性金融工具,本身并不会造成风险,只要运用得当、监管有力、信息透明,就完全可以做到风险可知、可控,合理使用反而有利于降低市场的系统性风险。

(一) 信用衍生产品本质上是金融机构管理信用风险的中性金融工具

从定义角度出发,信用衍生产品的初衷就是协助投资者剥离信用风险,实现信用风险的转移、分散和重组。从法律角度出发,《巴塞尔协议Ⅱ》第一部分的信用风险标准法中,对信用衍生产品的性质定义为"银行的抵押、担保和信用衍生工具,总的来说,统称为信用风险缓释工具",这对信用衍生产品的风险缓释功能作出了明确的界定。从现实角度出发,信用衍生产品提供了市场化的信用风险定价和转移途径,使风险规避者能够通过支付一个可预期的成本而将信用风险转移给风险偏好者,后者通过承担信用风险获得了取得超额利润的机会,由此实现了风险本身与承担主体风险偏好之间匹配的帕累托改进,从而增进了社会福利。市场主体的多样性使得信用保护买卖双方可以发挥各自的比较优势,有利于分散并吸收金融体系可能面临的冲击。比如,商业银行凭借完备的基础设施和网络建设来提供贷款并对外卖出信用风险;对冲基金的参与有助于改善市场的流动性和价格发现机制;保险公司和养老基金长期持有信用风险并获得相应收益可以实现其资产负债匹配。实际上,近年来安然、世通等公司的破产案件之所以没有给单个银行甚至是一系列银行带来严重危机,在一定程度上归功于这些银行都不同程度地使用了信用衍生产品来转移其信用风险,后者起到了"减震器"(Shock Absorber)的作用。

(二) 投资者的高杠杆过度使用才造成信用衍生产品成为投机工具

在证券化技术发达的现代金融社会,任何一种金融产品在市场失衡时都有可能成为投机工具,决定它是否成为投机工具的关键因素是投资者而非产品本身。在 2008 年金融危机爆发前,各种机构在二级市场无限制地进行了大量的信用衍生产品交易,导致其完全脱离了基础贷款和债券规模,从而使信用风险急剧累积。其中,主要是因为投资者运用了杠杆持仓式操作的合成型衍生产品,如合成套利型 CDO 产品,这种结构复杂的复合衍生工具造成了杠杆率的无限放大。金融危机以后,信用衍生产品已经从危机前指数化、非现金化和结构化的趋势中扭转过来,开始向低杠杆、简单化的趋势发展,简单的基础性工具重新开始占据统治地位。信用衍生产品的规模也逐渐向基础资产靠近,信用衍生产品正在逐渐回归信用风险管理工具的本质属性。

(三) 在有效监管下信用衍生产品的风险可控

从信用衍生产品交易的风险来源来看,主要是交易对手风险和系统性风险,只要措施得当、监管有力,就可以有效地实现对信用衍生产品的风险控制。对于交易对手风险,通过适时引入中央清算机制可以很好地起到防范交易对手风险的目的。目前中央清算机制已经在世界范围内受到了普遍重视,通过风险识别和承受能力较强的中央对手方能够有效地识别和控制 CDS 基础资产的违约风险,通过多边净额结算能够减少证券和资金交付的数量和金额,降低交易商的风险敞口。同时,中央清算所还可以通过调整保证金要求控制市场参与者的交易规模。对于市场系统性风险,通过完善信息披露、设定杠杆限制和加强市场监测可以实现对信用衍生产品市场系统性风险的防范。

三、误区三:场外金融衍生产品市场应场内化

随着欧美各国不断加快场外金融衍生产品市场的中央对手方清算进程,有观点认为,为防范市场系统性风险,应将场外金融衍生产品入场交易。然而,并非所有的衍生产品都适合场内交易,入场交易也不是防范风险的必要前提,中央清算机制的引入也不代表场外交易场内化。

(一) 场内交易并不是防范风险的必要前提

从历史发展的角度来看,中国金融衍生产品市场的发展颇具波折。1992 年 6 月,认股权证开始在沪深交易所交易,但历经四年最终于 1996 年 6 月被迫关闭。1993 年 10 月,推出的国债期货交易作为中国金融衍生产品的又一次尝试,也由于"3·27"国债期货事件被迫在 1995 年 5 月暂停,也由此导致了中国金融期货十余年的发展停滞。这些事件带给我们的重要启示就是:如果没有成熟的投资者、有力的监管措施和有效的风险防范机制,金融衍生产品在交易所进行交易同样蕴含着巨大的系统性风险。正是因为认识到了当时交易所存在的诸多不足,1997 年,经国务院同意,中国人民银行建立了银行间市场。此后十余年,立足于面向机构投资者的发展定位,中国人民银行大力推动银行间市场规范发展,使其形成了以合格机构投资者为主要参与者的初具规模、层次分明的场外市场,并且在 2008 年金融危机的剧烈冲击下仍保持了平稳运行。

(二) 场内和场外市场互相促进、互为补充,试图强行要求所有场外产品入场交易不符合市场发展的客观规律

交易所与场外市场存在着不同:一是投资者定位不同。交易所主要面向包括个人在内的广大社会公众,而场外市场立足于机构投资者。从本质上来说,金融衍生产品是资产定价和风险管理的工具,对社会公众而言,其投资能力有限,定价能力不强,最为关键

的是缺乏大规模投资金融衍生产品的实质经济需求,如果强行将场外金融衍生产品转移到场内交易,那么可能的结果就是产品因缺乏足够的需求支撑而逐渐消亡,或者是引发更大范围的价格操纵和投机行为,危害交易所本身的发展。二是交易品种不同。交易所适合交易高度标准化的品种,但由于场外金融衍生产品一对一交易的特点,绝大部分都是非标准化或半标准化的品种,这些产品很难进入交易所交易。而金融衍生产品在交易初期往往不具备高度标准化和较高流动性的特点,只有经过漫长的演变和市场的自主选择,其中一小部分品种逐渐标准化和具有较高的流动性,才有可能被引入交易所撮合交易。从这个角度来看,场外市场还是金融衍生产品创新和发展的源泉。所以,场内市场和场外市场具有十分清晰的定位,场内市场服务于标准化合约,适合规模较小且技术较为成熟的产品,主要为满足中小投资者需求,应作为场外市场的有效补充;而场外市场服务于个性化合约,适合机构投资者规模较大、结构复杂的产品交易,也更能满足市场成员金融创新的需要,应是金融衍生产品交易的主体。强行要求场外金融衍生产品入场交易既不现实,也不符合市场发展的客观规律,防范市场风险的关键还在于通过有效的监管提高市场的透明度。

(三)2008年金融危机后,采取的引入中央对手方清算机制、推动交易标准化、提高信息集中度等措施并不改变信用衍生产品场外交易的特征,并不是将场外交易场内化

2008年金融危机后,欧美国家开始大力推动信用衍生产品中央对手方清算机制的建设。中央对手方清算机制将市场参与者之间的双边信用风险替换为了市场参与者与中央对手方之间的标准化信用风险,这能够有效地防范对手方的信用风险,降低结算风险和操作风险,增强信息的透明度。但是,中央对手方清算机制的引入并不从根本上改变信用衍生产品场外交易的特征,衍生产品仍然通过交易双方的询价、谈判等典型的场外方式达成交易,并不是将场外交易场内化,这与场内的集中竞价、撮合交易方式存在本质的区别。

四、误区四:中国的信用衍生产品创新应该缓行

在国际金融衍生产品市场进行全面调整之际,有观点认为,中国应放缓金融衍生产品创新与发展的步伐,以免重蹈发达市场国家的覆辙。事实上,与发达市场存在的监管不足、投机过度现象不同,中国面临的最大问题是发展不足,金融衍生产品创新与发展的步伐难以满足实体经济的需求。相反,中国场外市场全面的制度框架、有效的监管体系和较高的市场透明度均为加快金融衍生产品发展创造了必要条件。如果说发达国家从金融危机中得到的深刻教训是要避免市场过度创新以至于脱离实体经济的需要,那么中国需要警惕的问题则恰恰相反,中国要时刻注意防止过度监管而压抑市场创新,使原本

就不足以满足投资者需要的信用衍生产品市场进一步落后于实体经济的发展。

(一) 市场发展状况不同

虽然 2008 年金融危机大大削弱了美国金融衍生产品市场的地位,但无论是从产品的丰富程度还是市场的发展规模来看,美国仍然处于国际金融衍生产品市场金字塔的塔尖。2008 年金融危机对美国场外金融衍生产品市场而言,是一个逐渐去泡沫化的过程,发展速度的适当放缓反而有利于将其不断推向完善。如果说 2008 年金融危机给美国的教训是金融衍生产品滥用导致投机过度,那么中国金融衍生产品市场面临的问题不是过度发展而是发展不足。发展不足主要表现在以下方面:

一是品种不齐全。从基础资产来看,虽然近年来中国场外金融衍生产品种类在不断丰富,但信用类产品仍处于空白状态;从交易方式来看,目前中国场外市场中仅有远期和互换两种交易方式,期权方式的交易品种仍为空白。二是规模仍然有限。根据国际清算银行的统计,2006 年全球场外衍生产品的名义值是全球 GDP 总值(48 万亿美元)的 2.4 倍。而在中国,相较于 2006 年 21.2 万亿元的名义 GDP,场外衍生产品的成交量仅为微不足道的 0.57 万亿元,仅占 GDP 的 2.7%。尽管 2008 年场外衍生产品交易量有了大幅提升,达到了 3.73 万亿,但仍仅占当年 GDP(30 万亿元)的 12.4%,与国际平均水平相差甚远。

(二) 市场监管不同

2008 年金融危机爆发前,美国等发达市场国家对场外金融衍生产品市场几乎没有监管,大部分场外金融衍生产品被明确排除在监管框架之外。市场监管的缺失加剧了金融衍生产品市场的投机氛围,成为诱发危机的重要原因。反观中国,中国人民银行及相关部门始终坚持有管理的场外金融衍生产品发展思路,本着"制度先行、规范发展"的原则,不断完善制度建设,注重风险防范,从市场准入、市场分层、信息管理、风险控制等方面加以规范,逐步形成了适合中国发展实际的监管体系。实践证明,中国对场外金融衍生产品市场的监管思路和相关举措是行之有效的,保证了市场的健康、有序发展。

(三) 市场透明度不同

2008 年金融危机前,国际信用衍生产品市场没有专门机构负责交易信息的集中收集与发布,市场信息透明度极低,严重削弱了市场的有效性。鉴于此,美国的一系列监管改革措施的目标直指提高市场透明度。而中国始终致力于建立透明的场外金融衍生产品市场,通过集中交易、建立数据报备机制等措施,中国人民银行及相关部门能够及时、全面、系统地掌握市场状况,因此市场透明度较高。例如,人民币外汇远期和掉期交易必须通过交易中心的电子交易系统进行；人民币利率类衍生产品虽然不限制交易平台，但通过建立相应的交易数据报备和披露机制，中国人民银行仍然能够及时、全面、系统地掌握市场状况。

第二节　中国信用衍生产品市场发展面临的主要问题

一、银行资本缓释要求较高

根据中国银监会 2012 年发布的《商业银行资本管理办法（试行）》（以下简称《办法》）第七十三条和附件 2 的相关规定，在权重法下，商业银行能够用以缓释监管资本风险的工具仅有"合格抵质押品"和"合格保证"两种，不包括信用衍生产品。这一点沿用了《商业银行资本充足率管理办法》的相关规定。同时，根据《办法》第四章第四十八条相关规定，在内部评级法下，商业银行可以按照附件 6 的规定审慎考虑信用风险缓释工具的风险抵补作用。在内部评级法下，信用风险缓释工具包括抵质押品、净额结算、保证和信用衍生工具。其中，信用衍生工具包括 CDS 和 TRS。

然而，由于内部评级法对硬件平台、建模技术、人员配置、资金投入和数据收集等方面提出了较高的要求，客观上限制了商业银行运用信用衍生工具缓释信用风险的做法。目前，中国大部分商业银行依然采用权重法计量风险资产，仅有工商银行、农业银行、中国银行、建设银行、交通银行和招商银行获批采用初级内部评级法进行风险资产管理。

二、参与者主体多元化不足

（一）保险机构参与 CRM 市场受限

大型保险机构基本能够满足交易商和核心交易商资格，但是由于保监会对保险机构是否可以参与 CRM 业务还没有明确的表态，各家保险机构很难有进一步行动。同时，根据《保险资金参与金融衍生产品交易暂行办法》第一章第五条的规定，"保险机构参与衍生品交易，仅限于对冲或规避风险，不得用于投机目的"。保险机构仅可作为 CRM 买方参与 CRM 市场，其交易目的受限。目前，尚无保险机构完成 CRM 资质备案并开展 CRM 交易。结合国外信用衍生产品市场的发展历程和现状，无论是从需求还是供给方面来看，国内保险机构都有必要通过该项业务实现信用风险的市场化管理。

（二）证券公司、基金公司、金融资产管理公司参与 CRM 市场需监管部门审批许可

根据中国证券业协会 2013 年 3 月发布的《证券公司金融衍生品柜台交易业务规范》第七条，取得柜台交易业务资格的证券公司在开展衍生品交易业务之前应向协会提交备

案材料并通过,未取得柜台交易业务资格的证券公司拟开展衍生品交易业务的,应当通过协会组织的专业评价。

根据《中华人民共和国证券投资基金法》第七章第七十二条的规定,"基金财产应当用于下列投资:(一)上市交易的股票、债券;(二)国务院证券监督管理机构规定的其他证券及其衍生品种"。而目前,《证券投资基金运作管理办法》第四章第二十九条已明确列示的基金投资范围包括股票、债券、货币市场工具,但未明确其衍生产品范围,因此基金公司参与 CRM 市场需向证监会提出申请并得到审批同意。

2011 年 1 月,银监会修订颁布的《金融机构衍生产品交易业务管理暂行办法》,明确了金融资产管理公司从事衍生产品的相关规定。该办法第五条和第八条明确规定,金融资产管理公司开办从事衍生产品交易的,应经中国银监会批准,并在开展新的业务品种、开拓新市场等创新前,书面咨询监管部门意见。

从上述规定可以看出,证券公司、基金公司与金融资产管理公司在参与 CRM 产品交易活动方面并不存在明确的禁止性规定,但是参与该项业务前均需要得到审批同意。因此,未来这三类投资者能否参与 CRM 业务取决于监管机构的政策许可。

三、国际定价理论应用受限

由于中国信用债券和信用衍生产品市场起步较晚,与信用风险相关的基础数据累积时间较短,信息涵盖面也较窄,国际上广泛运用的 Merton 模型、简约化模型、蒙特·卡罗(Monte Carlo)方法等模型及数理方法在中国运用时受到了较大限制。因此,CRM 合理的定价方法成为市场各界关心的问题之一。此外,中国的信用评级机构起步较晚,数据、技术较弱,难以向市场提供客观公允的信用风险信息。2014 年以前,中国债券市场存在着所谓的"刚性兑付"和"政府隐性担保"现象,违约事件几乎为 0。国内债券违约数据不足,中国市场的违约率尚未有良好统计,因此,对于多数金融机构而言,不仅难以获取足够的数据信息作为 CRM 定价的基础,也缺少通过信用风险量化分析技术来准确定价的必要经验。

四、法律、会计等配套制度尚未完备

CRM 及金融衍生产品市场的发展受到了会计、法律等配套制度方面的制约,市场外部环境有待完善。从会计方面来看,由于目前套期保值会计制度还未得到深入认识和广泛运用,市场参与者和审计机构对于如何运用包括 CRM 在内的衍生产品进行会计套保操作仍然存在一定疑惑,从而使得通过 CRM 进行套期保值的效果可能无法在财务报告上得到体现。从法律角度看,终止净额和履约保障机制在金融衍生产品市场的有效性和可执行性存在不确定性,上述机制的风险控制和防范功能难以充分发挥。

第三节 中国信用衍生产品市场展望

一、促进中国金融市场信用风险价格发现机制的完善

近年来,中国利率市场化取得了长足的进展。2015 年 10 月中国人民银行全面放开存款利率上限,标志着中国利率市场化迈出了历史性的一步,这与过去十多年来中国银行间债券市场和货币市场的快速发展是密不可分的。目前,中国人民银行通过回购和常备借贷便利调控货币市场短期利率、通过中期借贷便利和补充抵押贷款调控中长期债券利率的价格型货币政策框架初步形成,政策利率与相应期限的市场利率走势趋于一致,且货币市场短期利率向债券市场中长期无风险利率传导的效率逐渐增强。[①]

然而,尽管中国金融体系从间接融资主导向直接融资主导的转变取得了长足的进展,但由于中国债券市场依然存在着市场监管分割、投资群体单一、开放程度有限等问题,加之信用债券市场准入门槛较高、刚性兑付尚存,信用风险定价依然存在着较大程度的扭曲,货币政策通过债券市场改善实体经济仍然较为困难。

信用衍生产品作为以信用风险为基础的金融衍生工具,其风险源和作为其基础的信用风险的风险源相同,其价格确定的过程就是对信用风险价格确定的过程,所以信用衍生产品的价格变化必然和信用风险价格之间有一个特定的依存关系。同时,由于信用衍生产品的结构设计有效地将信用风险从其基础资产的其他风险中剥离了开来,信用衍生产品的价格较存贷利差或债券信用利差更能反映信用风险价格。信用衍生产品在市场参与者的广泛认知下,将形成对特定信用风险价格的认知,通过对信用衍生产品进行定价,进而可以发现特定信用风险的市场价格。通过这种功能,信用衍生产品促进了金融市场信用风险定价功能的完善,为风险管理提供了产品和价格基础,更加有效地促进了金融市场的健康发展。

二、提高货币政策在信用传导渠道下的传导效率

回顾 20 世纪 80 年代中期至 2008 年金融危机前美国"大缓和"时期的货币政策,不难看出,得益于 20 世纪 70 年代金融脱媒创造的条件,美联储货币政策的理论和实践平稳地从数量型的"旧共识"过渡到了价格型的"新共识",主流观点甚至一度认为中央银行通过短期利率规则锚定通货膨胀是促成经济繁荣的主要原因。然而,2008 年金融危机对上述新共识下的货币政策理论提出了挑战,传统的价格型货币政策范式显然没有将信贷周期的因素纳入考虑的范围,而锚定通货膨胀导致的过低实际利率条件下的信用产品创

---

① 李扬,《中国债券市场 2015》,北京:社会科学文献出版社,2015 年。

新可能才是导致"大缓和"时期经济繁荣的真正原因,金融加速器理论(Bernanke,1998)①正说明了在传统泰勒规则下信贷结构对经济波动的放大作用。

虽然目前学术界对信用传导渠道下货币政策改进的方向尚没有明确一致的结论,但可以肯定的是,微观层面信贷合约中激励问题导致的信用摩擦是影响宏观经济效率的重要因素。② 根据基于激励理论的微观信用模型,缓解信用摩擦的可能方式包括降低信息不对称程度、降低代理人(借款者)的风险偏好或降低代理人有限责任约束引致的楔形效应。虽然信用衍生产品在 2008 年金融危机及之前十余年经济繁荣时期的功与过仍有待客观的评估,但从产品自身促进融资功能的微观事实来看,其对于缓解信用摩擦、提高货币政策在信用传导渠道下的传导效率,均可以起到积极的作用。

三、从宏观审慎角度衡量信用衍生产品的资本缓释功能

2010 年版的《巴塞尔协议Ⅲ》依然肯定 CDS 作为合格信用风险缓释工具的资本缓释功能。中国银监会 2012 年 6 月发布的《商业银行资本管理办法(试行)》基本承袭了《巴塞尔协议》的理念,正式明确了内部评级法下信用衍生产品的资本缓释功能,这使得中国商业银行通过运用信用衍生产品缓释资本、灵活管理信贷规模成为可能。

值得注意的是,即使在 2008 年金融危机时期全球信用衍生产品的名义额高达 60 万亿美元,但信用衍生产品的规模相对于全球约 150 万亿美元的债务规模仍然较低;然而自 20 世纪 90 年代中期至 2008 年金融危机前,全球债务规模占 GDP 的比重从 150%飙升至 300%。即使全部信用衍生产品交易均出于套期保值目的,但产品对全球信用扩张的乘数效应仍然不可忽视。从上文也可以看出,这一时期全球信贷爆炸式的增长也是与实际利率过低密切相关的。

要实现信用衍生产品市场的规范有序发展,必须牢牢把握防范市场系统性风险的底线,这既是中国过去十多年来发展场外市场的重要经验总结,也是金融危机给我们的重要启示。金融创新的目的是更好地服务实体经济,任何脱离实体经济的创新必然缺乏可持续发展的内在动力,或者是在发展的进程中悄无声息地被市场淘汰,或者是引发金融市场泡沫,最终以更具破坏性的危机形式走向消亡。2008 年金融危机已经充分印证了上述金融市场发展的客观规律,欧美等发达市场国家也为此付出了沉重代价。有了 2008 年金融危机的前车之鉴,中国在信用衍生产品的创新和发展过程中,必须基于实体经济需求,严格控制市场参与者的杠杆率,防止信用衍生产品交易脱离实体经济需求。从产

---

① Bernanke, B. S., M. Gertler, and S. Gilchrist, "The Financial Accelerator In a Quantitative Business Cycle Framework", *NBER Working Paper No.6455*, 1998。

② Holmström, B., and J. Tirole, "Financial Intermediation, Loanable Funds, and The Real Sector," *The Quarterly Journal of Economics*, 1997, 112(3), 663-691。

品角度来看,要以满足投资者套期保值、风险管理的核心要求为目标,不能让信用衍生产品市场发展脱离实体经济基础。

因此,在中国信用衍生产品资本缓释规则制定的过程中,也要站在宏观审慎的角度,充分考虑经济形势、预期和货币政策的走向,评估不同资本缓释规则的宏观效应。同时,要使市场始终保持较高的透明度:一是要通过市场参与者准入、市场分层、内部管理制度备案等方式实现事前控制,避免不合格和不具能力的投资者参与信用衍生产品交易;二是要通过交易信息报备、信息集中登记等方式及时掌握市场交易情况,提高市场透明度和信息集中度;三是要建立有效的风险控制指标体系,从而为市场设置杠杆率上限,把握市场的关键风险点,进而促进市场的健康、有序发展。

四、从简到繁、由易到难推动产品有序创新

信用衍生产品形式多样,既有单一产品,也有组合产品,还有其他更为复杂的表现形式。其中有些产品主要用于满足投资者套期保值、风险对冲等实际的风险管理需求,有些产品则主要是为了实现投机、套利等目的而特别开发的。从国际发展路径来看,世界各国都是从简单的单一产品开始的,并且主要应用于缓释风险。此后,随着参考标的从债券、贷款等基础资产逐渐向证券化产品演变,信用衍生产品的结构日益复杂,其应用也越来越脱离实体经济需求,这也是 2005 年后国际信用衍生产品市场规模出现爆炸式增长的主要原因。在国际金融危机后的去杠杆化过程中,遭到市场参与者摒弃和诟病最多的主要是各种复杂产品,特别是以投机为目的、经过多次衍生组合的产品在 2008 年金融危机后基本上都销声匿迹。而反观简单的单一产品,即便是在 2008 年金融危机的风暴最为强烈的时刻,其市场运行也平稳有序,市场份额不断攀升,表现出了强大的生命力。从中国具备的现实条件来看,其信用衍生产品领域长期处于空白状态,市场认可程度、参与者定价能力、基础设施建设、法律法规体系等各方面都还不尽完善,客观上也不具备直接发展复杂信用衍生产品的条件。因此,中国进行信用衍生产品创新要充分遵循客观的发展规律和现实的基础条件,从简单的基础性产品入手,待各方面条件成熟后再逐渐向更高级形式的产品发展。

信用衍生产品创新并非一蹴而就。在解决了中国信用衍生产品的有无问题后,应按照"试点期、加速期、成熟期"三个阶段,循序渐进地分步推进市场发展。在试点阶段,应以推出试点产品为目标,通过试点交易带动监管机构和市场成员的关注和参与,集中解决关键性的制约条件,如监管部门对信用衍生产品风险缓释作用的充分认可,以及各种类型市场参与者的交易资质认定等问题,为信用衍生产品的推广应用奠定基础。在此阶段,鉴于试点初期参与机构不多、交易相对较少,对基础设施的要求不高,且建立完备的基础设施耗时较长,可以继续沿用现行的场外市场运行框架,采取市场参与者双边自行

清算的模式,通过市场分层、交易数据报备、严格信息披露等方式,加强市场监管和风险防范。在推广阶段,市场各方经过一段时间的试点运行,已经积累了一定的实践经验,因此可以在总结试点阶段经验的基础上,丰富产品种类,推行集中上线交易、中央清算等相对复杂的机制安排,并且将信用衍生产品市场参与者的范围进一步扩大。从长远来看,我们在不断地丰富市场参与者类型、增加信用衍生产品种类、完善市场基础设施和外部环境的同时,更重要的是要在推动市场发展的进程中,逐渐形成符合市场和监管需要的长效创新机制,推动我国的信用衍生产品市场走向成熟。

五、完善市场外部环境,推动配套设施的建立

信用衍生产品的发展离不开完善的市场外部环境和配套设施,从国际经验来看,会计制度、税收政策、法律法规、市场监控、清算交割等市场基础设施都必不可少。

应推动套期保值会计制度的普及和应用,增强制度的可操作性,促进套期保值功能在会计制度上的尽快实现;进一步明确金融衍生产品的征税处理方式,对用于风险对冲的金融衍生工具应将其与对冲的基础资产相对应,而不是归入其他类;在征税处理时,不纳入增值税规定的应税义务,以鼓励市场参与者更好地运用金融衍生产品对冲风险。在实践先行的同时,应推动解决中国终止净额结算制度和履约保障制度等制度安排的法律适用性问题,夯实金融衍生产品市场发展的法律基础。

应推动建立集中的 CRM 信息库,充分发挥交易商协会贴近市场的信息优势和客观中立的地位,对市场信息进行系统收集、整理、发布和分析,这既可以为市场参与者提供必要的权威信息,也可以为监管部门提供重要的决策依据。同时,应在借鉴国际经验的基础上,尽快建立 CRM 信用事件决定规则和程序以及拍卖结算机制,完善 CRM 的市场运行机制。加强对 CRM 定价的研究,推出适合中国市场的、实际的、科学的标准定价模型。

⊃ 本章小结

2008 年金融危机并不改变信用衍生产品中性金融工具的本质属性,而欧美监管当局和市场相关方面针对场外衍生产品市场监管不足、投机过度现象进行的重大改革和调整,并不完全适用于中国金融衍生产品创新与发展的步伐,难以满足实体经济的需求。因此,厘清误区、统一认识对推动中国信用衍生产品创新与发展具有十分重要的意义。

目前中国信用衍生产品市场发展面临的主要问题包括银行资本缓释要求较高、参与者主体多元化不足、国际定价理论应用受限以及配套制度尚未完备等,上述市场摩擦均使得中国信用风险定价存在一定程度的扭曲,进而导致了资源配置的无效率。

未来,随着中国信用衍生产品市场的发展,金融市场信用风险定价功能将逐步得到

完善，货币政策在信用传导渠道下的传导效率也将不断提高。当然，中国在推进信用衍生产品创新的过程中，也应重分吸取 2008 年金融危机的教训，发挥后发优势，从宏观审慎的角度出发，充分考虑经济形势、预期和货币政策的走向，评估不同监管规则的宏观效应，完善市场外部环境、推动配套设施的建立，从简到繁、由易到难推动产品有序创新。

⊃ 本章重要术语

全球经济失衡　　　　　　　美元周期　　　　　　　宏观审慎监管
货币政策信用传导渠道　　　信用风险价格发现机制

⊃ 思考练习题

1. 为什么不应将 2008 年金融危机的罪魁祸首归咎于信用衍生产品？

2. 为进一步培育 CRM 参与者主体的多元化，在不考虑相关监管约束的情况下，结合我国主要金融机构（如商业银行、保险公司、证券公司、基金公司、金融资产管理公司等）的业务结构特征和风险偏好水平，分析各类金融机构开展 CRM 业务可能的主要交易目的。

3. 从 20 世纪 90 年代中期到 2008 年金融危机前全球信用衍生产品增长的规模和全球债务扩张的速度来看，二者具有较强的相关性，那么是否可以认为信用衍生产品的出现导致了全球债务的加速扩张？

4. 2008 年金融危机后，美国通过的《多德-弗兰克华尔街改革与消费者保护法案》对金融体系进行了全面改革，加强了对金融体系系统性风险的监管，其中要求对信用衍生产品的宏观效应进行量化评估。请简要描述评估的思路和方法的设计。

⊃ 参考文献

李扬、张晓晶，《失衡与再平衡》，北京：中国社会科学出版社出版，2015 年。

⊃ 相关网络链接

http://www.sifma.org/members/dodd-frank.aspx

http://www.cftc.gov/LawRegulation/DoddFrankAct/index.htm

https://www.sec.gov/spotlight/dodd-frank/derivatives.shtml

参考答案

第一章

1. 答: 不相同。在 CDS 交易中,CDS 买方购买信用保护,只有当参考实体和 CDS 卖方同时违约时,CDS 买方才会遭受损失;而在 CLN 交易中,CLN 买方相当于提供信用保护,当参考实体或 CLN 卖方任意一方违约时,CLN 买方均会遭受损失。因此在两种信用保护定价时,对相关违约的处理是不同的。

2. 答: 参见第一节第四小节。

3. 答: 将竞买价从高到低排序,将竞卖价从低到高排序。

交易商	竞买价	交易商	竞卖价	
2	56.25	3	55.25	排除交叉项
1	56	5	55.875	
6	55	4	56	取剩余部分的一半竞买价或竞卖价用于计算 IMM
10	55	7	56.5	
8	54.875	9	56.75	
9	54.75	8	56.875	
7	54.5	6	57	
4	54	10	57	
5	53.875	1	58	
3	53.25	2	58.25	

初始市场中间价即为交易商 6、10、8、9 的竞买价和交易商 4、7、9、8 的竞卖价的算术平均数(四舍五入至最近的 1/8),即为 55.75。

第二章

1. 答: 结构化模型以 Merton 模型为代表,其重点在于认为企业的违约行为来源于其资产负债结构的变化,因此企业的信用事件是具有内生性的。简约化模型以 Jarrow-Turnbull 模型为代表,其重点在于认为所有违约信息都已经反映在市场的交易信息中,通过债券价格即可推算出违约概率,因此企业的信用事件是外生性的。

2. 答:无论是哪一类 CDS 定价模型,最为重要的便是企业的违约概率,即在某一特定时间段内企业发生违约事件的概率。同时,违约后的假定回收率也会影响 CDS 的理论价格。其余影响价格的要素包括交易期限、合同条款、参考实体、债务种类与特征、结算方式以及交易对手与参考实体的相关性。

3. 答:主要的交易策略包括:

滚动投资策略,即 CDS 票息小于债券票息和市场资金成本之差。

利差套利策略,通过相似的参考主体,进行 CDS 一买一卖操作,进行套利。

期差套利策略,期限越长的交易,票息越大,所以可以通过卖出长期 CDS,买入短期 CDS,进行套利,同时等待信用曲线平坦之后,再反向对冲。最后还能够通过滚动操作,等待 CDS 价格发生变化,直接获利。

4. 答:一是市场风险,二是交易对手信用风险,三是操作风险,四是杠杆风险,五是"裸卖空"风险,六是模型风险,七是流动性风险。

第三章

1. 答:标准化合约主要体现在票息标准化、信用事件标准化、支付日和到期日标准化,以及全票息交易。推行标准化合约的好处在于方便集中清算,适合交易压缩。因为在标准化合约下,所有交易现金流的数额和日期相同,极有利于压缩多余的交易规模。

2. 答:引入决定委员会最重要的目的是使对信用事件是否发生的判断更具有透明度和一致性。决定委员会需要对是否发生了一个信用事件、是否发生了一个继承事件及继承实体的身份、替代参考债务,以及其他普遍感兴趣的问题作出决议。此外,如果需要对信用衍生产品进行拍卖结算,则决定委员会还需要对拍卖的具体条件/条款作出决定。

市场之所以愿意接受决定委员会作出的决议,很大程度上在于决定委员会的组成和决议真实地反映了大多数市场参与者的利益。为了最大限度地保证决定委员会能够达到其设立的目的,ISDA 作出了严格的规定:首先,考虑到不同市场的交易习惯,全球共设立了 5 个决定委员会,即:美洲、欧洲—中东—非洲、日本、澳大利亚—新西兰,以及亚洲地区(日本除外);其次,为了平衡不同市场参与者的利益,每个决定委员会设有 15 名投票成员(包括 8 全球做市商、2 名地区做市商和 5 名非做市商)和 3 名顾问成员(包括 1 名全球做市商、1 名地区做市商和 1 名非做市商),并由 ISDA 担任秘书;再次,为了保证积极参与交易的市场参与者能够充分地表达其观点,每年都会更新每个决定委员会的成员名单;最后,对于一些重要的问题(包括信用事件、可交付债务、继承事件等),决策委员会的决策需要达到 80%绝对多数票表决通过,如果未达到此票数,则相关的问题会自动转由外部评议小组进行评议。

3. 答:(1) ISDA 针对已发生信用事件的参考实体公布交割程序,明确时间表和可提交的债务清单等内容。

(2) 拍卖参与机构(具有投票权的交易商,以及其他提出申请并获信用事件决定委员会通过的机构)收集并整理客户的实物交割需求后,向拍卖管理人(ISDA)提交竞标买入价、卖出价和总的实物交割需求。

(3) 拍卖管理人将收到的买入价从高到低排列,卖出价从低到高排列,买入价高于卖出价的配对交易构成了"可交易市场",按照差额从小到大排列的买入价低于卖出价的配对交易则构成了"不可交易市场"。构成不可交易市场的前50%(四舍五入)配对为"最佳一半报价",这些交易配对的买入价和卖出价的平均值(取最接近的1/8%),就是指导性的初始市场中间价。

(4) 如果未平仓量为零,初始市场中间价就是本次拍卖结算的最终价格。如果不为零,则拍卖管理人对未平仓部分组织第二轮竞拍,拍卖参与机构须在两小时内针对未平仓量提交新的限价指令(限价指令的买卖方向与未平仓量相反),并根据荷兰式招标规则确定中标价格,最后的中标价格则为本次拍卖结算的最终价格。在上述例子中,根据拍卖参与机构对未平仓量的投标情况,确定最终价格。

4. 答:一般来说,商业银行多以信用保护买方的身份出现;对冲基金则是市场交易的润滑剂;套利交易为市场提供了较大的流动性;保险公司多作为信用保护卖方;投资银行多作为市场流动性的提供者,并以做市商的身份出现。

第四章

(一)

1. 答:D
2. 答:A
3. 答:B
4. 答:D

(二)

1. 答:信用风险缓释工具的推出,对巩固和加强金融体系具有以下重要意义和价值:一是帮助市场主体有效对冲信用风险;二是丰富市场参与者信用风险管理手段;三是促进市场机构实现可持续发展;四是推动直接债务融资市场的持续发展;五是促进市场价格发现,提高市场运行效率;六是完善市场信用风险分担机制;七是维护宏观经济金融稳定。

2. 答:

联系:CDS 和 CRMA 同为合约类信用风险缓释工具,是由交易双方达成的,约定在未来一定期限内,信用保护买方按照约定的标准和方式向信用保护卖方支付信用保护费用,信用保护卖方向买方提供信用保护的金融合约。

区别:CRMA 的保护范围是单一债务,即"基础债项、参考债务、事件债务"三者合一。而 CDS 合约的保护范围是参考实体下符合一定标准的债务族,由债务种类(付款义务、借贷款项、贷款、债务工具、贷款或债务工具、仅为参考债务等)、债务特征(一般债务、次级债务、交流流通、本币或外币等)和约定的参考债务所框出,最终的效果是 CDS 合约的保护范围基本上覆盖了参考实体的主要债务,真正起到了整体对冲信用风险的效果,避免了参考实体债务选择性违约等问题。

第五章

1. 答:B
2. 答:D
3. 答:C
4. 答:C

(二)计算题

答:(1)若采用完全替代法,则将某债券的违约率(1.68%)被替换为某金融机构的违约率(0.27%)。假设该公司的资本要求系数为 K_1,某金融机构的资本要求系数为 K_2,缓释的风险资本为 ΔCR,根据表格,我们可以得到:

$$\Delta CR = (K_1 - K_2) \times EAD = (8.74\% - 5.48\%) \times 2 \text{亿元} = 652 \text{万元}$$

(2)若采用不完全替代法,根据题意,则将某债券的违约率(1.68%)替换为某金融机构的违约率(0.56%)。假设该公司的资本要求系数为 K_1,某金融机构的资本要求系数为 K_2,缓释的风险资本为 ΔCR,根据表格,我们可以得到:

$$\Delta CR = (K_1 - K_2) \times EAD = (8.74\% - 7.64\%) \times 2 \text{亿元} = 220 \text{万元}$$

第六章

1. **答:**参见本章第一节。
2. **答:**商业银行的银行账户部分因开展信贷业务而承担了信用风险并占用了银行资本,开展 CRM 业务可能以风险转移和资本缓释为主;商业银行的交易账户部分以实现资产负债管理、获取适当投资收益为主要目的,开展 CRM 业务可能以风险转移或投资级参考实体短期套利为主。

保险公司为资产配置型投资者,开展 CRM 业务可能以卖出投资级参考实体 CRM 保护、获得信用利差收益为主。

证券公司、基金公司和金融资产管理公司等机构的业务结构和风险偏好水平因其产品类型不同存在较大差异。对于投资收益要求不高、风险偏好水平较低的产品,开展 CRM 业务可能以风险转移或投资级参考实体短期套利为主;对于投资收益要求较高、风险偏好水平较高的产品,开展 CRM 业务除风险转移需求外,还可能参与卖出投资级参考实体 CRM 保护交易以及投机级参考实体短期套利交易。

3. 答:一方面,从本章第一节不难看出,始于 20 世纪 80 年代的发达经济体"大缓和"时期的全球债务规模扩张的原因是多方面的,其中最为重要的是货币政策"新共识"下锚定通货膨胀导致的过低实际利率以及金融监管放松导致的金融脱媒和自由化。另一方面,2008 年金融危机后,信用衍生产品的规模不断下降,截至 2015 年年末,CDS 未到期名义本金约为 12 万亿美元,回到了 2005 年的水平;而随着 2008 年金融危机后各国宽松政策的实施,全球债务水平进一步上升。由此可见,不能从某一时期二者的相关关系简单判定信用衍生品和全球债务规模的因果,而应结合具体时期的宏观政策、经济形势和预期等情况具体分析。

4. 答:目前宏观量化分析的主要方法大致分为两类:一类是基于传统统计方法的计量模型,另一类是基于动态随机一般均衡的结构化模型。传统统计计量模型由于缺乏传导机制而依赖于反复的黑箱统计检验,只能对历史的政策选择进行拟合,既无法回答当预期由于政策等因素发生改变时经济的动态和政策的效果是如何改变的(卢卡斯批判),也无法回答最大化社会福利的最优政策组合是什么。与之相对的是,建立在各参与主体最大化跨期效用基础上的动态随机一般均衡模型有效地避免了传统统计计量模型的上述两个不足,因此更适用于在宏观审慎框架下讨论信用衍生产品的宏观效应问题。

具体地,如同伯南克将债务合约中委托代理关系的微观结构引入传统动态新凯恩斯模型进而得到金融加速器理论一样,将信用衍生产品的微观定价模型引入动态随机一般均衡模型也可以评估产品的宏观效应及其对预期和政策的影响,具体过程可参考余粤的"资产证券化产品对货币政策信用传导渠道影响研究——风险自留要求的宏观效应分析"一文。

附录 A　信用风险的结构化模型

在结构化模型中,公司资产价值过程直接决定违约事件,即当公司价值低于某一阈值时触发违约。具体地,假设定义在概率空间 (Ω, F, P) 上的域流 $F = (F_t)_{0 \leq t \leq T}$ (用于描述建模可获取的信息流),债务到期日为 $\bar{T} \leq T$,结构化模型中的违约时间 τ 通常通过公司资产价值过程 V_t 与某个障碍过程 v_t 的关系定义:

$$\tau := \inf\{t > 0 : t \in \bar{T}, V_t < v_t\}$$

其中,$\bar{T}$ 为时间区间 $[0, T]$ 上的 Borel 可测子集。由于假设公司价值过程 V_t 和障碍过程 v_t 对于域流 F 均为循序可测的,因此 τ 是一个 F-停时;由于在绝大多数结构化模型中域流 F 是由布朗运动生成的(左连续过程),因此 τ 是一个 F-可料停时。常用的结构化模型包括莫顿模型①、首达时破产模型②等。

在简约化模型中,并不对公司资产价值过程进行描述,或者只是将其作为辅助性状态变量,并将违约时间建模为一个不可料的停时,即不解释违约发生的原因,而是认为信用事件的概率分布客观存在。

本附录简要介绍结构化模型的主要结论,对简约化模型的介绍在附录 B。

一、Merton 模型

Merton 结构化模型的基本思想是假设债券发行人的资产价值 V_t 具有不确定性,如果到期日债券发行人的资产价值超过或者等于其负债水平 L,那么债券持有人将得到 L 元;如果到期日债券发行人的资产价值少于 L,那么债券持有人理论上能够得到的最大值就是发行人的资产。如图 A-1 所示,当发行人资产价值 V_t 大于负债水平 L 的幅度越大时,其违约距离(Distance to Default)就越大,违约的可能性就越低,信用利差就越小;反之,当发行人资产价值 V_t 越接近甚至低于负债水平 L 时,其违约距离就越小,违约的可能性就越高,信用利差就越大。假设定义在概率空间 (Ω, F, P) 上的参考域流 $F = (F_t)_{0 \leq t \leq T^*}$,定义:

- $V_t = E(V_t) + D(V_t)$:发行人总资产价值过程,其中 $E(V_t)$ 为 t 时刻发行人股权的价值,$D(V_t)$ 为 t 时刻发行人债务的价值。假设存在等价鞅测度 P^*,使得资产价值 V 在 P^* 下服从几何布朗运动:

$$dV_t = V_t((r - \kappa)dt + \sigma_V dW_t^*) \quad (A-1)$$

---

① Merton, R. C., "On the Pricing of Corporate Debt: The Risk Structure of Interest Rates," *Journal of Finance*, 1974, 29, 449-470。

② Black, F., and J. C. Cox, "Valuing Corporate Securities: Some Effects of Bond Indenture Provisions", *Journal of Finanace*, 1974, 31, 351-367。

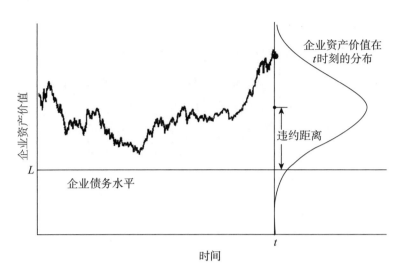

图 A-1 结构化模型示意图

- L:发行人债务的名义额;
- r:无风险利率过程,即 T 时刻到期无风险零息国债价格过程为

$$B(t,T) = e^{-\int_t^T r(u)du}, \forall t \in [0,T]$$

于是可违约债券 T 时刻的现金流为:

$$\begin{aligned} X^d(T) &= L\mathbf{1}_{\{\tau>T\}} + V_T\mathbf{1}_{\{\tau\leq T\}} = L\mathbf{1}_{\{V_T\geq L\}} + V_T\mathbf{1}_{\{V_T<L\}} \\ &= \min(V_T,L)\mathbf{1}_{\{V_T\geq L\}} + \min(V_T,L)\mathbf{1}_{\{V_T<L\}} \\ &= \min(V_T,L) = L - (L-V_T)^+ \end{aligned} \tag{A-2}$$

因此其价格过程 $X^d(t,T)$ 为无风险零息国债与一个行权日为 T、标的为企业资产价值 V_t、执行价格为企业负债值 L 的欧式看跌期权的价值之差。这个看跌期权被称为**违约看跌期权**(Put-to-default),其终点收益(Terminal Payoff)是 $(L-V_T)^+$。于是发行人债在 t 时刻的价值为:

$$D(V_t) = D(t,T) = LB(t,T) - P_t \tag{A-3}$$

其中,P_t 为违约看跌期权的价格。令 $D(t,T)$ 表示可违约债券 t 时刻的现值:

$$D(t,T) := X^d(t,T) = B_t E_{P^*}(B_T^{-1}X^d(T)|F_t) \tag{A-4}$$

其中,计价单位 $B_t = B(0,t) = e^{-\int_0^t r_u du}$。

Merton(1974)对上述可违约债券无套利价格的解析式如下:

对于任意 $t \in [0,T]$,有:

$$D(t,T) = V_t e^{-\kappa(T-t)} N(-d_+(V_t,T-t)) + LB(t,T)N(d_-(V_t,T-t)) \tag{A-5}$$

其中,

$$d_\pm(V_t,T-t) = \frac{\ln(V_t/L) + (r-\kappa\pm\frac{1}{2}\sigma_V^2)(T-t)}{\sigma_V\sqrt{T-t}} \tag{A-6}$$

证明：由式（A-2）和（A-4）可知：

$$D(t,T) = B(t,T)E_{P^*}(L 1_{\{V_T \geq L\}} + V_T 1_{\{V_T < L\}} | F_t)$$

$$= LB(t,T)P^*(V_T \geq L | F_t) + B(t,T)E_{P^*}(V_T 1_{\{V_T < L\}} | F_t)$$

$$= LB(t,T)J_1 + B(t,T)J_2$$

其中，$J_1 = P^*(V_T \geq L | F_t)$，$J_2 = E_{P^*}(V_T 1_{\{V_T < L\}} | F_t)$。由式（A-1）可知，对于任意 $t \in [0,T]$，有：

$$V_T = V_t e^{\sigma_V(W_T^* - W_t^*) + (r - \kappa - \frac{1}{2}\sigma_V^2)(T-t)}$$

因此对于 J_1，有：

$$J_1 = P^*\{V_t e^{\sigma_V(W_T^* - W_t^*) + (r - \kappa - \frac{1}{2}\sigma_V^2)(T-t)} \geq L | F_t\}$$

$$= P^*\left\{-\sigma_V(W_T^* - W_t^*) \leq \ln\frac{V_t}{L} + \left(r - \kappa - \frac{1}{2}\sigma_V^2\right)(T-t) \bigg| F_t\right\}$$

$$= P^*\left\{\xi \leq \frac{\ln\frac{V_t}{L} + \left(r - \kappa - \frac{1}{2}\sigma_V^2\right)(T-t)}{\sigma_V \sqrt{T-t}}\right\} = N(d_-(V_t, T-t))$$

其中，定义随机变量 $\xi := -\dfrac{W_T^* - W_t^*}{\sqrt{T-t}}$，易见 ξ 与 F_t 独立，且在 P^* 下分布为 $N(0,1)$。为计算 J_2，在 (Ω, F_T) 上定义测度 $\bar{P}$：

$$\frac{d\bar{P}}{dP^*} = e^{\sigma_V W_T^* - \frac{1}{2}\sigma_V^2 T} =: \eta_T, \quad P^* - a.s.$$

即 η_T 为测度 $\bar{P}$ 对于 P^* 的 Radon-Nikodým 导数，于是对于任意 $t \in [0,T]$，有：

$$\frac{d\bar{P}}{dP^*}\bigg|_{F_t} = e^{\sigma_V W_t^* - \frac{1}{2}\sigma_V^2 t} =: \eta_t, \quad P^* - a.s.$$

于是有：

$$J_2 = E_{P^*}(V_T 1_{\{V_T < L\}} | F_t) = V_0 e^{(r-\kappa)T} E_{P^*}(\eta_T 1_{\{V_T < L\}} | F_t)$$

于是由 Abstract Bayes Rule[①] 可知：

$$J_2 = V_0 e^{(r-\kappa)T} \eta_t \bar{P}(V_T < L | F_t) = V_0 e^{\sigma_V W_t^* - \frac{1}{2}\sigma_V^2 t + (r-\kappa)T} \bar{P}(V_T < L | F_t)$$

$$= V_t e^{(r-\kappa)(T-t)} \bar{P}(V_T < L | F_t) = B^{-1}(t,T) V_t e^{-\kappa(T-t)} \bar{P}(V_T < L | F_t)$$

根据 Girsanov 定理，过程 $\bar{W}_t = W_t^* - \sigma_V t$ 在 $(\Omega, F, \bar{P})$ 下为标准布朗运动，于是 V 在 $\bar{P}$ 下的动态为：

$$dV_t = V_t(((r-\kappa) + \sigma_V^2)dt + \sigma_V d\bar{W}_t)$$

于是对于任意 $t \in [0,T]$，有 $V_T = V_t e^{\sigma_V(\bar{W}_T - \bar{W}_t) + (r - \kappa + \frac{1}{2}\sigma_V^2)(T-t)}$，因此有：

---

① 给定 $0 \leq s \leq t \leq T$，设 Y 是 F_t-可测随机变量，则 $\tilde{E}(Y | F_s) = \dfrac{1}{Z(s)} E(YZ(t) | F_s)$，其中，$Z$ 为 $\tilde{P}$ 对 P 的 Radon-Nikodým 导数过程。

$$\bar{P}(V_T<L|F_t) = \bar{P}\{V_t e^{\sigma_V(\bar{W}_T-\bar{W}_t)+(r-\kappa+\frac{1}{2}\sigma_V^2)(T-t)} < L|F_t\}$$

$$= \bar{P}\left\{\sigma_V(\bar{W}_T-\bar{W}_t) < -\ln\frac{V_t}{L} - (r-\kappa+\frac{1}{2}\sigma_V^2)(T-t)\bigg|F_t\right\}$$

$$= \bar{P}\left\{\bar{\xi} < \frac{-\ln\frac{V_t}{L} - (r-\kappa+\frac{1}{2}\sigma_V^2)(T-t)}{\sigma_V\sqrt{T-t}}\right\} = N(-d_+(V_t, T-t))$$

于是式(A-5)得证。

二、Black-Cox 模型

首达时模型是对上文所述 Merton 模型的扩展,它考虑到了违约不一定出现在债务到期日,而是可能因为某些原因而提前触发的情形。本节首先证明关于首达时的若干一般性的概率定律,随后介绍在特定假设下的两个首达时模型(Leland and Toft, 1996[①]; Black and Cox, 1976[②])。

(一) 关于首达时(First Passage Time)的概率定律

给定一个一维标准布朗运动 W_t,记 M_t^W 和 m_t^W 分别为其最大值和最小值,即:

$$M_t^W = \sup_{u\in[0,t]} W_u, \quad m_t^W = \inf_{u\in[0,t]} W_u$$

以下关于布朗运动的反射原理,是布朗运动强马氏性的直接结果:

[布朗运动的反射原理]

对于任意 $t>0$, $y\geq 0$ 和 $x\leq y$,有:

$$P\{W_t\leq x, M_t^W\geq y\} = P\{W_t\geq 2y-x\} = P\{W_t\leq x-2y\} \quad (A-7)$$

证明:

布朗运动反射定理的示意图如图 A-2 所示:

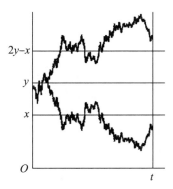

图 A-2 布朗运动反射定理示意图

令 $T = \inf\{t>0: W_t=y\}$,则 T 是一个停时,且 $P\{T<\infty\}=1$,构造过程 X_t:

---

① Leland, H. E., and K. B. Toft, "Optimal Capital Structure, Endogenous Bankruptcy, and the Term Structure of Credit Spreads", *The Journal of Finance*, 1996, 51(3), 987-1019.

② Black, T., and J. C. Cox, "Valuing Corporate Securities: Some effects of Bond Indenture Provisions", *The Journal of Finance*, 1976, 31(2), 351-367.

$$X_t = W_t 1_{\{t<T\}} + (2W_T - W_t) 1_{\{t \geq T\}}$$

即 X 在 T 之前是布朗运动 W，在 T 之后是将 W 沿 y 水平"反射"，由于 W 与 $-W$ 分布相同，不难得到 X 也是一个标准布朗运动。

令 $R = \inf\{t>0: X_t = y\}$，由于 (R, X) 与 (T, W) 分布相同，有：

$$P\{R \leq t, X_t \leq x\} = P\{T \leq t, W_t \leq x\}$$

而由于 $R = T$，根据 X 的构造方式我们有：

$$\{R \leq t, X_t \leq x\} = \{T \leq t, W_t \geq 2y - x\}$$

于是有：

$$P\{T \leq t, W_t \geq 2y - x\} = P\{T \leq t, W_t \leq x\}$$

由于 $\{T \leq t\} = \{M_t^W \geq y\} \supseteq \{W_t \geq 2y - x\}$，有

$$P\{T \leq t, W_t \geq 2y - x\} = P\{M_t^W \geq y, W_t \geq 2y - x\} = P\{W_t \geq 2y - x\}$$

$$P\{T \leq t, W_t \leq x\} = P\{M_t^W \geq y, W_t \leq x\}$$

于是式（A-7）得证。

考虑更一般化的随机过程 $Y_t = \sigma W_t + \nu t$，其中 W_t 是一个测度 P 下的标准布朗运动，σ、ν 为实数，定义 $M_t^Y = \sup_{u \in [0,t]} Y_u$ 和 $m_t^Y = \inf_{u \in [0,t]} Y_u$，其概率定律如下：

对于任意 $t > 0$，Y_t 和 M_t^Y 的联合分布为：

$$P\{Y_t \leq x, M_t^Y \geq y\} = e^{2\nu y \sigma^2} P\{Y_t \geq 2y - x + 2\nu t\} \tag{A-8}$$

其中 $y \geq 0$ 且 $x \leq y$。

证明：

不失一般性地，假设 $\sigma = 1$。根据 Girasnov 定理，定义测度 $\widehat{P}$：

$$\frac{\mathrm{d}\widehat{P}}{\mathrm{d}P} = e^{-\nu W_T - \nu^2 T/2}, \quad P\text{-}a.s.$$

则 Y 在测度 $\widehat{P}$ 下是一个标准布朗运动。注意到 $\frac{\mathrm{d}P}{\mathrm{d}\widehat{P}} = e^{\nu W_T + \nu^2 T/2} = e^{\nu Y_T - \nu^2 T/2}$，$\widehat{P}\text{-}a.s.$，有：

$$P\{Y_t \leq x, M_t^Y \geq y\} = E_P(1_{\{Y_t \leq x, M_t^Y \geq y\}}) = E_{\widehat{P}}(e^{\nu Y_T - \nu^2 T/2} 1_{\{Y_t \leq x, M_t^Y \geq y\}})$$

由于 Y 在测度 $\widehat{P}$ 下是一个标准布朗运动，根据引理布朗运动的反射原理，有：

$$P\{Y_t \leq x, M_t^Y \geq y\}$$
$$= E_{\widehat{P}}(e^{\nu(2y - Y_T) - \nu^2 T/2} 1_{\{2y - Y_t \leq x, M_t^Y \geq y\}})$$
$$= E_{\widehat{P}}(e^{\nu(2y - Y_T) - \nu^2 T/2} 1_{\{Y_t \geq 2y - x\}}) = e^{2\nu y} E_{\widehat{P}}(e^{-\nu Y_T - \nu^2 T/2} 1_{\{Y_t \geq 2y - x\}})$$

再定义测度 $\widetilde{P}$：

$$\frac{\mathrm{d}\widetilde{P}}{\mathrm{d}\widehat{P}} = e^{-\nu Y_T - \nu^2 T/2}, \quad \widehat{P}\text{-}a.s.$$

显然有：

$$P\{Y_t \leq x, M_t^Y \geq y\} = e^{2\nu y} E_{\widehat{P}}(e^{-\nu Y_T - \nu^2 T/2} 1_{\{Y_t \geq 2y - x\}}) = e^{2\nu y} \widetilde{P}\{Y_t \geq 2y - x\}$$

进一步地，由于 $\widetilde{W}_t = Y_t + \nu t$ 在测度 $\widetilde{P}$ 下是一个标准布朗运动，我们有：

$$P\{Y_t \leq x, M_t^Y \geq y\} = e^{2\nu y} \widetilde{P}\{\widetilde{W}_t + \nu t \geq 2y - x + 2\nu t\}$$

易见式(A-8)成立。

从上述定律不难得到以下两个推论:

推论 1: 对于任意 $x, y \in R$, 满足 $y \geq 0, x \leq y$, 有:

$$P\{Y_t \leq x, M_t^Y \geq y\} = e^{2\nu y \sigma^{-2}} N\left(\frac{x - 2y - \nu t}{\sigma\sqrt{t}}\right) \tag{A-9}$$

$$P\{Y_t \leq x, M_t^Y \leq y\} = N\left(\frac{x - \nu t}{\sigma\sqrt{t}}\right) - e^{2\nu y \sigma^{-2}} N\left(\frac{x - 2y - \nu t}{\sigma\sqrt{t}}\right) \tag{A-10}$$

推论 2: 对于任意 $y \geq 0$, 有:

$$P\{M_t^Y \leq y\} = N\left(\frac{y - \nu t}{\sigma\sqrt{t}}\right) - e^{2\nu y \sigma^{-2}} N\left(\frac{-y - \nu t}{\sigma\sqrt{t}}\right) \tag{A-11}$$

考虑 Y 的最小值 m_t^Y, 对于任意 $y \leq 0$ 有:

$$P\{\sup_{u \in [0,t]} (\sigma W_u - \nu u) \geq -y\} = P\{\inf_{u \in [0,t]} (-\sigma W_u + \nu u) \leq y\} = P\{\sup_{u \in [0,t]} \widetilde{Y}_u \leq y\}$$

于是对于任意 $y \leq 0$ 有:

$$P\{m_t^Y \leq y\} = P\{\widetilde{M}_t^Y \geq -y\}, (\widetilde{Y}_t = \sigma W_t - \nu t)$$

因而不难得到以下两个:

推论 3: 对于任意 $x, y \in R$, 满足 $y \leq 0, y \leq x$, 有:

$$P\{Y_t \geq x, m_t^Y \geq y\} = N\left(\frac{-x + \nu t}{\sigma\sqrt{t}}\right) - e^{2\nu y \sigma^{-2}} N\left(\frac{2y - x + \nu t}{\sigma\sqrt{t}}\right) \tag{A-12}$$

推论 4: 对于任意 $y \leq 0$, 有:

$$P\{m_t^Y \geq y\} = N\left(\frac{-y + \nu t}{\sigma\sqrt{t}}\right) - e^{2\nu y \sigma^{-2}} N\left(\frac{y + \nu t}{\sigma\sqrt{t}}\right) \tag{A-13}$$

(二) Black-Cox 模型及其他首达时模型举例

考虑两个 Itô 过程 X^1 和 X^2 在测度 P^* 下的动态:

$$dX_t^i = X_t^i(\mu_i(t)dt + \sigma_i(t)dW_t^i), X_0^i = x^i > 0, i = 1, 2 \tag{A-14}$$

假设 $x^1 > x^2$。通常,首达时模型中违约时间 τ 定义为:

$$\tau = \inf\{t \geq 0 : X_t^1 \leq X_t^2\} \tag{A-15}$$

方便起见,定义 $Y_t = \ln(X_t^1 / X_t^2)$, 则违约时间 τ 为:

$$\tau = \inf\{t \geq 0 : Y_t \leq 0\} \tag{A-16}$$

使用 Itô 公式不难得出:

$$dY_t = \nu(t)dt + \sigma_1(t)dW_t^1 - \sigma_2(t)dW_t^2 \tag{A-17}$$

其中,

$$\nu(t) = \mu_1(t) - \mu_2(t) + \frac{1}{2}\sigma_2(t)^2 - \frac{1}{2}\sigma_1(t)^2 \tag{A-18}$$

假设 $\mu_i, \sigma_i, i = 1, 2$ 均为常数,则 Y 为如下布朗运动:

$$Y_t = y_0 + \nu t + \sigma W_t^* \tag{A-19}$$

其中，$\nu = \mu_1 - \mu_2 + \frac{1}{2}\sigma_2^2 - \frac{1}{2}\sigma_1^2$，$\sigma^2 = \sigma_1^2 + \sigma_2^2$，$W_t^*$ 是 P^* 下的标准布朗运动。于是根据布朗运动的强马氏性不难推出 Y 的首达 0 时与首次跌穿 0 时以概率 1 相同，即：

$$\tau = \inf\{t \geq 0 : Y_t < 0\} = \inf\{t \geq 0 : Y_t \leq 0\}, P^* - a.s.$$

由上节推论 4 不难得到如下性质：

假设 Y 服从式（A-19），则违约时间 τ 服从反高斯分布（Wald 分布），于是对于任意时刻 $0 < t < \infty$，有：

$$P^*\{\tau \leq t\} = P^*\{\tau < t\} = N\left(\frac{-y_0 - \nu t}{\sigma\sqrt{t}}\right) + e^{-2\nu y_0 \sigma^{-2}} N\left(\frac{-y_0 + \nu t}{\sigma\sqrt{t}}\right) \tag{A-20}$$

证明：

注意到

$$P^*\{\tau \geq t\} = P^*\{\inf_{u \in [0,t]} Y_u \geq 0\} = P^*\{\inf_{u \in [0,t]} (\nu u + \sigma W_u^*) \geq -y_0\}$$

由推论 4 可知：

$$P^*\{\tau \geq t\} = N\left(\frac{y_0 + \nu t}{\sigma\sqrt{t}}\right) - e^{-2\nu y_0 \sigma^{-2}} N\left(\frac{-y_0 + \nu t}{\sigma\sqrt{t}}\right)$$

由于 Y 具有强马氏性，对于任意 $s < t$，在 $\{\tau > s\}$ 上有：

$$P^*\{\tau \leq t | F_s\} = N\left(\frac{-Y_s - \nu(t-s)}{\sigma\sqrt{t-s}}\right) + e^{-2\nu Y_s \sigma^{-2}} N\left(\frac{-Y_s + \nu(t-s)}{\sigma\sqrt{t-s}}\right) \tag{A-21}$$

根据上述结论，在此考虑两种首达时模型如下：

Leland and Toft (1996) 假设发行人资产价值过程为 $dV_t = V_t((r-\kappa)dt + \sigma_V dW_t^*)$，障碍过程为常数 $\bar{v} < V_0$，令 $X_s^1 = V_s$，$X_s^2 = \bar{v}$，于是 $Y_s = \ln(V_s/\bar{v})$，式（A-13）中各项为：

$$\begin{cases} \mu_1 \equiv r - \kappa, & \sigma_1 \equiv \sigma_V, & x^1 = V_0 \\ \mu_2 \equiv 0, & \sigma_2 \equiv 0, & x^2 = \bar{v} \end{cases}$$

于是式（A-19）中 $\nu = r - \kappa - \frac{1}{2}\sigma_V^2$，$\sigma = \sigma_V$。

定义违约时间为 $\tau = \inf\{t \geq 0 : V_t \leq \bar{v}\} = \inf\{t \geq 0 : V_t < \bar{v}\}$，根据式（A-21），对于任意 $s < t$，在 $\{\tau > s\}$ 上有：

$$P^*\{\tau \leq t | F_s\} = N\left(\frac{\ln\frac{\bar{v}}{V_s} - \nu(t-s)}{\sigma\sqrt{t-s}}\right) + \left(\frac{\bar{v}}{V_s}\right)^{\frac{2(r-\kappa) - \sigma_V^2}{\sigma_V^2}} N\left(\frac{\ln\frac{\bar{v}}{V_s} + \nu(t-s)}{\sigma\sqrt{t-s}}\right) \tag{A-22}$$

Black and Cox (1976) 假设发行人资产价值过程为 $dV_t = V_t((r-\kappa)dt + \sigma_V dW_t^*)$，障碍过程为 $\bar{v}(s) = K e^{-\gamma(T-s)}$，可见 $\bar{v}(s)$ 满足：

$$d\bar{v}(t) = \gamma \bar{v}(t) dt, \bar{v}(0) = K e^{-\gamma T}$$

令 $X_s^1 = V_s$，$X_s^2 = \bar{v}(s)$，于是 $Y_s = \ln(V_s/\bar{v}(s))$，式（A-14）中各项为：

$$\begin{cases} \mu_1 \equiv r - \kappa, & \sigma_1 \equiv \sigma_V, & x^1 = V_0 \\ \mu_2 \equiv \gamma, & \sigma_2 \equiv 0, & x^2 = K e^{-\gamma T} \end{cases}$$

于是式（A-19）中 $\nu = r - \kappa - \gamma - \dfrac{1}{2}\sigma_V^2$，$\sigma = \sigma_V$。

定义违约时间为 $\tau = \inf\{t \geq 0 : V_t \leq \bar{v}(t)\} = \inf\{t \geq 0 : V_t < \bar{v}(t)\}$，根据式（A-21），对于任意 $s<t$，在 $\{\tau>s\}$ 上有：

$$P^*\{\tau \leq t \mid F_s\} = N\left(\dfrac{\ln\dfrac{\bar{v}(s)}{V_s} - \nu(t-s)}{\sigma\sqrt{t-s}}\right) + \left(\dfrac{\bar{v}(s)}{V_s}\right)^{\dfrac{2(r-\kappa-\gamma)-\sigma_V^2}{\sigma_V^2}} N\left(\dfrac{\ln\dfrac{\bar{v}(s)}{V_s} + \nu(t-s)}{\sigma\sqrt{t-s}}\right) \quad (A-23)$$

附录 B 简约化模型

根据附录 A 的讨论,在结构化模型中,公司资产价值过程直接决定违约事件,即当公司价值低于某一阈值时触发违约,在这种情况下,违约时间是参考域流的可料停时。

而在简约化模型中,并不对公司资产价值过程进行描述,或者只是将其作为辅助性状态变量,并将违约时间建模为一个不可料的停时:通常假设域流 $G = F \vee H$,即对于任意 $t \in R_+$,有 $G_t = F_t \vee H_t$,其中,域流 H 包含了所有与违约有关的信息(即形如 $\{\tau \leq t\}$ 的事件),而**参考域流** F 包含了其他相关的金融和经济过程,但并不包含有关违约的全部信息。在上述情况下,一个关于可违约债券定价的直接问题就是:在已知参考域流 F 下违约时间 τ 的强度时,如何计算条件期望 $E_P(1_{\{\tau > s\}} Y | G_t)$。

本附录第一部分考虑 $F = \{\varphi, \Omega\}$ 的情况,即 F 是一个平凡域流,不包含任何信息;第二部分考虑一个较第一部分更为一般的情况,即参考域流 $F = (F_t)_{t \geq 0}$ 为任意域流;第三部分将第一部分和第二部分的理论应用于可违约债券的定价。

一、风险函数(Hazard Function)

本部分考虑参考域流 $F = \{\varphi, \Omega\}$ 的情况,即 F 是一个平凡域流,不包含任何信息。在这种情况下,$G = H$。

(一) 随机时间的风险函数

令 $\tau: \Omega \to R_+$ 为定义在 (Ω, G, P) 上的随机变量,称为**随机时间**,假设 $P\{\tau = 0\} = 0, P\{\tau < \infty\} = 1$ 且 $P\{\tau > 0\} > 0 (\forall t \in R_+)$。假设 τ 的分布函数 $F(t) = P\{\tau \leq t\}$ 右连续,定义 τ 的**生存函数** $G(t) := 1 - F(t) = P\{\tau > t\}$。

定义跳过程 $H_t = 1_{\{\tau \leq t\}}$,令 $H = (H_t)_{t \geq 0}$ 为 H 生成的域流,$H_t = \sigma(H_u : u \leq t)$ 表示 $[0, t]$ 区间观察随机时间 τ 发生所产生的信息,显然,τ 是一个 H-停时。域流 H 满足如下性质:

(1) $H_t = \sigma(\{\tau \leq u\} : u \leq t)$;
(2) $H_t = \sigma(\sigma(\tau) \cap \{\tau \leq t\})$;
(3) $H_t = \sigma(\tau \wedge t) \vee (\{\tau > t\})$;
(4) $H_t = H_{t+}$;
(5) $H_\infty = \sigma(\tau)$;
(6) $\forall A \in H_\infty : A \cap \{\tau \leq t\} \in H_t$。

根据上述性质,不难得到如下引理:

令 Y 为一个 G-可测的随机变量,则有:

$$1_{\{\tau \leq t\}} E_P(Y|H_t) = E_P(1_{\{\tau \leq t\}} Y|H_\infty) = 1_{\{\tau \leq t\}} E_P(Y|\tau) \tag{B-1}$$

$$1_{\{\tau > t\}} E_P(Y|H_t) = 1_{\{\tau > t\}} \frac{E_P(1_{\{\tau > t\}} Y)}{P\{\tau > t\}} \tag{B-2}$$

证明:

(1) $1_{\{\tau \leq t\}} E_P(Y|H_t) = E_P(1_{\{\tau \leq t\}} Y|H_t) = E_P(1_{\{\tau \leq t\}} Y|H_\infty)$

由上述性质(1)有 $\forall A \in H_\infty : A \cap \{\tau \leq t\} \in H_t$, 于是:

$$\int_A E_P(1_{\{\tau \leq t\}} Y|H_\infty) dP = \int_A 1_{\{\tau \leq t\}} Y dP = \int_{A \cap \{\tau \leq t\}} Y dP = \int_{A \cap \{\tau \leq t\}} E_P(Y|H_t) dP$$

$$= \int_A 1_{\{\tau \leq t\}} E_P(Y|H_t) dP = \int_A E_P(1_{\{\tau \leq t\}} Y|H_t) dP$$

(2) $1_{\{\tau > t\}} E_P(Y|H_t) = 1_{\{\tau > t\}} \frac{E_P(1_{\{\tau > t\}} Y)}{P\{\tau > t\}}$

只需证明对于任意 $A \in H_t$, 有 $\int_A 1_{\{\tau > t\}} E_P(Y|H_t) dP = \int_A 1_{\{\tau > t\}} \frac{E_P(1_{\{\tau > t\}} Y)}{P\{\tau > t\}} dP$。对于 $A = \{\tau \leq s\}$, $s \leq t$, 上式两侧均为 0; 对于 $A = \{\tau > t\} \in H_t$, 有:

$$\int_A E_P(1_A Y|H_t) dP = \int_A 1_A Y dP = \int_\Omega 1_A Y dP = \frac{E_P(1_{\{\tau > t\}} Y)}{P\{\tau > t\}} P\{A\} = \int_A \frac{E_P(1_{\{\tau > t\}} Y)}{P\{\tau > t\}} 1_A dP$$

由上述引理可得如下推论:

推论 1: 对于任意 G-可测的随机变量 Y, 有:

$$E_P(Y|H_t) = 1_{\{\tau \leq t\}} E_P(Y|\tau) + 1_{\{\tau > t\}} \frac{E_P(1_{\{\tau > t\}} Y)}{P\{\tau > t\}} \tag{B-3}$$

推论 2: 对于任意 H_t-可测的随机变量 Y, 有:

$$Y = 1_{\{\tau \leq t\}} E_P(Y|\tau) + 1_{\{\tau > t\}} \frac{E_P(1_{\{\tau > t\}} Y)}{P\{\tau > t\}} \tag{B-4}$$

即 $Y = h(\tau)$, 其中 $h: R \to R$ 是一个 Borel 可测函数, 且在区间 (t, ∞) 上为常数。

定义风险函数和强度函数如下:

随机时间 τ 的风险函数为右连续单调增函数 $\Gamma: R_+ \to R_+$, 定义如下:

$$\Gamma(t) := -\ln G(t) = -\ln(1 - F(t)), \forall t \in R_+ \tag{B-5}$$

若分布函数 F 存在密度函数 f, $F(t) = \int_0^t f(u) du$, 则有:

$$F(t) = 1 - e^{-\Gamma(t)} = 1 - e^{-\int_0^t \gamma(u) du}, \gamma(t) = \frac{f(t)}{1 - F(t)} \tag{B-6}$$

函数 γ 称为随机时间 τ 的风险率(Hazard Rate)或强度(有时为了强调与测度 P 的关系, 也称为 P-风险率或 P-强度)。

定义了风险函数和强度函数后, 结合式(B-3), 不难得出如下推论:

推论 3: 令 Y 为 H_∞-可测, 即存在 Borel 可测函数 $h: R_+ \to R$ 使得 $Y = h(\tau)$, 则有如下结论:

(i) 若 τ 的风险函数 Γ 连续, 则有:

$$E_P(Y|H_t) = 1_{\{\tau \leq t\}} h(\tau) + 1_{\{\tau > t\}} \int_t^\infty h(u) e^{\Gamma(t) - \Gamma(u)} d\Gamma(u) \tag{B-7}$$

(ii) 若 τ 存在强度函数 γ，则有：

$$E_P(Y|H_t) = 1_{\{\tau \leq t\}} h(\tau) + 1_{\{\tau > t\}} \int_t^\infty h(u) \gamma(u) e^{-\int_t^u \gamma(v) dv} du \qquad \text{(B-8)}$$

特别地，对于任意 $t \leq s$，有：

$$P\{\tau > s | H_t\} = E_P(1_{\{\tau > s\}} | H_t) = 1_{\{\tau > t\}} e^{-\int_t^s \gamma(v) dv} \qquad \text{(B-9)}$$

$$P\{t < \tau < s | H_t\} = E_P(1_{\{t < \tau < s\}} | H_t) = 1_{\{\tau > t\}} (1 - e^{-\int_t^s \gamma(v) dv}) \qquad \text{(B-10)}$$

（二）关于随机时间的鞅

首先根据上述关于随机时间风险函数的讨论给出如下引理：

由式（B-11）给出的过程 L 是一个 H-鞅：

$$L_t = \frac{1 - H_t}{1 - F(t)} = (1 - H_t) e^{\Gamma(t)} = 1_{\{\tau > t\}} e^{\Gamma(t)} \qquad \text{(B-11)}$$

等价地，对于任意 $0 \leq t \leq s$，有：

$$E_P(H_s - H_t | H_t) = 1_{\{\tau > t\}} \frac{F(s) - F(t)}{1 - F(t)} \qquad \text{(B-12)}$$

证明：由式（B-3）易得 $E_P(1 - H_s | H_t) = (1 - H_t) \dfrac{E_P(1_{\{\tau > s\}})}{P\{\tau > t\}} = (1 - H_t) \dfrac{P\{\tau > s\}}{P\{\tau > t\}} = (1 - H_t) \dfrac{1 - F(s)}{1 - F(t)}$。

注意到上式对任意风险函数 Γ 都是成立的（即使 Γ 是不连续的），以下结论仅对连续的风险函数成立：

假设 F（亦即风险函数 Γ）连续，则由下式给出的过程 M 是一个 H-鞅：

$$M_t = H_t - \Gamma(t \wedge \tau) \qquad \text{(B-13)}$$

证明：这里只证明 F 绝对连续的情况，即随机时间 τ 存在强度函数 γ。令：

$$Y = \int_t^s \gamma(u) 1_{\{u \leq \tau\}} du = \int_t^{s \wedge \tau} \frac{f(u)}{1 - F(u)} du = \ln \frac{1 - F(t \wedge \tau)}{1 - F(s \wedge \tau)} = \Gamma(s \wedge \tau) - \Gamma(t \wedge \tau) \qquad \text{(B-14)}$$

显然有 $Y = 1_{\{\tau > t\}} Y$，于是：

$$E_P(Y|H_t) = E_P(1_{\{\tau > t\}} Y | H_t) \stackrel{(B-3)}{=} 1_{\{\tau > t\}} \frac{E_P(Y)}{P\{\tau > t\}} = 1_{\{\tau > t\}} \frac{E_P(\int_t^s \gamma(u) 1_{\{u \leq \tau\}} du)}{1 - F(t)}$$

$$\stackrel{(Fubini定理)}{=} 1_{\{\tau > t\}} \frac{\int_t^s \gamma(u)(1 - F(u)) du}{1 - F(t)}$$

$$\stackrel{(B-6)}{=} 1_{\{\tau > t\}} \frac{\int_t^s f(u) du}{1 - F(t)} = 1_{\{\tau > t\}} \frac{F(s) - F(t)}{1 - F(t)}$$

$$\stackrel{(B-12)}{=} E_P(H_s - H_t | H_t)$$

于是有 $E_P(H_s - H_t | H_t) = E_P(\Gamma(s \wedge \tau) - \Gamma(t \wedge \tau) | H_t)$，即 $E_P(H_s - \Gamma(s \wedge \tau) | H_t) = E_P(H_t - \Gamma(t \wedge \tau) | H_t)$。

事实上，满足使 $H_t - \Lambda(t \wedge \tau)$ 是一个 H-鞅的函数 Λ 称为随机时间 τ 的**鞅风险函数**（Martingale Hazard Function），当且仅当随机时间 τ 的分布函数 $F(t)$ 连续时，鞅风险函数 Λ 与风险函数 Γ 相同。

二、风险过程（Hazard Process）

本部分考虑一个较第一部分更为一般的情况，$G = F \vee H$，即对于任意 $t \in R_+$，有 $G_t = F_t \vee H_t$，且参考域流 $F = (F_t)_{t \geq 0}$ 为任意域流。

类似第一部分，定义 $F_t = P\{\tau \leq t | F_t\}$，并定义**生存过程** $G_t := 1 - F_t = P\{\tau > t | F_t\}$，不难看出，过程 F 是一个有界非负的 F-下鞅。①

[风险过程（Hazard Process）]

假设对于任意 $t \in R_+$，有 $F_t < 1$，则随机时间 τ 在 P 下的 F-风险过程 Γ 定义为：

$$\Gamma_t := -\ln G_t = -\ln(1 - F_t), \forall t \in R_+ \tag{B-15}$$

若风险过程绝对连续，则存在过程 γ 使得 $\Gamma_t = \int_0^t \gamma_u du$，过程 γ 称为随机时间 τ 的 F-强度。从上述定义应注意到：

- 风险过程 Γ 存在意味着 τ 不是一个 F-停时，因为若事件 $\{\tau > t\} \in F_t$，则 $P\{\tau > t | F_t\} = E_P(1_{\{\tau > t\}} | F_t) = 1_{\{\tau > t\}} > 0 (P\text{-}a.s.)$，于是 $\tau = \infty$；
- 若参考域流 F 为平凡域流，则风险过程 Γ 与上节中的风险函数 $\Gamma(\cdot)$ 相同，且如果此时 Γ 绝对连续，则有 $\gamma_t = \gamma(t)$。

对应讨论关于随机时间的鞅小节的引理，我们给出如下结论，主要用于计量可违约债券的本金部分：

令 Y 为一个 G-可测的随机变量，则有：

$$E_P(1_{\{\tau > t\}} Y | G_t) = 1_{\{\tau > t\}} E_P(Y | G_t) = 1_{\{\tau > t\}} \frac{E_P(1_{\{\tau > t\}} Y | F_t)}{P\{\tau > t | F_t\}} \tag{B-16}$$

对于任意 $s \geq t$，有：

$$E_P(1_{\{\tau > s\}} Y | G_t) = 1_{\{\tau > t\}} \frac{E_P(1_{\{\tau > s\}} Y | F_t)}{P\{\tau > t | F_t\}}$$

进一步地，若 Y 为一个 F_s-可测的随机变量，则有：

$$E_P(1_{\{\tau > s\}} Y | G_t) = 1_{\{\tau > t\}} E_P(e^{\Gamma_t - \Gamma_s} Y | F_t) \tag{B-17}$$

证明：

式（B-16）：

不难证明如下命题：

假设 $F_t \subseteq G_t \subseteq F_t \vee H_t$，则对于任意 G_t-可测的随机变量 Y，存在 F_t-可测的随机变量 $\tilde{Y}$，使得在 $\{\tau > t\}$ 上 $Y = \tilde{Y}$。

根据上述命题，存在 F_t-可测的随机变量 ζ 使得在 $\{\tau > t\}$ 上 $\zeta = E_P(Y | G_t)$，于是有：

$$E_P(1_{\{\tau > t\}} Y | G_t) = 1_{\{\tau > t\}} E_P(Y | G_t) = 1_{\{\tau > t\}} \zeta$$

上式两端对 F_t 求条件期望可得：

---

① 对于任意 $0 \leq t \leq s$，有 $E_P(F_s | F_t) = E_P(P\{\tau \leq s | F_s\} | F_t) = E_P(E_P(1_{\{\tau \leq s\}} | F_s) | F_t) = E_P(1_{\{\tau \leq s\}} | F_t) = P\{\tau \leq s | F_t\} \geq P\{\tau \leq t | F_t\} = F_t$，即 $E_P(F_s | F_t) \geq F_t$，于是 F 是一个 F-下鞅，可进行 Doob-Meyer 分解。

$$E_P(E_P(1_{\{\tau>t\}} Y|G_t) |F_t) = E_P(1_{\{\tau>t\}} Y|F_t) = \zeta P\{\tau>t|F_t\}$$

于是易得式(B-16)。

式(B-17):

$$E_P(1_{\{\tau>s\}} Y|G_t) = 1_{\{\tau>t\}} E_P(1_{\{\tau>s\}} e^{\Gamma_t} Y|F_t) = 1_{\{\tau>t\}} E_P(P\{t>s|F_s\} e^{\Gamma_t} Y|F_t)$$
$$= 1_{\{\tau>t\}} E_P((1-F_s) e^{\Gamma_t} Y|F_t) = 1_{\{\tau>t\}} E_P(e^{\Gamma_t-\Gamma_s} Y|F_t)$$

以下两个引理针对 F-可料过程。

下述第一个引理主要用于计量于违约时间回收的(区别于于到期日回收的)回收过程:

令 Z 为一个有界 F-可料过程,则对于任意 $t \le s \le \infty$,有:

$$E_P(1_{\{t<\tau\le s\}} Z_\tau|G_t) = 1_{\{\tau>t\}} G_t^{-1} E_P(\int_{(t,s]} Z_u \mathrm{d} F_u |F_t) \quad (\text{B-18})$$

进一步地,如果 τ 的风险过程 Γ 连续,则有:

$$E_P(1_{\{t<\tau\le s\}} Z_\tau|G_t) = 1_{\{\tau>t\}} E_P(\int_t^s Z_u e^{\Gamma_t-\Gamma_u} \mathrm{d}\Gamma_u |F_t) \quad (\text{B-19})$$

证明:

式(B-18):

首先假设 Z 为分段 F-可料过程,即:

$$Z_u = \sum_{i=0}^n Z_{t_i} 1_{\{t_i<u\le t_{i+1}\}} \quad \begin{array}{l} t<u \le s, \\ t=t_0<\cdots<t_{n+1}=s \end{array}$$

其中,$Z_{t_i}(i=0,\cdots,n)$ 是一个 F_{t_i}-可测随机变量,于是有:

$$E_P(1_{\{t<\tau\le s\}} Z_\tau|F_t) = E_P(\sum_{i=0}^n Z_{t_i} 1_{\{t_i<u\le t_{i+1}\}} |F_t) = E_P(\sum_{i=0}^n Z_{t_i}(F_{t_{i+1}}-F_{t_i}) |F_t)$$

于是对于任意分段有界 F-可料过程 Z 有:

$$E_P(1_{\{t<\tau\le s\}} Z_\tau|F_t) = E_P(\int_{(t,s]} Z_u \mathrm{d} F_u |F_t)$$

上式联合式(B-16)可得式(B-18)。

式(B-19):

由假设风险过程 Γ 连续,可知 $\mathrm{d} F_u = e^{-\Gamma_u} \mathrm{d}\Gamma_u$,于是由式(B-18)可直接推出式(B-19)。

下述引理主要用于计量付息至违约债券的票息:

令 C 为一个有界有限变差 F-可料过程,则对于任意 $t \le s$,有:

$$E_P(\int_{(t,s]} (1-H_u) \mathrm{d} C_u |G_t) = 1_{\{\tau>t\}} e^{\Gamma_t} E_P(\int_{(t,s]} (1-F_u) \mathrm{d} C_u |F_t) \quad (\text{B-20})$$

$$= 1_{\{\tau>t\}} E_P(\int_{(t,s]} e^{\Gamma_t-\Gamma_u} \mathrm{d} C_u |F_t) \quad (\text{B-21})$$

证明:

对于给定 $t\le s$,定义过程 $\widetilde{C}_u = C_u - C_t, u \in [t,s]$,显然 $\widetilde{C}$ 和其左极限 $\widetilde{C}_{t-}$ 都有界有限变差 F-可料过程,于是:

$$E_P(\int_{(t,s]} (1-H_u) \mathrm{d} C_u |G_t) = E_P(\int_{(t,s]} 1_{\{\tau>u\}} \mathrm{d}\widetilde{C}_u |G_t) = E_P(\widetilde{C}_s 1_{\{\tau>s\}} + \widetilde{C}_{\tau-} 1_{\{t<\tau\le s\}} |G_t)$$

$$= 1_{\{\tau>t\}} e^{\Gamma_t} E_P(\widetilde{C}_s(1-F_s) + \int_{(t,s]} \widetilde{C}_{u-} \mathrm{d} F_u |F_t) \quad (G_t = 1-F_t)$$

$$= 1_{\{\tau>t\}} e^{\Gamma_t} E_P(\widetilde{C}_s G_s - \int_{(t,s]} \widetilde{C}_{u-} \mathrm{d} G_u |F_t)$$

根据 Itô 乘积法,则有:

$$\widetilde{C}_s G_s = \widetilde{C}_t G_t + \int_{(t,s]} \widetilde{C}_{u-} \mathrm{d} G_u + \int_{(t,s]} G_u \mathrm{d} \widetilde{C}_u + [\widetilde{C}, G]_s$$

由于 $\widetilde{C}$ 是有限变差过程, $[\widetilde{C}, G]_s = 0$;又根据 $\widetilde{C}$ 的构造,$\widetilde{C}_t = 0$,于是 $\widetilde{C}_s G_s = \int_{(t,s]} \widetilde{C}_{u-} \mathrm{d} G_u + \int_{(t,s]} G_u \mathrm{d} \widetilde{C}_u$。于是有:

$$E_P(\widetilde{C}_s G_s - \int_{(t,s]} \widetilde{C}_{u-} \mathrm{d} G_u | F_t) = E_P(\int_{(t,s]} G_u \mathrm{d} \widetilde{C}_u | F_t) = E_P(\int_{(t,s]} (1-F_u) \mathrm{d} C_u | F_t)$$

于是式(B-20)得证;式(B-21)可由式(B-20)直接得到。

三、简约化模型下可违约债券定价

定义一个可违约债券为 $(X, C, \widetilde{X}, Z, \tau)$,其中:

- X:F_T-可测过程 X 表示如果到期日 T 前未发生违约,则债权人在到期日 T 所能获得的收益,可以理解为本金部分;
- C:F-可料有限变差过程 C 表示息票部分,假设连续或离散付息至违约时刻;
- $\widetilde{X}$:G_T-可测过程 $\widetilde{X}$ 表示若发生违约时,债权人在到期日 T 可以获得的回收部分;
- Z:F-可料过程 Z 表示若发生违约时,债权人在违约时刻 τ 可以获得的回收部分;
- τ:违约时间 τ 为定义在 (Ω, G, Q^*) 上的一个非负随机变量,且 $Q^*\{\tau < +\infty\} = 1$。

根据上述定义,未定权益在 t 时刻的现金流为:

$$D_t = X^d(T) 1_{\{t \geq T\}} + \int_{(0,t]} Z_u \mathrm{d} H_u + \int_{(0,t]} (1-H_u) \mathrm{d} C_u$$

其中,$X^d(T) = X 1_{\{\tau \geq T\}} + \widetilde{X} 1_{\{\tau \leq T\}} = X(1-H_T) + \widetilde{X} H_t$。

定义计价单位 $B_t = \mathrm{e}^{\int_0^t r_u \mathrm{d} u}, \forall t \in R_+$ 为一个 F-可测过程,则到期日为 T 的可违约债券在 t 时刻的现值 $X^d(t,T)$ 为:

$$X^d(t,T) = B_t E_{Q^*}(\int_{(t,T]} B_u^{-t} \mathrm{d} D_u | G_t), \forall t \in [0,T]$$
$$= B_t E_{Q^*}(B_T^{-1} X^d(T) + \int_{(t,T]} B_u^{-1} Z_u \mathrm{d} H_u + \int_{(t,T]} B_u^{-t}(1-H_u) \mathrm{d} C_u | G_t)$$

对上式名义本金部分、回收部分和息票部分分别使用第二部分的相应引理,不难得到一个到期日为 T 的可违约债券 $(X, C, \widetilde{X}, Z, \tau)$ 在 t 时刻的现值 $X^d(t,T)$ 为:

$$X^d(t,T) = 1_{\{\tau > t\}} G_t^{-1} B_t E_{Q^*}(G_T B_T^{-1} X | F_t) + B_t E_{Q^*}(B_T^{-1} 1_{\{\tau \leq T\}} \widetilde{X} | G_t)$$
$$+ 1_{\{\tau > t\}} G_t^{-1} B_t E_{Q^*}(\int_{(t,T]} B_u^{-1}(G_u \mathrm{d} C_u - Z_u \mathrm{d} G_u) | F_t) \quad \text{(B-22)}$$

若风险过程 Γ 为单增连续过程,则

$$X^d(t,T) = 1_{\{\tau > t\}} B_t E_{Q^*}(B_T^{-1} \mathrm{e}^{\Gamma_t - \Gamma_T} X | F_t) + B_t E_{Q^*}(B_T^{-1} 1_{\{\tau \leq T\}} \widetilde{X} | G_t)$$
$$+ 1_{\{\tau > t\}} B_t E_{Q^*}(\int_{(t,T]} B_u^{-1} \mathrm{e}^{\Gamma_t - \Gamma_u}(\mathrm{d} C_u + Z_u \mathrm{d} \Gamma_u) | F_t) \quad \text{(B-23)}$$

从上述命题应注意到:

- 由于假设违约到期回收过程 $\widetilde{X}$ 为 G_T-可测过程,上式中包含 G_t 条件期望项,可进一步假设 $\widetilde{X}$ 为 F_T-可测过程简化上式中违约到期回收过程:

$$B_t E_{Q^*}(B_T^{-1} 1_{\{\tau \leq T\}} \widetilde{X} | G_t) = B_t E_{Q^*}(B_T^{-1} \widetilde{X}(1 - 1_{\{\tau > T\}}) | G_t)$$
$$= B_t E_{Q^*}(B_T^{-1} \widetilde{X} | F_t) - 1_{\{\tau > t\}} G_t^{-1} B_t E_{Q^*}(G_T B_T^{-1} \widetilde{X} | F_t)$$

- 从式(B-23)中不难看出,可违约债券 $(X, C, \widetilde{X}, Z, \tau)$ 和 $(X, \widehat{C}, \widetilde{X}, 0, \tau)$,$\widehat{C}_t = C_t + \int_0^t Z_u \mathrm{d} \Gamma_u$ 的价值过

程是相同的;

- 进一步假设违约时间存在随机 F-强度 γ,并假设 $\widetilde{X}=0$,则式(B-23)可进一步简化为:

$$X^d(t,T) = 1_{\{\tau>t\}} E_{Q^*}(e^{-\int_t^T(r_v+\gamma_v)dv}X + \int_{(t,T]} e^{-\int_t^u(r_v+\gamma_v)dv}(dC_u+\gamma_u Z_u du) \mid F_t) \quad (B-24)$$

引入违约调整收益率 $\widetilde{r}=r+\gamma$ 以及对应 F-可测计价单位 $\widetilde{B}_t = e^{\int_0^t \widetilde{r}_u du} = B_t e^{\Gamma_t}$,上式可进一步化简为:

$$X^d(t,T) = 1_{\{\tau>t\}} \widetilde{B}_t E_{Q^*}(\widetilde{B}_T^{-1}X + \int_{(t,T]} \widetilde{B}_u^{-1}(dC_u+\gamma_u Z_u du) \mid F_t) \quad (B-25)$$

在非随机违约强度的简单情况下,假设:

- 违约时间 τ 存在 Q^*-强度函数 $\gamma(t)$(如第二部分所示),即上述强度过程 $\gamma_t = \gamma(t)$,其可由信用债或信用衍生产品市场价格推出(将在附录 C 中讨论);
- 短期利率 $r(t)$ 是时间的非随机函数,在此假设下,一个 T 时刻到期的无风险债券在 t 时刻的价格为 $B(t,T) = e^{-\int_t^T r(v)dv}$。

考虑单位零息可违约债券,即假设本金 $X=1$,息票 $C=0$,违约到期回收部分 $\widetilde{X}=0$,假设违约时回收部分为 $Z_\tau = h(\tau)$,则根据式(B-24)可知:

$$X^d(t,T) = 1_{\{\tau>t\}}(e^{-\int_t^T \widetilde{r}(v)dv} + \int_t^T e^{-\int_t^u \widetilde{r}(v)dv}\gamma(u)h(u)du) \quad (B-26)$$

以下考虑几种违约时回收部分的情况:

[零回收率情况]

假设回收率 $h(\tau)=0$,则由式(B-26)可知:

$$X^d(t,T) = 1_{\{\tau>t\}} e^{-\int_t^T \widetilde{r}(v)dv}$$

事实上,假设未定权益 $Y_t = 1_{\{\tau>T\}} B(t,T)$,且 $G=H$,则其 t 时刻价格为:

$$D^0(t,T) = B_t E_{Q^*}(B_T^{-1} 1_{\{\tau>T\}} \mid H_t)$$

于是根据式(B-9)可以得到:

$$D^0(t,T) = 1_{\{\tau>t\}} e^{-\int_t^T (r(v)+\gamma(v))dv} = 1_{\{\tau>t\}} B(t,T) e^{-\int_t^T \gamma(v)dv}$$

[按面值部分回收(Fractional Recovery of Par Value)]

假设回收率为常数,即 $h(\tau) = \delta \in [0,1]$,则由式(B-26)可知:

$$X^d(t,T) = 1_{\{\tau>t\}}(e^{-\int_t^T \widetilde{r}(v)dv} + \delta \int_t^T e^{-\int_t^u \widetilde{r}(v)dv}\gamma(u)du)$$

事实上,假设未定权益 $Y_t = 1_{\{\tau>T\}} B(t,T) + 1_{\{\tau\leq T\}} \delta B(t,\tau)$,且 $G=H$,则应用式(B-8)可知其 t 时刻价格为:

$$\begin{aligned}
D^\delta(t,T) &= E_{Q^*}(1_{\{\tau>T\}} B(t,T) + 1_{\{\tau\leq T\}} \delta B(t,\tau) \mid H_t) \\
&= D^0(t,T) + \delta E_{Q^*}(1_{\{\tau\leq T\}} B(t,\tau) \mid H_t) \\
&= D^0(t,T) + 1_{\{\tau\leq t\}} \delta B(t,\tau) + 1_{\{\tau>t\}} \delta \int_t^\infty 1_{\{u\leq T\}} B(t,u)\gamma(u) e^{-\int_t^u \gamma(v)dv} du \\
&= 1_{\{\tau\leq t\}} \delta B(t,\tau) + 1_{\{\tau>t\}}(e^{-\int_t^T (r(v)+\gamma(v))dv} + \delta \int_t^T \gamma(u) e^{-\int_t^u (r(v)+\gamma(v))dv} du)
\end{aligned}$$

应注意到当 $\delta=1$ 时,$D^\delta(t,T) \geq B(t,T)$,这是由于全额回收时,$t$ 时刻现金流为 1,大于国债 t 时刻的现值。

[按同等国债部分回收(Fractional Recovery of Treasury Value)]

设回收率为 $h(\tau) = \delta B(\tau,T)$,则由式(B-26)可知:

$$X^d(t,T) = 1_{\{\tau>t\}} \left(e^{-\int_t^T r(v)dv} + \int_t^T e^{-\int_t^u (r(v)+\gamma(v))dv} \delta\, e^{-\int_u^T r(v)dv} \gamma(u) du \right)$$

$$= 1_{\{\tau>t\}} \left(e^{-\int_t^T r(v)dv} + \delta\, e^{-\int_t^T r(v)dv} \int_t^T e^{-\int_t^u \gamma(v)dv} \gamma(u) du \right)$$

$$= 1_{\{\tau>t\}} B(t,T) \left(e^{-\int_t^T \gamma(v)dv} + \delta(1 - e^{-\int_t^T \gamma(v)dv}) \right)$$

事实上,假设未定权益 $Y_t = 1_{\{\tau>T\}} B(t,T) + 1_{\{\tau\leq T\}} \delta B(t,T)$,且 $G=H$,则应用式(B-8)可知其 t 时刻价格为:

$$\widehat{D^\delta}(t,T) = B(t,T) E_{Q^*}(1_{\{\tau>T\}} + \delta 1_{\{\tau\leq T\}} | H_t)$$

$$= D^0(t,T) + \delta B(t,T) E_{Q^*}(1_{\{\tau\leq T\}} | H_t)$$

$$= 1_{\{\tau\leq t\}} \delta B(t,T) + 1_{\{\tau>t\}} B(t,T) \left(e^{-\int_t^T \gamma(v)dv} + \delta(1 - e^{-\int_t^T \gamma(v)dv}) \right)$$

与上述按面值部分回收情况不同,当 $\delta=1$ 时, $\widehat{D^\delta}(t,T) = B(t,T)$。

附录 C 我国 CDS 估值定价技术的主要公式及计算步骤

一、信用利差模型的基本公式

信用利差模型的基本公式如下(假设付息频率为年付):

$$V_{\text{CDS}} = \left[\sum_{i=1}^{N} C_R / (1+R_i)^i + \left(\frac{P}{1+R_N}\right)^N \right] - \left[\sum_{i=1}^{N} C_{\text{RFR}} / (1+R_{fi})^i + \left(\frac{P}{1+R_{fN}}\right)^N \right]$$

其中,V_{CDS} 为 CDS 估值,P 为 CDS 名义本金,C_R 为虚拟风险债券(Hypothetical Risky Bond)每期虚拟利息 = CDS 利差 + 交易首日相应期限无风险收益率,C_{RFR} 为虚拟无风险债券(Hypothetical Risk-free Bond)每期虚拟利息 = 交易首日相应期限无风险收益率,R_i 为第 i 年风险收益率,R_{fi} 为第 i 年无风险收益率,i 为第 i 期(年),N 为 CDS 合约期限(以年表示)。

二、采用递推法将转换成零息利率的公式

递推法(Bootstrapping)转换的转化公式如下:

如果 df_n 为 n 年期零息利率所对应的折现因子,则有:

$$df_n = \frac{(1 - \sum^{n-1} Y df_i)}{(1+Y)}$$

其中,Y 为对应期限的到期收益率。理论上,在按年复利的情况下,1 年期及以下的到期收益率与 1 年期及以下的零息利率应该相等。则由此可以求得 df_1,进而推算出第 2 年零息利率所对应的折现因子 df_2 和以后各期的折现因子指导 df_n。最后,n 年期的零息利率则可根据以下公式求得:

$$Z = \frac{1}{(df_n^{\frac{1}{n}})} - 1$$

三、二叉树模型的主要推导过程

基于 Jarrow-Turnbull 模型和前文假设,以面值为 100 的零息债为例,为 5 年期 CDS 定价进行如下推导:

1. 离散模型

第一,测算 PD,即违约率。

以 1 年为例:$PV = \dfrac{(1-PD_1) \times 1 + PD_1 \times R_1}{1+r_1} \times 100$。

已知变量:PV 为债券现价,r 为无风险收益率,R 为违约回收率,2—5 年以此类推。

第二,测算 TCDS,即 CDS 总现值。

以 1 年为例:$TCDS_1 = \dfrac{(1-PD_1) \times 0 + PD_1 \times LGD_1}{(1+r_1)} \times 100$。

已知变量:PD 为违约率,r 为无风险收益率,LGD 为违约损失率,2—5 年以此类推。

第三,测算 ACDS,即年付 CDS 保护费。

以 1 年为例:$ACDS_1 = TCDS_1$。

2—5 年以此类推,$TCDS_t = ACDS_t + \sum_{i=2}^{t-1} \dfrac{ACDS_1}{(1+r_i)^i}$。

2. 连续模型

CDS 的估值需要估计参考实体在风险中性测度(Risk-Neutral Measure)下的违约率。在本模型中,我们假设一公司债与(与该公司债具有相同现金流结构的)国债之间的价差完全受信用违约风险的影响,即:

$$\text{违约损失期望值的现值} = \text{国债价值} - \text{公司债价值} \tag{C-1}$$

此外,假设市场利率与违约时间之间相互独立,且回收率为常数。同时,假设市场上共有某一参考实体发行的 N 只债券,第 j 只债券的到期日为 t_j,并定义以下符号:

B_j:第 j 只债券在今天(估值日)的价格;

G_j:假设第 j 只债券没有违约风险,其在今天的价格;

$g_j(t)$:假设第 j 只债券没有违约风险,其在未来 t 时刻的价格;

$F_j(t)$:假设第 j 只债券没有违约风险,其在未来 t 时刻的远期价格;

$P(0,t)$:t 时刻到今天的折现因子;

$C_j(t)$:如果 t 时刻发生违约,持有第 j 只债券的投资者的求偿额;

$\hat{R}$:如果 t 时刻发生违约,持有第 j 只债券的投资者的回收率;

τ:违约事件的发生时间;

$q(t)$:违约事件发生时间的密度函数;

L:参考债务的名义本金;

$A(t)$:参考债务在 t 时刻的累积利息,表示为累积利息与参考债务的本金的百分比。

那么根据式(C-1),我们有:

$$\begin{aligned} G_j - B_j &= E^Q\left[e^{-\int_0^\tau r_s ds} [g_j(\tau) - \hat{R} C_j(\tau)] \right] \\ &= E^Q\{ E^Q[e^{-\int_0^\tau r_s ds} [g_j(\tau) - \hat{R} C_j(\tau)] \mid \tau] \} \\ &= E^Q\left[\int_0^{t_j} e^{-\int_0^t r_s ds} [g_j(t) - \hat{R} C_j(t)] q(t) dt \right] \\ &= \int_0^{t_j} P(0,t) [F_j(t) - \hat{R} C_j(t)] q(t) dt \end{aligned} \tag{C-2}$$

因求偿额为参考债务的面值加上累计利息，即：

$$C_j(t) = L(1+A(t)) \tag{C-3}$$

有：

$$G_j - B_j = \int_0^{t_j} P(0,t) [F_j(t) - \hat{R}L(1+A(t))] q(t) dt \tag{C-4}$$

若 $q(t)$ 为分段常数，即当 $t_{i-1} < t < t_i$ 时，$q(t) = q_i$。于是式（C-4）变为：

$$\begin{aligned} G_j - B_j &= \int_0^{t_j} P(0,t) [F_j(t) - \hat{R}L(1+A(t))] q(t) dt \\ &= \sum_{i=1}^{j} q_i \int_{t_{i-1}}^{t_i} P(0,t) [F_j(t) - \hat{R}L(1+A(t))] dt \end{aligned} \tag{C-5}$$

从而得到：

$$q_j = \frac{G_j - B_j - \sum_{i=1}^{j-1} q_i \int_{t_{i-1}}^{t_i} P(0,t) [F_j(t) - \hat{R}L(1+A(t))] dt}{\int_{t_{j-1}}^{t_j} P(0,t) [F_j(t) - \hat{R}L(1+A(t))] dt} \tag{C-6}$$

可以看出在计算 q_j 的过程中，用到了 $q_i, i=1,2,\dots,j-1$ 的结果。$\hat{R}$ 可以根据历史数据或评级机构数据估计出来。可以利用 Simpson 公式计算上式中的积分。

得到参考实体的违约率后，就可以对该参考实体的一般普通（Plain Vanilla）CDS 进行估值。首先，我们给出以下符号的定义：

T：CDS 的到期日；

$u(t)$：到期日为 t、每年支付 1 元钱的年金的现值；

$e(t)$：上述年金从最后一次支付至到期日 t 的累积支付（Accrual Payment）的现值；

s：CDS 买方支付的利差。不失一般性，假设 CDS 利差的支付频率是年付。

如果违约时间为 $t, t<T$，则 CDS 买方所支付的利差的现值为 $s[u(t)+e(t)]$；如果 CDS 到期前，没有违约发生，那么利差的现值为 $su(T)$。所以 CDS 买方所支付的利差的价值为：

$$s \int_0^T [u(t)+e(t)] q(t) dt + s [1 - \int_0^T q(t) dt] u(T) \tag{C-7}$$

当违约发生时，保护卖方赔付的违约损失的期望现值为：

$$\int_0^T P(0,t) [1-(1+A(t))\hat{R}] q(t) dt \tag{C-8}$$

因此，从 CDS 买方的角度来看，该 CDS 合约的价值为：

$$\int_0^T P(0,t) [1-(1+A(t))\hat{R}] q(t) dt - s \int_0^T [u(t)+e(t)] q(t) dt - s [1-\int_0^T q(t) dt] u(T) \tag{C-9}$$

假设 CDS 合约在交易期初没有任何现金流的交换，因此，该 CDS 合约在交易期初的价值为 0。让式（C-9）等于 0，从中可解出 s：

$$s = \frac{\int_0^T P(0,t) [1-(1+A(t))\hat{R}] q(t) dt}{\int_0^T [u(t)+e(t)] q(t) dt + [1-\int_0^T q(t) dt] u(T)} \tag{C-10}$$

式（C-9）可用于计算存续 CDS 的价值；式（C-10）可用于计算新交易 CDS 的利差。

对于国内交易的 CDS，假设其于期初一次性支付的利差为 S，则其应等于期望违约损失，即：

$$S = \int_0^T P(0,t) [1-(1+A(t))\hat{R}] q(t) dt \tag{C-11}$$

对于存续的 CDS 合约，其价值（从保护买方的角度）亦为基于估值日的期望违约损失：

$$\int_0^T P(0,t)[1-(1+A(t))\hat{R}]q(t)dt \qquad (C-12)$$

违约概率模型并没有考虑 CDS 卖方的违约风险。从理论上来讲，CDS 的价值应当与合约参考实体和 CDS 卖方的违约率、违约损失率以及二者的违约相关性均有关联。

对于参考实体评级高于 CDS 卖方评级的情形，应当说 CDS 仍然有价值，即理论上存在参考实体违约的情形下 CDS 卖方不同时违约的情形。因此需要从考虑二者违约率联合分布的角度去构建有关模型。

四、违约强度定价模型中违约强度曲线的构建例子

下面以一个信用评级为 AA 的债券为例，介绍构建违约强度曲线的具体步骤。

AA 级的违约强度曲线可以根据 AA 级的、在市场上交易活跃的债券的市场报价剥离（Bootstrap）得到。假设 AA 评级、交易活跃的债券的到期日分别为 $M_1, M_2, \cdots, M_n$（不妨设 $M_1 < M_2 < \cdots < M_n$），市场报价分别为 $Q_1, Q_2, \cdots, Q_n$，我们将按照如下步骤构建：

（1）确定关键日期点

关键日期点的确定应满足如下三个原则：

① 间隔合理（比如间隔为半年、1 年或 2 年）；

② M_n 集中在关键点的附近；

③ 相邻的关键点之间至少有一个债券到期。

记关键日期点为 $T_i(i=0,1,2,\cdots,m$；其中 T_0 表示定价日）。

我们可以假设在每两个相邻的关键日期点之间 $[T_{i-1}, T_i](i=1,2,\cdots,m)$，违约强度为常数。即违约强度曲线为分段函数。

（2）利用剥离法依次求得相邻关键点之间的违约强度

剥离法具体步骤如下：

确定区间 $[T_0, T_1]$ 之间的违约强度。根据假设，这个区间内的违约强度是个常量，设为 h_1，则生存函数 $S(t_0, t) = P($在 t 时刻仍未违约$) = exp(-h_1 t)(t < T_1$ 时），则可以根据简化模型得到在这个区间内到期的债券的 NPV。h_1 应使得在这个区间内到期的债券的 NPV 尽可能地和其市场报价接近，记：

$$G_1(h) = \sum_{M_i \leq T_1}(\mathrm{NPV}_i(h) - Q_i)$$

则：$h_1 = \{h | \min G_1(h)\}$。

再确定区间 $[T_1, T_2]$ 之间的违约强度。根据假设，这个区间内的违约强度是个常量，设为 h_2，则生存函数：

$$S(t_0, t) = \begin{cases} e^{-h_1 t} & (t \leq T_1 \text{ 时}) \\ S(T_0, T_1) e^{-h_2(t-T_1)} & (T_1 < t \leq T_2 \text{ 时}) \end{cases}$$

则可以根据简约化模型得到在这个区间内到期的债券的 NPV。h_2 应使得在这个区间内到期的债券的 NPV 尽可能地和其市场报价接近，记：

$$G_2(h) = \sum_{T_1 < M_i \leq T_2}(\mathrm{NPV}_i(h) - Q_i)$$

则：$h_2 = \{h | \min G_2(h)\}$。

以此类推,依次求出每个关键点区间的违约强度,从而构建得到违约强度曲线如图 C-1 所示。

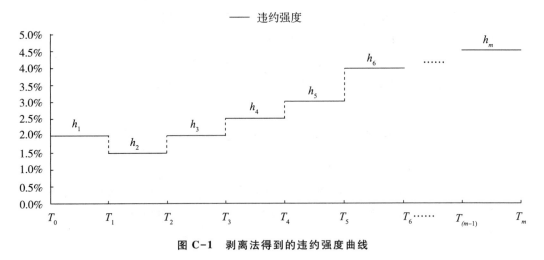

图 C-1　剥离法得到的违约强度曲线

资料来源:中金公司。

五、由违约强度曲线计算 CDS 价格的公式

以下我们由已有的违约强度曲线分别计算 PV(CDS 卖方支付的费用)和 PV(CDS 买方定期支付的违约互换费用):

由于违约事件任何时刻都有可能发生,所以考虑与违约事件相关的费用时要使用到概率密度和积分式:

$$PV(CDS 卖方支付的费用)$$
$$= PV(违约事件发生时应支付的费用)$$
$$= (1-R)\int_{t_0}^{T} f(t_0,t) \, df(t_0,t) \, dt$$

其中 $f(t_0,t)$ 为违约概率密度,其可以表示为 $f(t_0,t) = \dfrac{dP(t_0,t)}{dt}$,其中 $P(t_0,t)$ 为 t 时刻之前违约的概率,即 $P(t_0,t) = P(资产在 t 时刻之前违约) = 1-\exp\left(-\int_{t_0}^{t} h(s) \, ds\right)$。

$$PV(CDS 买方定期支付的违约互换费用)$$
$$= PV(若不违约,定期支付的费用) + PV(若违约,最后一期的应计费用)$$
$$= \sum_{i=1}^{k} \left(c_i \, df(t_0,t_i) S(t_0,t_i) + \frac{c_i}{t_i - t_{i-1}} \int_{t_{i-1}}^{t_i} (t - t_{i-1}) f(t_0,t) \, df(t_0,t_i) \, dt \right)$$

其中 c_i 为第 i 次的违约互换费用($i=1,2,\cdots,k$),t_i 为第 i 次违约互换费用对应的时间($i=1,2,\cdots,k$),$df(t_0,t)$ 为 t 时刻的折现因子,$S(t_0,t)$ 为 t 时刻的生存概率。

六、彭博违约概率模型的主要推导步骤及结论

1. 标准化

CDS 定价的一个重要意义是确定交易或者平盘时的交割价格,所以需要一个市场广泛认可的模型和标准化的参数:

- 票息(100 bps 或 500 bps)和支付频率(每年/季);
- 回收率假设(没有违约历史数据,例如假设一般债务 40%,次级债务 20%。);
- 日期和假日的计算,未支付的应计利息计算。

2. 彭博违约率模型

模型可以根据交易双方在其 CDS 中的现金流来分析,分为息票现金流与赔偿现金流:

息票现金流:在没有违约的情况下,买方依据交易合约规定的保护费定期付给卖方,当违约发生时,买方停止支付卖方合约规定的息票,并支付从上一个支付日至违约发生日所累积的息票(该部分累积支付与否由买卖双方于合约内商定)。现在假设违约发生在时间 $S(T_3<S<T_4)$,信用违约互换的现金法如图 C-2 所示。

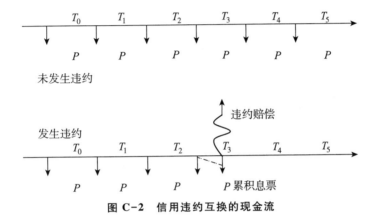

图 C-2 信用违约互换的现金流

根据上述分析,息票现金流的 PV 可写为:

$$L_P = P\sum_{i=0}^{3} D(T_i) + P\frac{S-T_3}{T_4-T_3}D(S)$$

考虑到违约可以随机发生,在赋予每个发生时间一个概率后,上述公式可以广义化为:

$$L_P = P\sum_{i=0}^{N}\left[B(T_i)D(T_i) + P\frac{S-T_3}{T_4-T_3}B(S)D(S)\right]$$

其中,前半部分是定期支付的票息,后半部分为累积息票;P 是定期支付的票息,$B(t)$ 是违约事件至 t 时刻仍未发生的概率,$D(t)$ 是 t 时刻的贴现率。

赔偿现金流:由卖方在违约发生时赔偿给买方。如果知道违约在某一时刻发生的概率 $\widetilde{B}(t)$,那么赔偿现金流应为:

$$L_R = \int_0^T \widetilde{B}(t)(1-R)$$

其中,R 是回收率(市场公认的假设值)。得到两条现金流之后,整个 CDS 的价格就可以计算得出:

$$NPV = L_P - L_R$$
$$= P\sum_{i=0}^{N}\left[\delta_i B(T_i)D(T_i) + \delta_{i+1}\frac{S-T_3}{T_4-T_3}B(S)D(S)\right] - \int_0^T \widetilde{B}(t)(1-R)$$

换句话说,公平的 CDS 保护费应该使上式等于 0。显然,该公式中唯一未知的是违约(未违约)率 $(B(t)$(或者 $\widetilde{B}(t))$。而 $B(t)$ 可进一步由违约强度来定义:

$$B(t) = e^{-\int_0^t \lambda(\tau)d\tau}$$

λ 叫作违约强度,是模型假设。而有了 $\lambda(t)$ 我们就可以用 $e^{-\lambda t} \times D(t)$ 来贴现现金流。这里 $D(t)$ 是无风险贴现率,$e^{-\lambda t} \times D(t)$ 是信用风险贴现率。依据上述公式,从而任何的 CDS 都可以得到合理定价。

3. 违约强度模型

现在我们来看如何建立该违约强度曲线。从上述 CDS 价格公式中我们可以注意到,如果市场上存在一个 CDS 的息票 P,我们就可以由此推算出其对应的违约强度 λ。如果有几个不同年期的息票 P 的市场交易数据,那么我们就可以有一个违约强度对于时间的分布。我们可以假设一个模型,来将这些分布的点连接,从而得到一条违约强度的曲线 $\lambda(t)$。现行市场上比较广泛采用的是分段常数型模型(Piece-wise Constant)。

我们用图 C-3 来总结彭博定价模型。

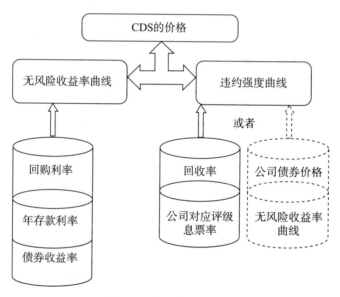

图 C-3 定价模型示意图

附录 D 协议文本及相关自律规则

1. 《银行间市场信用风险缓释工具试点业务规则》及相关配套文件(2016)
2. 《中国银行间市场金融衍生品交易主协议》(2009 年版)
3. 中国银行间市场金融衍生产品交易质押式履约保障文件(2009 年版)
4. 中国银行间市场金融衍生产品交易转让式履约保障文件(2009 年版)
5. 中国银行间市场金融衍生产品交易定义文件(2009 年版)
6. 中国银行间市场利率衍生产品交易定义文件(2012 年版)
7. 中国银行间市场汇率衍生产品交易定义文件(2012 年版)
8. 中国银行间市场债券衍生产品交易定义文件(2012 年版)
9. 中国场外黄金衍生产品交易基本术语(2013 年版)
10. 中国场外信用衍生产品交易基本术语与适用规则(2016 年版)

附录 D-1

《银行间市场信用风险缓释工具试点业务规则》及相关配套文件

为进一步发挥金融对实体经济支持作用，丰富市场参与者风险管理手段，完善市场信用风险分散、分担机制，在人民银行的指导下，交易商协会于 2016 年 9 月 23 日发布修订后的《银行间市场信用风险缓释工具试点业务规则》（以下简称《业务规则》），以及信用风险缓释合约、信用风险缓释凭证、信用违约互换、信用联结票据等四份产品指引。同时，为降低市场参与者开展信用风险缓释工具交易的文件起草沟通成本，提高交易达成效率，交易商协会还同步发布了《中国场外信用衍生产品交易基本术语与适用规则（2016年版）》（以下简称《基本术语与适用规则》）。

2010 年 10 月，交易商协会在人民银行的指导下，组织起草发布了《银行间市场信用风险缓释工具试点业务指引》，推出了信用风险缓释合约、信用风险缓释凭证两项产品，填补了我国信用衍生产品市场的空白。信用风险缓释工具产品推出后，协会不断通过多种方式推动市场发展。近期，随着我国供给侧改革和"三去一降一补"措施的深入落实推进，债券市场的信用风险事件逐渐增多，市场参与者对信用风险缓释工具等信用风险管理工具的需求不断增加。在此背景下，协会按照"推产品、降门槛、简流程、调框架"的总体工作思路，在人民银行的指导下，组织市场成员成立工作组，对协会 2010 年发布的《银行间市场信用风险缓释工具试点业务指引》进行了修订完善。

修订完成后的《业务规则》包括七章三十九条，分别包括总则、参与者、信用风险缓释工具的交易清算、凭证类产品的创设备案、信息披露及报备、风险控制与管理、附则等章节。通过信用风险缓释合约、信用风险缓释凭证、信用违约互换、信用联结票据的产品指引，明确具体产品的管理要求。**一是"推产品"，在原有的两项产品基础上，推出信用违约互换、信用联结票据两项新产品**。信用违约互换是盯住参考实体相关债务的信用风险，由卖方为买方提供风险损失保护的双边合约；信用联结票据是附有现金担保的信用违约互换产品，投资者购买信用联结票据，在未发生信用事件时取得本金的利息和信用违约互换保费的双重收益，在发生信用事件时用认购的本金向发行主体进行担保赔付。**二是"降门槛"**，在控制风险的前提下，放宽市场进入门槛。《业务规则》将原有信用风险缓释工具参与者的资质门槛要求调整为核心交易商和一般交易商两类，核心交易商包括金融机构、合格信用增进机构等。一般交易商包括非法人产品和其他非金融机构等。核心交易商可与所有参与者进行信用风险缓释工具交易，一般交易商只能与核心交易商进行信用风险缓释工具交易。**三是"简流程"**，保留凭证类产品的资质要求，同时简化创设流程。

《业务规则》对于信用风险缓释凭证和信用联结票据等凭证类信用风险缓释工具产品,保留原有创设机构的相关要求,同时简化创设流程,取消专家会议制度,由创设机构自主创设产品,协会对创设产品的披露信息进行形式审核后,由投资者自行认购并在二级市场交易流通。**四是"调框架"**,建立信用风险缓释工具业务管理"大规则+子指引"的伞形框架。将原"指引"名称修订为"规则",沿用原指引的章节设置,明确信用风险缓释工具业务大的管理框架,再以信用风险缓释合约、信用风险缓释凭证、信用违约互换和信用联结票据等每个产品发布子指引的方式明确具体产品的规则要求。

此次起草的《基本术语与适用规则》共分为七章六十五条,包括通用术语、与信用事件有关的术语、与结算有关的术语、现金结算、实物结算、拍卖结算机制和信用衍生产品事项决定机制等章节,并在附件中纳入了交易需发送和签署的文件模板,供市场成员达成交易时引用,以降低交易成本、提高交易效率。此次修订的《基本术语与适用规则》由基本术语与适用规则两部分组成:一是基本术语,其对交易的基本要素通过简练的语言进行定义描述,方便市场机构阅读使用;二是适用规则,对基本术语相应条款的适用规则进行详细解读,采用法律专业语言表述,供交易专家及法律专家使用。通过文本结构的改变,兼顾了信用衍生产品交易法律文本的可读性与严谨性,有利于市场成员的理解应用。

此次《业务规则》的修订发布和相关创新产品的推出,对于丰富债务融资工具市场的信用风险管理手段,完善信用风险市场化分担机制具有重要意义。一是为投资者提供信用风险保护和对冲工具,进一步完善信用风险分散分担机制。二是有助于完善信用风险的价格形成机制,提高市场信用定价水平。三是促进市场参与者主动管理信用风险,提高商业银行资本管理能力。四是实现信用风险的合理配置,维护宏观经济金融稳定。

交易商协会自成立以来,在人民银行的指导下,始终坚持市场化改革方向,不断推动金融市场创新发展和制度规范。此次《业务规则》及相关配套文件的发布,是顺应市场内在需求、促进市场规范发展的有益探索,也是坚持市场化改革方向、强化市场约束机制、积极稳妥发展债券市场和场外金融衍生产品市场的重要举措。今后交易商协会将继续组织市场成员,不断完善信用风险缓释工具相关产品机制,为推动我国银行间市场的持续健康发展做出积极贡献。

银行间市场信用风险缓释工具试点业务规则

第一章 总则

第一条 为丰富银行间市场信用风险管理工具,完善市场风险分担机制,促进市场持续健康发展,根据中国人民银行(简称"人民银行")有关规定及中国银行间市场交易商协会(简称"交易商协会")相关自律规则,制定本规则。

第二条 本规则所称信用风险缓释工具是指用于管理信用风险的信用衍生产品。

第三条 信用风险缓释工具业务参与者(简称"参与者")应严格遵守和执行有关法律、法规、监管部门规章和交易商协会自律规则,接受相关监管部门监管和交易商协会自律管理。

第四条 参与者进行信用风险缓释工具交易应遵循公平、诚信、自律、风险自担的原则。

第五条 参与者开展信用风险缓释工具交易应签署由交易商协会发布的《中国银行间市场金融衍生产品交易主协议》,或其根据某一类别信用风险缓释工具产品制定发布的交易协议特别版本。

第六条 交易商协会金融衍生品专业委员会(简称"专业委员会")将根据本规则相关条款审议并决定信用风险缓释工具的相关事项。

第二章 参与者

第七条 参与者应向交易商协会备案成为核心交易商或一般交易商。其中,核心交易商可与所有参与者进行信用风险缓释工具交易,一般交易商只能与核心交易商进行信用风险缓释工具交易。核心交易商包括金融机构、合格信用增进机构等。一般交易商包括非法人产品和其他非金融机构等。

境外机构开展信用风险缓释工具交易的相关要求,根据主管部门有关规定另行发布。

第八条 参与者应在开展信用风险缓释工具业务前,加入交易商协会成为会员,并将其信用风险缓释工具交易内部操作规程和风险管理制度送交易商协会备案。内部操作规程和风险管理制度应当至少包括业务授权与分工、交易执行与管理、风险测算与监控、信用事件触发后的处置、风险报告和内部审计等内容。

第九条 专业委员会将根据市场需要建立信用风险缓释工具报价商制度,并定期进行市场化评价。

第三章 信用风险缓释工具的交易清算

第十条 信用风险缓释工具为参考实体提供信用风险保护的债务范围为债券、贷款或其他类似债务。

第十一条 信用风险缓释工具分为合约类产品和凭证类产品。

第十二条 信用风险缓释工具可通过人民银行认可机构的交易系统达成,也可通过电话、传真以及经纪撮合等其他方式达成。

第十三条 凭证类信用风险缓释工具的登记托管由人民银行认可机构的登记托管系统进行。

第十四条 信用风险缓释工具中参与主体、合约要素适合进行集中清算的,应提交人民银行认可机构的清算系统进行集中清算;不适合进行集中清算的,其清算和结算可由交易双方自行进行。

第四章　凭证类产品的创设备案

第十五条　具备一定条件的核心交易商经专业委员会备案认可,可成为凭证类信用风险缓释工具创设机构(简称创设机构)。专业委员会可根据市场需求建立创设机构的市场化评价机制。

第十六条　凭证类信用风险缓释工具实行创设备案制度。创设机构创设凭证类信用风险缓释工具应向交易商协会秘书处提交以下创设备案文件:

(一)创设说明书;

(二)创设凭证的拟披露文件;

(三)交易商协会要求提供的其他材料。

第十七条　交易商协会秘书处对创设备案文件进行形式完备性核对。交易商协会秘书处在受理创设备案文件十个工作日的期限内,未向创设机构进行反馈的,视为对创设备案文件的形式完备性无异议。对于形式不完备的创设备案文件,创设机构应在交易商协会秘书处反馈通知发出后十个工作日内予以补正。未及时补正的,交易商协会秘书处将停止受理并退回相关文件。交易商协会秘书处不对此凭证类信用风险缓释工具产品的投资价值及投资风险进行实质性判断。

第十八条　创设机构通过交易商协会综合业务和信息服务平台及其他指定平台披露创设说明书、创设披露文件。

第十九条　创设机构应在创设披露文件发布后的十个工作日内通过交易商协会综合业务和信息服务平台及其他指定平台完成销售工作,并于资金收讫完成当日办理登记手续。

第二十条　创设机构应在完成登记手续后的次一个工作日,将有关创设结果报送交易商协会,并通过交易商协会综合业务和信息服务平台及其他指定平台披露。

第二十一条　创设机构应在登记当日向交易流通场所提供相关要素信息。经创设完成的凭证类信用风险缓释工具在完成登记手续后的次一工作日即可在银行间市场转让流通。

第五章　信息披露及报备

第二十二条　参与者应对披露和报备信息的真实性、准确性、完整性、及时性负责,不得有虚假记载、误导性陈述或者重大遗漏。

第二十三条　参与者进行信用风险缓释工具交易时,应及时向交易对手提供与交易相关的必要信息,并确保所提供信息的真实、准确、完整,不得欺诈或误导交易对手。

第二十四条　当创设机构发生可能影响履约行为的重大事项时,创设机构应于下一工作日通过交易商协会综合业务和信息服务平台及其他指定平台向市场披露。

第二十五条　在凭证类信用风险缓释工具存续期内,创设机构应按照创设披露文件的相关约定,在交易商协会综合业务和信息服务平台及其他指定平台持续披露信息。披露的信息内容包括评级报告、财务报告和审计报告等。

第二十六条　核心交易商应于交易达成后的次一工作日 12:00 前,将信用风险缓释工具交易情况送交易商协会备案。

第二十七条　人民银行认可的交易、清算、结算机构应于每个工作日结束后将当日的信用风险缓释工具业务运行情况送交易商协会。

第二十八条 交易商协会根据人民银行的有关规定,及时向市场披露信用风险缓释工具交易统计数据等有关信息。

第二十九条 交易商协会定期向人民银行报告信用风险缓释工具市场情况,发现异常情况及时向人民银行报告。

第六章 风险控制与管理

第三十条 信用风险缓释工具交易应明确信用事件发生时的结算条件和方式。结算方式包括但不限于实物结算、现金结算和拍卖结算。

第三十一条 参与者不得开展以其自身债务为标的债务或以自身为参考实体的信用风险缓释工具业务,开展以关联方债务为标的债务或关联方为参考实体的信用风险缓释工具业务应予以披露,并在信用风险缓释工具存续期按季度向交易商协会报告。

第三十二条 任何一家核心交易商的信用风险缓释工具净卖出总余额不得超过其净资产的500%。任何一家一般交易商的信用风险缓释工具净卖出总余额不得超过其相关产品规模或净资产的100%。专业委员会可根据信用风险缓释工具市场发展运行情况,适时调整上述比例数值。

第三十三条 参与者不得以任何手段操纵信用风险缓释工具交易价格。

第三十四条 参与者不得利用内幕消息开展信用风险缓释工具业务。参与者应建立完善的防火墙制度或措施防范信用风险缓释工具的内幕交易。

第三十五条 当交易双方就信用事件存在争议时,可提请专业委员会出具相关意见。

第三十六条 信用风险缓释工具交易发生纠纷时,双方可按照有关约定申请仲裁或者向人民法院提起诉讼,并于接到生效的仲裁裁决或法院判决的十个工作日内,将结果送达交易商协会。

第三十七条 对违反本规则的参与者,交易商协会根据有关自律管理规则进行处理。

第七章 附则

第三十八条 本规则由交易商协会秘书处负责解释。

第三十九条 本规则自发布之日起实行。

关于发布《信用风险缓释合约业务指引》的公告

为丰富银行间市场信用风险管理工具，完善市场信用风险分散、分担机制，促进市场持续健康发展，根据《银行间市场信用风险缓释工具试点业务规则》及中国银行间市场交易商协会（以下简称"协会"）相关自律规则，协会组织市场成员制定了《信用风险缓释合约业务指引》，经协会第二届理事会第十一次会议审议通过，并于2016年9月23日经人民银行备案同意，现予发布施行。

附件：信用风险缓释合约业务指引

中国银行间市场交易商协会

二〇一六年九月二十三日

附件：

信用风险缓释合约业务指引

第一条 为丰富银行间市场信用风险管理工具，完善市场风险分担机制，促进市场持续健康发展，根据《银行间市场信用风险缓释工具试点业务规则》及中国银行间市场交易商协会（简称"交易商协会"）相关自律规则，制定本指引。

第二条 信用风险缓释合约指交易双方达成的，约定在未来一定期限内，信用保护买方按照约定的标准和方式向信用保护卖方支付信用保护费用，由信用保护卖方就约定的标的债务向信用保护买方提供信用风险保护的金融合约，属于一种合约类信用风险缓释工具。

第三条 信用风险缓释工具业务参与者（简称"参与者"）应在以下风险控制指标内进行信用风险缓释合约交易：

（一）任何一家参与者对某一标的债务的信用风险缓释合约净买入余额不得超过该标的债务总余额的100%；

（二）任何一家参与者对某一标的债务的信用风险缓释合约净卖出余额不得超过该标的债务总余额的100%；

信用风险缓释合约买入和卖出余额按照各期限未到期余额加总计算。

第四条 本指引由交易商协会秘书处负责解释。

第五条 本指引自发布之日起实行。

关于发布《信用风险缓释凭证业务指引》的公告

为丰富银行间市场信用风险管理工具,完善市场信用风险分散、分担机制,促进市场持续健康发展,根据《银行间市场信用风险缓释工具试点业务规则》及中国银行间市场交易商协会(以下简称"协会")相关自律规则,协会组织市场成员制定了《信用风险缓释凭证业务指引》,经协会第二届理事会第十一次会议审议通过,并于2016年月9月23日经人民银行备案同意,现予发布施行。

附件:信用风险缓释凭证业务指引

中国银行间市场交易商协会
二〇一六年九月二十三日

附件:

信用风险缓释凭证业务指引

第一条 为丰富银行间市场信用风险管理工具,完善市场风险分担机制,促进市场持续健康发展,根据《银行间市场信用风险缓释工具试点业务规则》及中国银行间市场交易商协会(简称"交易商协会")相关自律规则,制定本指引。

第二条 信用风险缓释凭证指由标的实体以外的机构创设的,为凭证持有人就标的债务提供信用风险保护的,可交易流通的有价凭证,属于一种凭证类信用风险缓释工具。

第三条 信用风险缓释工具业务参与者(简称"参与者")开展信用风险缓释凭证交易,应签署《中国银行间市场金融衍生产品交易主协议(凭证特别版)》。

第四条 信用风险缓释凭证实行创设备案制度。

第五条 参与者中,具备以下条件的可成为信用风险缓释凭证创设机构(简称"凭证创设机构"):

(一)净资产不少于40亿元人民币;

(二)具有从事信用风险缓释凭证业务的专业人员,并配备必要的业务系统和信息系统;

(三)建立完备的信用风险缓释凭证创设内部操作规程和业务管理制度;

(四)具有较强的信用风险管理和评估能力,有丰富的信用风险管理经验,并配备5名以上(含5名)的风险管理人员。

具备上述条件的参与者经交易商协会金融衍生品专业委员会(简称"专业委员会")认可备案,可成为凭证创设机构。专业委员会将根据市场需要建立凭证创设机构的市场化评价机制。

第六条 凭证创设机构创设信用风险缓释凭证应向交易商协会秘书处提交以下创设备案文件:

(一)创设说明书,内容包括但不限于参考实体、标的债务、名义本金、保障期限、信用事件、结算方式等;

(二)创设凭证的拟披露文件,包括创设机构的信用评级报告和财务报告等;

（三）交易商协会要求提供的其他材料。

第七条 创设机构可视需要为信用风险缓释凭证提供保证金等履约保障机制。

第八条 创设机构可买入自身创设的信用风险缓释凭证并予以注销。

第九条 创设机构应在完成信用风险缓释凭证注销手续后的次一工作日通过交易商协会综合业务和信息服务平台及其他指定平台向市场披露。

第十条 参与者应在以下风险控制指标内进行信用风险缓释凭证交易：

（一）任何一家参与者对某一标的债务的信用风险缓释凭证的买入余额不得超过该标的债务总余额的100%；

（二）任何一家参与者对某一标的债务的信用风险缓释凭证的卖出余额不得超过该标的债务总余额的100%；

（三）针对某一标的债务的信用风险缓释凭证创设总规模不得超过该标的债务总余额的500%。

信用风险缓释凭证创设规模按照各期限未到期余额加总计算。

第十一条 本指引由交易商协会秘书处负责解释。

第十二条 本指引自发布之日起实行。

关于发布《信用违约互换业务指引》的公告

为丰富银行间市场信用风险管理工具,完善市场信用风险分散、分担机制,促进市场持续健康发展,根据《银行间市场信用风险缓释工具试点业务规则》及中国银行间市场交易商协会(以下简称"协会")相关自律规则,协会组织市场成员制定了《信用违约互换业务指引》,经协会第二届理事会第十一次会议审议通过,并于 2016 年 9 月 23 日经人民银行备案同意,现予发布施行。

附件:信用违约互换业务指引

中国银行间市场交易商协会
二〇一六年九月二十三日

附件:

信用违约互换业务指引

第一条 为丰富银行间市场信用风险管理工具,完善市场风险分担机制,促进市场持续健康发展,根据《银行间市场信用风险缓释工具试点业务规则》及中国银行间市场交易商协会(简称"交易商协会")相关自律规则,制定本指引。

第二条 信用违约互换指交易双方达成的、约定在未来一定期限内,信用保护买方按照约定的标准和方式向信用保护卖方支付信用保护费用,由信用保护卖方就约定的一个或多个参考实体向信用保护买方提供信用风险保护的金融合约,属于一种合约类信用风险缓释工具。

第三条 信用风险缓释工具业务参与者(简称"参与者")开展信用违约互换交易时应确定参考实体(包括但不限于企业、公司、合伙、主权国家或国际多边机构),并应根据债务种类和债务特征等债务确定方法确定受保护的债务范围。在现阶段,非金融企业参考实体的债务种类限定于在交易商协会注册发行的非金融企业债务融资工具,交易商协会金融衍生品专业委员会将根据市场发展需要逐步扩大债务种类的范围。

第四条 信用违约互换产品交易时确定的信用事件范围至少应包括支付违约、破产。根据参考实体实际信用情况的不同,可纳入债务加速到期、债务潜在加速到期以及债务重组等其他信用事件。

第五条 本指引由交易商协会秘书处负责解释。

第六条 本指引自发布之日起实行。

关于发布《信用联结票据业务指引》的公告

为丰富银行间市场信用风险管理工具，完善市场信用风险分散、分担机制，促进市场持续健康发展，根据《银行间市场信用风险缓释工具试点业务规则》及中国银行间市场交易商协会（以下简称"协会"）相关自律规则，协会组织市场成员制定了《信用联结票据业务指引》，经协会第二届理事会第十一次会议审议通过，并于2016年9月23日经人民银行备案同意，现予发布施行。

附件：信用联结票据业务指引

中国银行间市场交易商协会
二〇一六年九月二十三日

附件：

信用联结票据业务指引

第一条 为丰富银行间市场信用风险管理工具，完善市场风险分担机制，促进市场持续健康发展，根据《银行间市场信用风险缓释工具试点业务规则》及中国银行间市场交易商协会（简称"交易商协会"）相关自律规则，制定本指引。

第二条 信用联结票据指由创设机构向投资人创设，投资人的投资回报与参考实体信用状况挂钩的附有现金担保的信用衍生产品，属于一种凭证类信用风险缓释工具。

第三条 信用风险缓释工具业务参与者均可作为投资人认购和转让信用联结票据。

第四条 信用联结票据实行创设备案制度。

第五条 参与者中，具备以下条件的可成为信用联结票据创设机构（简称"票据创设机构"）：

（一）净资产不少于40亿元人民币；

（二）具有从事信用联结票据业务的专业人员，并配备必要的业务系统和信息系统；

（三）建立完备的信用联结票据创设内部操作规程和业务管理制度；

（四）具有较强的信用风险管理和评估能力，有丰富的信用风险管理经验，并配备5名以上（含5名）的风险管理人员。

具备上述条件的参与者经交易商协会金融衍生品专业委员会（简称"专业委员会"）认可备案，可成为票据创设机构。专业委员会将根据市场需要建立票据创设机构的市场化评价机制。

第六条 票据创设机构可直接或通过特定目的实体创设信用联结票据。

第七条 票据创设机构创设信用联结票据应向交易商协会秘书处提交以下创设备案文件：

（一）信用联结票据说明书，内容包括但不限于票面利率、票据总额、参考实体、保障期限、信用事件、结算方式、认购资金投资范围等。在现阶段，非金融企业参考实体的债务种类限定于在交易商协会注册发行的非金融企业债务融资工具，专业委员会将根据市场发展需要逐步扩大债务种类的范围；

（二）创设信用联结票据的拟披露文件，包括创设机构的信用评级报告和财务报告等；

（三）信用联结票据的投资风险说明书；

（四）交易商协会要求提供的其他材料。

第八条 本指引由交易商协会秘书处负责解释。

第九条 本指引自发布之日起实行。

附录 D-2

中国银行间市场
金融衍生产品交易主协议
（2009 年版）

版权所有© 中国银行间市场交易商协会 2009

声　明

《中国银行间市场金融衍生产品交易主协议（2009年版）》（简称《主协议》）的著作权属于中国银行间市场交易商协会。除非为本协议下有关交易或进行教学、研究的目的，未经著作权人事先书面同意，任何人不得复制、复印、翻译或分发《主协议》的纸质、电子或其他形式版本。

使用人为开展本协议下交易的目的，可在使用过程中根据《主协议》的有关约定并基于自身独立判断对《主协议》的相关条款进行补充或修改（但不得修改《主协议》第二十三条），签署相应补充协议，以确保最终的协议条款符合其风险管理需要。

中国银行间市场金融衍生产品交易主协议

为促进**金融衍生产品交易**的顺利开展,明确**交易双方**的权利义务,维护**交易双方**的合法权益,根据《中华人民共和国合同法》等法律法规,**交易双方**在平等、自愿的基础上签署**主协议**。

第一条 协议的构成与效力等级

(一)**交易双方**关于**金融衍生产品交易**的协议由以下部分构成:

1.《中国银行间市场金融衍生产品交易主协议(2009年版)》(简称"**主协议**");

2.《中国银行间市场金融衍生产品交易主协议补充协议(2009年版)》(简称"**补充协议**",若有);

3. **交易有效约定**。

上述三部分文件构成**交易双方**之间单一和完整的协议(简称"**本协议**")。

(二)**补充协议**与**主协议**不一致的,**补充协议**有优先效力;就一笔具体交易而言,在**主协议**、**补充协议**和**交易有效约定**出现不一致时,效力优先顺序如下:**交易有效约定**、**补充协议**、**主协议**。

第二条 主协议的适用

(一)**交易双方**在签署**主协议**之后达成的**金融衍生产品交易**适用**主协议**。

(二)除非**中国法律**要求或**交易双方**另有约定,**交易双方**在签署**主协议**之前达成的衍生产品交易不适用**主协议**。

第三条 声明与保证

交易一方在签署**主协议**及**补充协议**(若有)之时向另一方做出下列声明与保证,除本条第1项下的声明与保证视为在**本协议**签署后的每日重复作出外,其他各项声明与保证视为在每项**交易**达成之日重复作出:

1. 其系根据成立地**法律**合法成立并有效存续;

2. 其有权并已获充分和必要的授权签署**本协议**(及其为一方的与**本协议**有关的任何其他文件),并履行其在**本协议**(及其为一方的与**本协议**有关的任何其他文件)下的义务,上述行为不违反任何适用于其的**法律**、公司章程与协议;

3. 其已经取得签署和履行**本协议**所需的政府机关、监管机构的同意(若适用);

4. 以其名义达成和签署**本协议**的人员已获得充分和必要的授权;以其名义或代表其从事**交易**的人员,均已获得充分和必要的授权,且通过了相关的业务培训并获得了相关机构颁发的资格证书,前提是前述业务培训和资格证书为从事相关**交易**所必需;

5. 其在**本协议**及其作为一方的**履约保障文件**下的义务构成对其合法、有效且有约束力的义务;

6. 其没有持续存在任何**违约事件**或**潜在违约事件**,且就其所知,没有任何针对其的**终止事件**已经产生和持续存在,也不会因其签署**本协议**或其为一方的**履约保障文件**或履行**本协议**或其为一方的**履约保障文件**下的义务而发生该等事件;

7. 没有任何针对其、其**履约保障提供者**或其指定的**特定实体**的诉讼、仲裁或类似事件已发生或正在发生,且该等诉讼、仲裁或类似事件将实质性地负面影响**本协议**或其为一方的**履约保障文件**的合法性、有效性或可执行性,或将实质性地负面影响其在**本协议**或在其为一方的**履约保障文件**下履行义务的能力;

8. 为本款之目的,其提供的且在**补充协议**或**交易有效约定**中列明适用本款的文件及信息在所有实质性方面均真实、准确、完整;

9. 其具备独立评估**交易**风险的能力,能够对**交易**中所涉及的法律、财务、税务、会计和其他事项自行调查评估(不依赖另一方的意见),且充分认识并愿意承担**交易**风险,根据自身的利益和判断进行**交易**;

10. 其系代表自身而非代理任何第三方签署**本协议**并进行**交易**;

11. **交易双方**在**补充协议**中约定的其他声明与保证事项。

第四条　交易项下支付或交付义务的履行

(一)受限于**本协议**其他条款的约束,若**交易一方**在**交易**项下负有向另一方付款的义务(即支付义务),付款方应根据**交易双方**约定的时间、地点、货币、金额、账户以及支付路径等条件向另一方进行支付;若**交易一方**负有向另一方交付实物的义务(即交付义务),除非**交易双方**另有约定,该交付义务应按行业惯例于约定的交付日履行。

(二)账户变更

除非另有约定,**交易一方**需要变更其账户的,应不迟于相关付款日或交付日前的第10个**营业日**书面通知另一方。除非另一方在不迟于相关付款日或交付日前的第2个**营业日**就账户变更提出合理的反对意见,该账户变更生效。

(三)**交易一方**按**交易有效约定**的内容履行支付或交付义务须以下述条件同时满足为前提:

1. 另一方没有发生且持续存在**违约事件**或**潜在违约事件**;

2. 就产生该支付或交付义务的**交易**而言,与该**交易**有关的**提前终止日**未发生或未被有效指定;

3. **交易双方**约定的其他履约前提条件。

(四)同笔**交易**项下支付义务的履行

同笔**交易**项下的支付义务适用支付净额,即在**交易双方**之间达成的同笔**交易**项下,若在任何一日**交易双方**均须向对方支付相同币种的款项,**交易双方**的应支付款项将进行轧差计算。若**交易一方**本应支付的金额高于对方本应支付的金额,则该**交易一方**只须向另一方支付两个金额之间的差额部分。该**交易一方**支付该差额部分后,**交易双方**在该**交易**项下的上述支付义务视为于支付当日完成并解除。

(五)多笔**交易**项下支付义务的履行

交易双方可在**补充协议**中选择是否对多笔**交易**适用支付净额。若选择适用,则在**交易双方**之间达成的两笔以上(含)的**交易**项下,在任何一日**交易双方**均须向对方支付相同币种的款项时,**交易双方**的应支付款项将进行轧差计算。若**交易一方**本应支付的金额高于对方本应支付的金额,则该**交易一方**只须向另一方支付两个金额之间的差额部分。该**交易一方**支付该差额部分后,**交易双方**在相关**交易**项下的上述支付义务被视为于支付当日完成并解除。

第五条　履约保障

交易双方可协商签署或安排如下**履约保障文件**:

(一)《中国银行间市场金融衍生产品交易转让式履约保障文件》;

(二)《中国银行间市场金融衍生产品交易质押式履约保障文件》；

(三)其他保障安排。

第六条 违约事件

下列事件构成**交易一方**在**本协议**下的**违约事件**：

(一)**交易一方**未按**本协议**的约定履行支付义务，或未按**主协议**第四条第(一)款的约定履行交付义务，且在另一方发出的未履约通知生效后的第 3 个**营业日**届满时仍未纠正的。

(二)**交易一方**的**履约保障提供者**未按其签署或出具的**履约保障文件**的约定履行有关义务且在适用的宽限期届满时仍未纠正的；或对其签署或出具的**履约保障文件**下的全部或部分义务、**履约保障文件**的有效性予以否认或明示将拒绝履行；或未经另一方书面同意，**交易一方**的**履约保障文件**在其所保障的**交易**项下义务履行完毕前提前到期、终止或失效（该**履约保障文件**按照其条款正常到期、终止或失效的情况除外）。

(三)**交易一方**对**本协议**下的全部或部分义务、**本协议**的有效性予以否认或明示将拒绝履行。

(四)**交易一方**在**本协议**下或该**交易一方**的**履约保障提供者**在**履约保障文件**下作出的某项声明与保证被证实在作出或被视为作出之日存在实质性的不实陈述、误导或重大遗漏。

(五)在**交易一方**或该**交易一方**的**履约保障提供者**发生分立后仍然存续，或与另一实体联合、合并或重组，或把其实质性资产转移到另一实体的情况下，该最终存续、承继或受让的实体未能履行或明示将不履行前述**交易一方**或**履约保障提供者**在**本协议**或原**履约保障文件**下的义务，或未经另一方同意，该最终存续、承继或受让的实体履行**本协议**下的义务未获得原**履约保障文件**的保障。

(六)交叉违约。若**交易一方**、该**交易一方**的**履约保障提供者**或在**补充协议**中为本款目的而指定的针对该**交易一方**的**特定实体**在其他债务文件下出现违约且在适用的宽限期届满时仍未纠正，从而导致出现下列任一情形的，也构成该**交易一方**对**本协议**的违约，即交叉违约：

1. 其他债务文件下的债务被宣告或可被宣告加速到期，且该等债务的累计本金数额超过交叉违约起点金额；

2. 其他债务文件下的债务虽不存在被宣告或可被宣告加速到期的情形，但出现付款违约，且该等违约累计金额超过交叉违约起点金额。

除非**交易双方**在**补充协议**中另有约定，其他债务文件指借款合同、债券及其担保协议。交叉违约起点金额是指触发交叉违约的最低违约金额；**交易双方**可在**补充协议**中约定适用于**交易一方**的交叉违约起点金额，若无约定，则视为对该**交易一方**不适用**交叉违约**。

(七)**特定交易**下违约。若**交易双方**在**补充协议**中约定适用本款，则在已有效达成的**特定交易**下，**交易一方**、该**交易一方**的**履约保障提供者**或在**补充协议**中为本款目的而指定的针对该**交易一方**的**特定实体**发生下列任一情形的，构成该**交易一方**对**本协议**的违约：

1. 对该**特定交易**予以否认或明示将拒绝履行；

2. 未按约定履行支付义务，且该不履约行为导致该**特定交易**发生清算、被提前终止或义务被宣告加速到期的情形；

3. 未按约定在该**特定交易**的最终支付日履行支付义务，或未支付与该**特定交易**的提前终止有关的任何款项，且在适用的宽限期届满时仍未纠正的；

4. 未按约定履行任何交付义务，且在适用的宽限期届满时仍未纠正的，导致该**特定交易**所属协议下的全部交易发生清算、被提前终止或义务被宣告加速到期。

但若上述第 2、3 或 4 项的情形是由于一个相当于**主协议**第七条第（一）款或第（三）款所述事件导致的除外。

（八）**交易一方**、该**交易一方**的**履约保障提供者**或在**补充协议**中为本款目的而指定的针对该**交易一方**的**特定实体**发生下列任一情形的，构成该**交易一方**对**本协议**的违约：

1. 解散（出于联合、合并或重组目的而发生的解散除外）；

2. 不能清偿到期债务，并且资产不足以清偿全部债务或明显缺乏清偿能力的；

3. 书面承认其无力偿还到期债务；

4. 为其债权人利益就其全部或实质性资产达成转让协议或清偿安排，或就其全部或大部分债务的清偿事宜与债权人做出安排或达成和解协议；

5. 自身或其监管部门启动针对其的接管、破产、清算等行政或司法程序；或其债权人启动针对其的接管、破产、清算等行政或司法程序，导致其被依法宣告破产、停业、清算或被接管，或上述程序在启动后 30 天内未被驳回、撤销、中止或禁止的；

6. 通过其停业、清算或申请破产的决议；

7. 就自身或自身的全部或大部分资产寻求任命临时清算人、托管人、受托人、接管人或其他类似人员或被任命了任何前述人员；

8. 其债权人作为担保权人采取行动取得了其全部或大部分资产，或使其全部或实质部分资产被查封、扣押、冻结、或强制执行，且上述情形在 30 天内未被相关权力机关撤销或中止；

9. 其他任何与本款第 1 项至第 8 项有类似效果的事件。

（九）**交易一方**未履行其在**本协议**下的其他义务，且在另一方发出的未履约通知生效后的第 30 天届满时仍未纠正的。但是，**交易一方**未按照**主协议**第四条第（二）款约定通知账户变更事宜，或作为**受影响方**的**交易一方**未能在**主协议**第十条第（一）款约定的期限内履行通知、确认以及提供相关证明材料的义务，不构成一项**违约事件**或潜在**违约事件**。

第七条 终止事件

交易一方发生下列任一事件时，即构成一项**终止事件**：

（一）在一项**交易**达成后，由于适用**法律**的变动导致该方（"**受影响方**"）：

1. 履行该**交易**项下的支付或交付义务变得不合法，或收受关于该**交易**的款项或交付的实物变得不合法，或遵守关于该**交易**的**本协议**下的其他实质性条款变得不合法；或

2. 履行、或其**履约保障提供者**履行与该**交易**有关的**履约保障文件**约定的任何实质性义务变得不合法。

（二）若**交易双方**在**补充协议**中约定本款适用于**交易一方**，而该**交易一方**、其**履约保障提供者**或在**补充协议**中为本款目的而指定的针对该**交易一方**的任何**特定实体**发生**补充协议**约定的合并事件，虽未构成**主协议**第六条第（五）款约定的**违约事件**，但最终存续、承继或受让的实体在该合并事件刚发生后的资信状况（在考虑了适用的**履约保障文件**的情况下）与上述**交易一方**、其**履约保障提供者**或**特定实体**（视情况而定）在该合并事件即将发生时的资信状况相比严重降低（该**交易一方**或最终存续、承继或受

让的实体为"受影响方")。

（三）在一项**交易**达成后,由于**不可抗力**事件的发生导致该方("**受影响方**")履行该**交易**项下的支付或交付义务、或收受关于该**交易**的任何款项或任何交付的实物、或遵守关于该**交易**的**本协议**下的任何其他实质性条款变得不可能或不切实际,或履行、或其**履约保障提供者**履行与该**交易**相关的**履约保障文件**约定的任何实质性义务变得不可能或不切实际,且上述情形从发生之日起 3 个**营业日**后仍然持续。

（四）若**交易双方**约定了其他**终止事件**并指明相应的**受影响方**,则该事件的发生构成一项**终止事件**。

第八条　事件的等级

若任何事件或情形构成或产生**主协议**第七条第（一）款或第（三）款约定的一项**终止事件**,但该事件或情形与未支付、未交付或未遵守**本协议**下的任何其他主要条款有关并构成或产生了**主协议**第六条第（一）、（二）或（九）款项下的一项**违约事件**或**潜在违约事件**,则该事件或情形仍应视为构成了相应的**终止事件**。但是,**主协议**第七条第（三）款下由于**不可抗力**事件所导致的情形在发生之日起 3 个**营业日**内不构成一项**潜在违约事件**。

除上述情况外,若任何事件或情形在构成或产生**主协议**第七条第（一）款或第（三）款项下的一项**终止事件**的同时亦构成或产生**主协议**下的一项**违约事件**（或其他**终止事件**）,则该事件或情形应视为构成了相应的**违约事件**（或该其他**终止事件**）。

第九条　违约事件的处理

（一）确定**提前终止日**

1. 当发生**主协议**第六条所述**违约事件**且该**违约事件**仍然持续,**守约方**有权书面通知（通知方式仅适用**主协议**第十九条第（一）款约定的方式）**违约方**该**违约事件**的发生,并指定**提前终止日**。**提前终止日**应为该通知生效之日起 15 个**营业日**内的一个**营业日**,且一旦被指定后即不可撤销或更改。所有**被终止交易**将在**提前终止日**终止。

2. 若**交易双方**在**补充协议**中约定"自动提前终止"适用于**交易一方**,则（A）若**交易一方**发生了**主协议**第六条第（八）款第 1、4、6、7 项所述**违约事件**或在与之类似的范围内发生了该款第 9 项约定的**违约事件**,所有**被终止交易**于该**违约事件**发生之日自动终止,**提前终止日**为该**违约事件**发生之日;或（B）若**交易一方**发生了**主协议**第六条第（八）款第 5 项所述**违约事件**或在与之类似的范围内发生了该款第 9 项约定的**违约事件**,**提前终止日**为相关请求提出或相关程序提起之日,所有**被终止交易**立即于相关请求提出或相关程序提起之前自动终止。

3. 在**提前终止日**被有效指定或发生后,**交易双方**在**本协议**下的所有**被终止交易**适用终止净额,即**交易双方**均无须按照**主协议**第四条的约定进行**被终止交易**项下的支付或交付,而须按照本条第（二）款和第（三）款的约定在轧差计算**被终止交易**的公允市场价值的基础上计算并支付**提前终止应付额**。

（二）**违约事件**项下**提前终止应付额**的计算

确定**提前终止日**后,**守约方**作为**终止净额计算方**须以**基准日**为基准,负责就**提前终止应付额**进行计算,具体原则与方法如下：

1. **终止净额计算方**对**提前终止应付额**的计算应本着诚实信用和商业合理原则进行,不得重复计算。

2. 计算公式

提前终止应付额的计算公式为：

提前终止应付额＝所有**被终止交易**的公允市场价值总和的终止货币等值额＋**守约方**应收到的**未付款项**终止货币等值额－**违约方**应收到的**未付款项**终止货币等值额

若该数额为正数，应由**违约方**向**守约方**支付；若该数额为负数，应由**守约方**向**违约方**支付。

3. **被终止交易**的公允市场价值的计算

交易双方可在**补充协议**中选择以下一种方法计算**被终止交易**的公允市场价值（若没有选择，则适用替代交易法）：

（1）替代交易法

适用此方法时，一项或一组**被终止交易**的公允市场价值是其**终止数额**，由**终止净额计算方**依据以下信息确定：

（a）第三方就该**被终止交易**的替代交易提供的报价，该方在提供上述报价时可考虑**终止净额计算方**的信用状况；

（b）由第三方提供的与**被终止交易**相关的金融市场数据，包括利率、汇率、价格、收益率曲线、价差等；

（c）若**终止净额计算方**有合理的理由相信无法获得（a）或（b）所述的信息或数据，或适用该等信息或数据可能产生商业上不合理的结果，则可使用**终止净额计算方**内部在计算类似交易的价值时通常采用的上述信息。

（2）市场报价法

适用此方法时，一项或一组**被终止交易**的公允市场价值由**终止净额计算方**依据该**被终止交易**的**市场报价**（不论正数或负数）确定。若无法就该**被终止交易**确定**市场报价**或**终止净额计算方**基于诚实信用原则确信依据有关**市场报价**不会产生合理的商业结果，则应采用本项第（1）部分所述的替代交易法。

（三）计算报告

终止净额计算方须在**提前终止日**（若适用"自动提前终止"，则为其知晓或应知晓**提前终止日**发生之日）后的20天内向另一方提交计算报告（计算报告提交方式仅适用**主协议**第十九条第（一）款约定的通知方式）。该计算报告须明确列示提前**终止应付款方**、**提前终止应付额**，说明计算的细节及依据。**提前终止应付款方**应在**提前终止应付额付款日**支付该计算报告提及的**提前终止应付额**及其利息。本款下的**提前终止应付额付款日**为该计算报告生效日。

（四）自动提前终止的调整

若一个**提前终止日**因为"自动提前终止"适用于**交易一方**而产生，则根据**主协议**第九条第（二）款第2项计算得出的**提前终止应付额**需进行相应调整，以反映在相关的**提前终止日**起至第九条第（三）款所述的**提前终止应付额付款日**止的一段期间内交易一方在**本协议**下向另一方支付的且为另一方保留的任何款项或实物交付。

第十条　终止事件的处理

（一）通知

受影响方应在获悉**终止事件**后，立即通知另一方该**终止事件**的发生及所有**受影响交易**的明细，并在发出通知后的 15 个**营业日**内提供相关证明材料。

在非**受影响方**获悉**终止事件**，且未收到**受影响方**的**终止事件**通知时，非**受影响方**有权通知**受影响方**；**受影响方**应在通知生效后 2 个**营业日**内予以回应，并在通知生效后 15 个**营业日**内提供相关证明材料。

（二）协商

交易双方可在**终止事件**通知生效后进行协商，以避免**受影响交易**的提前终止。

（三）指定提前终止日

1. 若**交易双方**无法就**终止事件**的处理方式通过协商达成一致且届时该**终止事件**仍然持续，则根据以下约定确定的**交易一方**有权书面通知（通知方式仅适用**主协议**第十九条第（一）款约定的方式）另一方，指定**受影响交易**的提前终止日：

（1）在发生**主协议**第七条第（一）款、第（三）款约定的**终止事件**时，为**交易双方**中的任何一方；

（2）在发生**主协议**第七条第（二）款约定的**终止事件**时，为非**受影响方**；

（3）在发生**主协议**第七条第（四）款约定的**终止事件**时，为**交易双方**在补充协议中约定的非**受影响方**。

2. **提前终止日**应为该通知生效之日起 15 个**营业日**内的一个营业日。全部**受影响交易**将在该**提前终止日**终止。若**交易双方**均有权发出书面通知，以先生效的通知中指定的**提前终止日**为准。

3. 在**提前终止日**被有效指定后，**交易双方**在**本协议**下的所有**受影响交易**适用终止净额，即**交易双方**均无须按照**主协议**第四条的约定进行**被终止交易**项下的支付或交付，而须按照本条第（四）款第 1 项的约定在轧差计算**被终止交易**的公允市场价值的基础上计算并支付**提前终止应付额**。

（四）**终止事件**项下提前终止应付额的计算与支付

1. **终止净额计算方**按照**主协议**第九条第（二）款和第（三）款的约定计算**提前终止应付额**。若非**受影响方**为**终止净额计算方**，第九条第（二）款第 2 项所述的"守约方"为非**受影响方**、"违约方"为**受影响方**；若**交易双方**均为**终止净额计算方**，该项所述的"守约方"为进行计算的自身一方，"违约方"为另一方。

2. 若非**受影响方**为**终止净额计算方**，适用于本款的**提前终止应付额**付款日为计算报告的生效日后第 3 个**营业日**；若**交易双方**均为**终止净额计算方**且对计算结果无异议，**提前终止应付额**付款日为后一份生效的计算报告的生效日后第 3 个**营业日**。

3. 若**交易双方**均为**终止净额计算方**且对计算结果有异议，**交易双方**可协商确定**提前终止应付额**，或共同指定第三方作为计算代理人，依照**主协议**第九条第（二）款和第（三）款的约定，在**交易双方**同意的期限内计算**提前终止应付额**。若**交易双方**协商不成，或未能就计算代理人的指定或计算期限达成一致，或**交易一方**对计算代理人的计算结果有异议，任一方可依据**主协议**第十八条的约定申请仲裁或提起诉讼。

第十一条　利息

（一）未发生或指定**提前终止日**

在未发生或指定**提前终止日**的情形下，按本款约定的方式就支付和交付义务计息：

1. 因另一方违反履约前提条件而暂停付款的计息

由于另一方违反了**主协议**第四条第（三）款约定的履约前提条件，**交易一方**因而暂停履行其根据**主协议**第四条第（一）款本应履行的支付义务，则应另一方的要求（且在该**交易一方**可藉以主张暂停履行支付义务的原因消除之后），该**交易一方**应就该款项以相同币种的货币向另一方支付利息。利息期间始于该**交易一方**原应履行支付义务之日（含），止于该**交易一方**在上述原因消除之后实际应履行支付义务之日（不含）。利息率为**银行间利率**。

2. 未按时付款的计息

交易一方未按时履行其在**本协议**下就任何款项进行付款的义务（本款第 1 项描述的情形除外），则应另一方的要求，该**交易一方**应就该款项以相同币种的货币向另一方支付利息。利息期间始于**交易一方**本应履行支付义务之日（含），止于该**交易一方**实际付款之日（不含），利息率为**违约利率**。但是，若**主协议**第七条第（一）款或第（三）款所述的一项情形导致该**交易一方**未履行上述支付义务，就始于该**交易一方**因为此项情形而未履行上述义务之日（含）、止于该情形停止存在之日（不含）的利息期间，利息率为**银行间利率**。

3. 与交付义务有关的计息

由于另一方违反了**主协议**第四条第（三）款约定的履约前提条件，**交易一方**因而暂停履行其根据**主协议**第四条第（一）款本应履行的交付义务，则其应本着诚实信用原则、根据本款第 1 项的约定，就交付物在原定交付日的公允市场价值，进行利息的计算与支付。

在其他情况下，若**交易一方**未按时履行其在**本协议**下任何交付义务，**其**应本着诚实信用原则、根据本款第 2 项的约定，就交付物在原定交付日的公允市场价值进行利息计算与支付。

（二）发生或指定**提前终止日**

在发生或指定**提前终止日**的情形下，按本款约定的方式就支付和交付义务计息：

1. **未付款项**的计息

根据**主协议**第九条第（二）款和第十条第（四）款计算的**未付款项**应按**未付款项**中各具体款项币种计算利息。利息期间始于**交易一方**本应履行支付或交付义务之日（含），止于**提前终止日**（不含）。利息率确定如下：

（1）对于原应由**违约方**支付的款项，为**违约利率**；

（2）对于原应由**守约方**支付的款项，为**银行间利率**；

（3）对于原应由**受影响方**或非受影响方支付的款项，为**银行间利率**。

2. **提前终止应付额**的计息

就**交易一方**根据主协议第九条第（二）款、第（三）款和第十条第（四）款约定应支付的**提前终止应付额**，应以终止货币按照以下原则计算利息：

（1）就始于**提前终止日**（含）、止于**提前终止应付额**付款日（不含）的利息期间，利息率确定如下：

（a）由**违约方**支付的，为**违约利率**；

(b) 由**守约方**支付的,为**守约利率**;

(c) 由**受影响方**或**非受影响方**支付的,为**银行间利率**。

(2) 就始于**提前终止应付额付款日**(含)、止于(不含)实际支付日的利息期间,利息率确定如下:

(a) 除下述第(b)段约定的部分,为**违约利率**;

(b) 若**提前终止应付额**的任何部分未被支付是由于**主协议**第七条第(一)款或第(三)款所述的一项情形或由于不可归咎于付款方的原因所导致的,就始于该部分金额因该情形而未被支付之日(含)、止于该情形停止存在之日(不含)的期间,为**银行间利率**。

(三) 本条约定的利息按照复利逐日计算。

第十二条 合同货币与终止货币

(一) 合同货币

合同货币指在**本协议**正常履行的情况下,**交易双方**约定的支付**本协议**下各款项的货币。若以合同货币以外的货币支付,收款方有权拒绝接受。**中国法律**另有规定的,从其规定。

(二) 终止货币

终止货币指在发生提前终止的情况下,计算**提前终止应付额**所使用的货币。**终止净额计算方**应本着诚实信用原则将**被终止交易**项下的款项换算或套算为终止货币等值额。

若**被终止交易**的合同货币含人民币,则以人民币作为"终止货币"。其他币种应按照**提前终止日**当日中国人民银行公布或授权公布的人民币汇率中间价(若无,则按照**交易双方**另行约定的方法)换算为人民币,计入**提前终止应付额**。**中国法律**对外币兑换或换算另有规定的,从其规定。

若**被终止交易**的合同货币不含人民币,终止货币应为**交易双方**在**补充协议**中约定的币种。在不违反**中国法律**的前提下,根据**交易双方**的约定在各币种之间进行换算。

第十三条 抵销

在有一个**违约方**的情况下,或在发生了使**本协议**下全部**交易**均成为**被终止交易**的**终止事件**并且只有一个**受影响方**的情况下,**守约方**或**非受影响方**有权选择将**交易一方**应向另一方支付的任何**提前终止应付额**与另一方应向该**交易一方**支付的任何其他金额进行抵销。**守约方**或**非受影响方**应将根据本条约定进行的抵销及时通知**违约方**或**受影响方**,通知方式仅适用**主协议**第十九条第(一)款约定的方式。

第十四条 转让

未经另一方事先书面同意,**交易一方**不得转让**本协议**下任何权利或义务,但**交易一方**有权将**违约方**应向其支付的任何**提前终止应付额**的全部或部分权益,以及根据**主协议**第十一条就相应部分的**提前终止应付额**所享有的利息向第三人转让,无需取得**违约方**的同意。

第十五条 不放弃权利

未行使、迟延行使或部分行使**本协议**下的任何权利,不应被视为放弃该权利。

第十六条 电话录音

除非**交易双方**另有约定,**交易一方**可对**交易双方**之间就**本协议**下**交易**或任何潜在的**交易**的电话交谈进行录音,并可在不违反**中国法律**的前提下在争议解决过程中出具该等录音作为证据。

第十七条　保密与信息披露

（一）保密

未经另一方事前书面同意，**交易一方**不得将与**本协议**以及**本协议**下**交易**有关的涉及另一方的任何信息向任何人士披露，但根据本条第（二）款约定作出的披露除外。

（二）法定信息披露

本条不限制**交易一方**根据适用**法律**的要求，就与**本协议**以及**本协议**下**交易**有关的任何信息进行披露。

第十八条　争议的解决

（一）适用法律

本协议适用**中国法律**，应根据**中国法律**解释。

（二）争议的解决方式

交易双方可通过协商方式解决双方之间在**本协议**下或与**本协议**相关的任何争议、索赔或纠纷。

若**交易双方**不进行协商或协商未果，**交易双方**同意应将争议、纠纷或索赔提交中国国际经济贸易仲裁委员会按照届时有效的《中国国际经济贸易仲裁委员会仲裁规则》在北京以仲裁方式解决，仲裁庭由三名仲裁员组成，仲裁裁决是终局的，对**交易双方**具有约束力。

若**交易双方**另行约定其他仲裁机构解决争端，该其他仲裁机构应是在中华人民共和国（为**本协议**之目的，不包括香港特别行政区、澳门特别行政区及台湾地区）境内合法登记或设立的仲裁机构，仲裁地点应位于中华人民共和国（为**本协议**之目的，不包括香港特别行政区、澳门特别行政区及台湾地区）境内。

若**交易双方**另行约定不采用仲裁而采用诉讼方式解决争端，则任何一方只能向人民法院提起诉讼。

第十九条　通知方式与生效

（一）采用专人递送或速递服务的，于送达回执的签收日生效；但是收件方、收件方的代理人、或对收件方行使破产管理人权限的人士拒绝在送达回执上签收的，发件方可采用公证送达的方式，或可根据**交易双方**在**补充协议**中约定的公告送达或留置送达方式做出有效通知，且经公证送达、公告送达或留置送达而生效的通知应被视为在一切方面具有与根据原送达方式而生效的通知相同的效力。

（二）采用挂号邮寄方式发送的，于签收日生效。

（三）采用传真发送的，于收件方确认收到字迹清楚的传真当日生效。

（四）采用电子信息系统发送的，于通知进入收件方指定的接受电子信息的系统之日生效。

（五）采用其他方式的，于**交易双方**另行约定的时间生效。

若以上日期并非**营业日**，或通知是在某个**营业日**的营业时间结束后送达、收到或进入相关系统的，则该通知应被视为在该日之后的下一个**营业日**生效。

第二十条　费用

在不影响**履约保障文件**就实现债权的费用所做的约定，且也不造成任何重复计算的前提下，就**守约方**因保障和行使其在**本协议**或**履约保障文件**下的相关权利而产生的所有合理费用和其他开支，以及**守约方**因为任何本协议下**交易**被提前终止而产生的所有合理费用和其他开支，**违约方**应在**守约方**的要求下予以全部补偿。

第二十一条　标题

本协议名称以及**本协议**所列标题仅出于便于参考之目的,并不影响**本协议**的结构且不应被用来解释**本协议**的任何内容。

第二十二条　累积补救

除**本协议**另有约定外,**本协议**赋予并承认的权利及救济具有累积性质,且不排除**中国法律**所赋予并承认的任何权利和救济。

第二十三条　协议的修改

在不违反**中国法律**的前提下,**交易双方**可在**补充协议**和**交易有效约定**中对**主协议**有关条款进行特别约定或对**主协议**未尽事宜进行补充约定,但不得修改或排除**主协议**的下述内容:

（一）第二条；

（二）第十二条第（二）款第二段；

（三）第十八条第（一）款、第（二）款第三段、第（二）款第四段；

（四）本第二十三条；

（五）第二十四条第二段；以及

（六）第二十五条对"中国法律"的定义。

第二十四条　协议的签署

主协议在**交易双方**签字盖章后生效。**交易双方**之间可根据需要签署**补充协议**。

交易双方应按照**中国法律**的要求及时将**主协议**和**补充协议**（及其修改）送中国银行间市场交易商协会备案。

第二十五条　定义

在**本协议**下,下列名词含义为:

被终止交易:指就一个提前终止日而言,若其因为**违约事件**而产生,则为**本协议**下届时存续的全部**交易**;若其因为**终止事件**而产生,则为**本协议**下届时存续的全部**受影响交易**。

不可抗力:指不能预见、不能避免并不能克服的客观情况,包括但不限于如下事件:自然灾害,交通、通讯瘫痪以及其他具有类似性质的事件。

参考做市商:指在**主协议**第九条第（二）款第3项约定的"市场报价法"下,**终止净额计算方**按诚实信用原则在相关市场中选择的交易商（若在中国银行间市场选择,该交易商应为具有该市场做市商业务资格的金融机构）。**终止净额计算方**应尽可能从该市场中拥有最高信用状况等级的交易商中选择**参考做市商**,并且在可行的范围内,应从在同一城市设有办事机构的交易商中挑选**参考做市商**。

成交单:指**交易双方**之间通过中国外汇交易中心暨全国银行间同业拆借中心交易系统达成**交易**后生成的确认该**交易**成交条件的书面凭证。

法律:指宪法、条约、法律、法规、条例、规则、规章、规定,以及任何具有立法、司法或行政管理权限或职能的机构依法发布的具有普遍约束力的命令、解释、许可、通知、判决、裁决、禁止令等规范性文件。

非受影响方:在**主协议**第七条项下,若仅有一个**受影响方**的,指另一方。

基准日：指提前终止日。若**终止净额计算方**诚信地认为以**提前终止日**为基准进行**本协议**下所有**被终止交易**的计算不具有商业合理性，则为商业上可合理进行计算的**提前终止日**之后尽可能早的一个或多个日期。

交易确认书：指**交易双方**交换的用以确认或证明**交易**的文件或其他书面证据，包括但不限于成交单、电子邮件、电报、电传、传真、合同书和信件等。

交易双方：在具体**交易**项下，指受**本协议**约束的双方当事人。

交易一方：指交易双方中的任何一方。

交易有效约定：指就各项具体**交易**做出的具有法律约束力的约定（包括但不限于**交易确认书**）。

金融衍生产品交易（简称"**交易**"）：就**本协议**而言，指**交易双方**以一对一方式达成的、根据**中国法律**要求应适用**主协议**的、按照**交易双方**的具体要求拟定交易条款的金融衍生合约，以及**交易双方**约定适用**主协议**的其他金融合约，包括但不限于符合上述条件的利率衍生产品交易、汇率衍生产品交易、债券衍生产品交易、信用衍生产品交易、黄金衍生产品交易，以及前述衍生产品交易的组合。

履约保障提供者：指在**履约保障文件**下承担保障义务的主体（可为**交易一方**），包括但不限于担保人。

履约保障文件：指在补充协议中列明的就**交易**的履约保障作出具体安排的法律文件，包括但不限于：《中国银行间市场金融衍生产品交易转让式履约保障文件》《中国银行间市场金融衍生产品交易质押式履约保障文件》及其他履约保障安排文件。

潜在违约事件：指任何经发送通知或随时间推移可构成**违约事件**的事件。

市场报价：对于一项或一组**被终止交易**和一个**终止净额计算方**而言，指按**参考做市商**的报价为基础而决定的款额。每一报价为该**终止净额计算方**（应考虑针对其义务的任何现有的**履约保障文件**）若与**参考做市商**达成交易（"**替换交易**"）应支付给该**终止净额计算方**（以负数表达）或该**终止净额计算方**应支付（以正数表达）给**参考做市商**的一个数额（若有）。此替换交易使该**终止净额计算方**享有的经济效果与**交易双方**根据**主协议**第四条原本应（若不是由于出现了相关的**提前终止日**）在**提前终止日**后就该项或该组**被终止交易**进行的任何付款或实物交付（不论基础义务是绝对义务还是或有义务，并假设已满足了所有适用的先决条件）所产生的经济效果相同，且受到该**终止净额计算方**及**参考做市商**按照诚实信用原则同意的文本的限制。为此目的，有关**被终止交易**的未付款项应被排除。但是，**市场报价**应包括（但不限于）原本应（若非出现了相关的**提前终止日**）在**提前终止日**后就该项或该组**被终止交易**获得的任何付款或实物交付（假设已满足了所有适用的先决条件）。**终止净额计算方**（或其代理人）须尽可能地寻求至少四名**参考做市商**于**基准日**提供其报价，并且在合理可行的范围内，要求各**参考做市商**均在同一日期和时间（不考虑时区）提供其报价。报价的日期和时间由该**终止净额计算方**按诚实信用原则选择。若提供的报价不少于三个，则应除去最高及最低报价，取剩余报价的算术平均值；若有一个以上的报价并列最高值或最低值，则应仅分别除去其中一个最高或最低的报价。若少于三个报价，应视作无法确定有关该**被终止交易**的**市场报价**。

守约利率：指**守约方**合理证明的其作为资金拆入方从相关银行间市场上的一家主要银行得到的就有关币种的隔夜拆放利率，该银行由**守约方**进行选择，但其报价应是能够合理反映**守约方**在相关市场上资金拆借成本的有代表性报价。若**守约利率**高于**银行间利率**，则**守约利率**取用**银行间利率**的数值。

受影响方：指主协议第七条项下指明为"**受影响方**"的**交易一方**。

受影响交易：当发生**主协议**第七条第（一）、第（三）款所述**终止事件**时，指**本协议**下届时存续的受该等**终止事件**影响的全部**交易**；当发生其他**终止事件**时，除非**交易双方**另有约定，指**本协议**下届时存续的全部**交易**。

特定交易：指**交易一方**（或其**履约保障提供者**，或其适用的**特定实体**）与另一方（或其**履约保障提供者**，或其适用的**特定实体**）之间当前存续的或将达成的债券回购交易、债券借贷交易及**交易双方**约定的**本协议**管辖范围之外的其他交易。

特定实体：指在补充协议中指定为"特定实体"的任何公司、企业或实体。

提前终止日：指根据**主协议**第九条第（一）款或第十条第（三）款确定的**被终止交易**提前终止的日期。

提前终止应付额：指按照**主协议**第九条第（二）款第2项所列公式计算得出的金额。

提前终止应付额付款日：指**主协议**第九条第（三）款或第十条第（四）款第2项下约定的应支付**提前终止应付额**及其利息的日期。

未付款项：就一个**提前终止日**而言，**交易一方**应收到的**未付款项**包括以下款项：

1. 截至该**提前终止日**另一方依照**主协议**第四条的约定在每一项**被终止交易**下应付而未付的款项，以及在每一项**被终止交易**下应交付而未交付的每一项实物在原定交付日的公允市场价值（该公允市场价值由**终止净额计算方**本着诚实信用原则按照商业上合理的方式确定；若**交易双方**均为**终止净额计算方**，则公允市场价值为**交易双方**各自计算确定的价值之平均数），且在不重复计算的前提下，上述任何一种情况下均包括依据**主协议**第十一条第（二）款第1项计算的应付利息数额；

2. 若**本协议**下所有交易在该**提前终止日**成为**被终止交易**，在该**提前终止日**前应付未付的**提前终止应付额**，以及在不重复计算的前提下，依据**主协议**第十一条第（二）款第2项计算的该**提前终止应付额**的应付利息数额。

违约方/守约方：按照**主协议**第六条约定，发生某一项**违约事件**的**交易一方**为**违约方**；就该项**违约事件**，另一方为**守约方**。

违约利率：除非**交易双方**另有约定，指收取款项的一方合理证明的其为获得一笔与该款项数额相等的资金而可能产生的合理的融资成本，加百分之一年利率。

违约事件：指根据**主协议**第六条及**补充协议**，被确定为"违约事件"的任一事件。

银行间利率：除非**交易双方**另有约定，就每一个计息日而言，针对人民币是指中国人民银行授权全国银行间同业拆借中心发布的上海银行间同业拆放利率（Shibor）中的隔夜利率；针对美元是指美元有效联邦基金利率（Effective Federal Funds Rate）；针对欧元是指欧元隔夜平均指数（EONIA）；针对英镑是指英镑隔夜平均指数（SONIA）；针对其他币种的自由兑换货币是指主要银行之间就在相关的付款地以该币种货币进行隔夜存款而报出的同业拆放利率。

营业日：除非**交易双方**另有约定，指下列日期：对于任何付款而言，为相关账户所在地商业银行正常营业的日期（不含法定节假日）；对于任何交付而言，为交付行为发生地登记托管结算机构营业的日期（不含法定节假日）；对通知或通信而言，为接收方提供的通知地址中指定城市的商业银行正常营业的日期（不含法定节假日）。

中国法律：在中华人民共和国（为**本协议**之目的，不包括香港特别行政区、澳门特别行政区及台湾地区）境内有效施行的法律、法规、规章，以及具有立法、司法或行政管理权限或职能的机构依法发布的具有普遍约束力的规范性文件。

终止净额计算方：在发生**违约事件**时，指**守约方**；在发生**终止事件**时，指非**受影响方**（若**交易双方**均为**受影响方**，则指任一方）。

终止事件：指根据**主协议**第七条及**补充协议**，被确定为"终止事件"的任一事件。

终止数额：对于一项或一组**被终止交易**以及一个**终止净额计算方**而言，是指该**终止净额计算方**在**基准日**本着诚实信用原则，以商业上合理方式确定的为了替代该**被终止交易**的主要条款（包括**交易双方**按照**主协议**第四条的约定原本应在**提前终止日**之后支付或交付（假定满足了**主协议**第四条第（三）款的全部履约前提条件）却由于**提前终止日**的产生未曾支付的任何款项或未曾交付的任何实物）或为了获得与该**被终止交易**的该等主要条款相同的经济效果而在当时环境下产生的或将会产生的损失及成本（以正数表示）或收益（以负数表示）。**终止数额**不包括一项或一组**被终止交易**的**未付款项**，也不包括**主协议**第二十条所列的任何费用。在不重复计算的前提下，**终止净额计算方**可将其融资的成本，及其为终止、清算或重建与一项或一组**被终止交易**相关的任何对冲风险安排而合理产生的损失以及成本（或任何收益）包括在相关的**终止数额**的计算内。

签署栏
甲方：   乙方：

甲方有权签署人   乙方有权签署人
姓名：   姓名：
签字：＿＿＿＿＿＿   签字：＿＿＿＿＿＿

甲方公章   乙方公章

年   月   日   年   月   日

中国银行间市场金融衍生产品交易主协议(2009年版)
补充协议

本补充协议由：

_____("甲方")

和

_____("乙方")

于_____年___月___日签署并生效。

鉴于甲乙双方均已签署《中国银行间市场金融衍生产品交易主协议(2009年版)》(简称"**主协议**")，为进一步明确双方的权利义务，双方在**主协议**基础上签署本**补充协议**，对下列事项做出补充或特别约定。

本**补充协议**中的一项定义的含义与**主协议**中的相同定义的含义相同，但本**补充协议**对该定义的含义另有约定的除外。

一、第二条"主协议的适用"

对于签署**主协议**之前达成的，且在签署本**补充协议**时尚未履行完毕的衍生产品交易，是否适用**主协议**：

【适用】/【不适用】

二、关于"声明与保证"

为第三条第8项之目的，就**交易一方**适用的文件及信息为：

甲方：

乙方：

为第三条第11项之目的，其他声明与保证事项如下：

三、关于"特定实体"

甲方的**特定实体**是：

1. 在**主协议**第三条第7项下：
2. 在**主协议**第六条第(六)款下：
3. 在**主协议**第六条第(七)款下：
4. 在**主协议**第六条第(八)款下：
5. 在**主协议**第七条第(二)款下：

乙方的**特定实体**是：

1. 在**主协议**第三条第7项下：
2. 在**主协议**第六条第(六)款下：

3. 在**主协议**第六条第(七)款下：

4. 在**主协议**第六条第(八)款下：

5. 在**主协议**第七条第(二)款下：

四、第四条第(五)款多笔交易支付净额

【适用】/【不适用】

若适用，支付净额的约定适用于下列**交易**或**交易**组：

五、履约保障

适用于甲方的**履约保障文件**为：

适用于乙方的**履约保障文件**为：

其他保障安排为：

六、第六条第(六)款"交叉违约"

【适用】/【不适用】

若适用，则**交叉违约**的起点金额为：

甲方：

乙方：

其他债务文件的定义为：【按主协议约定】

七、第六条第(七)款"特定交易下违约"

【适用】/【不适用】

若适用，则**特定交易**定义中"**交易双方**约定的**本协议**管辖范围之外的其他交易"为：【按主协议约定】

八、关于第六条"违约事件"

九、第七条第(二)款"终止事件"

【适用】/【不适用】

若适用，为该款之目的，"合并事件"指：

十、关于"其他终止事件"

为第七条第(四)款之目的，"**其他终止事件**"包括下述事件：

十一、第九条第(一)款第2项"自动提前终止"

【适用】/【不适用】

十二、对被终止交易公允市场价值的计算方法

为第九条第(二)款第3项及第十条第(四)款第1项之目的，适用：【替代交易法】/【市场报价法】

十三、关于第十二条第(二)款"终止货币"

被终止**交易**的合同货币不含人民币时，终止货币为_____，且各币种之间的换算方法为：

十四、关于第十八条"争议的解决":

十五、通知方式

甲方接收第十九条第(一)、(二)、(三)、(四)款约定的通知的联系方式包括:

  地址:

  收件人:

  邮政编码:

  电话:

  传真:

  电子信息系统:

乙方接收第十九条第(一)、(二)、(三)、(四)款约定的通知的联系方式包括:

  地址:

  收件人:

  邮政编码:

  电话:

  传真:

  电子信息系统:

双方同意采用公告送达、留置送达的有关约定:

双方约定的其他通知方式及通知生效时间:

十六、其他补充约定

签署栏

甲方:_____	乙方:_____
授权代表签字:_____	授权代表签字:_____
签字代表职衔:_____	签字代表职衔:_____
单位公章:	单位公章:

附录 D-3

中国银行间市场金融衍生产品交易
质押式履约保障文件
（2009 年版）

版权所有© 中国银行间市场交易商协会 2009

声　明

《中国银行间市场金融衍生产品交易质押式履约保障文件(2009年版)》(简称《本文件》)的著作权属于中国银行间市场交易商协会。除非为开展与《本文件》有关的交易或为进行教学、研究的目的，未经著作权人事先书面同意，任何人不得复制、复印、翻译或分发《本文件》的纸质、电子或其他形式版本。

使用人为开展与《本文件》有关的交易的目的，可在使用过程中根据《本文件》的有关约定并基于自身独立判断对《本文件》的相关条款进行补充或修改(但不得修改《本文件》第一条第二段、第十二条第(七)款和第(八)款)，以确保最终的文件符合其风险管理需要。

中国银行间市场金融衍生产品交易
质押式履约保障文件
标准条款

本质押式履约保障文件(简称"**本文件**")是双方为履行《中国银行间市场金融衍生产品交易主协议(2009年版)》(简称"**主协议**")下双方各自的义务而签订的一份履约保障文件。**本文件**由标准条款和补充条款两部分构成。

第一条 释义与效力等级

本文件的一项定义与**主协议**相同定义的含义相同,**本文件**特有的定义应具有**标准条款**第十三条相同定义所述的含义。

双方可在**补充条款**中对**本文件**的定义等内容进行修改和补充,但不得修改或排除**中国法律**的定义、**标准条款**第十二条第(七)款、第(八)款以及本句的内容。在此前提下:

1. **标准条款**与**补充条款**的约定不一致的,**补充条款**有优先效力;

2. **主协议**或**补充协议**与**本文件**的约定不一致的,就**本文件**而言,**本文件**的相关约定有优先效力;

3. 就一笔具体的**交易**而言,其**交易有效约定**与**本文件**的约定不一致的,该**交易有效约定**有优先效力。

第二条 担保的范围

出质方应按照**本文件**的约定在**合格履约保障品**上为**质权方**设置质权。质权所担保的范围是**出质方**应履行的所有**义务**。

第三条 交付金额与返还金额

(一)交付金额

若在一个**估值日**,**交付金额**等于或超过了**出质方**的**最低转让金额**,则**质权方**可向**出质方**发出通知,要求**出质方**依据**交付金额**向**质权方**质押**合格履约保障品**。**出质方**应确保出质的**合格履约保障品**在质权设立当日的**价值**不少于适用的**交付金额**(按**补充条款**的约定取整)。

除非双方另有约定,就任何一个**估值日**,**出质方**所适用的**交付金额**按如下公式计算:

$$交付金额 = 质权方经调整的风险敞口 - 出质方的已质押履约保障品在该估值日的价值$$

(二)返还金额

若在一个**估值日**,**返还金额**等于或超过了**质权方**的**最低转让金额**,则**出质方**可向**质权方**发出通知,要求**质权方**依据**返还金额**解除**出质方**在**已质押履约保障品**上为**质权方**设立的质权。**质权方**应确保被解除质权的**已质押履约保障品**在质权解除当日的**价值**接近适用的**返还金额**(按**补充条款**的约定取整),但前述**已质押履约保障品**在质权解除当日的**价值**可不大于适用的**返还金额**。

除非双方另有约定,就任何一个**估值日**,**质权方**所适用的**返还金额**按如下公式计算:

$$\text{返还金额} = \text{出质方的已质押的履约保障品在该估值日的价值} - \text{质权方经调整的风险敞口}$$

(三)相关释义

在计算上述**交付金额**或**返还金额**时:

$$\text{质权方经调整的风险敞口} = \text{质权方在上述估值日的风险敞口} + \text{对出质方适用的独立金额} - \text{对质权方适用的独立金额} - \text{对出质方适用的起点金额}$$

若计算出的**质权方经调整的风险敞口**为负数,则视为零。

在计算**已质押履约保障品**在一个**估值日**的价值时,在该**估值日**或之前已办理出质手续但相关质权尚未正式设立的任何先前的**交付金额**(或在对**交付金额**产生争议的情况下,与该**交付金额**有关的已办理出质手续但相关质权尚未正式设立的任何未产生争议的金额)应计入**已质押履约保障品**的价值之内;但在该**估值日**或之前已办理解除质押手续但相关质权尚未正式解除的任何先前的**返还金额**(或在对**返还金额**产生争议的情况下,与该**返还金额**有关的已办理解除质押手续但相关质权尚未正式解除的任何未产生争议的金额)应排除在**已质押履约保障品**的价值之外。

第四条　无须履行义务的情况

(一)出质方无须履行义务的情况

若**质权方**发生了一项**违约事件**、**潜在违约事件**或**特定情况**,从而导致**提前终止日**已然产生或被指定(但就该**提前终止日**已经没有任何尚未清偿的付款义务存在的情况除外),或虽未导致**提前终止日**的产生或被指定,但该**违约事件**、**潜在违约事件**或**特定情况**持续存在,则**出质方**无须履行其在**标准条款**第三条、第六条和第八条下原本应履行的任何设立质权的义务。

(二)质权方无须履行义务的情况

若**出质方**发生了一项**违约事件**、**潜在违约事件**或**特定情况**,从而导致**提前终止日**已然产生或被指定(但就该**提前终止日**已经没有任何尚未清偿的付款义务存在的情况除外),或虽未导致**提前终止日**的产生或被指定,但该**违约事件**、**潜在违约事件**或**特定情况**持续存在,则**质权方**无须履行其在**标准条款**第三条、第六条、第七条、第八条和第九条下原本应履行的任何解除质权或转让的义务。

第五条　计算与估值

估值方应依据基于相关的**估值时间**所获得的信息计算**价值**和**风险敞口**。**估值方**应最迟在相应的**估值日**(在**标准条款**第八条的情况下,在异议通知生效后的第 6 个营业日)北京时间 17 时前(含该时点)将计算结果通知双方。

第六条　质权设立与解除的方式

在一方按照**标准条款**第三条的约定向另一方发出的通知生效后,另一方应按如下方式设立或解除相关的质权:

（一）质权设立的方式

除非双方另有约定，对于现金形式的**合格履约保障品**，**出质方**应于相关的**完成日**北京时间 17 时前（含该时点），将该种形式的**合格履约保障品**通过转账方式划入**质权方**指定的专用账户；对于记账式债券形式的**合格履约保障品**，**出质方**和**质权方**应及时根据有关登记托管结算机构的规定办理相关的质押手续。双方每次就**合格履约保障品**的出质所形成的确认文件（若有）构成质押合同的一部分。

若按照**本文件**的约定**出质方**应在相关的**合格履约保障品**上为**质权方**设立质权，则**出质方**有义务确保在相关的**完成日**北京时间 17 时前（含该时点）在该合格履约保障品上为**质权方**设立质权。

（二）质权解除的方式

除非双方另有约定，对于现金形式的**已质押履约保障品**，**质权方**应于相关的**完成日**北京时间 17 时前（含该时点），将该种形式的**已质押履约保障品**通过转账方式划入**出质方**指定的账户；对于记账式债券形式的**已质押履约保障品**，**质权方**和**出质方**应及时根据有关登记托管结算机构的规定办理相关的解除质押手续。双方每次就**已质押履约保障品**的质权解除所形成的确认文件（若有）构成解除相关**已质押履约保障品**质权的合同。

若按照**本文件**的约定**质权方**应将相关的**已质押履约保障品**上为其设立的质权予以解除，则**质权方**有义务确保在相关的**完成日**北京时间 17 时前（含该时点）解除**出质方**在该已质押履约保障品上为其设立的质权。

第七条　替换

出质方可向**质权方**发出通知，提议以通知中指定的**合格履约保障品**（简称"新履约保障品"）替换通知中指定的**已质押履约保障品**（简称"原履约保障品"）。

若**质权方**通知（可为电话通知）**出质方**其同意替换，则：

1. **出质方**应在相应的**完成日**北京时间 17 时前（含该时点），为**质权方**在**新履约保障品**上设立质权；

2. 在**出质方**未出现标准条款第四条第（二）款所列的任何情况的前提下，**质权方**在确认**新履约保障品**上的质权设立后，应在相应的**完成日**北京时间 17 时前（含该时点）解除**原履约保障品**上的质权。

质权方应确保被解除质权的**原履约保障品**在质权解除当日的**价值**接近**新履约保障品**在该日的**价值**，但可不大于**新履约保障品**在该日的**价值**。

第八条　计算与估值的争议处理

若一方（"**争议方**"）对（A）**估值方**计算的**交付金额**或**返还金额**有异议，或对（B）任何出质的**合格履约保障品**或任何解除质权的**已质押履约保障品**的**价值**有异议，按如下方式处理：

1. 在（A）的情况下，**争议方**应于收到另一方根据标准条款第三条发出的通知后的第一个**营业日**北京时间 17 时前（含该时点）向另一方及**估值方**发出异议通知；在（B）的情况下，**争议方**应于相关的**完成日**后的第一个**营业日**北京时间 17 时前（含该时点）向另一方及**估值方**发出异议通知。

2. 在（A）的情况下，有义务出质**合格履约保障品**（或解除**已质押履约保障品**上设立的质权）的一方应在相关的**完成日**北京时间 17 时前（含该时点）就无争议部分金额向另一方质押相应的**合格履约保障品**（或解除相应的**已质押履约保障品**上存在的质权）。

3. 对（A）或（B）情况下任何争议的部分，双方应在异议通知生效后的 5 个**营业日**内协商解决争议。

4. 若双方在上述时限内不能解决争议，则：

（1）在争议涉及**交付金额**或**返还金额**的情况下，**估值方**应按如下方法计算**重新计算日**的**风险敞口**和**价值**：

（a）采用**本协议**下没有争议的**交易**所对应的那部分**风险敞口**所采用的任何计算；

（b）在双方于**本协议**中约定采用替代交易法的情况下，**估值方**应向第三方（若双方在**本协议**中约定了替代交易法情况下第三方的特定含义，则向具有该特定含义的第三方）征询四个实际的市场中间报价，取其算数平均数，计算**本协议**下有争议的**交易**所对应的**风险敞口**；

（c）在双方于**本协议**中约定采用市场报价法的情况下，**估值方**应向**参考做市商**征询四个实际的市场中间报价，取其算数平均数，计算**本协议**下有争议的**交易**所对应的**风险敞口**；

（d）若一项**交易**无法取得四个报价，则可使用少于四个的报价；若一项**交易**无法获得报价，则**估值方**原先做出的计算将用于该项**交易**；

（e）在届时存续的**已质押履约保障**的**价值**产生争议的情况下，采用**补充条款**约定的方式，重新计算该价值。

（2）在争议涉及任何出质的**合格履约保障品**或任何解除质权的**已质押履约保障品**的**价值**的情况下，**估值方**应按照**补充条款**的约定，重新计算该**合格履约保障品**或**已质押履约保障品**于相应**完成日**的**价值**。

5. **估值方**应在异议通知生效后的第 6 个**营业日**的北京时间 17 时前（含该时点）将按上述方法重新计算或估值的结果通知双方（或在**估值方**由一方担任的情况下，通知另一方）。相关的一方应在收到另一方后续发出的通知后，依据**本文件**的有关约定进行相应的设立质权或解除质权的操作。

第九条 利息金额

除非双方另有约定，受标准条款第四条的约束，就**质权方**占有（或按照市场惯例认为被其占有）的现金形式的**已质押履约保障品**，**质权方**有权保留且无须向**出质方**转让该现金形式的**已质押履约保障品**所产生的任何孳息，但**质权方**应在相关**利息期间**结束后的第一个**利息转让日**的北京时间 17 时前（含该时点）向**出质方**转让**利息金额**。**质权方**转让**利息金额**的义务以不会因此产生或增加一个**交付金额**（由**估值方**负责计算；为此目的，计算日被视为是一个**估值日**）为限。

第十条 违约事件和不构成违约的情况

（一）违约事件

一方发生下列任一情形的，构成**主协议**第六条第（二）款所述的一项**违约事件**，该方是**违约方**：

1. 针对任何**合格履约保障品**、**已质押履约保障品**或**利息金额**，该方未按照**本文件**的约定，按时履行其应履行的任何转让义务，或任何设立质权、解除质权的义务，并且在另一方发出的未履约通知生效后的第 3 个**营业日**届满时该未履约状态仍然持续。

2. 该方未按照**本文件**的约定，遵守或履行其应遵守或履行的**本文件**下的任何协议或义务（但不包括本款第 1 项所列的任何义务），并且在另一方发出的未履约通知生效后的第 30 天届满时该未履约状态仍然持续。

（二）不构成违约的情况

除非双方另有约定，若一方尚在按照**标准条款**第八条所列的争议解决程序履行自己的义务，则该方虽未对**标准条款**第八条所述的属于争议部分的任何金额进行相应的设立质权或解除质权的操作，不构成该方在**主协议**第六条第(二)款下的一项**违约事件**或潜在**违约事件**。

第十一条　出质方和质权方享有的救济权利

（一）质权方享有的救济权利

若**出质方**发生了一项**违约事件**或**特定情况**并且届时该**违约事件**或**特定情况**仍然处于持续的状态，或者因为**出质方**发生了一项**违约事件**或**特定情况**从而导致一个**提前终止日**产生或被指定（除非**出质方**已经付清其届时到期的所有**义务**），**质权方**有权行使下列一项或多项救济权利：

1. 将**质权方**占有的现金形式的**已质押履约保障品**，与**出质方**就任何**义务**应支付的任何款项进行相互冲抵；

2. 无须征得**出质方**另行同意，将**已质押履约保障品**进行拍卖、变卖或折价，用以清偿**出质方**就任何**义务**应支付的任何款项；

3. **质权方**在适用的**法律**下可获得的有关**已质押履约保障品**的其他救济权利。

（二）出质方享有的救济和权利

若因**质权方**发生了一项**违约事件**或**特定情况**从而导致一个**提前终止日**产生或被指定（但该**提前终止日**仅针对**本协议**下的部分**交易**且**质权方**已经付清其在**主协议**第九条和第十条下的届时到期的所有义务的情况除外），则：

1. **质权方**应立即解除**出质方**在**已质押履约保障品**上为其设立的质权并将**利息金额**立即转让给**出质方**；

2. 若**质权方**未按本款第1项的约定解除相应的质权或未将**利息金额**转让给**出质方**，则**出质方**可：

（1）中止支付**出质方**就任何**义务**本应支付的任何剩余款项（以不超过剩余的**已质押履约保障品**的**价值**为限），直到**质权方**解除在该**已质押履约保障品**上**出质方**为**质权方**设立的质权；和

（2）将**质权方**占有的现金形式的**已质押履约保障品**，与**出质方**就任何**义务**应支付的任何款项进行相互冲抵；

3. **出质方**可行使其在适用的**法律**下可获得的有关**已质押履约保障品**的其他救济权利。

（三）不足和盈余的处置

在本条第（一）款和第（二）款下的任何救济措施或权利被采取后仍然有剩余的**已质押履约保障品**的前提下，若**出质方**就任何**义务**没有任何应支付的款项，则**质权方**应尽快解除在前述剩余的**已质押履约保障品**上为其设立的质权。若在本条第（一）款和第（二）款下的任何救济措施或权利被采取后**出质方**仍存在有尚未支付的款项，则在任何情况下**出质方**均有义务予以支付。

（四）最终返还

若**出质方**现在和今后就任何**义务**均没有任何应支付的款项，则**质权方**应尽快解除在所有的**已质押履约保障品**上为**质权方**设立的质权，并将其占有（或按照市场惯例认为被其占有）的现金形式的**已质押履约保障品**所产生的且尚未转让给**出质方**的**利息金额**（若有）转让给**出质方**。

第十二条　其他

（一）声明

一方向另一方声明如下（该方在其签署**本文件**之日和在其履行**本文件**下任何义务之日做出本款第1项所述的声明，并在其每次作为**出质方**质押**合格履约保障品**之日做出本款第2项所述的声明）：

1. 该方有权签署**本文件**，履行其在**本文件**下的任何义务，并已经采取了所有必要的行动授权该签署和履行；

2. 该方对其所质押的任何**合格履约保障品**拥有完整的所有权，并且该等**合格履约保障品**并未设定第三方权益。

（二）费用

因履行**本文件**的义务产生的费用，由各方自行承担。

但是，就**出质方**或**质权方**因为行使**标准条款**第十一条下的任何救济权利而产生的所有合理的费用和成本，**违约方**应在**守约方**要求下，按照**主协议**第二十条的约定全部予以补偿。

（三）违约金

若**质权方**未根据**本文件**的约定于相关的**完成日**北京时间 17 时前（含该时点）解除已**质押履约保障品**上为其设立的质权（但**标准条款**第十条第（二）款所列情况除外），或未于相关的**利息转让日**的北京时间 17 时前（含该时点）将其占有的现金形式的相关**已质押履约保障品**所产生的相关**利息金额**转让给**出质方**，则其应根据上述相关资产在相关**估值日**、**利息转让日**、或（在**质权方**未按照**标准条款**第七条第 2 项的约定按时解除**原履约保障品**上的质权情况下）在**新履约保障品**上相关质权设立之日的**价值**，按照**违约利率**向**出质方**支付相应的利息。**估值方**（或当**估值方**是**质权方**时，为**出质方**）负责确定上述相关资产在该日期的**价值**。其应依据其在该日期的上一个**营业日**北京时间 17 时所获得的信息确定**价值**。利息期间从该到期日（含）起到相关质权实际解除（或相关**利息金额**实际转让）日（不含）止。利息按照实际的利息天数采用每日复利的方式计算。

（四）资产分离

在不影响**质权方**依据**本文件**所享有的救济和权利的前提下，**质权方**应采取所有必要的措施以确保将任何**已质押履约保障品**与**质权方**或其托管人的自有资产相分离。

（五）诚实信用和商业合理原则

双方应基于诚实信用和商业合理的原则履行**本文件**下的任何义务。

（六）通知

除非双方另有约定，一方根据**本文件**发出的通知及生效（**质权方**依据**标准条款**第七条的约定发出的电话通知除外），适用**主协议**第十九条的约定。

（七）适用法律

本文件适用**中国法律**，并根据**中国法律**解释。

（八）争议解决

双方之间发生的**本文件**下或与**本文件**有关的任何争议、纠纷或索赔，应按照双方在**本协议**中约定的争议解决方式处理，但是双方在**补充条款**中另有约定的除外。

双方可在**补充条款**中另行约定**本文件**所适用的争议解决方式。若双方约定采用诉讼方式解决争议，则任何一方只能向人民法院提起诉讼。若双方约定采用仲裁的方式解决争议，则双方选定的仲裁机构应是中华人民共和国（就**本文件**而言，不包括香港特别行政区、澳门特别行政区和台湾地区）境内合法成立且有效存续的仲裁机构，仲裁地点应位于中华人民共和国（就**本文件**而言，不包括香港特别行政区、澳门特别行政区和台湾地区）境内。

第十三条 定义条款

在**本文件**中,下列名词含义如下:

重新计算日:指产生标准条款第八条下争议的**估值日**。若在争议解决前,在**标准条款**第三条下出现了后续的**估值日**,则**重新计算日**指在**标准条款**第三条下出现的最新的**估值日**。

出质方:指出质**合格履约保障品**的一方。**出质方**可为双方中的任何一方。

独立金额:就一方而言,指在**补充条款**中约定的适用于该方并以此定义冠名的任何金额(以人民币表示)。除非双方另有约定,适用于任何一方的**独立金额**为零。

返还金额:指**标准条款**第三条第(二)款所约定的并以此定义冠名的任何金额。

风险敞口:对任何**估值日**或在该日计算**风险敞口**的其他日期而言,并且在发生争议的情况下受限于**标准条款**第八条,假设双方在**本协议**下的所有**交易**在相关的**估值时间**终止,根据**主协议**第十条第(四)款第 1 项的约定(假设**质权方**不是**受影响方**)应由另一方向**质权方**支付的(以正数表示)或应由**质权方**向另一方支付的(以负数表示)数额(以人民币作为**终止货币**)。若在**本协议**中选择采用替代交易法,则由**估值方**代表**质权方**来确定**终止数额**;**估值方**将用其基于市场中间价所估算的用以支付与该等**交易**的主要条款具有相同经济效果的交易所需的金额来确定**终止数额**。若在**本协议**中选择采用市场报价法,则由**估值方**代表**质权方**来确定**市场报价**;**估值方**将用其基于市场中间价所估算的用以支付替换交易(如**市场报价**定义中所述)所需的金额来确定上述**交易**的**市场报价**。

估值比例:就某一类别的**合格履约保障品**而言,指在**补充条款**中约定的适用于该类别**合格履约保障品**的百分比。若**补充条款**未约定该类别**合格履约保障品**所适用的百分比的,则为 100%。

估值方:指在**补充条款**中约定的并以此定义冠名的实体。**估值方**可由一方或双方担任,也可由双方共同指定的第三方担任。

估值日:指在**补充条款**中约定的并以此定义冠名的任何日期。

估值时间:指在**补充条款**中约定的并以此定义冠名的任何时间。双方未约定**估值时间**的,**估值时间**为**估值日**的上一个营业日北京时间 17 时。

合格履约保障品:指双方在**补充条款**中约定为**合格履约保障品**的(A)任何现金和(B)在中华人民共和国(为**本文件**之目的,不包括香港特别行政区、澳门特别行政区及台湾地区)境内发行和买卖的任何记账式债券。

价值:就任何**估值日**或任何计算**价值**的其他日期而言,是指(**标准条款**第八条另有约定的,从其约定):

1. 对于**合格履约保障品**或已质押履约保障品的币种为人民币的现金数额而言,该金额;

2. 对于**合格履约保障品**或已质押履约保障品的币种为其他货币的现金数额而言,该数额在乘以适用的**估值比例**后的**人民币**等值额;

3. 对于**合格履约保障品**或已质押履约保障品的任何记账式债券而言,**估值方**获得的买入价,在乘以适用的**估值比例**后所得金额的**人民币**等值额。

交付金额:指**标准条款**第三条第(一)款所约定的并以此定义冠名的任何金额。

利率:就某一币种的货币而言,指在**补充条款**中为该币种货币所约定的利率。

利息金额:就一个利息期间而言,指已质押履约保障品的每一币种现金的本金在该**利息期间**的利息总额的**人民币等值额**的总和。每一币种现金的本金在该**利息期间**内每一日的利息,由**估值方**按照如下方式确定:

1. 该种货币在该日的现金额;乘以

2. 该日有效的相关**利率**;除以

3. 365(在该种货币是英镑或港币的情况下)或360(在该种货币是英镑和港币之外的货币的情况下)。

利息期间:指从上一个**利息转让日**(或者在没有**利息金额**被转让的情况下,从现金形式的**已质押履约保障品**被出质给**质权方**的**营业日**)(含)起直至当前**利息转让日**(不含)止的期间。

利息转让日:指为转让**利息金额**的目的,双方在**补充条款**中约定的并以此定义冠名的日期。双方未约定的,**利息转让日**是每一个公历月的最后一个**营业日**。

起点金额:就一方而言,指在**补充条款**中约定的适用于该方的并以此定义冠名的任何金额(以人民币表示)。除非双方另有约定,适用于任何一方的**起点金额**为零。

人民币等值额:就一个**估值日**的任何金额而言,若该金额的货币单位是人民币,则指该金额;若该金额的货币单位是人民币之外的其他某一种货币,则指**估值方**在不违反**中国法律**的前提下,本着诚实信用和商业合理的原则确定的用来于该**估值日**购买同等金额的该其他货币所需的人民币的金额。

特定情况:就一方而言,指在**补充条款**中约定的适用于该方并以此定义冠名的任何事件。

完成日:除非双方另有约定,就**标准条款**第七条第1项而言,指**出质方**收到**质权方**发出的同意替换的通知之日后的第一个**营业日**;就**标准条款**第七条第2项而言,指新**履约保障品**上相关质权设立之日后的第一个**营业日**;就**本文件**其他条款而言,指**出质方**或**质权方**收到要求其质押**合格履约保障品**或要求其解除**已质押履约保障品**上的质权的通知生效之日后的第一个**营业日**。在确定相关的**完成日**时,若通知收到当日并非是一个**营业日**,或者通知是在一个**营业日**的北京时间17时后收到的,则该日后的第一个**营业日**应被视为是该通知的收到之日。

义务:指一方在**本协议**和在**本文件**下的任何现在或将来的义务。

已质押履约保障品:指**出质方**已经为**质权方**设立了质权并且该质权尚未被解除的任何**合格履约保障品**(或在该**合格履约保障品**是记账式债券并且在质权存续期间内该债券到期或被其发行人提前赎回的情况下,该**合格履约保障品**因此而产生的且尚未被**出质方**获得的任何本金)的总和,以及在质权存续期间内该等**合格履约保障品**中现金形式的**合格履约保障品**产生的且尚未被**出质方**获得的所有**利息金额**。

质权方:指要求(或有权接受)**合格履约保障品**出质的一方。**质权方**可为双方中的任何一方。

最低转让金额:就一方而言,指在**补充条款**中约定的适用于该方的并以此定义冠名的任何金额(以人民币表示)。除非双方另有约定,适用于任何一方的**最低转让金额**均为人民币壹拾万元整。

中国银行间市场金融衍生产品交易
质押式履约保障文件
补充条款

本文件由：

_____（"甲方"）

和

_____（"乙方"）

于 _____ 年 ____ 月 ____ 日签署并生效。

双方约定，对**本文件**的**标准条款**的下列部分进行变更、修改和补充：

（一）交付金额、返还金额及质权方经调整的风险敞口

1. **交付金额**具有**标准条款**第三条第（一）款中所约定的含义，除非此处另有约定：

2. **返还金额**具有**标准条款**第三条第（二）款中所约定的含义，除非此处另有约定：

3. **质权方经调整的风险敞口**具有**标准条款**第三条第（三）款中所约定的含义，除非此处另有约定：

（二）合格履约保障品及其估值比例

一方所适用的**合格履约保障品**及其**估值比例**如下：

	合格履约保障品	甲方	乙方	估值比例
（1）	人民币现金	√	√	100%
（2）	人民币以外的现金形式的**合格履约保障品**			
	[币种 1]	[ ]	[ ]	[ ]%
	[币种 2]	[ ]	[ ]	[ ]%
		[ ]	[ ]	[ ]%
（3）	剩余到期期限不超过一年的可依法转让的记账式国债	[ ]	[ ]	[ ]%
（4）	剩余到期期限超过一年但不超过五年的可依法转让的记账式国债	[ ]	[ ]	[ ]%
（5）	剩余到期期限超过五年但不超过十年的可依法转让的记账式国债	[ ]	[ ]	[ ]%
（6）	剩余到期期限超过十年的可依法转让的记账式国债	[ ]	[ ]	[ ]%
（7）	其他	[ ]	[ ]	[ ]%

（三）独立金额、起点金额和最低转让金额

1. 就**甲方**而言，**独立金额**为：

2. 就**乙方**而言，**独立金额**为：

3. 就甲方而言,起点金额为:

4. 就乙方而言,起点金额为:

5. 就甲方而言,最低转让金额为:

6. 就乙方而言,最低转让金额为:

(四)取整

交付金额和**返还金额**将[按照_____的整数倍数向下取整]/[按照_____的整数倍数以四舍五入的方式取整]。

(五)估值

1. 估值方:

在**标准条款**第三条和第八条中,**估值方**是指按照**标准条款**第三条的约定发出通知的一方;在**标准条款**第九条中,**估值方**是指**质权方**;但此处另有约定除外:

2. 估值日:

3. 估值时间:

估值时间为**估值日**的上一个**营业日**北京时间 17 时,除非此处另有约定:

(六)完成日

完成日具有**标准条款**第十三条中所约定的含义,除非此处另有约定:

(七)特定情况

下列**终止事件**是一方适用的**特定情况**(若该方产生了该事件,则该方是**受影响方**):

就**甲方**而言,**特定情况**是指:

就**乙方**而言,**特定情况**是指:

(八)关于第六条的补充约定

双方在此对**标准条款**第六条做出如下补充或另行约定:

(九)计算或估值的争议处理

在**标准条款**第八条第 4 项中,**合格履约保障品**或**已质押履约保障品**的价值将按照如下方式计算:

(十)利息转让日

就**甲方**而言,**利息转让日**是指:

就**乙方**而言,**利息转让日**是指:

(十一)利息金额

双方同意按照**标准条款**第九条的约定转让**利息金额**并处理**质权方**占有(或按照市场惯例认为被其占有)的现金形式的**已质押履约保障品**所产生的孳息,除非此处另有约定:

利息金额采用单利的方式计算,除非此处另有约定:

（十二）利率

以下所列的每种现金所适用的**利率**为：

币种	利率
人民币	

（十三）通知

甲方的通知方式是：

地址：_____

收件人：_____

邮政编码：_____ 电话：_____

传真：_____ 电子信息系统：_____

乙方的通知方式是：

地址：_____

收件人：_____

邮政编码：_____ 电话：_____

传真：_____ 电子信息系统：_____

（十四）争议解决

双方之间发生的**本文件**下或与**本文件**有关的任何争议、纠纷或索赔，应按照双方在**本协议**中约定的争议解决方式处理，除非此处另有约定：

（十五）其他

签署栏

甲方：_____   乙方：_____

_____   _____

授权代表签字：_____   授权代表签字：_____

签字代表职衔：_____   签字代表职衔：_____

单位公章：   单位公章：

附录 D-4

中国银行间市场金融衍生产品交易
转让式履约保障文件
（2009 年版）

版权所有© 中国银行间市场交易商协会 2009

声　明

《中国银行间市场金融衍生产品交易转让式履约保障文件（2009年版）》（简称《本文件》）的著作权属于中国银行间市场交易商协会。除非为开展与《本文件》有关的交易或为进行教学、研究的目的，未经著作权人事先书面同意，任何人不得复制、复印、翻译或分发《本文件》的纸质、电子或其他形式版本。

使用人为开展与《本文件》有关的交易的目的，可以在使用过程中根据《本文件》的有关约定并基于自身独立判断对《本文件》的相关条款进行补充或修改（但不得违反《中国银行间市场金融衍生产品交易主协议（2009年版）》第二十三条的约定），以确保最终的文件符合其风险管理需要。

中国银行间市场金融衍生产品交易
转让式履约保障文件
标准条款

本转让式履约保障文件(简称"**本文件**")是双方为履行《中国银行间市场金融衍生产品交易主协议(2009年版)》(简称"**主协议**")下双方各自的义务而签署的一份履约保障文件。**本文件**由**标准条款**和**补充条款**两部分构成。签署之后,**本文件**作为对**主协议**和**补充协议**(如有)的补充,构成**本协议**的一个组成部分。

本文件约定的履约保障安排构成**本协议**的一项**交易**,**本文件**构成该项**交易**的**交易**有效约定。

第一条 释义与效力等级

本文件的一项定义的含义与**主协议**的相同定义的含义相同,**本文件**特有的定义应具有**标准条款**第十一条相同定义所述的含义。

双方可在**补充条款**中对**本文件**的定义等内容进行修改和补充,但不得违反**主协议**第二十三条的约定。在此前提下,**标准条款**与**补充条款**的约定不一致的,**补充条款**有优先效力。

第二条 交付金额与返还金额

(一) 交付金额

若在一个**估值日**,**交付金额**等于或超过了**出让方**的**最低转让金额**,则**受让方**可以向**出让方**发出通知,要求**出让方**依据**交付金额**向**受让方**转让**合格履约保障品**。**出让方**应确保**合格履约保障品**在转让当日的**价值**不少于适用的**交付金额**(按补充条款中的约定取整)。

除非双方另有约定,就任何一个**估值日**,**出让方**所适用的**交付金额**按如下公式计算:

$$\text{交付金额} = \text{受让方经调整的风险敞口} - \text{出让方的已转让履约保障品在该估值日的价值}$$

(二) 返还金额

若在一个**估值日**,**返还金额**等于或超过了**受让方**的**最低转让金额**,则**出让方**可以向**受让方**发出通知,要求**受让方**依据**返还金额**向**出让方**转让**合格履约保障等同品**。**受让方**应确保**合格履约保障等同品**在转让当日的**价值**接近适用的**返还金额**(按照补充条款中的约定取整),但前述**合格履约保障等同品**在转让当日的**价值**可以不大于适用的**返还金额**。

除非双方另有约定,就任何一个**估值日**,**受让方**所适用的**返还金额**按如下公式计算:

$$\text{返还金额} = \text{出让方的已转让履约保障品在该估值日的价值} - \text{受让方经调整的风险敞口}$$

（三）相关释义

在计算上述**交付金额**或**返还金额**时：

$$\text{受让方经调整的风险敞口} = \text{受让方在上述估值日的风险敞口} + \text{对出让方适用的独立金额} - \text{对受让方适用的独立金额} - \text{对出让方适用的起点金额}$$

若计算出的**受让方经调整的风险敞口**为负数，则视为零。

在计算**已转让履约保障品**在一个**估值日**的**价值**时，在该**估值日**或之前已开始办理转让但相关转让尚未正式完成的任何先前的**交付金额**（或在对**交付金额**产生争议的情况下，与该**交付金额**有关的已开始办理转让但相关转让尚未正式完成的任何未产生争议的金额）应计入**已转让履约保障品**的**价值**之内；但在该**估值日**或之前已开始办理转让但相关转让尚未正式完成的任何先前的**返还金额**（或在对**返还金额**产生争议的情况下，与该**返还金额**有关的已开始办理转让但相关转让尚未正式完成的任何未产生争议的金额）应排除在**已转让履约保障品**的**价值**之外。

第三条　计算与估值

估值方应依据基于相关的**估值时间**所获得的信息计算**价值**和**风险敞口**。**估值方**应最迟在相应的**估值日**（在**标准条款**第六条的情况下，在异议通知生效后的第 6 个**营业日**）北京时间 17 时前（含该时点）将计算结果通知双方。

第四条　转让

（一）转让合格履约保障品或合格履约保障等同品的方式

在一方按照**标准条款**第二条的约定向另一方发出的通知生效后，另一方应按如下方式进行转让：

1. 转让合格履约保障品的方式

除非双方另有约定，对于现金形式的**合格履约保障品**，**出让方**应于相关的**完成日**北京时间 17 时前（含该时点），将该种形式的**合格履约保障品**通过转账方式划入**受让方**指定的银行账户；对于记账式债券形式的**合格履约保障品**，**出让方**和**受让方**应及时根据有关登记托管结算机构的规定办理相关的债券过户手续。

若按照**本文件**的约定**出让方**应向**受让方**转让相关的**合格履约保障品**，则**出让方**有义务确保在相关的**完成日**北京时间 17 时前（含该时点）将该**合格履约保障品**转让给**受让方**。

2. 转让合格履约保障等同品的方式

除非双方另有约定，对于现金形式的**已转让履约保障品**，**受让方**应于相关的**完成日**北京时间 17 时前（含该时点），将该种形式的**已转让履约保障品**的**合格履约保障等同品**通过转账方式划入**出让方**指定的银行账户；对于记账式债券形式的**已转让履约保障品**，**出让方**和**受让方**应及时根据有关登记托管结算机构的规定办理相关的债券过户手续。

若按照**本文件**的约定**受让方**应向**出让方**转让相关的**合格履约保障等同品**，则**受让方**有义务确保在相关的**完成日**北京时间 17 时前（含该时点）将该**已转让履约保障品**的**合格履约保障等同品**转让给**出让方**。

（二）转让不设定担保物权

一方转让**合格履约保障品**、**合格履约保障等同品**、**派息等同物**和/或**利息金额**不应被视为在被转让的**合格履约保障品**、**合格履约保障等同品**、**派息等同物**和/或**利息金额**上设定任何形式的担保物权。一方在受让**合格履约保障品**、**合格履约保障等同品**、**派息等同物**和/或**利息金额**后享有对该受让的物品或金额不受限制的所有权，可以依法处置所受让的物品或资金。

第五条　替换

出让方可向**受让方**发出通知，提议以通知指定的**合格履约保障品**（简称"**新履约保障品**"）替换通知指定的**已转让履约保障品**（简称"**原履约保障品**"）。

若**受让方**通知（可为电话通知）**出让方**其同意替换，则：

1. **出让方**应在相应的**完成日**北京时间17时前（含该时点），将**新履约保障品**转让给**受让方**；

2. **受让方**在确认收到转让的**新履约保障品**后，应在相应的**完成日**北京时间17时前（含该时点）将**原履约保障品**的**合格履约保障等同品**转让给**出让方**。

受让方应确保上述**合格履约保障等同品**在转让当日的**价值**接近**新履约保障品**在该日的**价值**，但可以不大于**新履约保障品**在该日的**价值**。

第六条　计算与估值的争议处理

若一方（"**争议方**"）对（A）**估值方**计算的**交付金额**或**返还金额**有异议，或对（B）任何转让的**合格履约保障品**或**合格履约保障等同品**的**价值**有异议，按如下方式处理：

1. 在（A）的情况下，**争议方**应于收到另一方根据标准条款第二条发出的通知后的第1个营业日北京时间17时前（含该时点）向另一方及**估值方**发出异议通知；在（B）的情况下，**争议方**应于相关的**完成日**后的第1个**营业日**北京时间17时前（含该时点）向另一方及**估值方**发出异议通知。

2. 在（A）的情况下，有义务转让**合格履约保障品**（或**合格履约保障等同品**）的一方应在相关的**完成日**北京时间17时前（含该时点）就无争议部分金额向另一方转让相应的**合格履约保障品**（或**合格履约保障等同品**）。

3. 对（A）或（B）情况下任何争议的部分，双方应在异议通知生效后的5个**营业日**内协商解决争议。

4. 若双方在上述时限内不能解决争议，则：

（1）在争议涉及**交付金额**或**返还金额**的情况下，**估值方**应按如下方法计算**重新计算日**的风险敞口和价值：

（a）采用**本协议**下没有争议的**交易**所对应的那部分**风险敞口**所采用的任何计算；

（b）在双方于**本协议**中约定采用替代交易法的情况下，**估值方**应向第三方（若双方在**本协议**中约定了替代交易法情况下第三方的特定含义，则向具有该特定含义的第三方）征询四个实际的市场中间报价，取其算数平均数，从而计算**本协议**下有争议的**交易**所对应的**风险敞口**；

（c）在双方于**本协议**中约定采用市场报价法的情况下，**估值方**应向**参考做市商**征询四个实际的市场中间报价，取其算数平均数，从而计算**本协议**下有争议的**交易**所对应的**风险敞口**；

（d）若一项**交易**无法取得四个报价，则可使用少于四个的报价；若一项**交易**无法获得报价，则**估值方**原先做出的计算将用于该项**交易**；

（e）在届时存续的**已转让履约保障品**的**价值**产生争议时，采用**补充条款**约定的方式，重新计算该价值。

（2）在争议涉及任何转让的**合格履约保障品**或**合格履约保障等同品**的**价值**时，**估值方**应按照**补充条款**的约定，重新计算该**合格履约保障品**或**合格履约保障等同品**于相应**完成日**的价值。

5. **估值方**应在异议通知生效后的第6个**营业日**北京时间17时前（含该时点）将按上述方法重新计算或估值的结果通知双方（或在**估值方**由一方担任的情况下，通知另一方）。相关的一方应在收到另一方后续发出的通知后，依据**本文件**的有关约定进行相应的转让。

第七条　派息与利息金额

（一）派息

若就一个**派息日**，**受让方**收到（或按照市场惯例认为被其收到）**已转让履约保障品**的**派息**，则**受让方**应在该**派息日**后的第一个**派息转让日**北京时间17时之前（含该时点），向**出让方**转让与该**派息**在种类、面值、描述、币种和金额方面均相同的现金、有价证券或其他财产（"**派息等同物**"）。**受让方**转让**派息等同物**的义务以不会因此产生或增加一个**交付金额**（由**估值方**负责计算；为此目的，计算日被视为是一个**估值日**）为限。

（二）利息金额

除非双方另有约定，就**受让方**占有（或按照市场惯例认为被其占有）的现金形式的**已转让履约保障品**，**受让方**应在相关利息期间结束后的第一个**利息转让日**的北京时间17时前（含该时点）向**出让方**转让**利息金额**。**受让方**转让**利息金额**的义务以不会因此产生或增加一个**交付金额**（由**估值方**负责计算；为此目的，计算日被视为是一个**估值日**）为限。

第八条　不构成违约的情况

除非双方另有约定，若一方尚在按照**标准条款**第六条所列的争议解决程序履行自己的义务，则该方虽未对**标准条款**第六条所述的属于争议部分的任何金额转让相应的**合格履约保障品**或**合格履约保障等同品**，不构成该方在**主协议**第六条第（一）款或第（二）款下的一项**违约事件**或**潜在违约事件**。

第九条　提前终止的处置

因一方出现**主协议**第六条约定的**违约事件**或第七条约定的**终止事件**，导致**本协议**下所有**交易**提前终止，在按照**主协议**约定计算**提前终止应付额**时，**本文件**下的**交易**应包括在内。**提前终止日**将被视为**估值日**，**已转让履约保障品**的价值应被视为**出让方**应收到的未付款项，纳入**主协议**下**提前终止应付额**的计算。在计算**提前终止应付额**时，**本文件**下的**交易**的公允市场价值被视为零。

第十条　其他

（一）声明

一方向另一方声明如下（声明应被视为在每次其转让**合格履约保障品**、**合格履约保障等同品**或**派息等同物**之日都重复做出）：

该方对其所转让的任何**合格履约保障品**、**合格履约保障等同品**或**派息等同物**拥有完整的所有权，并且该等**合格履约保障品**、**合格履约保障等同品**或**派息等同物**并未设定第三方权益。

（二）费用

因履行**本文件**的义务所产生的税费和其他费用，由各方自行承担。

(三) 违约金

若**受让方**未根据**本文件**的约定于相关的**完成日**北京时间 17 时前(含该时点)向**出让方**转让相关的**合格履约保障等同品**(但标准条款第八条所列情况除外),未于相关的**派息转让日**的北京时间 17 时前(含该时点)将相关的**派息等同物**转让给**出让方**,或未于相关的**利息转让日**的北京时间 17 时前(含该时点)将相关的**利息金额**转让给**出让方**,则其应按照上述相关资产在相关**估值日**、**派息转让日**、**利息转让日**,或(在**受让方**未按照**标准条款**第五条第 2 项的约定按时转让**原履约保障品**的**合格履约保障等同品**的情况下)在转让**新履约保障品**之日的**价值**,按照**违约利率**向**出让方**支付相应的利息。**估值方**(当**估值方**是**受让方**时,为**出让方**)负责确定上述相关资产在该日期的**价值**。其应依据其在该日期的上一个营业日北京时间 17 时所获得的信息确定**价值**。利息期间从该到期日(含)起到相关的**合格履约保障等同品**、相关**派息等同物**或相关**利息金额**实际转让日(不含)止。利息按照实际的利息天数采用每日复利的方式计算。

(四) 诚实信用和商业合理原则

双方应基于诚实信用和商业合理的原则履行**本文件**下的任何义务。

(五) 通知

除非双方另有约定,一方根据**本文件**发出的通知及生效(**受让方**依据**标准条款**第五条的约定发出的电话通知除外),适用**主协议**第十九条的约定。

第十一条 定义条款

在**本文件**中,下列名词含义如下:

重新计算日:指产生标准条款第六条下争议的**估值日**。但是,若在争议解决之前,于**标准条款**第二条下出现了后续的**估值日**,则**重新计算日**指标准条款第二条下出现的最新的**估值日**。

出让方:指向**受让方**转让**合格履约保障品**的一方。**出让方**可为双方中的任何一方。

独立金额:就一方而言,指在**补充条款**中约定的适用于该方并以此定义冠名的任何金额(以人民币表示)。除非双方另有约定,适用于任何一方的**独立金额**均为零。

返还金额:指标准条款第二条第(二)款所约定的并以此定义冠名的任何金额。

风险敞口:对任何**估值日**或在该日计算**风险敞口**的其他日期而言,并且在发生争议的情况下受限于**标准条款**第六条,假设双方在**本协议**下的所有**交易**(不包括**本文件**所构成的**交易**)在相关的**估值时间**终止,根据**主协议**第十条第(四)款第 1 项的约定(假设**受让方**不是**受影响方**)应由另一方向**受让方**支付的(以正数表示)或应由**受让方**向另一方支付的(以负数表示)数额(以人民币作为**终止货币**)。若在**本协议**中选择采用替代交易法,则由**估值方**代表**受让方**来确定**终止数额**;**估值方**将用其基于市场中间价所估算的用以支付与该等**交易**的主要条款具有相同经济效果的交易所需的金额来确定**终止数额**。若在**本协议**中选择采用市场报价法,则由**估值方**代表**受让方**来确定**市场报价**;**估值方**将用其基于市场中间价所估算的用以支付替换交易(如**市场报价**定义中所述)所需的金额来确定上述**交易**的**市场报价**。

估值比例:就某一类别的**合格履约保障品**而言,指在**补充条款**中约定的适用于该类别**合格履约保障品**的百分比。若**补充条款**未约定该类别**合格履约保障品**所适用的百分比的,则为 100%。为免生歧义,不论**补充条款**是否就某一类别的**合格履约保障品**约定了适用的**估值比例**,在根据**标准条款**第九条进行计算时,任何**已转让履约保障品**所适用的**估值比例**均应被视为 100%。

估值方：指在**补充条款**中约定的并以此定义冠名的实体。**估值方**可由一方或双方担任，也可由双方共同指定的第三方担任。

估值日：指在**补充条款**中约定的并以此定义冠名的任何日期。

估值时间：指在**补充条款**中约定的并以此定义冠名的任何时间。双方未约定**估值时间**的，**估值时间**为**估值日**的上一个营业日北京时间17时。

合格履约保障等同品：就**已转让履约保障品**中所包含的任何**合格履约保障品**而言，指与该等**合格履约保障品**在种类、面值、描述、币种及金额方面均相同的**合格履约保障品**。

合格履约保障品：指双方在**补充条款**中约定为**合格履约保障品**的（A）任何现金和（B）在中华人民共和国（为**本文件**之目的，不包括香港特别行政区、澳门特别行政区及台湾地区）境内发行和买卖的任何记账式债券。

价值：就任何**估值日**或任何计算**价值**的其他日期而言，是指（**标准条款**第六条另有约定的，从其约定）：

1. 对于**合格履约保障品**或**已转让履约保障品**的币种为人民币的现金数额而言，该金额；

2. 对于**合格履约保障品**或**已转让履约保障品**的币种为其他货币的现金数额而言，该数额在乘以适用的**估值比例**后的**人民币等值额**；

3. 对于**合格履约保障品**或**已转让履约保障品**的任何记账式债券而言，**估值方**获得的买入价和截至该日该记账式债券已经累计且尚未被派发的任何孳息（前提是上述孳息并未包括在该日的上述价格内）之和，在乘以适用的**估值比例**后所得金额的**人民币等值额**。

交付金额：指标准条款第二条第（一）款所约定的并以此定义冠名的任何金额。

利率：就某一币种的货币而言，指在**补充条款**中为该币种货币所约定的利率。

利息金额：就一个**利息期间**而言，指**已转让履约保障品**的每一币种现金的本金在该**利息期间**的利息总额的**人民币等值额**的总和。每一币种现金的本金在该**利息期间**内每一日的利息，由**估值方**按照如下方式确定：

1. 该种货币在该日的现金额；乘以

2. 该日有效的相关**利率**；除以

3. 365（在该种货币是英镑或港币的情况下）或360（在该种货币是英镑和港币之外的货币的情况下）。

利息期间：指从上一个**利息转让日**（或在没有**利息金额**被转让的情况下，从现金形式的**已转让履约保障品**被转让给**受让方**的营业日）（含）起至当前**利息转让日**（不含）止的期间。

利息转让日：指为转让**利息金额**的目的，双方在**补充条款**中约定的并以此定义冠名的日期。双方未约定的，**利息转让日**是每一个公历月的最后一个**营业日**。

派息：就记账式债券形式的**已转让履约保障品**而言，指与该**已转让履约保障品**相同种类、面值、描述及金额的记账式债券持有人因其持有前述记账式债券而不时有权获得的所有本金、利息、其他付款或分发的现金、或其他资产。

派息等同物：指标准条款第七条第（一）款约定的并以此定义冠名的任何现金、有价证券或其他财产。

派息日：就记账式债券形式的**已转让履约保障品**而言，指与该**已转让履约保障品**相同种类、面值、描述及金额的记账式债券的持有人有权获得**派息**的任何一日。如果该日不是一个**营业日**，则为下一个**营业日**。

派息转让日：指为转让**派息等同物**的目的，双方在**补充条款**中约定的并以此定义冠名的日期。

起点金额：就一方而言，指在**补充条款**中约定的适用于该方的并以此定义冠名的任何金额（以人民币表示）。除非双方另有约定，适用于任何一方的**起点金额**为零。

人民币等值额：就一个**估值日**的任何金额而言，若该金额的货币单位是人民币，则指该金额；若该金额的货币单位是人民币之外的其他某一种货币，则指**估值方**在不违反**中国法律**的前提下，本着诚实信用和商业合理的原则确定的用于该**估值日**购买同等金额的该其他货币所需的人民币的金额。

受让方：指从**出让方**受让**合格履约保障品**以及向**出让方**转让**合格履约保障等同品**、**派息等同物**和/或**利息金额**的一方。**受让方**可为双方中的任何一方。

完成日：除非双方另有约定，就**标准条款**第五条第1项而言，指**出让方**收到**受让方**发出的同意替换的通知之日后的第一个**营业日**；就**标准条款**第五条第2项而言，指完成转让**新履约保障品**之日后的第一个**营业日**；就**本文件**其他条款而言，指**出让方**收到要求向**受让方**转让**合格履约保障品**或**受让方**收到要求向**出让方**转让**合格履约保障品等同品**的通知生效之日后的第一个**营业日**。在确定相关的**完成日**时，若通知收到当日不是一个**营业日**，或通知是在一个**营业日**的北京时间17时后收到的，则该日后的第一个**营业日**应被视为是该通知的收到之日。

已转让履约保障品：指以下1、2和3项的总和：

1. **出让方**已转让给**受让方**且其**合格履约保障等同品**尚未被**受让方**转让给**出让方**的**合格履约保障品**的总和；

2. 在**出让方**将该等**合格履约保障品**转让给**受让方**起直到**受让方**将其**合格履约保障等同品**转让给**出让方**的期间内，任何该等**合格履约保障品**所派发或产生的且其**派息等同物**尚未被**受让方**转让给**出让方**的**派息**的总和；

3. 在**出让方**将该等**合格履约保障品**转让给**受让方**起直到**受让方**将其**合格履约保障等同品**转让给**出让方**的期间内，任何现金形式的该等**合格履约保障品**所产生的且**受让方**尚未转让给**出让方**获得的**利息金额**的总和。

最低转让金额：就一方而言，指在**补充条款**中约定的适用于该方的并以此定义冠名的任何金额（以人民币表示）。除非双方另有约定，适用于任何一方的**最低转让金额**均为人民币壹拾万元整。若在**本协议**的所有未完结的**交易**下，**出让方**不再存在任何现在或未来的付款或交付义务，则就任何**返还金额**而言，**最低转让金额**为零。

中国银行间市场金融衍生产品交易
转让式履约保障文件
补充条款

本文件由：

_____（"甲方"）

和

_____（"乙方"）

于_____年___月___日签署并生效。

双方约定，对本文件的标准条款的下列部分进行变更、修改和补充：

（一）交付金额、返还金额及受让方经调整的风险敞口

1. **交付金额**具有标准条款第二条第（一）款中所约定的含义，除非此处另有约定：

2. **返还金额**具有标准条款第二条第（二）款中所约定的含义，除非此处另有约定：

3. **受让方经调整的风险敞口**具有标准条款第二条第（三）款中所约定的含义，除非此处另有约定：

（二）合格履约保障品及其估值比例

一方所适用的**合格履约保障品**及其**估值比例**如下：

	合格履约保障品	甲方	乙方	估值比例
（1）	人民币现金	√	√	100%
（2）	人民币以外的现金形式的**合格履约保障品**			
	［币种1］	[ ]	[ ]	[ ]%
	［币种2］	[ ]	[ ]	[ ]%
		[ ]	[ ]	[ ]%
（3）	剩余到期期限不超过一年的可依法转让的记账式国债	[ ]	[ ]	[ ]%
（4）	剩余到期期限超过一年但不超过五年的可依法转让的记账式国债	[ ]	[ ]	[ ]%
（5）	剩余到期期限超过五年但不超过十年的可依法转让的记账式国债	[ ]	[ ]	[ ]%
（6）	剩余到期期限超过十年的可依法转让的记账式国债	[ ]	[ ]	[ ]%
（7）	其他	[ ]	[ ]	[ ]%

（三）独立金额、起点金额和最低转让金额

1. 就**甲方**而言，**独立金额**为：

2. 就**乙方**而言，**独立金额**为：

3. 就甲方而言,起点金额为:

4. 就乙方而言,起点金额为:

5. 就甲方而言,最低转让金额为:

6. 就乙方而言,最低转让金额为:

(四)取整

交付金额和**返还金额**将[按照_____的整数倍数向下取整]/[按照_____的整数倍数以四舍五入的方式取整]。

(五)估值

1. **估值方**:

在**标准条款**第二条和第六条中,**估值方**是指按照**标准条款**第二条的约定发出通知的一方;在**标准条款**第七条中,**估值方**是指受让方;但此处另有约定除外:

2. **估值日**:

3. **估值时间**:

估值时间为**估值日**的上一个营业日北京时间17时,除非此处另有约定:

(六)完成日

完成日具有**标准条款**第十一条所约定的含义,除非此处另有约定:

(七)关于**标准条款**第四条第(一)款(转让合格履约保障品或合格履约保障等同品的方式)的补充约定

双方在此对**标准条款**第四条第(一)款做出如下补充约定:

(八)计算或估值的争议处理

在**标准条款**第六条第4项中,**合格履约保障品**、**已转让履约保障品**或**合格履约保障等同品**的价值按照如下方式计算:

(九)派息转让日

就甲方而言,**派息转让日**是指:

就乙方而言,**派息转让日**是指:

(十)利息转让日

就甲方而言,**利息转让日**是指:

就乙方而言,**利息转让日**是指:

(十一)利息金额

双方同意按照**标准条款**第七条第(二)款的约定转让**利息金额**,除非此处另有约定:

利息金额采用单利的方式计算,除非此处另有约定:

(十二)利率

以下所列的每种现金所适用的**利率**为:

币种	利率
人民币	

(十三)通知

甲方的通知方式是:

地址:＿＿＿＿＿＿＿＿＿＿＿＿＿＿＿＿＿＿＿＿

收件人:＿＿＿＿＿＿＿＿＿＿＿＿＿＿＿＿＿＿＿

邮政编码:＿＿＿＿＿＿＿　电话:＿＿＿＿＿＿＿＿

传真:＿＿＿＿＿＿＿＿＿　电子信息系统:＿＿＿＿＿＿＿

乙方的通知方式是:

地址:＿＿＿＿＿＿＿＿＿＿＿＿＿＿＿＿＿＿＿＿

收件人:＿＿＿＿＿＿＿＿＿＿＿＿＿＿＿＿＿＿＿

邮政编码:＿＿＿＿＿＿＿　电话:＿＿＿＿＿＿＿＿

传真:＿＿＿＿＿＿＿＿＿　电子信息系统:＿＿＿＿＿＿＿

(十四)其他

签署栏

甲方:＿＿＿＿＿＿＿＿＿＿＿　　　　乙方:＿＿＿＿＿＿＿＿＿＿＿

＿＿＿＿＿＿＿＿＿＿＿＿＿＿　　　　＿＿＿＿＿＿＿＿＿＿＿＿＿＿

授权代表签字:＿＿＿＿＿＿＿＿　　　授权代表签字:＿＿＿＿＿＿＿＿

签字代表职衔:＿＿＿＿＿＿＿＿　　　签字代表职衔:＿＿＿＿＿＿＿＿

单位公章:　　　　　　　　　　　　　单位公章:

附录 D-5

中国银行间市场
金融衍生产品交易定义文件
（2009 年版）

版权所有© 中国银行间市场交易商协会 2009

声 明

中国银行间市场交易商协会（简称"交易商协会"）颁布《中国银行间市场金融衍生产品交易定义文件（2009年版）》（简称《定义文件》），旨在通过向金融衍生产品市场参与者（简称"参与者"）提供交易确认书所使用的术语释义，以降低交易成本，提高交易效率，促进金融衍生产品市场发展。交易商协会将根据市场的发展及需求，不断调整、增加定义内容。参与者在使用本《定义文件》时，可对其进行修改或补充，以适应特定交易。

《定义文件》的著作权属于中国银行间市场交易商协会。除非为开展与《定义文件》有关的交易或为进行教学、研究的目的，未经著作权人事先书面同意，任何人不得复制、复印、翻译或分发《定义文件》的纸质、电子或其他形式版本。

中国银行间市场金融衍生产品交易定义文件

1 一般定义

1.1 金融衍生产品交易

指交易双方以一对一方式达成的、根据中国法律要求应适用《中国银行间市场金融衍生产品交易主协议(2009年版)》的、按照交易双方的具体要求拟定交易条款的金融衍生合约,以及交易双方约定适用主协议的其他金融合约。包括但不限于符合上述条件的利率衍生产品交易、汇率衍生产品交易、债券衍生产品交易、信用衍生产品交易、黄金衍生产品交易,以及前述衍生产品交易的组合。

1.2 交易确认书及成交单

1.2.1 交易确认书

指交易双方交换的用以确认或证明金融衍生产品交易的文件或其他书面证据,包括但不限于成交单、电子邮件、电报、电传、传真、合同书和信件。

1.2.2 成交单

指交易双方之间通过中国外汇交易中心暨全国银行间同业拆借中心交易系统达成金融衍生产品交易后生成的确认该交易成交条件的书面凭证。

1.3 与日期相关的定义

1.3.1 营业日

除非交易双方另有约定,指下列日期:对于任何付款而言,为相关账户所在地商业银行正常营业的日期(不含法定节假日);对于任何交付而言,为交付行为发生地登记托管结算机构营业的日期(不含法定节假日);对通知或通信而言,为接收方提供的通知地址中指定城市的商业银行正常营业的日期(不含法定节假日)。

1.3.2 营业日准则

若某一交易相关日期并非营业日,则根据以下相应准则进行调整:

(a) 下一营业日:顺延至下一营业日;

(b) 经调整的下一营业日:顺延至下一营业日,但如果下一营业日跨至下一月,则提前至上一营业日;

(c) 上一营业日:提前至上一营业日。

1.3.3 交易日

指交易双方达成一项交易的日期,亦称成交日。

1.3.4 起始日

指交易条款开始生效的日期,亦称生效日。

1.3.5 起息日

指开始计算资金利息的日期。

1.3.6 到期日

指交易结束的日期。

1.3.7 支付日

指支付方进行支付的日期;在支付利息的情况下,支付日即付息日。支付日根据约定的营业日准则调整。

1.4 与计息相关的定义

1.4.1 计息方式

指复利或单利计息。

1.4.2 计息期

指相应利率水平下应计息的天数(算头不算尾)。

1.4.3 计息期准则

当计息期为整月或月的整数倍时,除非交易双方另有约定,计息期的最后一日为按照该计息期推算的相应月份中与起息日相同的一日(若按照该计息期推算的相应月份中找不到与起息日相同的一日,则为该月最后一日)。

1.4.4 计息天数调整

指当支付日根据营业日准则发生调整时,计息天数是否按实际天数进行调整。除非另有约定,计息天数按实际天数调整,该计息期最后一日调整到实际支付日,且下一计息期从实际支付日开始计算。

1.4.5 计息基准

除非另有约定,计算应计利息时,所适用的计息基准根据下列规则确定:

(a)"实际天数/实际天数"(简写为 A/A),指该计息期实际天数除以 365 的商(或者如果该计息期的任何部分属于闰年,则应为以下二者之和:(i)计息期属于闰年那部分的实际天数除以 366 的商,与(ii)计息期属于非闰年的那部分的实际天数除以 365 的商);

(b)"实际天数/365"(简写为 A/365),指该计息期实际天数除以 365 的商,若该计息期包含 2 月 29 日,计算该日利息;

(c)"实际天数/实际天数(债券)"(简写为 A/A-Bond),指

① 计息期实际天数,除以

② 当前付息周期实际天数与年付息次数的乘积;

其中,当前付息周期实际天数指下一个付息日与上一个付息日之间的实际天数,算头不算尾,含闰年的 2 月 29 日。

(d)"实际天数/365(固定)"(简写为 A/365F),指该计息期实际天数除以 365 的商,若该计息期包含 2 月 29 日,不计算该日利息;

(e)"实际天数/360"(简写为 A/360),指该计息期实际天数除以 360 的商;

(f)"30/360",指该计息期天数除以 360 的商。计息期天数的计算根据一年 12 个月,每个月 30 天的原则计算,以下情况除外:(i)若计息期第一天不是 30 日或 31 日,但最后一天为 31 日时,计息期最后一天所在月份应为 31 天;(ii)若计息期最后一天是 2 月的最后一天,则 2 月计息天数应为当月的实际天数。

1.5 与金额有关的定义

1.5.1 货币金额

在涉及超过一种货币的交易中,指交易双方就某种货币约定的金额。

1.5.2 名义本金

在只涉及一种货币的交易中,指约定的金额。

1.5.3 计算金额

为适用的名义本金或货币金额(视情况而定)。

1.6 与计算机构有关的定义

1.6.1 计算机构

指在交易正常履行的情况下,交易双方约定的负责对支付(或交付)义务进行具体计算的机构。计算机构在进行具体计算时应遵循诚实信用原则。

计算机构负责于计算日向交易双方发出通知,该通知应至少包括下列内容:

(a) 支付日;

(b) 应支付到期款项或证券的一方或双方;

(c) 到期款项或证券的金额;

(d) 如何确定相应数额的详情;及

(e) 若通知发出之后,该等支付日和支付日的到期款项金额发生变更,则立即向交易双方发出有关变更的通知并以合理的详细程度说明如何决定该等变更。

1.6.2 计算日

指计算机构可对某项支付(或交付)义务进行计算的最早日期。

1.7 最小位数

1.7.1 利率最小位数

人民币利率的最小位数为以百分比表示的数值的小数点后 4 位,对于小数点后 4 位以后的数根据四舍五入原则进位。在利息的计算过程中,利率最小位数为以百分比表示的数值的小数点后 12 位,对于小数点后 12 位以后的位数根据四舍五入原则进位。

其他货币遵从相关市场惯例。

1.7.2 基点

万分之一。

1.7.3 金额最小位数

人民币金额单位为元,精确到分,对分以后的位数根据四舍五入原则进位。其他货币遵从相关市场惯例。

1.8 账户

1.8.1 资金账户

指一方指定的、用于接收另一方支付款项的资金账户。

1.8.2 债券账户

指一方指定的、用于接收另一方交付标的债券的债券账户。

2 利率衍生产品

2.1 利率衍生产品交易

包括但不限于:利率互换交易(IRS)、远期利率协议交易(FRA)、利率期权交易及其组合而成的交易。

利率互换交易是指交易双方约定在未来的一定期限内,根据约定数量的同种货币的名义本金交换利息额的金融合约。

远期利率协议是指交易双方约定在未来某一日,交换协议期间内一定名义本金基础上分别以合同利率和参考利率计算的利息的金融合约。其中,远期利率协议的买方支付以合同利率计算的利息,卖方支付以参考利率计算的利息。

2.2 交易方

2.2.1 固定利率支付方

指有义务支付固定金额的一方。

2.2.2 浮动利率支付方

指有义务支付浮动金额的一方。

2.3 与固定金额相关的定义

2.3.1 固定利率

指固定利率支付方在计息期适用的年利率。

2.3.2 固定金额

指固定利率支付方在支付日应支付的款项;除非交易双方另有约定,按如下公式计算:

固定金额=计算金额×固定利率×固定利率计息基准

2.4 与浮动金额相关的定义

2.4.1 参考利率

指交易双方约定的在利率确定日用以确定浮动利率水平的利率指标,包括但不限于:

(a) 人民币一年定存利率(TD):就某一重置日而言,指该日前一营业日北京时间下午 3 点中国人民银行在其官方网页公布的人民币一年期定期存款利率。如果在上述指定时间中国人民银行官方网页上没有显示上述利率,按双方约定办理。人民币一年定存利率计息基准为 A/360。

(b) Shibor:指中国人民银行授权中国外汇交易中心暨全国银行间同业拆借中心于每一营业日大致北京时间上午 11:30 在 http://www.shibor.org 网页发布的上海银行间同业拆放利率,包括 O/N、1W、2W、1M、3M、6M、9M、1Y 八个关键期限点,分别表示相应期限的该利率水平。若某一营业日的 Shibor 未公布,则以该日前最近一个营业日的 Shibor 作为替代;若发生其他情形,导致 Shibor 停止公布,按交易双方约定办理。当 ShiborO/N(SHIFON)为参考利率时,其利率确定日为重置日当日;当选定其他期限 Shibor 为参考利率,包括 Shibor3M(SHIB3),其利率确定日为重置日前一营业日。Shibor 计息基准为 A/360。

(c) 回购定盘利率:指中国人民银行授权交易中心于每个营业日大致北京时间上午 11:00 在 http://www.chinamoney.com.cn 网页发布的标识为 FR001 和 FR007 的隔夜回购定盘利率和 7 天回购定盘利率。若某一营业日的回购定盘利率未公布,则以该日前一营业日的回购定盘利率作为替代。若发生其他情形,导致回购定盘利率停止公布或不复存在,按交易双方约定办理。当选定 FR001 为参考利率时,其利率确定日为重置日当日;当选定 FR007 为参考利率时,其利率确定日为重置日前一营业日。回购定盘利率计息基准为 A/365。

2.4.2 浮动利率

指浮动利率支付方在计息期适用的年利率:

(a) 除非交易双方另有约定,指各重置日的参考利率水平;

(b) 当约定上限利率时,为根据上文(a)款确定的利率减去所约定的上限利率之差(若为负数则视为零);

(c) 当约定下限利率时,以所约定的下限利率减去根据上文(a)款确定的利率之差(若为负数则视为零)。

2.4.3 浮动金额

指浮动利率支付方在支付日应支付的款项:

(a) 若以单利方式计息,则按如下公式计算:

浮动金额=计算金额×(浮动利率±利差)×浮动利率计息基准;

(b) 若以复利方式计息,则:

Ⅰ. 当参考利率选择了 ShiborO/N 或 FR001 时,按如下公式计算:

$$I \times \left\{ \prod_{i=1}^{d0} \left(1 + \frac{r_i \times N_i}{D}\right) - 1 \right\}$$

其中:r_i=相应计息期内每个营业日 ShiborO/N 或 FR001 对应的浮动利率水平;I=计算金额;$d0$=相应计息期内营业日天数;$\frac{N_i}{D}$是指第 i 个重置期的计息基准,D 是指该计息基准对应的年度计息天数,其中:N_i 在某一营业日后继一天也为营业日的情况下为"1",在某一营业日后继一天为非营业日的情况下,等于自该营业日起(含该日)至下一营业日(不含该日)为止的自然天数。

Ⅱ. 当参考利率选择了其他时,按如下公式计算:

$$I \times \left[\prod_{i=1}^{n}(1+r_i) - 1 \right]$$

其中:$r_i = (Fr_i \pm BP) \times N_i, i=1,2,3,\ldots,n$;

I=计算金额;

Fr_i=浮动利率;

BP=利差;

N_i=第 i 个重置期的计息基准;

n=相邻两个支付日之间重置期的数目。

2.4.4 利率确定日

指交易双方约定的确定某个重置日参考利率水平的日期。

2.4.5 重置日

指执行新的参考利率水平的日期。

2.4.6 重置期

指相邻两个重置日间隔的天数。

2.4.7 利差

指在浮动利率基础上加、减的基点数,亦称点差。

2.4.8 负利率处理

指当浮动金额是负数时,交易双方约定的处理方法。

(a) 负利率方法:浮动利率支付方应付的浮动金额应被视为零,而另一方除支付相关计息期原本应付的金额外,还应支付浮动金额的绝对值。

(b) 零利率方法:浮动利率支付方应付的浮动金额应被视为零,而另一方只须支付相关计息期原本应付的金额。

除非交易双方另有约定,负利率处理适用"负利率方法"。

2.4.9 贴现

2.4.9.1 贴现公式

对计息期不超过一年的固定金额或浮动金额进行贴现时,适用如下公式:

$$\frac{1}{1 + (贴现率 \times 贴现率计息基准)}$$

2.4.9.2 贴现率

除非交易双方另有约定,贴现率为浮动利率加减利差。

2.4.9.3 贴现率计息基准

除非交易双方另有约定,贴现率计息基准为浮动利率计息基准。

3 债券衍生产品

3.1 债券衍生产品交易

包括但不限于债券远期交易、债券期权交易。

债券远期交易是指交易双方约定在未来某一日期,以约定价格和数量买卖标的债券的行为。

3.2 与债券相关的定义

3.2.1 标的债券

指债券衍生产品交易的标的资产,包括但不限于在全国银行间债券市场进行交易的政府债券、政府类开发金融机构债券和非政府信用债券。

3.2.2 标的债券数量

指标的债券的面值总额,单位为元。

3.2.3 应计利息

指从上一付息日(或起息日)起债券孳生的累积未付的利息。

3.2.4 结算方式

指交易双方约定采用的资金支付和债券交割方式,包括券款对付、见券付款和见款付券。

3.2.5 结算日应计利息

指标的债券自上一付息日(或起息日)起至结算日止的应计利息,单位为元/百元面值。

3.3 债券远期交易

3.3.1 交易方

3.3.1.1 买方

指购买标的债券的一方。

3.3.1.2 卖方

指出售标的债券的一方。

3.3.2 与结算相关的定义

3.3.2.1 结算日

指交易双方约定进行债券交割和资金支付的日期。

3.3.2.2 交易净价

指交易双方在成交日约定的、在结算日据以进行交割的、不含应计利息的标的债券价格,单位为元/百元面值。

3.3.2.3 净价金额

指根据如下公式计算所得出的金额:

净价金额=交易净价×标的债券数量/100,单位为元。

3.3.2.4 交易全价

指交易净价与标的债券结算日应计利息之和,单位为元/百元面值。

3.3.2.5 全价金额

指根据如下公式计算所得出的金额:

全价金额=交易全价×标的债券数量/100,单位为元。

3.3.2.6 结算金额

指买方向卖方在结算日支付的资金额,即全价金额。

3.4 债券期权交易

3.4.1 期权类型

3.4.1.1 买入期权

又称看涨期权。指在未来某一日期,以约定价格和数量买入标的债券的权利。

3.4.1.2 卖出期权

又称看跌期权。指在未来某一日期,以约定价格和数量卖出标的债券的权利。

3.4.2 交易方

3.4.2.1 买方

指向卖方支付一定的期权费,有权在未来某一日期,以约定价格和数量买入或者卖出标的债券的一方。

3.4.2.2 卖方

指收取买方一定的期权费,有义务在未来某一日期,以约定价格和数量买入或者卖出标的债券的一方。

3.4.3 与期权费相关的定义

3.4.3.1 期权费

指买方购买期权所支付的费用。

3.4.3.2 期权费支付日

指买方向卖方支付期权费的日期。

3.4.4 与行权相关的定义

3.4.4.1 行权日

指买方选择买入或者卖出标的债券的日期。

3.4.4.2 截止时间

指交易双方约定的在行权日行权的最晚时点。除非交易双方另有约定,从市场惯例。

3.4.4.3 行权通知

指买方通过传真、电子传输系统、电话等方式向卖方发出的要求行权的不可撤销的通知。

3.4.4.4 行权价

指交易双方约定的买入或者卖出标的债券的净价,单位为元/百元面值。

3.4.5 与结算相关定义

3.4.5.1 结算日

指交易双方约定的,在买方行权后,交易双方结清期权项下义务的日期。除非交易双方另有约定,为行权日后的第二个营业日。

3.4.5.2 实物结算

指在结算日,交易一方(买入期权下指卖方,卖出期权下指买方)向另一方交割标的债券,另一方向其支付相应结算金额的结算方式。

3.4.5.3 现金结算

指在结算日,卖方以现金方式向买方支付根据行权价与参考价的差额计算的结算金额的结算方式。

3.4.5.4 定价日

指在现金结算方式下,确定参考价的日期。

3.4.5.5 参考价

指在现金结算方式下,按照交易双方约定的方式确定的标的债券在定价日的净价,单位为元/百元面值。

3.4.5.6 结算金额

指在结算日,一方向另一方支付的资金额,单位为元:

(a)在实物结算方式下,指买方向卖方(买入期权下)或卖方向买方(卖出期权下)支付的资金额,按照如下公式计算:

结算金额 =(行权价 + 结算日应计利息)× 标的债券数量 /100

(b)在现金结算方式下,指卖方向买方支付的资金额,按照如下公式计算:

结算金额 =| 行权价 - 参考价 |× 标的债券数量 /100

4 汇率衍生产品

4.1 汇率衍生产品交易

包括但不限于外汇远期交易、外汇掉期交易、货币掉期交易、外汇期权交易及其组合而成的交易。

4.2 与汇率相关的通用定义

4.2.1 外汇

指除人民币以外的币种。

4.2.2 基准外汇

指外汇对外汇交易中标价为1个单位的外汇。

4.2.3 非基准外汇

指外汇对外汇交易中用于标明1个单位基准外汇价格的外汇。

4.2.4 即期汇率

指银行间外汇市场即期交易生成的外汇对人民币或其他基准外汇对非基准外汇的汇率。

4.3 外汇远期交易

4.3.1 外汇远期交易

包括但不限于人民币外汇远期交易、外汇对外汇远期交易。

人民币外汇远期交易是指交易双方通过中国外汇交易中心暨全国银行间同业拆借中心外汇交易系统达成的以约定的外汇币种、金额、汇率,在约定的未来某一日期交割的某一外汇对人民币的一项交易。

4.3.2 交易方

4.3.2.1 买方

指买入外汇、卖出人民币的一方,或买入基准外汇、卖出非基准外汇的一方。

4.3.2.2 卖方

指卖出外汇、买入人民币的一方,或卖出基准外汇、买入非基准外汇的一方。

4.3.3 与汇率相关的定义

4.3.3.1 远期汇率

指银行间外汇市场上交易双方约定的在未来某一日期外汇对人民币或基准外汇对非基准外汇的结算汇率。

4.3.3.2 远期点

指远期汇率减去即期汇率的差价。

4.3.4 与结算相关的定义

4.3.4.1 全额结算

指在结算日根据约定的远期汇率全额交割本金的结算方式。

4.3.4.2 差额结算

指在结算日根据约定的远期汇率与定价日即期汇率或交易双方约定的其他价格轧差交割本金的结算方式。

4.3.4.3 结算货币

在全额结算方式下,指买方应支付给卖方的货币和卖方应支付给买方的货币。在差额结算方式下,指交易双方约定的进行支付的货币。

4.3.4.4 结算金额

指交易双方约定的在结算日一方应向另一方支付或收取的结算货币金额。

4.3.4.5 定价日

指在差额结算方式下,确定即期汇率的日期。

4.3.4.6 结算日

指由交易双方约定的交割资金的日期。

4.4 外汇掉期交易

4.4.1 外汇掉期交易

包括但不限于人民币外汇掉期交易、外汇对外汇掉期交易及其组合而成的交易。

人民币外汇掉期交易是指交易双方通过中国外汇交易中心暨全国银行间同业拆借中心外汇交易系统达成的,在约定的两个交割日,进行方向相反的人民币和某一币种外汇相互交换的一项交易。在前一次交换中,一方用外汇按照约定汇率从另一方换回人民币;在后一次交换中,该方再用人民币按照约定汇率从另一方换回相同币种和数量的外汇。

4.4.2 与汇率有关的定义

4.4.2.1 掉期点

指远端汇率减去近端汇率的差价。

4.4.2.2 近端汇率

指交易双方约定的第一次交换货币所适用的汇率。

4.4.2.3 远端汇率

指交易双方约定的第二次交换货币所适用的汇率。

4.4.3 与结算相关的定义

4.4.3.1 近端结算日

指第一次交换货币的日期。

4.4.3.2 远端结算日

指第二次交换货币的日期。

4.4.3.3 全额结算

指在近端结算日和远端结算日根据约定的汇率全额交割本金的结算方式。

4.4.3.4 结算货币

指交易双方约定的在近端结算日和远端结算日交割的两种货币。

4.4.3.5 结算金额

指交易双方约定的在近端结算日和远端结算日一方应向另一方支付和收取的结算货币金额。

4.5 外汇期权交易

4.5.1 期权类型

4.5.1.1 买入期权

又称看涨期权。指在未来某一日期,以约定汇率和数量买入标的货币的权利。

4.5.1.2 卖出期权

又称看跌期权。指在未来某一日期,以约定汇率和数量卖出标的货币的权利。

4.5.2 交易方

4.5.2.1 买方

指向卖方支付一定的期权费,有权在未来某一日期,以约定汇率和数量买入或者卖出标的货币的一方。

4.5.2.2 卖方

指收取买方一定的期权费,有义务在未来某一日期,以约定汇率和数量买入或者卖出标的货币的一方。

4.5.3 与期权费有关的定义

4.5.3.1 期权费

指买方购买期权所支付的费用。

4.5.3.2 期权费支付日

指买方向卖方支付期权费的日期。

4.5.4 与行权有关的定义

4.5.4.1 行权价

指交易双方约定的买卖标的货币的汇率水平。

4.5.4.2 行权日

指买方选择买入或者卖出标的货币的日期。

4.5.4.3 截止时间

指交易双方约定的在行权日行权的最晚时点。除非交易双方另有约定,从市场惯例。

4.5.4.4 行权通知

指买方通过传真、电子传输系统、电话等方式向卖方发出的要求执行期权的不可撤销的通知。行权通知应在行权日的截至时间或之前到达卖方。

4.5.5 与结算有关的定义

4.5.5.1 结算日

指交易双方约定的,在买方行权后,交易双方结清期权项下义务的日期。除非交易双方另有约定,为行权日后的第二个营业日。

4.5.5.2 全额结算

指在结算日,交易一方(买入期权下指卖方,卖出期权下指买方)向另一方交割标的货币金额,另一方向其支付相应结算金额的结算方式。

4.5.5.3 差额结算

指在结算日,卖方向买方支付按照行权价与参考价的差额确定的结算金额的结算方式。

4.5.5.4 定价日

指在差额结算方式下,确定参考价的日期。

4.5.5.5 参考价

指在差额结算方式下,按照双方约定的方式确定的标的货币在定价日的即期汇率;参考价的标价方式与行权价一致。

4.5.5.6 结算金额

通常,指在结算日,一方向另一方支付的非标的货币金额:

(a)在全额结算方式下,指买方向卖方(买入期权下)或卖方向买方(卖出期权下)支付的资金额,按照以下公式计算:

标的货币为基准外汇时,结算金额=行权价×标的货币数量;

标的货币为非基准外汇时,结算金额=1/行权价×标的货币数量。

(b)在差额结算方式下,指卖方向买方支付的资金额,按照以下公式计算:

标的货币为基准外汇时,结算金额=|行权价−参考价|×标的货币数量;

标的货币为非基准外汇时,结算金额 = $\left| \dfrac{1}{行权价} - \dfrac{1}{参考价} \right|$ × 标的货币数量。

4.6 货币掉期交易

包括但不限于人民币外汇货币掉期交易、外汇对外汇货币掉期交易。

人民币外汇货币掉期交易是指交易双方通过中国外汇交易中心暨全国银行间同业拆借中心外汇交易系统达成的,在约定期限内交换约定数量人民币与外币本金,同时定期交换两种货币利息的交易。其中,本金交换的形式包括:(一)在协议生效日双方按约定汇率交换人民币与外币的本金,在协议到期日双方再以相同的汇率、相同金额进行一次本金的反向交换;(二)主管部门规定的其他形式。利息交换指交易双方定期向对方支付以换入货币计算的利息金额,交易双方可按照约定的固定利率或者浮动利率计算利息。

5 信用衍生产品

5.1 与信用衍生产品有关的通用定义

5.1.1 信用衍生产品

包括但不限于信用违约互换(CDS)、总收益互换(TRS)。

信用违约互换是指交易双方签订的一方向另一方就参考债务的面值或本金损失提供保护的协议。

总收益互换是指交易双方约定将各自参考债务所产生的全部收益进行交换的协议。

5.1.2 信用保护期限

指自信用衍生产品交易起始日(含)起至约定到期日(或提前到期日)(含)止的期限。

5.1.3 信用事件通知书

指在信用事件的发生得到确认后,由通知方向对方发送的有关该信用事件的书面通知。该通知应确定有关信用事件并提供合理、详尽的信息,若该通知书未指明该信用事件发生的日期,则该通知书发送日应视为该信用事件的发生日。除非交易双方另有约定,通知方为信用保护买方。

5.1.4 公开信息通知书

指在信用事件的发生得到确认后,由通知方向对方发送的有关该信用事件公开信息的书面通知。该通知书应列明通知方从公开信息渠道获得的有关信用事件已经发生的信息或报道。除非交易双方另有约定,公开信息渠道限于全国发行报刊,或是参考实体所在行业协会认可的权威性专业报刊、网站或信息提供商,且有关报道者或报道机构未在提前终止日前撤销该信息或报道,也未公开承认有重大误报。

5.1.5 信用保护买方

指转出信用风险的一方。

5.1.6 信用保护卖方

指接受信用风险的一方。

5.1.7 参考实体

指交易双方约定的以其信用风险为标的的单个或多个实体(含继承实体)。

5.1.8 继承实体

(a)若参考实体是主权国家或国际多边机构,指该参考实体的任何直接或间接继承人,无论继承人是否承接该参考实体的义务。

(b)对于上述(a)款以外的情况,指通过合并、转让、收购或其他方式,承接该参考实体全部或其实质性义务的直接或间接继承人。继承实体由计算机构确定。

5.1.9 债务

指参考实体的各类债务,包括但不限于:

(a) 付款义务,即任何现在的或将来的、现有的或或有的支付或偿还款项的义务;

(b) 借贷款项,即由借贷行为产生的一种"付款义务"(包括为申请签发信用证或保函所产生的存款义务及偿付信用证或保函项下垫付款项的义务,不包括未提取的循环信用贷款额度);

(c) 贷款,属于一种"借贷款项",即根据定期贷款协议、循还贷款协议或其他类似贷款协议所确定的债务;

(d) 债券,属于一种"借贷款项",即政府债券、政府类开发金融机构债券和非政府信用债券等有价证券所确定的债务。

5.1.10 债务特征

指交易双方约定的债务的特征,包括但不限于:

(a) 平等受偿,即该债务与参考实体的其他同类债务是否处于平等受偿的地位;

(b) 交易流通,即该债务是否在合法交易场所转让或买卖;

(c) 币种,除非交易双方另有约定,为人民币。

5.1.11 参考债务

指交易双方约定的参考实体的债务,交易双方应约定该参考债务的名义本金。

5.1.12 信用事件

指交易双方约定的如下事件中的一种或多种:

(a) 破产。指参考实体发生下列任一事件:Ⅰ.解散(出于联合、合并或重组目的而发生的解散除外);Ⅱ.不能清偿到期债务,并且资产不足以清偿全部债务或明显缺乏清偿能力的;Ⅲ.书面承认其无力偿还到期债务;Ⅳ.为其债权人利益就其全部或实质性资产达成转让协议或清偿安排,或就其全部或大部分债务的清偿事宜与债权人做出安排或达成和解协议;Ⅴ.自身或其监管部门启动针对其的接管、破产、清算等行政或司法程序;或其债权人启动针对其的接管、破产、清算等行政或司法程序,导致其被依法宣告破产、停业、清算或被接管,或上述程序在启动后30天内未被驳回、撤销、中止或禁止;Ⅵ.通过其停业、清算或申请破产的决议;Ⅶ.就自身或自身的全部或大部分资产寻求任命临时清算人、托管人、受托人、接管人或其他类似人员或被任命了任何前述人员;Ⅷ.其债权人作为担保权人采取行动取得了其全部或大部分资产,或使其全部或实质部分资产被查封、扣押、冻结、或强制执行,且上述情形在30天内未被相关权力机关撤销或中止;Ⅸ.其他任何与上述第Ⅰ项至第Ⅷ项有类似效果的事件。

(b) 支付违约。指参考实体在适用的宽限期届满前未支付的到期债务金额累计超过交易双方约定的起点金额。

(c) 债务加速到期,指因参考实体的违约导致债务在原到期日之前到期的情形。在债务加速到期情形中,交易双方可约定参考实体的最低违约金额,只有超过该最低违约金额的行为才可认定为发生债务加速到期。

(d) 债务违约,指因参考实体发生除支付违约外的其他违约导致债务可能被宣告提前到期的情形。

(e) 偿付变更,指参考实体与其债务的持有人达成的,或由参考实体宣布的适用于参考实体所有债务的持有人的下述行为:降低应付利率水平或减少应付利息,减少应偿还的本金数额或溢价,推迟本息偿付日期,变动受偿顺序,改变本息偿付币种。上述偿付变更涉及的金额应不低于交易双方约定的起点金额。但参考实体在正常经营过程中因监管、财会或税务调整采取上述行为,或上述行为不是因为参考实体的资信或财务状况恶化,则不构成偿付变更行为。

5.2 与结算有关的通用定义

5.2.1 结算条件

包括但不限于发送信用事件通知书和公开信息通知书。当该等条件满足后,交易双方应按照适用的结算方式履行义务。

5.2.2 结算方式

指交易双方约定的现金结算或实物结算。

5.2.3 结算日

指所适用的现金结算日或实物结算日。

5.2.4 结算货币

除非交易双方另有约定,为人民币。

5.2.5 估值日

指交易双方约定的计算最终价格的日期;除非交易双方另有约定,为结算条件满足后的第 3 个营业日。

5.2.6 约定到期日

指交易双方在交易确认书中约定的信用衍生产品交易到期终止的日期。

5.2.7 提前到期日

指在信用事件发生后,交易一方有权指定的提前终止信用衍生产品交易的日期。

5.3 与现金结算有关的定义

5.3.1 现金结算

指信用保护卖方根据信用保护买方发出的现金结算通知单,在结算日以现金进行结算的方式。

5.3.2 现金结算金额

指在现金结算方式下信用保护卖方应支付的金额。除非交易双方另有约定,现金结算金额按如下公式计算:

$$\text{Max}\{参考债务名义本金 \times (参考价格 - 最终价格), 0\}$$

5.3.3 参考价格

指交易双方约定的参考债务名义本金的百分比;除非交易双方另有约定,为百分之一百。

5.3.4 最终价格

指以百分比表示的、按照交易双方约定的估值方法确定的参考债务名义本金在估值日的市场价格。

5.3.5 现金结算通知单

指由信用保护买方向信用保护卖方发送的进行现金结算的通知单,该通知单应列明现金结算金额、现金结算日、支付方式、地点及该结算金额的计算方法等事项。

5.4 与实物结算有关的定义

5.4.1 实物结算

指信用保护买方根据实物交割通知单,在实物结算日向信用保护卖方交割特定债务,信用保护卖方向信用保护买方支付相应实物结算金额的结算方式。

5.4.2 交割

指信用保护买方向信用保护卖方交付实物交割通知单所指特定债务的全部权益。

5.4.3 实物结算日

指交易双方约定的实物交割期间的最后一个营业日或完成实物交割的某一营业日(若较早)。

5.4.4 实物结算金额

指参考债务名义本金乘以参考价格所得到的金额。

5.4.5 实物交割期间

指交易双方约定的或在实物交割通知单中指明的进行实物交割的期限,该期限不得超过有关法律规定或市场惯例公认的最长合理期限。

5.4.6 实物交割通知单

指由信用保护买方向信用保护卖方发送的进行实物结算的通知单,该通知单应列明用于结算的特定债务的具体信息、交割方式、交割地点、是否需要第三方同意以及是否已获得第三方同意、是否需要另一方的配合等事项。

5.4.7 特定债务

指交易双方约定的由信用保护买方可向信用保护卖方交割的参考实体的债务,包括但不限于参考债务。

附录 D-6

中国银行间市场利率衍生产品交易定义文件（2012年版）

一、通用定义

1.1 利率衍生产品交易

指**交易双方**在相关**交易有效约定**中指定为"利率衍生产品交易"，包括但不限于利率互换交易（IRS）、远期利率协议交易（FRA）、利率互换期权交易（Swaption）及其组合而成的交易。

利率互换交易是指**交易双方**约定在未来的一定期限内，根据约定的同种货币的**名义本金**和利率/上限利率/下限利率交换利息额的金融合约。

远期利率协议交易是指**交易双方**约定在未来某一日，交换协议期间内一定**名义本金**基础上分别以**固定利率**和**浮动利率**计算的利息的金融合约。其中，远期利率协议的买方支付以**固定利率**计算的利息，卖方支付以**浮动利率**计算的利息。

利率互换期权交易是指**交易双方**约定在未来某一日或某个期间，**期权买方**获得就基础利率互换交易要求**期权卖方**支付现金结算金额的权利，或使得基础利率互换交易生效的权利。

1.2 交易有效约定

指就一笔**利率衍生产品交易**做出的具有法律约束力的约定，包括但不限于**交易确认书**。

1.3 交易确认书

指**交易双方**交换的用以确认或证明一笔**利率衍生产品交易**的文件或其他书面证据，包括但不限于**成交单**、电子确认书、电子邮件、电报、电传、传真、合同书和信件。

1.4 成交单

指**交易双方**之间通过**交易中心**交易系统达成一笔**利率衍生产品交易**后生成的确认该笔交易成交条件的书面凭证。

1.5 交易双方/交易一方

指在一笔利率衍生产品交易下，**固定利率支付方**与**浮动利率支付方**或**浮动利率支付方**与另一**浮动利率支付方**或**期权买方**与**期权卖方**合称为**交易双方**，各自称为**交易一方**。

1.6 固定利率支付方

就一笔利率互换交易或远期利率协议交易而言，指有义务支付**固定金额**的一方。

1.7 浮动利率支付方

就一笔利率互换交易或远期利率协议交易而言，指有义务支付**浮动金额**的一方。

1.8 期权买方

就一笔利率互换期权交易而言，指支付期权费的一方。

1.9 期权卖方

就一笔利率互换期权交易而言，指收取期权费的一方。

1.10 名义本金

就一笔**利率衍生产品交易**而言,指约定的据以计算利息的金额。

1.11 交易中心

指中国外汇交易中心暨全国银行间同业拆借中心,或前述机构的任何存续、承继或受让实体(前提是该存续、承继或受让实体承继了该机构与**利率衍生产品交易**相关全部或大部分的业务)。

1.12 交 易 商

指**交易双方**或**计算机构**按诚实信用原则在相关市场中选择的从事利率衍生产品交易业务的金融机构,具体选择方法与标准可在相关**交易有效约定**中列明。

1.13 独立交易商

指与**交易双方**非关联的**交易商**。关联是指,就某一实体而言,指直接或间接对其进行控制、直接或间接受其控制、或直接或间接与其共处同一控制之下的任何实体。

如果一个实体对另一个实体的出资额或持有股份的比例超过该实体的资本或股本总额的百分之五十,或虽不足百分之五十,但依其出资额或者持有的股份所享有的表决权已足以对该实体的股东会、股东大会或董事会的决议产生重大影响,则视为"控制"了该实体。

1.14 清算方式

指**交易双方**对利率衍生产品交易选择适用的清算安排,包括双边清算模式或者集中清算模式。

二、与日期相关的定义

2.1 交易日(亦称为成交日)

指**交易双方**达成一笔**利率衍生产品交易**的日期。

2.2 起始日

指一笔利率衍生产品交易的具体条款开始执行的日期。

2.3 起息日

指开始计算资金利息的日期。

2.4 到期日

指一笔**利率衍生产品交易**结束的日期。

2.5 交易期限

指一笔**利率衍生产品交易**的**起始日**到**到期日**的天数。

2.6 营业日

除非**交易双方**另有约定,指下列日期:对于任何付款而言,为相关账户所在地商业银行正常营业的日期(不含法定节假日);对通知或通信而言,为接收方提供的通知地址中指定城市的商业银行正常营业的日期(不含法定节假日)。

2.7 营业日准则

若某一相关日期并非**营业日**,则根据以下相应准则进行调整:

(1)"下一营业日":顺延至下一营业日;

(2)"经调整的下一营业日":顺延至下一营业日,但如果下一营业日跨至下一月,则提前至上一营业日;

（3）"上一营业日"：提前至上一营业日。

三、与计息有关的定义

3.1 计息方式

指复利或单利计息。

3.2 计息期

一个**支付日**（含）至下一**支付日**（不含）之间的天数，首个**计息期**为**起息日**（含）至**首期支付日**（不含），最后一个**计息期**截止**到期日**（不含）。除非**交易双方**另有约定，**支付日**根据**营业日准则**发生调整的，按调整后的**支付日**确定**计息期**。

3.3 支付周期

交易双方用以推算**支付日**的固定时间间隔，包括天、周、两周、月、季、半年、年、到期支付、期初支付；在推算**支付日**时，**支付周期**为季、半年、年，则等同于三个月、六个月、十二个月。

3.4 支付日

指**交易一方**进行支付的日期。**交易双方**约定**首期支付日**的，其他**支付日**（除**到期日**外）根据**首期支付日**与**支付周期**推算；**交易双方**未约定**首期支付日**的，所有**支付日**（除**到期日**外）根据**起息日**与**支付周期**推算。当**支付周期**为整月或月的倍数时，**支付日**为按照该**支付周期**推算的相应月份中与**起息日**（**首期支付日**）相同的一日（若按照该**支付周期**推算的相应月份中找不到与**起息日**（**首期支付日**）相同的一日，则为该月的最后一日）。**支付日**根据约定的**营业日准则**调整。

3.5 首期支付日

指一笔利率衍生产品**交易**约定的第一个**支付日**。

3.6 计息基准

除非**交易双方**另有约定，计算应计利息时，所适用的**计息基准**根据下列规则确定：

（a）"实际天数/实际天数"（简写为 A/A），指该**计息期**实际天数除以 365 的商（或者如果该**计息期**的任何部分属于闰年，则应为以下二者之和：(i) **计息期**属于闰年那部分的实际天数除以 366 的商，与 (ii) **计息期**属于非闰年的那部分的实际天数除以 365 的商）；

（b）"实际天数/365"（简写为 A/365），指该**计息期**实际天数除以 365 的商，若该**计息期**包含 2 月 29 日，计算该日利息；

（c）"实际天数/实际天数（债券）"（简写为 A/A-Bond），指**计息期**实际天数，除以当前付息周期实际天数与年付息次数的乘积；其中，当前付息周期实际天数指下一个付息日与上一个付息日之间的实际天数，算头不算尾，含闰年的 2 月 29 日。

（d）"实际天数/365（固定）"（简写为 A/365F），指该**计息期**实际天数除以 365 的商，若该**计息期**包含 2 月 29 日，不计算该日利息；

（e）"实际天数/360"（简写为 A/360），指该**计息期**实际天数除以 360 的商；

（f）"30/360"，指该**计息期**天数除以 360 的商。**计息期**天数的计算根据一年 12 个月，每个月 30 天的原则计算，但下述两种情况应按以下指定的天数计算当月天数：

（i）若**计息期**第一天不是 30 日或 31 日，但最后一天为 31 日时，**计息期**最后一天所在月份应为 31 天；

（ii）若**计息期**最后一天是2月的最后一天,则2月计息天数应为当月的实际天数。

四、与计算有关的定义

4.1 计算机构

指就一笔利率衍生产品交易而言,**交易双方**约定的负责对支付义务进行具体计算的机构。**计算机构**在进行具体计算时应遵循诚实信用原则。**计算机构**在履行其作为**计算机构**的职责时,不应被视为其是任何**交易一方**的受托人或顾问。**计算机构**负责于**计算日**或**交易双方**同意的其他日期向**交易双方**发出通知,该通知应至少包括下列内容:

（1）**支付日**;

（2）应支付到期款项的一方以及应支付的金额;

（3）履行**交易双方**在**交易有效约定**中确定的**计算机构**应负的任何其他义务。

若支付通知发出之后,该等**支付日**和应支付的金额发生变更,**计算机构**应立即向**交易双方**发送变更通知,并以合理的详细程度说明如何决定该等变更。在**计算机构**为**交易双方**之外的第三方时,若支付通知发出后,**交易双方**变更或终止相关交易并因此对**支付日**和应支付的金额产生影响的,**交易双方**应及时将该等变更或终止通知**计算机构**。

除非**交易双方**对此另有约定,否则:

（1）若**交易双方**选择**交易中心**作为该交易的**计算机构**,则**交易中心**做出的关于该交易的任何计算、确定或调整应当对**交易双方**产生最终的约束力,但该计算、确定或调整存在明显错误或疏忽的情况除外;

（2）在其他的情况下,若**交易一方**对于**计算机构**（或在**交易双方**均为**计算机构**的情况下,**交易一方**对于另一方）做出的计算结果产生合理的争议,则其可以在不违反适用的中国法律的情况下,在获悉该计算结果之日起的两个**营业日**内与另一方共同本着诚实信用的原则选定一个**独立交易商**作为复核机构。若在上述期间内**交易双方**未能共同选定复核机构,则**交易双方**可以在上述期间之后的第一个**营业日**内各自选择一个**独立交易商**,并由该两个**独立交易商**自主选定另外一个**独立交易商**作为复核机构。若在该营业日内任一**交易一方**未能选出一个**独立交易商**,则另一方选出的**独立交易商**应作为复核机构。若在该营业日内**交易双方**均未能各自选出**独立交易商**,则**计算机构**原先做出的计算结果应当对**交易双方**产生最终的约束力,但该计算、确定或调整存在明显错误或疏忽的情况除外。

复核机构的职责为（且仅限于）依据诚实信用和商业合理的原则,对上述产生争议的计算结果进行再次的计算、确定或调整。在此前提下,复核机构做出的计算、确定或调整应当对**交易双方**产生最终的约束力,但该计算、确定或调整存在明显错误或疏忽的情况除外。除非**交易双方**对此另行约定,否则聘用复核机构的成本费用应由**交易双方**平均分担。

4.2 计算日

指**计算机构**可对某项支付义务进行计算的最早日期。

4.3 利率最小位数

人民币利率的最小位数为以百分比表示的数值的小数点后4位,对于小数点后4位以后的数根据四舍五入原则进位。

4.4 金额最小位数

人民币金额单位为元,精确到分,对于分以后的数根据四舍五入原则进位。

4.5 计算精度

在利息计算过程中,利率和金额均保留小数点后14位,对于小数点后14位以后的位数根据四舍五入原则进位。

4.6 基点

万分之一。

4.7 资金账户

指**交易一方**指定的、用于接收另一方支付款项的资金账户。

五、与固定金额有关的定义

5.1 固定利率

指约定的计算**固定利率支付方**应支付的**固定金额**所依据的利率水平。

5.2 固定金额

指**固定利率支付方**在**支付日**应支付的款项;除非**交易双方**另有约定,按如下公式计算:

$$C_{fix,i} = Qr_{fix}\frac{N_i}{D}$$

其中,$C_{fix,i}$是**固定利率支付方**第i个**计息期**支付的现金流;

Q是一笔利率衍生产品交易的**名义本金**;

r_{fix}是一笔利率衍生产品交易的**固定利率**;

$\frac{N_i}{D}$是第i个**计息期**对应的**计息基准**,D是该**计息基准**对应的年度计息天数,N_i是该**计息期**的天数。

六、与浮动金额有关的定义

6.1 参考利率

指交易双方约定用以确定**重置期**浮动利率水平的利率指标,包括但不限于:

(a)**人民币一年定期存款利率(Depo)**:就一个**重置日**(含起息日)而言,指该日前一营业日中国人民银行在其官方网站(www.pbc.gov.cn)指定生效的人民币一年定期存款利率。除另有约定,人民币一年定期存款利率**计息基准**为A/360。

(b)**人民币一年定期贷款利率**:就一个**重置日**(含起息日)而言,指该日前一营业日中国人民银行在其官方网站(www.pbc.gov.cn)指定生效的人民币一年定期贷款利率。除另有约定,人民币一年定期贷款利率**计息基准**为A/360。

(c)**Shibor**:就一个**重置日**(含起息日)而言,指中国人民银行授权**交易中心**于该日的**利率确定日**大致北京时间上午11:30在http://www.shibor.org网站发布的上海银行间同业拆放利率,包括O/N、1W、2W、1M、3M、6M、9M和1Y八个品种。除另有约定,当Shibor O/N为**参考利率**时,其利率确定日为**重置日**当日;当选定其他Shibor品种为**参考利率**时,其利率确定日为**重置日**的前一营业日。Shibor **计息基准**为A/360。

(d)**回购定盘利率**:就一个**重置日**(含起息日)而言,指**交易中心**于该日的**利率确定日**大致北京时间上午11:00在http://www.chinamoney.com.cn网站发布的回购定盘利率,包括但不限于隔夜回购定盘利率(FR001)、七天回购定盘利率(FR007)等回购定盘利率品种。除另有约定,当选定FR001为**参考利**

率时,其利率确定日为重置日当日;当选定其他回购定盘利率品种为**参考利率**时,其利率确定日为重置日的前一营业日。回购定盘利率品种**计息基准**为 A/365。

6.2 信息后备机制

如果**参考利率**于**计息期**内任何利率确定日变得暂时或永久不可获得,则**计算机构**将在当时,或在稍后尽可能快的时间内,从相关银行间市场的四家主要**交易商**(由**计算机构**秉持公平公开的原则作出选择)处获取对**参考利率**的报价。如果**计算机构**在该日结束营业之前收到四个该等利率报价,则适用的利率应为所获取报价的算术平均值(去掉最高及最低报价进行计算)。如果**计算机构**在上述时间内收到两个或三个报价,则适用的利率应为该等报价的算术平均值。如果**计算机构**在上述时间内只获取一个报价或没有获取任何报价,则由**计算机构**秉持商业合理以及公平公开、诚实信用的原则确定利率水平。

6.3 浮动利率

指**浮动利率支付方**在**计息期**适用的年利率:

(a)除非**交易双方**另有约定,指各利率确定日的**参考利率**水平;

(b)当约定**上限利率**时,为根据上文(a)款确定的利率减去所约定的**上限利率**之差(若为负数则视为零);

(c)当约定**下限利率**时,以所约定的**下限利率**减去根据上文(a)款确定的利率之差(若为负数则视为零)。

6.4 利差(亦称点差)

指在**浮动利率**基础上加、减的**基点数**。

6.5 负利率处理

指当**浮动金额**是负数时,**交易双方**约定的处理方法。

(a)**负利率方法**:**浮动利率支付方**应付的**浮动金额**应被视为零,而另一方除支付相关**计息期**原本应付的金额外,还应支付**浮动金额**的绝对值。

(b)**零利率方法**:**浮动利率支付方**应付的**浮动金额**应被视为零,而另一方只须支付相关**计息期**原本应付的金额。

除非**交易双方**另有约定,负利率处理适用"**负利率方法**"。

6.6 浮动金额

① 当**计息方法**为单利时,

$$C_{float,i} = \sum_{j=1}^{n} Q(r_{ref,j} + BP) \frac{d_j}{D}$$

其中,$C_{float,i}$ 是**浮动利率支付方**第 i 个**计息期**支付的现金流;

Q 是一笔利率衍生产品交易的**名义本金**;

$r_{ref,j}$ 是第 i 个**计息期**中第 j 个重置日对应的**浮动利率**;

BP 是**利差**;

d_j 是第 i 个**计息期**中第 j 个**重置期**对应的实际天数(算头不算尾);

D 是**参考利率计息基准**对应的年度计息天数。

n 是第 i 个**计息期**中包含的**重置期**个数。

② 当**计息方法**为复利时，

$$C_{float,i} = Q\left\{\prod_{j=1}^{d0}\left(1+\frac{(r_{float,j}+BP)\times d_j}{D}\right)-1\right\}$$

其中，$C_{float,i}$ 是**浮动利率支付方**第 i 个**计息期**支付的现金流；

Q 是一笔**利率衍生产品交易**的**名义本金**；

$r_{ref,j}$ 是第 i 个**计息期**中第 j 个重置日对应的**浮动利率**；

BP 是**利差**；

d_j：1) 当**参考利率**为 ShiborO/N 或 FR001 时，d_j 在某一营业日后继一天也为**营业日**的情况下为"1"，在某一营业日后继一天为非营业日的情况下，等于自该营业日起（含该日）至下一营业日（不含该日）为止的自然天数；2) 当**参考利率**为其他利率时，d_j 为第 i 个**计息期**中第 j 个**重置期**对应的实际天数（算头不算尾）。

$d0$ 是第 i 个**计息期**中包含的**重置期**个数。

D 是**参考利率计息基准**对应的年度计息天数。

6.7 重置频率

每天、周、两周、月、季、半年、年一次，用以推算**重置日**，其中每天指每个**营业日**。在计算**重置日**时，若**重置频率**为季、半年、年，则等同于三个月、六个月、十二个月。

6.8 重置日

就一个**计息期**而言，**重置日**从**计息期**首日按**重置频率**依次推算，当**重置频率**为整月或月的倍数时，(1)**重置日**为按照该**重置频率**推算的相应月份中与本**计息期**首个**重置日**相同的一日（若按照该**计息期**推算的相应月份中找不到与**起息日**相同的一日，则为该月的最后一日）；(2)若本**计息期**因**支付日**根据**营业日准则**实际发生调整的，则本**计息期**不因该等调整产生新的**重置日**。**重置日**不按照**营业日准则**调整。

6.9 重置期

就一个**计息期**而言，相邻两个**重置日**间隔的天数，首个**重置期**始于**计息期**的首日，该**计息期**内的最后一个**重置期**应随所在**计息期**结束而结束。

若该**计息期**仅有一个**重置日**，则**重置期**等于**计息期**。

6.10 利率确定日

指确定某个**重置日参考利率**水平的日期。除另有约定，**利率确定日**适用**上一营业日准则**。

七、贴现

7.1 贴现因子

对**计息期**不超过一年的**固定金额**或**浮动金额**进行贴现时，**贴现因子**适用如下公式：

$$\lambda = \frac{1}{1+(r\times N/D)}$$

λ 是计算**固定金额**或**浮动金额**期初支付额时的**贴现因子**；

r 是**贴现率**，除非**交易双方**另有约定，**贴现率**为**利率确定日**确定的**参考利率**加减利差。

N 是**计息期**对应的实际天数。

D 是**贴现率计息基准**对应的年度计息天数，除非**交易双方**另有约定，适用**参考利率**的**计息基准**。

7.2 贴现率

除非**交易双方**另有约定,贴现率为**利率确定日**确定的**参考利率加减利差**。

7.3 贴现率计息基准

除非**交易双方**另有约定,**贴现率计息基准**为**参考利率计息基准**。

八、提前终止选择权

8.1 提前终止选择权

就一笔**利率衍生产品交易**而言,**提前终止选择权**是指交易双方在相关**交易有效约定**中约定的**交易一方**或**交易双方**(即**行权方**)有权在约定的行权日期或期间,行使其全部或部分提前终止该交易的选择权。

行权方行使**提前终止选择权**后,则自生效的**提前终止日**起,就全部提前终止而言,该笔交易项下的所有权利、义务及责任终止;就部分提前终止而言,该笔交易提前终止的**名义本金**金额项下所有权利、义务及责任相互终止,部分提前终止不影响**交易双方**依据原**交易有效约定**的约定在**提前终止日**之后(含)就该笔交易剩余**名义本金**金额部分所对应的任何权利、义务及责任。全部提前终止或部分提前终止均不影响**交易双方**在**提前终止日**之前(不含该日)就所指交易项下已经产生但尚未履行或履行完毕的任何支付义务。

除非**交易双方**另有约定,提前终止日为**交易一方**行使**提前终止选择权**起的第五个**营业日**。行权方应通过传真、电子传输系统、电子交易系统等方式向另一方发出的要求执行**提前终止选择权**的不可撤销的通知。

行权方行使**提前终止选择权**后,**计算机构**负责以估值日为基准对提前终止应付额进行计算。除非另有约定,估值日为提前终止日前一个**营业日**。**交易双方**应在双方约定的结算日完成提前终止应付额的收付。

8.2 行权日

指行权方选择提前终止某笔(或某部分)**利率衍生产品交易**的日期。

8.3 截止时间

指**交易双方**约定的在**行权日**行权的最晚时点。除非**交易双方**另有约定,从市场惯例。

8.4 行权通知

行权方应当在**行权日截止时间**前以书面方式(包括电传、传真)通知对方选择提前终止该笔(或该部分)**利率衍生产品交易**。

8.5 提前终止日

相关交易提前终止的日期,除非**交易双方**另有约定,为**行权日**。

8.6 结算方式

除非**交易双方**另有约定,**交易一方**以现金方式向另一方支付提前终止结算金额,结算金额由**交易有效约定**中指定的**计算机构**计算。

8.7 定价日

交易双方确定用以计算提前终止结算金额的**参考利率**水平的日期。

8.8 结算日

交易一方向另一方支付完成提前终止结算金额的日期,除非**交易双方**另有约定,为**提前终止日**后次一**营业日**。

附：利率互换确认书模板

中国银行间市场利率互换交易确认书

双方同意,就本确认书所述条款,双方订立了一份完整且具有约束力的约定。

双方已经签署了《中国银行间市场金融衍生产品交易主协议(2009年版)》(以下简称"主协议")和《中国银行间市场金融衍生产品交易主协议(2009年版)补充协议》(若有,可能进行不时修正、修改和补充,以下简称"补充协议"),并已将主协议及补充协议提交中国银行间市场交易商协会备案,本确认书构成主协议所称的"交易确认书",主协议和补充协议中的全部条款适用于本确认书。

本确认书适用《中国银行间市场利率衍生产品交易定义文件(2012年版)》(以下简称"定义文件"),若本确认书与定义文件的规定有任何不一致,本确认书有优先效力。

成交编号		确认日期	
一、交易双方基本信息			
固定利率支付方信息		浮动利率支付方信息	
机构		机构	
地址		地址	
联系人		联系人	
电话		电话	
传真		传真	
二、一般条款			
交易期限		名义本金(万元)	
交易日			
起息日		营业日准则	
到期日		计算机构	
三、交易双方支付条款			
固定利率支付			
固定利率(%)		固定利率计息方法	
固定利率计息基准		固定利率支付周期	
固定利率支付日			
浮动利率支付			
参考利率(%)		浮动利率计息基准	
利差(bp)		浮动利率计息方法	
浮动利率支付周期		重置频率	
浮动利率支付日			
利率确定日			

（续表）

四、账户信息			
固定利率支付方资金账户信息		浮动利率支付方资金账户信息	
资金账户户名		资金账户户名	
资金账户		资金账户	
资金开户行		资金开户行	
支付系统行号		支付系统行号	

补充条款：

固定利率支付方机构签章	浮动利率支付方机构签章
有权签字人签字或盖章：	有权签字人签字或盖章：
签署日期	签署日期

附录 D-7

中国银行间市场
汇率衍生产品交易定义文件
(2012 年版)

版权所有© 中国银行间市场交易商协会 2012

声　明

中国银行间市场交易商协会(简称"交易商协会")颁布《中国银行间市场汇率衍生产品交易定义文件(2012年版)》(简称《汇率定义文件》),旨在通过向金融衍生产品市场参与者(简称"参与者")提供交易确认书所使用的术语释义,以降低交易成本,提高交易效率,促进金融衍生产品市场发展。交易商协会将根据市场的发展及需求,不断调整、增加定义内容。参与者在使用本《汇率定义文件》时,可对其进行修改或补充,以适应特定交易。

《汇率定义文件》的著作权属于中国银行间市场交易商协会。除非为开展与《汇率定义文件》有关的交易或为进行教学、研究的目的,未经著作权人事先书面同意,任何人不得复制、复印、翻译或分发《汇率定义文件》的纸质、电子或其他形式版本。

《中国银行间市场汇率衍生产品交易定义文件（2012年版）》

一、通用定义

1.1 汇率衍生产品交易

指**交易双方**在相关**交易有效约定**中指定为"汇率衍生产品交易"，包括但不限于外汇远期交易、外汇掉期交易、外汇期权交易、货币掉期交易及其组合而成的交易。

1.2 交易有效约定

指就一笔**汇率衍生产品交易**做出的具有法律约束力的约定，包括但不限于**交易确认书**。

1.3 交易确认书

指**交易双方**交换的用以确认或证明一笔**汇率衍生产品交易**的文件或其他书面证据，包括但不限于**成交单**、电子确认书、电子邮件、电报、电传、传真、合同书和信件。

1.4 成交单

指**交易双方**之间通过**交易中心**交易系统达成一笔**汇率衍生产品交易**后生成的确认该笔交易成交条件的书面凭证。

1.5 交易双方/交易一方

指在一笔**汇率衍生产品交易**下，**基准货币支付方**和非**基准货币支付方**合称为**交易双方**，各自称为**交易一方**。

1.6 基准货币支付方

指支付**基准货币**的一方。

1.7 非基准货币支付方

指支付非**基准货币**的一方。

1.8 交易中心

指中国外汇交易中心暨全国银行间同业拆借中心，或前述机构的任何存续、承继或受让实体（前提是该存续、承继或受让实体承继了该机构与**汇率衍生产品交易**相关全部或大部分的业务）。

1.9 做市商

指经批准在银行间外汇市场向市场持续提供买、卖双向报价并在规定范围内承诺按所报价格成交的机构。

1.10 交易商

指**交易双方**或**计算机构**按诚实信用原则在相关市场中选择的从事**汇率衍生产品交易业务**的金融机构，具体选择方法与标准可在相关**交易有效约定**中列明。

1.11 独立交易商

指与**交易双方**非关联的**交易商**。关联是指，就某一实体而言，指直接或间接对其进行控制、直接或间接受其控制,或直接或间接与其共处同一控制之下的任何实体。

如果一个实体对另一个实体的出资额或持有股份的比例超过该实体的资本或股本总额的百分之五十,或虽不足百分之五十,但依其出资额或者持有的股份所享有的表决权已足以对该实体的股东会、股东大会或董事会的决议产生重大影响,则视为"控制"了该实体。

1.12 资金账户

指**交易一方**指定的、用于向另一方收付款项的账户。

二、与日期有关的定义

2.1 交易日(亦称成交日)

指**交易双方**达成一笔**汇率衍生产品交易**的日期。

2.2 起始日

指一笔**汇率衍生产品交易**的具体条款开始执行的日期。

2.3 起息日

指开始计算资金利息的日期,或**交易双方**履行资金交割与结算的日期。

2.4 到期日

指一笔**汇率衍生产品交易**结束的日期。

2.5 营业日(亦称工作日)

除非**交易双方**另有约定,指下列日期:对于任何付款而言,为相关账户所在地商业银行正常营业的日期(不含法定节假日);对通知或通讯而言,为接收方提供的通知地址中指定城市的商业银行正常营业的日期(不含法定节假日)。

2.6 营业日准则

指若某一相关日期并非**营业日**,则根据以下相应准则进行调整:

(1)"下一营业日":顺延至下一营业日;

(2)"经调整的下一营业日":顺延至下一营业日,但如果下一营业日跨至下一月,则提前至上一营业日;

(3)"上一营业日":提前至上一营业日。

2.7 定价日

外汇远期交易和**外汇期权交易**的定价日是指在**差额结算**方式下,确定**参考价**的日期;**货币掉期交易**的定价日又称为利率重置日,是指在每个**定息周期**或**计息残段**开始前根据参考利率确定该期利率值的日期。

三、与计算有关的定义

3.1 计算机构

指就一笔**汇率衍生产品交易**而言,**交易双方**约定的负责对支付义务进行具体计算的机构。**计算机构**在进行具体计算时应遵循诚实信用原则。**计算机构**在履行其作为**计算机构**的职责时,不应被视为其是任何**交易一方**的受托人或顾问。**计算机构**负责于**计算日**或**交易双方**同意的其他日期向**交易双方**发出通知,该通知应至少包括下列内容:

(i)支付日;

（ⅱ）应支付到期款项的一方以及应支付的金额；

（ⅲ）履行**交易双方**在**交易有效约定**中确定的**计算机构**应负的任何其他义务。

若支付通知发出之后，该等支付日和应支付的金额发生变更，**计算机构**应立即向**交易双方**发送变更通知，并以合理的详细程度说明如何决定该等变更。

除非**交易双方**对此另有约定，否则：

（1）若**交易双方**选择**交易中心**作为该交易的**计算机构**，则**交易中心**做出的关于该交易的任何计算、确定或调整应当**对交易双方**产生最终的约束力，但该计算、确定或调整存在明显错误或疏忽的情况除外；

（2）在其他的情况下，若**交易一方**对于**计算机构**（或在**交易双方**均为**计算机构**的情况下，**交易一方**对于另一方）做出的计算结果产生合理的争议，则其可以在不违反适用的中国法律的情况下，在获悉该计算结果之日起的两个**营业日**内与另一方共同本着诚实信用的原则选定一个**独立交易商**作为复核机构。若在上述期间内**交易双方**未能共同选定复核机构，则**交易双方**可以在上述期间之后的第一个**营业日**内各自选择一个**独立交易商**，并由该两个**独立交易商**自主选定另外一个**独立交易商**作为复核机构。若在该营业日内任一**交易一方**未能选出一个**独立交易商**，则另一方选出的**独立交易商**应作为复核机构。若在该营业日内**交易双方**均未能各自选出**独立交易商**，则**计算机构**原先做出的计算结果应当对**交易双方**产生最终的约束力，但该计算存在明显错误或疏忽的情况除外。

复核机构的职责为（且仅限于）依据诚实信用和商业合理的原则，对上述产生争议的计算结果进行再次的计算。在此前提下，复核机构做出的计算应当对**交易双方**产生最终的约束力，但该计算存在明显错误或疏忽的情况除外。除非**交易双方**对此另行约定，否则聘用复核机构的成本费用应由**交易双方**平均分担。

3.2 计算日

指**计算机构**可对某项支付义务进行计算的最早日期。

3.3 货币金额（亦称交易金额）

指在涉及超过一种货币的交易中，**交易双方**就某种货币约定的金额。

3.4 名义本金（亦称名义金额）

指由**交易双方**在相关**交易有效约定**中约定的用来计算**交易双方**未来应收应付款项所依据的金额。

3.5 报价精度

指汇率数值的小数点后精确位数，一般遵从交易系统参数设置或相关市场惯例。

3.6 基点

指汇率最小变动单位，通常为万分之一。

3.7 金额最小位数

人民币金额单位为元，精确到分，对分以后的位数根据四舍五入原则进位。其他货币遵从相关市场惯例。

四、与汇率有关的定义

4.1 外汇

指以外币表示的可以用作国际清偿的支付手段和资产。一般指人民币以外的币种。

4.2 基准货币

指一个货币对中作为被计价标的的货币。

4.3 非基准货币

指一个货币对中用于计量1个货币单位**基准货币**价格的货币。

4.4 即期汇率

指银行间外汇市场两种货币在即期交易中互相兑换的价格。

4.5 参考价

指在**差额结算**方式下,用于确定轧差金额使用的**即期汇率**或**交易双方**约定的其他价格。人民币外汇期权交易的**参考价**是**到期日**人民币对相应外币汇率中间价。

五、外汇远期交易

5.1 外汇远期交易

包括人民币外汇远期交易和外汇对外汇远期交易。

人民币外汇远期交易是指**交易双方**通过**交易中心**交易系统达成的以约定的外汇币种、金额、汇率,在约定的未来某一日期交割的人民币外汇交易。

5.2 交易方

5.2.1 买入方

指买入基准货币的一方。

5.2.2 卖出方

指卖出**基准货币**的一方。

5.3 与汇率有关的定义

5.3.1 远期汇率

指银行间外汇市场上**交易双方**约定的在未来某一日期两种货币互相兑换的价格。

5.3.2 远期点

指**远期汇率**减去**即期汇率**的基点数。

5.4 与结算有关的定义

5.4.1 全额结算

指在**结算日**根据约定的**远期汇率**全额交割本金的结算方式。

5.4.2 差额结算

指在**结算日**根据约定的**远期汇率**与0轧差交割本金的结算方式。

5.4.3 结算货币

在**全额结算**方式下,指买入方应支付给**卖出方**的货币和**卖出方**应支付给买入方的货币。在**差额结算**方式下,指**交易双方**约定的进行支付的货币。

5.4.4 结算金额

指**交易双方**约定的在**结算日交易一方**应向另一方支付或收取的**结算货币**金额。

5.4.5 结算日(亦称交割日)

指由**交易双方**约定的交割资金的日期。

六、外汇掉期交易

6.1 外汇掉期交易

包括但不限于人民币外汇掉期交易、外汇对外汇掉期交易及其组合而成的交易。

人民币外汇掉期交易是指**交易双方**通过**交易中心**外汇交易系统达成的,在约定的两个**结算日**,进行方向相反的人民币和某一币种外汇相互交换的一项交易。在前一次交换中,一方用外汇按照约定汇率从另一方换回人民币(或人民币换回外汇);在后一次交换中,该方再用人民币按照约定汇率从另一方换回相同币种和数量的外汇(或外汇换回人民币)。

6.2 与汇率有关的定义

6.2.1 掉期点

指**远端汇率**减去**近端汇率**的**基点数**。

6.2.2 近端汇率

指**交易双方**约定的第一次交换货币所适用的汇率。

6.2.3 远端汇率

指**交易双方**约定的第二次交换货币所适用的汇率。

6.3 与日期有关的定义

6.3.1 近端起息日

指第一次交换货币的日期。

6.3.2 远端起息日

指第二次交换货币的日期。

七、外汇期权交易

7.1 外汇期权交易

包括人民币外汇期权交易和外汇对外汇期权交易。

人民币外汇期权交易指**交易双方**通过**交易中心**外汇交易系统达成的,在未来某一交易日**期权买方**有权以约定汇率买卖一定数量外汇资产的期权。**期权买方**以支付**期权费**的方式拥有权利;**期权卖方**收取**期权费**,并在**期权买方**选择**行权**时履行义务(**欧式期权**)。

7.2 期权交易类型

7.2.1 买入期权(亦称看涨期权)

指**期权买方**在未来某一日期有权以约定汇率和数量买入标的货币的期权。

7.2.2 卖出期权(亦称看跌期权)

指**期权买方**在未来某一日期有权以约定汇率和数量卖出标的货币的期权。

7.2.3 欧式期权

指**期权买方**只能在期权**到期日**当天才可以**行权**的期权。

7.2.4 美式期权

指**期权买方**既可以在**到期日**当天,也可以在**到期日**之前**行权**的期权。

7.3 交易方

7.3.1 期权买方

指向**期权卖方**支付一定的**期权费**,有权在未来某一日期,以约定汇率和数量买入或者卖出标的货币的一方。

7.3.2 期权卖方

指收取**期权买方**一定的**期权费**,有义务在未来某一日期,以约定汇率和数量买入或者卖出标的货币的一方。

7.4 与期权费有关的定义

7.4.1 期权费

指**期权买方**购买期权所支付的费用。

7.4.2 期权费支付日

指**期权买方**向**期权卖方**支付**期权费**的日期。

7.5 与行权有关的定义

7.5.1 行权

指**期权买方**在约定的未来某一日期行使与**期权卖方**进行外汇交易的权利。

7.5.2 行权价格

指**交易双方**约定在未来某一日期进行外汇交易的汇率。

7.5.3 行权日

指**期权买方**选择是否**行权**的日期。

7.5.4 截止时间

指**交易双方**约定的在**行权日行权**的最晚时点。除非**交易双方**另有约定,人民币外汇期权**截止时间**通常为**行权日**当天北京时间 15:00。

7.5.5 行权通知

指**期权买方**通过外汇交易系统或其他约定方式向**期权卖方**发出的要求**行权**或放弃**行权**的指令,包括**期权买方**明示的指令和外汇交易系统根据相应规则自动发出的指令。**行权通知**应在**行权日**的**截止时间**或之前到达**期权卖方**,否则视为放弃**行权**。

对于**全额结算**的人民币外汇期权交易,到期日当天 15:00 之前,**期权买方**有权选择**行权**或放弃**行权**。如**期权买方**选择**行权**,则交易系统将根据该笔期权的**行权价格、货币金额**自动产生一笔即期交易,并实时通知**期权卖方**;如**期权买方**到期日当天 15:00 之前未**行权**则视为放弃**行权**。对于**差额结算**的**人民币外汇期权交易,到期日**当天人民币对相应外币汇率中间价(以下简称"中间价")产生后,系统根据执行价格和当日中间价计算该笔期权的盈亏。对于价外期权或平价期权,交易系统将自动代**期权买方**放弃**行权**;对于价内期权,**期权买方**在**到期日**当天 15:00 之前有权选择**行权**或放弃**行权**,15:00 之前未**行权**则系统自动行权。

7.6 与结算有关的定义

7.6.1 结算日(亦称交割日)

指**交易双方**约定的,在**期权买方行权**后,**交易双方**按照约定**行权价格**履行资金交割,其货币收款或付款能真正执行生效的日期。除非**交易双方**另有约定,为**行权日**后的第二个**营业日**。

7.6.2 全额结算

指**期权买方**在**行权日**,按照约定的**行权价格**和约定金额,与**期权卖方**达成外汇交易。

7.6.3 差额结算

指**交易双方**在**行权日**，按照约定的**行权价格**与**参考价**进行轧差，并在**交割日**对差额进行交割。

7.6.4 结算金额

指**交易双方**约定的在**结算日交易一方**应向另一方支付或收取的**结算货币**金额。

八、货币掉期交易

8.1 货币掉期交易

包括人民币外汇货币掉期交易和外汇对外汇货币掉期交易。

人民币外汇货币掉期交易是指**交易双方**通过**交易中心**外汇交易系统达成的，在约定期限内交换约定数量人民币与外币本金，同时定期交换两种货币利息的交易。本金交换的形式为在**生效日交易双方**按约定汇率交换人民币与外币的本金，在**到期日交易双方**再以相同的汇率、相同金额进行一次本金的反向交换，或**交易双方**在**生效日**和**到期日**均不实际交换人民币与外币，或符合主管部门规定的其他形式。利息交换指**交易双方**定期向对方支付以换入货币计算的利息金额，**交易双方**可按照约定的固定利率或者浮动利率计算利息。

8.2 与日期相关的定义

8.2.1 定息周期（亦称利率重置周期）

指**货币掉期交易**中重新确定用于计算利息支付的浮动利率的固定期限。

8.2.2 付息周期

指**货币掉期交易**中**交易一方**向另一方支付换入货币计算的利息金额的固定期限。

8.2.3 生效日（亦称首次起息日）

指**付息残段**或第一个**付息周期**的**起息日**，也是涉及本金交换时，期初本金交换的日期。

8.2.4 到期日

指最后一次利息交换的日期，也是涉及本金交换时，期末本金交换的日期。

8.2.5 残段

包括付息残段和计息残段，如无特别约定，残段指付息残段。

8.2.6 付息残段

指一笔**货币掉期交易**的交易期限不能整除**付息周期**时，期限可以拆分为若干个完整的**付息周期**和一个**付息残段**。若无特殊约定，**付息残段**适用前端规则，即：**付息残段**应置于该交易期限的期初进行利息计算。

8.2.7 计息残段

指一笔**货币掉期交易**的**付息周期**大于**定息周期**，且一个**付息周期**不能被**定息周期**整除时，**付息周期**可以拆分为若干个完整的**定息周期**和一个**计息残段**。若无特殊约定，**计息残段**适用后端规则，即：**计息残段**应置于该付息周期的期末进行利息计算。

8.3 利息相关的定义

8.3.1 计息期

指**定息周期**或**计息残段**。

8.3.2 计息基准

除非**交易双方**另有约定,计算应计利息时,所适用的**计息基准**根据下列规则确定:

(a)"**实际天数/实际天数**"(简写为 **A/A**),指该**计息期**实际天数除以 365 的商(或者如果该**计息期**的任何部分属于闰年,则应为以下二者之和:(i)**计息期**属于闰年那部分的实际天数除以 366 的商,与(ii)**计息期**属于非闰年的那部分的实际天数除以 365 的商);

(b)"**实际天数/365**"(简写为 **A/365**),指该**计息期**实际天数除以 365 的商,若该**计息期**包含 2 月 29 日,计算该日利息;

(c)"**实际天数/365(固定)**"(简写为 **A/365F**),指该**计息期**实际天数除以 365 的商,若该**计息期**包含 2 月 29 日,不计算该日利息;

(d)"**实际天数/360**"(简写为 **A/360**),指该**计息期**实际天数除以 360 的商;

(e)"**30/360**",指该**计息期**天数除以 360 的商。**计息期**天数的计算根据一年 12 个月,每个月 30 天的原则计算,但下述两种情况应按以下指定的天数计算当月天数:

(i)若**计息期**第一天不是 30 日或 31 日,但最后一天为 31 日时,**计息期**最后一天所在月份应为 31 天;

(ii)若**计息期**最后一天是 2 月的最后一天,则 2 月计息天数应为当月的实际天数。

8.3.3 适用利率

指在**定息周期**或**计息残段**计算利息时使用的利率。适用的利率包括但不限于:

(a)**人民币一年定期存款利率**:指定价日中国人民银行在其官方网站(www.pbc.gov.cn)指定生效的人民币一年定期存款利率。

(b)**Shibor**:指中国人民银行授权**交易中心**于**定价日**大致北京时间上午 11:30 在 http://www.shibor.org 网站发布的上海银行间同业拆放利率,包括 O/N、1W、2W、1M、3M、6M、9M 和 1Y 八个品种。

(c)**回购定盘利率**:指**交易中心**于**定价日**大致北京时间上午 11:00 在 http://www.chinamoney.com.cn 网站发布回购定盘利率,包括但不限于隔夜回购定盘利率(FR001)、七天回购定盘利率(FR007)等回购定盘利率品种。

(d)**Libor**:指路透社在**定价日**发布的伦敦同业拆借利率。

附录 D-8

中国银行间市场
债券衍生产品交易定义文件
（2012 年版）

版权所有© 中国银行间市场交易商协会 2012

声　明

中国银行间市场交易商协会（简称"交易商协会"）颁布《中国银行间市场债券衍生产品交易定义文件（2012年版）》（简称《债券定义文件》），旨在通过向金融衍生产品市场参与者（简称"参与者"）提供交易确认书所使用的术语释义，以降低交易成本，提高交易效率，促进金融衍生产品市场发展。交易商协会将根据市场的发展及需求，不断调整、增加定义内容。参与者在使用本《债券定义文件》时，可对其进行修改或补充，以适应特定交易。

《债券定义文件》的著作权属于中国银行间市场交易商协会。除非为开展与《债券定义文件》有关的交易或为进行教学、研究的目的，未经著作权人事先书面同意，任何人不得复制、复印、翻译或分发《债券定义文件》的纸质、电子或其他形式版本。

《中国银行间市场债券衍生产品交易定义文件（2012年版）》

一、通用定义

1.1 债券衍生产品交易

指**交易**双方在相关**交易有效约定**中指定为"债券衍生产品交易"，包括但不限于**债券远期交易**、债券期权交易。**债券衍生产品交易**（简称"**交易**"）具有如下特征：

（1）**交易**的基础资产为**债券**；

（2）**交易**的价值并非主要基于前述**债券**的信用风险；且

（3）**交易**的主要目的亦非为转移前述**债券**的信用风险。

1.2 交易有效约定

指就一笔**债券衍生产品交易**做出的具有法律约束力的约定，包括但不限于**交易确认书**。

1.3 交易确认书

指**交易**双方交换的用以确认或证明一笔**债券衍生产品交易**的文件或其他书面证据，包括但不限于成交单、电子确认书、电子邮件、电报、电传、传真、合同书和信件。

1.4 交易双方/交易一方

在一笔**债券衍生产品交易**下，买方与卖方合称为**交易双方**，各自称为**交易一方**。

1.5 买方

就某一**债券衍生产品交易**而言，是指该**交易**的**交易确认书**中约定并以此定义冠名的**交易一方**。若该**交易**是**债券远期交易**，则买方是购买拟交付标的**债券**的**交易一方**。

1.6 卖方

就某一**债券衍生产品交易**而言，是指该**交易**的**交易确认书**中约定并以此定义冠名的**交易一方**。若该**交易**是**债券远期交易**，则**卖方**是出售拟交付标的**债券**的**交易一方**。

1.7 营业日

除非**交易双方**另有约定，指下列日期：对于任何付款而言，为相关账户所在地商业银行正常营业的日期（不含法定节假日）；对于任何交付而言，为交付行为发生地登记托管结算机构营业的日期（不含法定节假日）；对通知或通讯而言，为接收方提供的通知地址中指定城市的商业银行正常营业的日期（不含法定节假日）。

1.8 营业日准则

若某一相关日期并非**营业日**，则根据以下相应准则进行调整：

（1）"下一**营业日**"：顺延至下一**营业日**；

（2）"经调整的下一**营业日**"：顺延至下一**营业日**，但如果下一**营业日**跨至下一月，则提前至上一**营业日**；

(3)"上一营业日":提前至上一营业日。

1.9 交易日

就某一**债券衍生产品交易**而言,是指该**交易**的**交易确认书**中约定并以此定义冠名的日期。**交易日**为**交易双方**达成该**交易**的日期。除非**交易双方**另行约定,否则该**交易**于**交易日**生效。

1.10 债券

就本债券交易定义文件而言,是指在全国银行间债券市场公开交易流通并由相关的**债券登记托管结算机构**登记托管结算,且其发行主体承诺按约定条件偿还本金和支付利息的记账式债务直接融资工具。**债券**包括但不限于在全国银行间债券市场交易流通的国债、地方政府债券、中央银行票据、政策性金融债、国际开发机构债券、混合资本债券、次级债券、普通金融债券、企业债券、中期票据、集合票据、短期融资券、超短期融资券、资产支持票据等。

1.11 合格债券

就某一类型的**债券衍生产品交易**而言,是指依据适用的中国法律的规定,可作为该类**交易**的基础资产的**债券**。

1.12 标的债券

指相关的**债券衍生产品交易**的**交易确认书**中约定并通过相应的债券代码、债券名称等方式标识为"标的债券"的**合格债券**。

1.13 券面总额

就某一**债券远期交易**和某一**标的债券**而言,是指该**交易**的**交易确认书**中约定(或依据**交易确认书**中所约定的方式确定)并以此定义冠名的特定数量的该**债券**的名义金额。在**实物结算**方式适用的情况下,**券面总额**应为该**债券**的**面值**的整数倍;若**交易确认书**中就该**债券**约定(或依据**交易确认书**中所约定的方式确定)的上述金额并非该**债券**的**面值**的整数倍,则**券面总额**调整为最接近于该金额的该**债券**的**面值**的整数倍。若**标的债券**以人民币计价发行,则其**券面总额**的货币单位以元表示;若**标的债券**以人民币之外的货币计价发行,则其**券面总额**的货币单位按照该币种**债券**在全国银行间债券市场的通行做法表示。

1.14 面值

就某一**债券**而言,是指其发行人设定并在其发行文件中载明的据以进行还本付息的该**债券**的名义券面金额。

1.15 应计利息

就某一**债券**和该**债券**存续期内的某一特定日期而言,是指自该**债券**的上一个**债券付息日**(若该**债券**在该特定日期之前不存在任何**债券付息日**,则为该**债券**的**债券起息日**)起(含该日)至该特定日期止(不含该日)的期间内,名义金额等于其**面值**的该**债券**所孳生的累积未付的利息。若该**债券**以人民币计价发行,则其**应计利息**的币种为人民币,货币单位以元表示;若该**债券**以人民币之外的货币计价发行,则其**应计利息**的币种为该货币,货币单位按照该币种**债券**在全国银行间债券市场的通行做法表示。

1.16 债券付息日

就某一**债券**而言,是指该**债券**的发行文件和/或付息公告等文件中载明的该**债券**的发行人支付该**债券**利息的日期。就该**债券**的某一次利息支付而言,若发行文件中载明的相关支付日期与该次利息支付的付息公告中载明的支付日期不一致,则付息公告中载明的支付日期为该次利息支付的**债券付息日**;若上述文件或公告中载明该次利息将在两个或两个以上的日期被支付,则第一个出现的日期为该次利息支付的**债券付息日**。**债券付息日**按照发行文件和/或付息公告中载明的相关营业日(或工作日)准则进行调整,两者不一致时以付息公告为准。

1.17 债券起息日

就某一**债券**而言,是指该**债券**的发行文件中载明的开始计算该**债券**利息的日期。

1.18 付息债权登记日

就某一**债券**而言,是指出于**债券**付息的目的,相关的**债券登记托管结算机构**确定的对该**债券**进行债权登记的**结算系统营业日**。在该登记托管结算机构该日的营业时间结束时凡持有该**债券**的投资者,均视为该**债券**当期利息的受益人。

1.19 分期逐步偿还

就某一**债券**而言,是指在该**债券**的存续期内,其发行人分期向持有该**债券**的所有(而非部分)投资者提前偿还该**债券**的本金,但每期只按照该**债券**全部本金的一定比例进行清偿的偿债方式。

1.20 交易中心

指中国外汇交易中心暨全国银行间同业拆借中心,或前述机构的任何存续、承继或受让实体(前提是该存续、承继或受让实体承继了该机构与**债券衍生产品交易**相关全部或大部分的业务)。

1.21 交易中心营业日

是指在**原定交易日**中,**交易中心**实际开门营业并提供**债券**交易相关服务的日期(不管**交易中心**是否在**原定关闭时间**之前结束营业)。

1.22 债券登记托管结算机构

是指中国人民银行指定的、在银行间债券市场办理**债券**登记、托管和结算业务的法人,包括但不限于中央国债登记结算有限责任公司、银行间市场清算所股份有限公司,或前述机构的任何存续、承继或受让实体(前提是该存续、承继或受让实体承继了该机构与**债券**相关的全部或大部分的登记、托管和结算业务)。

1.23 结算系统营业日

就某一**债券登记托管结算机构**而言,是指该机构开门营业(或若不是由于**实物结算干扰事件**的发生,原本应开门营业)并接受和执行清算指令的日期。

1.24 支付营业日

除非**交易双方**在**交易确认书**中对此另行约定,否则对于人民币的款项支付而言,是指中国人民银行的中国国家现代化支付系统的大额转账系统运行营业的日期;对于欧元的款项支付而言,是指泛欧自动实时全额结算快速转账(TARGET)系统运行营业的日期;对于港币款项的支付而言,是指港元即时支付结算系统(又称港元结算所自动转账系统)运行营业的日期;对于其他币种货币的款项支付而言,是指位于该币种货币的主要金融中心的商业银行开门营业(包括进行外汇交易和外汇存款)的日期(不包括星期六和星期日)。

1.25 原定交易日

是指根据其惯常的时间计划表,**交易中心**原定开门营业并提供**债券**交易相关服务的日期。

1.26 原定关闭时间

就**交易中心**和某一**原定交易日**而言,是指根据其惯常的时间计划表,**交易中心**原定在该日结束营业的时间。**原定关闭时间**不考虑时间延长的因素,也不考虑任何在正常交易时段之外的**债券**交易行为。

1.27 结算货币

就某一**债券衍生产品交易**而言,是指该交易的**交易确认书**中约定并以此定义冠名的某一币种。**实物结算支付方**在履行其支付**实物结算金额**的义务时,应以相关的**结算货币**支付上述金额。

1.28 清算安排

指**交易双方**对**债券衍生产品交易**选择适用的双边清算模式或者集中清算模式。

按照适用法律的要求或**交易双方**的约定,选择"集中清算"的**债券衍生产品交易**应在有关监管机构指定或者认可的第三方清算机构进行集中清算,并按照该清算机构届时有效的相关规定完成清算。

1.29 计算机构

就某一**债券衍生产品交易**而言,是指该交易的**交易确认书**中约定并以此定义冠名的机构。**计算机构**可以由**交易一方**担任,或由**交易双方**共同担任,或由**交易双方**在不违反适用的中国法律的情况下选定的任何第三方担任。**计算机构**进行具体计算时应遵循诚实信用原则。**计算机构**在履行其作为**计算机构**的职责时,不应被视为其是任何**交易一方**的受托人或顾问。

除非**交易双方**对此另有约定,否则:

(1)若**交易双方**选择**交易中心**作为该交易的**计算机构**,则**交易中心**做出的关于该交易的任何计算、确定或调整应当对**交易双方**产生最终的约束力,但该计算、确定或调整存在明显错误或疏忽的情况除外;

(2)在其他的情况下,若**交易一方**对于**计算机构**(或在**交易双方**均为**计算机构**的情况下,**交易一方**对于另一方)做出的任何计算、确定或调整产生合理的争议,则其可以在不违反适用的中国法律的情况下,在获悉该计算、确定或调整之日起的两个**营业日**内与另一方共同本着诚实信用的原则选定一个独立第三方作为复核机构。若在上述期间内**交易双方**未能共同选定复核机构,则**交易双方**可以在上述期间之后的第一个**营业日**内各自选择一个独立第三方,并由该两个第三方共同选定另外一个独立第三方作为复核机构。若在该**营业日**内任一**交易一方**未能选出一个独立第三方,则另一方选出的独立第三方应作为复核机构。若在该**营业日**内**交易双方**均未能各自选出独立第三方,则**计算机构**原先做出的计算、确定或调整应当对**交易双方**产生最终的约束力,但该计算、确定或调整存在明显错误或疏忽的情况除外。

复核机构的职责为(且仅限于)依据诚实信用和商业合理的原则,对上述产生争议的结果进行再次的计算、确定或调整。在此前提下,复核机构做出的计算、确定或调整应当对**交易双方**产生最终的约束力,但该计算、确定或调整存在明显错误或疏忽的情况除外。除非**交易双方**对此另行约定,否则聘用复核机构的成本费用应由**交易双方**平均分担。

二、债券远期交易相关的定义

2.1 债券远期交易

指一种类型的**债券衍生产品交易**,在该类**交易**下,按照其相关的**交易确认书**和本债券交易定义文件的约定,**卖方**应在**结算日**向买方交割**拟交付标的债券**,**买方**应在**实物结算支付日**向**卖方**支付**实物结**

算金额。

2.2 交易净价

就某一债券远期交易和某一标的债券而言,是指该交易的**交易确认书**中约定(或依据**交易确认书**中所约定的方式确定)的名义金额等于其**面值**的该**标的债券**的价格。在确定**交易净价**时,不应考虑该**标的债券**的应计利息。

若(i)在该交易的**交易日**(含该日)到**结算日**(含该日)的期间内,该债券的发行人提前赎回了该**债券**的部分(而非全部)本金,(ii)提前赎回采取的是**分期逐步偿还**的方式,以及(iii)**买方**在获悉该情况后及时(最迟不应晚于相关的**债券登记托管结算机构在结算日**的营业结束时间)向**卖方**出示证据显示,上述提前赎回或提前赎回采取的方式出乎持有该债券的投资者的普遍预期且**交易净价**未能考虑提前赎回的因素,则**交易双方**应(或在**交易双方**不能即时达成一致意见的情况下,由**计算机构**)对该债券的**交易净价**进行适当的调整,以反映提前赎回对该**债券**的公平市场价值和对**交易净价**可能造成的影响,但**交易双方**对此另有约定的除外。

若标的**债券**以人民币计价发行,则其**交易净价**的币种为人民币,货币单位以元表示。若标的**债券**以人民币之外的货币计价发行,则其**交易净价**的币种为该货币,货币单位按照该币种债券在全国银行间债券市场的通行做法表示。

2.3 净价金额

就某一**债券远期交易**和某一**标的债券**而言,是指**券面总额**下的该债券的**交易净价**的总和。其**净价金额**根据如下公式计算得出:

$$该债券的净价金额 = \frac{该债券的交易净价 \times 该债券的券面总额}{该债券的面值}$$

2.4 交易全价

就某一**债券远期交易**和某一**标的债券**而言,是指该债券的**交易净价**与其在**结算日**的应计利息之和。

2.5 全价金额

就某一**债券远期交易**和某一**标的债券**而言,是指**券面总额**下的该债券的**交易全价**的总和。其**全价金额**根据如下公式计算得出:

$$该债券的全价金额 = \frac{该债券的交易全价 \times 该债券的券面总额}{该债券的面值}$$

三、实物结算方式相关的定义

3.1 实物结算方式

就某一适用**实物结算方式**的**债券衍生产品交易**而言,是指**交易双方**约定采用的支付**实物结算金额**和交割**拟交付标的债券**的结算方式,包括**券款对付**、**见券付款**和**见款付券**。

实物结算支付方应按照约定的**实物结算方式**在相关的**实物结算支付日**支付**实物结算金额**,**标的债券交割方**亦应按照该约定的**实物结算方式**在相关的**结算日**交割与之相应的**拟交付标的债券**,但是其他适用的条款或规则(包括但不限于**本协议**中适用于该**交易**的任何履约前提条件)另有规定的除外。

任何一项**债券远期交易**均应适用**实物结算方式**,但是**交易双方**约定适用其他结算方式,且适用的中国法律不禁止适用该结算方式的情况除外。

除非**交易双方**对此另行约定,否则若在该**交易**的**交易日**(含该日)到**结算日**(含该日)的期间内,该**交易**下**标的债券**的发行人(i)提前赎回了该**标的债券**的全部市场流通份额,或(ii)提前赎回了该**标的债券**的部分市场流通份额(前提是提前赎回采取的不是**分期逐步偿还**的方式)且其结果导致**交易双方**(或在**交易双方**不能即时达成一致意见的情况下,由**计算机构**)据此确定,**标的债券交割方**在**结算日**按照券面总额向另一方交割该**标的债券**变得不可能或商业上不合理或不切实际,则**标的债券交割方**无须在**结算日**实际交割券面总额的该**标的债券**,取而代之的是其应在**结算日**向另一方支付以下两项金额的总和:

(1)券面总额的该**标的债券**的**回赎收益**(在其扣除或预提任何税款之前)的总和,以及

(2)自发行人实际派发**回赎收益**之日起(含该日)至**结算日**止(不含该日)的期间内,上述金额的**回赎收益**累积的利息(按照银行间利率,采用平利的方式计息)的总和。

3.2 见券付款

是指一种类型的**实物结算方式**,在该方式下,**实物结算支付方**在某一**债券衍生产品交易**下履行支付**实物结算金额**的义务,以**标的债券交割方**履行完毕该**交易**下与之相应的**拟交付标的债券**的交割义务为前提条件。

3.3 见款付券

是指一种类型的**实物结算方式**,在该方式下,**标的债券交割方**在某一**债券衍生产品交易**下履行**拟交付标的债券**的交割义务,以**实物结算支付方**履行完毕该**交易**下与之相应的支付**实物结算金额**的义务为前提条件。

3.4 券款对付

是指一种类型的**实物结算方式**,在该方式下,**实物结算支付方**在某一**债券衍生产品交易**下履行支付**实物结算金额**的义务,与**标的债券交割方**履行该**交易**下与之相应的**拟交付标的债券**的交割义务应同步进行并互为前提条件。

3.5 标的债券交割方

就某一适用**实物结算方式**的**债券衍生产品交易**而言,若该**交易**为**债券远期交易**,则为**卖方**;若该**交易**为其他类型的**债券衍生产品交易**,则为该**交易**的**交易确认书**中约定的有义务交割**拟交付标的债券**的**交易一方**。

3.6 实物结算支付方

就某一适用**实物结算方式**的**债券衍生产品交易**而言,若该**交易**为**债券远期交易**,则为**买方**;若该**交易**为其他类型的**债券衍生产品交易**,则为该**交易**的**交易确认书**中约定的有义务支付**实物结算金额**的**交易一方**。

3.7 结算日

就某一适用**实物结算方式**的**债券衍生产品交易**而言,是指该交易的**交易确认书**中约定并以此定义冠名的日期。若该日并非一个**结算系统营业日**,则除非**交易确认书**中对此另有约定,否则**结算日**为该日后的第一个**结算系统营业日**。若(i)**交易双方**约定**实物结算干扰事件**适用于该笔交易,且(ii)**实物结算干扰事件**的发生导致全部或部分的**拟交付标的债券**未能在**结算日**通过相关的**债券登记托管结算机构**的清算系统进行交割,则就受到**实物结算干扰事件**影响的**拟交付标的债券**而言,其**结算日**按照**实物结算干扰事件的救济措施**中的约定进行调整。

3.8 实物结算支付日

就某一适用**实物结算方式**的**债券衍生产品交易**而言,是指该交易的**交易确认书**中约定并以此定义冠名的日期。若**交易确认书**未约定**实物结算支付日**,则**实物结算支付日**为**结算日**。若该日并非某一币种**结算货币**的**支付营业日**,则除非**交易确认书**中对此另有约定,否则与该**结算货币**相对应的**实物结算金额**的**实物结算支付日**为该日后该**结算货币**的第一个**支付营业日**。若(i)**交易**双方约定**实物结算干扰事件**适用于该笔交易,(ii)**实物结算干扰事件**的发生导致全部或部分**拟交付标的债券**未能在**结算日**通过相关的**债券登记托管结算机构**的清算系统进行全部交割,并且(iii)该笔交易采用的是**券款对付**或**见券付款**的方式进行结算,则就受到**实物结算干扰事件**影响的**拟交付标的债券**而言,其**实物结算支付日**按照**实物结算干扰事件**的救济措施中的约定进行调整。

3.9 拟交付标的债券

就某一适用**实物结算方式**的**债券衍生产品交易**而言,是指名义金额为**券面总额**的**标的债券**。

3.10 实物结算金额

就某一适用**实物结算方式**的**债券衍生产品交易**而言,是指**计算机构**确定的下述某一金额:

(一)在该交易为**债券远期交易**的情况下

实物结算金额等于该交易下**拟交付标的债券**的**全价金额**的总和。如果该**交易**下的**拟交付标的债券**是以人民币计价发行,则其相应的**实物结算金额**的币种为人民币,货币单位以元表示;如果该**交易**下**拟交付标的债券**是以人民币之外的货币计价发行,则其相应的**实物结算金额**的币种为该货币,货币单位按照该币种债券在全国银行间债券市场的通行做法表示。

但是,就某一**拟交付标的债券**而言:

(1)若自该债券在**结算日**的上一个**债券付息日**(若在**结算日**之前该债券不存在任何**债券付息日**,则为该债券的**债券起息日**)(含该日)起至**结算日**止(不含该日)的期间内,该债券出现了**付息债权登记日**,则就该债券而言,其**全价金额**应为其**净价金额**;

(2)若该债券在**结算日**出现了**付息债权登记日**,且至相关**债券登记托管结算机构**在**结算日**的营业时间结束,**标的债券交割方**未能把**券面总额**的该债券交割给**实物结算支付方**,则就该债券而言,其**全价金额**应为其**净价金额**;

(3)若(i)**交易**双方约定**实物结算干扰事件**适用于该**交易**,(ii)**实物结算干扰事件**的发生,导致**拟交付标的债券**未能在原定的**结算日**全部交割给**实物结算支付方**,且(iii)自原定的**结算日**(含该日)起至上述未交割的**拟交付标的债券**完成实际交割之日(不含该日)的期间内,未交割的**拟交付标的债券**出现了**付息债权登记日**,则就任何未交割的**拟交付标的债券**而言,其**全价金额**应为其**净价金额**。

在上述任何一种情况下,若**实物结算金额**在进行上述调整之前已支付给了**标的债券交割方**,则**标的债券交割方**有义务将多收到的金额即时退还给**实物结算支付方**,但是其他适用的条款或规则(包括但不限于**本协议**中适用于该**交易**的任何履约前提条件)另有规定的除外。

(二)在该交易为其他类型的**债券衍生产品交易**的情况下

实物结算金额为该交易的**交易确认书**中约定(或依据**交易确认书**中所约定的方式确定)的并以此定义冠名的金额。**交易**双方在**交易确认书**中约定**实物结算金额**或其确定方式时,也应同时约定**实物结算金额**适用的币种和货币单位。

3.11 实物结算干扰事件

就某一**标的债券**而言,是指**交易双方**均不能控制的事件,该事件导致该**债券**不能通过相关的**债券登记托管结算机构**的清算系统进行交割。

3.12 实物结算干扰事件的救济措施

就某一**债券衍生产品交易**而言,若**交易双方**约定适用**实物结算干扰事件**,则在**实物结算干扰事件**导致**拟交付标的债券**不能在原定的**结算日**进行交割的情况下,**结算日**将被调整为原定的**结算日**之后**拟交付标的债券**能够进行交割的第一个**结算系统营业日**。若该**交易**约定采用**券款对付**或**见券付款**的方式进行实物结算,则**实物结算支付日**亦应进行相应的顺延。

若**实物结算干扰事件**仅妨碍部分**拟交付标的债券**在原定的**结算日**进行交割,则未受到**实物结算干扰事件**影响的**拟交付标的债券**的**结算日**和**实物结算支付日**仍为原定日期。在此情况下,**交易双方**应协商确定在原定的**实物结算支付日**应支付的**实物结算金额**的恰当比例。**交易双方**不能即时达成一致意见的,则由**计算机构**确定。

若至原定的**结算日**之后的第八个**结算系统营业日**相关的**债券登记托管结算机构**的营业结束时间,**交易双方**仍不能实现对**拟交付标的债券**的全部交割并且亦未能对此另行达成解决方案,则在该不能交割状态仍然持续的期间内,任何**交易一方**可以向另一方发出书面通知(通知方式仅适用**主协议**第十九条第(一)款约定的方式),指定通知生效之日起十五个**营业日**内的任何一个**营业日**作为该**交易**的**提前终止日**。为此目的,上述事件和情况将构成**主协议**第七条第(四)款下的一项**终止事件**,该**交易**为唯一的**受影响交易**(为避免歧义,若在通知生效日前该**交易**的一部分**拟交付标的债券**已交割完毕并且与之相对应的部分**实物结算金额**已经付讫,则该**受影响交易**不应被视为包括上述已交割的部分和已付讫的**实物结算金额**),**交易双方**均为**受影响方**,并且就该项**终止事件**,**交易双方**均无须遵守**主协议**第十条第(一)、(二)款的约定。

3.13 债券补仓机制

就某一适用**实物结算方式**的**债券衍生产品交易**而言,若**交易双方**约定适用**债券补仓机制**,则在(i)**标的债券交割方**未在相关的**结算日**将**拟交付标的债券**进行交割(**实物结算干扰事件**导致未交割的情况除外),且(ii)至**结算日**起第五个**结算系统营业日**相关的**债券登记托管结算机构**的营业结束时间,该不履约行为仍未得到全部救济的情况下,在该不履约状态届时依然持续且没有针对该不履约行为产生或有效指定**提前终止日**的期间内,**实物结算支付方**有权以上述**拟交付标的债券**的尚未交割的数量为限,选择从第三方处买进相同的**标的债券**,并以此替代**标的债券交割方**相应的未交割义务。**实物结算支付方**有权从其应向**标的债券交割方**支付的**实物结算金额**中扣除购买上述**债券**所实际产生的任何成本费用(包括实际产生的交易成本和与之相关的其他费用,但排除任何间接的成本或费用)。若届时其应向**标的债券交割方**支付的**实物结算金额**小于上述成本费用,或**实物结算金额**在实施上述扣除前已被支付给了**标的债券交割方**,则**标的债券交割方**应当根据**实物结算支付方**的要求对此予以补偿。

实物结算支付方在实施补仓行为前应至少提前两天将其补仓意图及补仓期间(该补仓期间不得超过相关**结算日**结束后的第四十五日)通知**标的债券交割方**。通知可以采用电话通知的形式并且可以(但并非必须)在**结算日**起的五个**结算系统营业日**内做出。**实物结算支付方**实施补仓行为不受**标的债券交割方**的任何后续履约行为的限制,在补仓期间内,除非**实物结算支付方**通知**标的债券交割方**不再适用**债券补仓机制**,**标的债券交割方**不得交割该**债券**。**实物结算支付方**应在买进债券交割完成后尽快将买进债券的数量、价格、相关成本费用等信息书面通知**标的债券交割方**。

3.14 回赎收益

就某一**债券**而言,是指全国银行间债券市场的一个境内机构投资者,若持有名义金额等于其**面值**的该**债券**,则在该**债券**的发行人将该投资者持有的上述名义金额的该**债券**提前赎回的情况下,该投资者有权从发行人处获得的本金和利息的总和。

附件：

债券远期交易确认书

本债券远期交易的交易确认书(下称"交易确认书")旨在确认【交易确认书发出方名称】与【交易确认书接收方名称】(合称为"交易双方")于交易日达成的具有上述编号的一项债券远期交易(下称"本交易")的条款和条件。

本交易确认书取代和替换交易双方于本交易确认书签发日期或之前做出的关于本交易的除成交单之外的任何其他的确认信息(包括任何其他形式的书面、电子或电话的确认信息)。

本交易确认书适用交易双方已于【签署日期】签署的《中国银行间市场金融衍生产品交易主协议(2009年版)》(下称"主协议")及其补充协议(补充协议采用《中国银行间市场金融衍生产品交易主协议(2009年版)补充协议》的格式并经过交易双方合理修改和补充)(下称"补充协议")。本交易确认书与本交易的成交单一起，构成主协议所称的"交易有效约定"。本交易确认书是对主协议及补充协议的补充并构成本协议的一部分。除被本交易确认书明确修改的部分之外，主协议及补充协议中的全部条款均适用于本交易确认书。

若本交易确认书中的约定与主协议(但不包括主协议第二十三条)或补充协议中的约定不一致，则对本交易而言，本交易确认书优先。但是，若本交易确认书中的约定与主协议第二十三条不一致，则主协议第二十三条优先。

本交易确认书适用由中国银行间市场交易商协会发布的《中国银行间市场债券衍生产品交易定义文件(2012年版)》(下称"债券交易定义文件")。若本交易确认书与债券交易定义文件有冲突，对本交易而言，本交易确认书优先。

若交易中心的相关交易系统生成了本交易的成交单且交易双方在该交易系统中对成交单进行了确认，则本交易确认书应被认为是对上述成交单的一项补充而非替代。为此目的，本交易确认书应被视为是《全国银行间债券市场债券远期交易管理规定》第八条所述的关于本交易的补充合同。若本交易确认书中的约定与成交单中的约定不一致，则成交单中的约定优先。为避免歧义，若由于成交单的格式的限制，使得：(1)交易双方未能在成交单中对一项内容进行约定，而本交易确认书中对此进行了约定(前提是该约定并非否定成交单中任何条款的原有约定或与成交单中任何条款的原有约定的主要部分相背离)；或(2)成交单中的约定未能涵盖交易双方就该项内容的全部意图，而本交易确认书中对成交单中的约定进行了扩展、补充，或设定了某些适用或不适用的条件(前提是该扩展、补充或设定条件并非否定成交单中就该项内容的原有约定或与成交单中就该项内容的原有约定的主要部分相背离)，则就该项内容而言，不应认定本交易确认书中的约定与成交单中的约定存在不一致。

在本交易确认书中出现的未定义的术语，其定义见于主协议、补充协议或债券交易定义文件。

本交易的条款如下：

一、通用条款

交易日：　　　　　【　　　　】，【交易双方不对交易日的定义做出另行约定】①

买方：　　　　　　【　　　　】

卖方：　　　　　　【　　　　】

---

① 视情况予以选择或修改。

标的债券：

序号	合格债券代码	合格债券全称	合格债券简称	合格债券币种	合格债券其他描述

标的债券

标的债券金额②：　　　　　　【　　　　】

交易净价：　　　　　　　　　【交易双方不对交易净价的定义做出另行约定】①

支付营业日：　　　　　　　　【交易双方不另行约定支付营业日】①

计算机构：　　　　　　　　　【　　　　】,【交易双方不对计算机构定义中的争议解决程序做出另行约定】①

计算机构应履行的其他职责：　【　　　　】

二、结算条款

结算方式：　　　　　　　　　实物结算方式

实物结算相关条款

实物结算方式：　　　　　　　【见券付款】/【见款付券】/【券款对付】③

结算日：　　　　　　　　　　【　　　　】

实物结算支付日：　　　　　　【结算日】①,【若该日并非某一结算货币的支付营业日,则该结算货币相应的那部分实物结算等值额的实物结算支付日为该日后该结算货币的第一个支付营业日】①

实物结算干扰事件：　　　　　【适用】/【不适用】③

债券补仓机制：　　　　　　　【适用】/【不适用】③

结算货币：　　　　　　　　　【交易双方不另行约定结算货币】①

三、账户信息

买方：

开户银行名称：

户名：

账号：

大额支付系统行号：

卖方：

开户银行名称：

户名：

账号：

大额支付系统行号：

---

① 视情况予以选择或修改。

② 该数额应为标的债券的面值的整数倍。

③ 视情况予以选择。

四、其他条款

请签署一份本**交易确认书**的副本,以确认前文所述准确列明了贵我双方协议的条款,并请将其寄回我方,或者向我方发出一份与此函类似的信件,该信件应列明**本交易**的主要条款并表明贵方对该等条款的同意且应加盖贵方的单位公章。

【交易确认书发出方名称】

签署人:_____

姓名:_____

头衔:_____

单位公章:

【交易确认书接收方名称】于文首列明的签发日期确认:

"本**交易确认书**的上述内容正确和完全地反映了贵我双方关于**本交易**所约定的条款和条件。对于本**交易确认书**的上述内容,我方没有异议。"

【交易确认书接收方名称】

签署人:_____

姓名:_____

头衔:_____

单位公章:

附录 D-9

中国场外黄金衍生产品交易基本术语
（2013 年版）

版权所有© 中国银行间市场交易商协会 2013

声 明

中国银行间市场交易商协会（简称"交易商协会"）颁布《中国场外黄金衍生产品交易基本术语（2013年版）》（简称《黄金基本术语》），旨在通过向金融衍生产品市场参与者（简称"参与者"）提供交易确认书所使用的术语释义，以降低交易成本，提高交易效率，促进金融衍生产品市场发展。交易商协会将根据市场的发展及需求，不断调整、增加术语内容。参与者在使用本《黄金基本术语》时，可对其进行修改或补充，以适应特定交易。

《黄金基本术语》的著作权属于中国银行间市场交易商协会。除非为开展与《黄金基本术语》有关的交易或为进行教学、研究的目的，未经著作权人事先书面同意，任何人不得复制、复印、翻译或分发《黄金基本术语》的纸质、电子或其他形式版本。

中国场外黄金衍生产品交易基本术语
（2013 年版）

一、通用术语

1.1 黄金衍生产品交易

1.1.1 黄金衍生产品交易

指**交易双方**在相关**交易有效约定**中指定为"黄金衍生产品交易",符合相关法律政策要求的任何金融衍生产品交易,包括但不限于**黄金远期交易**、**黄金掉期交易**、**黄金期权交易**及其组合而成的交易。

1.1.2 黄金衍生产品询价交易

黄金衍生产品交易模式的一种,指市场参与者通过**交易中心**交易系统等**交易所**指定交易系统或黄金市场主管部门认可的其他交易方式以**交易双方**询价方式进行的**黄金衍生产品交易**。

1.2 交易有效约定

指就一笔**黄金衍生产品交易**做出的具有法律约束力的约定,包括但不限于**交易确认书**。

1.3 交易确认书

指**交易双方**交换的用以确认或证明一笔**黄金衍生产品交易**的文件或其他书面证据,包括但不限于**成交单**、电子确认书、电子邮件、电报、电传、传真、合同书和信件。

1.4 成交单（亦称成交确认单、交易成交单）

指**交易双方**之间通过**交易中心**交易系统等**交易所**指定交易系统达成一笔**黄金衍生产品交易**后生成的确认该笔交易成交条件的书面凭证。

1.5 交易方

1.5.1 交易双方/交易一方

指一笔**黄金衍生产品交易**下的交易主体,合称为**交易双方**,各自称为**交易一方**。

1.5.2 买入方

指买入**黄金**的**交易一方**。

1.5.3 卖出方

指卖出**黄金**的**交易一方**。

1.5.4 发起方

指**黄金衍生产品交易**中向对方提出交易请求,要求对方报价的**交易一方**。

1.5.5 报价方

指**黄金衍生产品交易**中进行报价的**交易一方**。

1.6 交易所

指上海黄金交易所,或前述机构的任何存续、承继或受让实体（前提是该存续、承继或受让实体承继了该机构与**黄金衍生产品交易**相关全部或大部分的业务）。

1.7 交易中心

指中国外汇交易中心暨全国银行间同业拆借中心,或前述机构的任何存续、承继或受让实体（前提是该存续、承继或受让实体承继了该机构与**黄金衍生产品询价交易**相关全部或大部分的业务）。

1.8 做市商

指经黄金市场主管部门认可在**交易中心**交易系统等**交易所**指定交易系统向市场持续提供**黄金衍生产品交易**的买、卖双向报价并在规定范围内承诺按所报价格成交的机构。

1.9 独立交易商

指**交易双方**或**计算机构**按诚实信用原则在相关市场中选择的有资质从事**黄金衍生产品交易**的非关联金融机构，具体选择方法与标准可在相关**交易有效约定**中列明。

关联是指，就某一实体而言，指直接或间接对其进行控制、直接或间接受其控制、或直接或间接与其共处同一控制之下的任何实体。如果一个实体对另一个实体的出资额或持有股份的比例超过该实体的资本或股本总额的百分之五十，或虽不足百分之五十，但依其出资额或者持有的股份所享有的表决权已足以对该实体的股东会、股东大会或董事会的决议产生重大影响，则视为"控制"了该实体。但是，国家控股的实体之间不仅因同受国家控股而互为关联实体。

二、与日期有关的术语

2.1 交易日（亦称成交日，简称"T"）

指**交易双方**达成一笔**黄金衍生产品交易**的日期。

2.2 成交时间（亦称交易时间）

指**交易双方**达成一笔**黄金衍生产品交易**的具体时刻（以北京时间表示）。

2.3 起息日

指一笔**黄金衍生产品交易**达成后，**交易双方**履行资金和黄金交割的日期。从**交易一方**履行资金支付的角度出发，该日亦称为"**结算日**"；从**交易一方**履行**黄金**交割的角度出发，该日亦称为"**交割日**"。除非**交易双方**另有约定，**起息日**、结算日、交割日为同一日。

2.4 营业日（亦称工作日）

除非**交易双方**另有约定，指下列日期：对于任何付款和黄金交割而言，为**交易所**、**交易中心**及相关账户所在地商业银行正常营业的日期（不含法定节假日）；对通知或通讯而言，为接收方提供的通知地址中指定城市的商业银行正常营业的日期（不含法定节假日）。

2.5 营业日准则

指若某一相关日期并非**营业日**，则根据以下相应准则进行调整：

（1）"下一营业日"：顺延至下一营业日；

（2）"经调整的下一营业日"：顺延至下一营业日，但如果下一营业日跨至下一月，则提前至上一营业日；

（3）"上一营业日"：提前至上一营业日。

三、与计算有关的术语

3.1 计算机构

指就一笔黄金衍生产品交易而言，**交易双方**约定对交割支付义务等进行具体计算的机构。**计算机构**在进行具体计算时应遵循诚实信用原则。**计算机构**在履行其作为**计算机构**的职责时，不应被视为其是任何**交易一方**的受托人或顾问。**计算机构**负责于**计算日**或**交易双方**同意的其他日期向**交易双方**发

出通知,该通知应至少包括下列内容:

(i) 起息日;

(ii) 应交割**黄金**的一方及应划拨的**黄金数量**;

(iii) 应支付到期款项的一方及应支付的金额;

(iv) **交易双方**在**交易有效约定**中确定的**计算机构**应负的任何其他义务。

若通知发出之后,该等**起息日**、应交割划拨的**黄金数量**或应支付的金额等发生变更,**计算机构**应按约定方式向**交易双方**发送变更通知,并以合理的详细程度说明如何决定该等变更。

除非**交易双方**对此另有约定,否则:

(1) 若**交易双方**选择**交易所**作为该交易的**计算机构**,则**该机构**做出的关于该交易的任何计算、确定或调整应当对**交易双方**产生最终的约束力,但该计算、确定或调整存在明显错误或疏忽的情况除外;

(2) 在其他的情况下,若**交易一方**对于**计算机构**(或在**交易双方**均为**计算机构**的情况下,**交易一方**对于另一方)做出的计算结果产生合理的争议,则其可以在不违反适用的中国法律的情况下,在获悉该计算结果之日起的两个**营业日**内与另一方共同本着诚实信用的原则选定**一个独立交易商**作为复核机构。若在上述期间内**交易双方**未能共同选定复核机构,则**交易双方**可以在上述期间之后的第一个**营业日**内各自选择一个**独立交易商**,并由该两个**独立交易商**自主选定另外一个**独立交易商**作为复核机构。若在该**营业日**内任一**交易一方**未能选出一个**独立交易商**,则另一方选出的**独立交易商**应作为复核机构。若在该**营业日**内**交易双方**均未能各自选出**独立交易商**,则**计算机构**原先做出的计算结果应当对**交易双方**产生最终的约束力,但该计算存在明显错误或疏忽的情况除外。

复核机构的职责为(且仅限于)依据诚实信用和商业合理的原则,对上述产生争议的计算结果进行再次的计算。在此前提下,复核机构做出的计算应当对**交易双方**产生最终的约束力,但该计算存在明显错误或疏忽的情况除外。除非**交易双方**对此另行约定,否则聘用复核机构的成本费用应由**交易双方**平均分担。

3.2 计算日

指**计算机构**可对某项交割支付义务进行计算的最早日期。

3.3 计价货币

指用于计量黄金交易标的价格的货币。除非**交易双方**另有约定,为人民币。

3.4 货币金额(亦称交易金额)

指黄金衍生产品交易中,**交易数量**所对应的**计价货币**的金额。

3.5 报价精度

指以**计价货币**表示的**黄金**价格的小数点后精确位数。除非**交易双方**另有约定,一般遵从**交易中心**交易系统等**交易所**指定交易系统参数设置或相关市场惯例。

3.6 金额最小位数

人民币金额单位为元,精确到分,对分以后的位数根据四舍五入原则进位。其他**计价货币**的金额最小位数按相关市场惯例确定。

四、与黄金有关的术语

4.1 黄金

指**交易双方**约定的,符合**交易所**认可的交割质量标准的黄金实物,包括但不限于经交易所认定的可提供标准金锭、金条企业生产的符合交易所金锭 SGEB1-2002、金条 SGEB2-2004 质量标准的实物,及伦敦金银市场协会(LBMA)认定的合格供货商生产的标准实物。

4.2 交易方向

除非**交易双方**另有约定,交易方向为**黄金**的交易方向,通常包括买入和卖出。**黄金掉期交易**的买入和卖出指**黄金**的远端交易方向。

4.3 交易数量

指**黄金衍生产品交易**中交易标的的重量。

4.4 交易单位

指**交易数量**的计量单位,包括但不限于克、千克、盎司。

4.5 报价单位

指用于计量 1 个**交易单位**的黄金交易标的的**计价货币**金额,包括但不限于元/克、元/千克、分/克。

4.6 即期起息日

指**交易日**后第二个营业日,简称"T+2"。

4.7 即期价格

除非**交易双方**另有约定,指**黄金衍生产品交易**达成时,**报价方**就约定的交易品种与**交易数量**报出的在**即期起息日**交割的黄金交易价格,分为**买入报价**与**卖出报价**。

4.8 期限

指**黄金衍生产品交易**所跨时间长度,通常以**起息日**与**即期起息日**的时间差表示,分为**标准期限**与**非标准期限**。

4.8.1 标准期限

指**起息日**与**即期起息日**的时间差为固定时间段的**期限**。除非**交易双方**另有约定,一般遵从**交易中心**交易系统等**交易所**指定交易系统的参数设置或相关市场惯例。

4.8.2 非标准期限

指**起息日**落在**标准期限**日期以外的**期限**。

4.9 买入报价

指**报价方**为买入**黄金**而报出的价格。

4.10 卖出报价

指**报价方**为卖出**黄金**而报出的价格。

五、与清算/结算有关的术语

5.1 资金账户

指**交易一方**指定的、用于向另一方收付款项的账户。除非**交易双方**另有约定,一般为**交易一方**在**交易所**认可的清算银行开设的账户。

5.2 结算货币

指买入方应支付给**卖出方**的货币。除非**交易双方**另有约定,为人民币。

5.3 全额结算

黄金远期交易、黄金掉期交易的全额结算指**交易双方在结算日**,按照约定的交易价格全额交割黄金和资金的结算方式。

黄金期权交易的全额结算指**期权买方**在**期权结算日**，按照约定的**行权价格**和约定金额，与期权卖方达成黄金交易的结算方式。

5.4 清算

指**黄金衍生产品交易**的匹配确认以及**交易双方**支付或交割权利义务的计算、结算指令的发送和到账确认等过程。

5.5 净额清算

指**交易所**统一办理资金和**黄金**的清算和划付，对同一**交割日**的收付资金和同一品种**黄金**分别进行轧差，并根据轧差后应收或应付的资金和黄金进行结算和交割。

六、与远期有关的术语

6.1 黄金远期交易

指交易双方通过**交易中心**交易系统等**交易所**指定交易系统或黄金市场主管部门认可的其他方式达成的以约定的黄金交易品种、**交易数量**、**交易价格**，在约定的未来某一日期（非**即期起息日**）进行**清算交割**的黄金衍生产品交易。

6.2 远期起息日

指**黄金远期交易**中**交易双方**履行资金和**黄金**交割的日期。远期起息日为从**即期起息日**起**交易双方**约定的**期限**届满之日。

6.3 远期价格

6.3.1 远期点

指**远期全价**与即期价格之差的点数。

远期点以人民币分/克为单位，精确到小数点后一位，可以为正也可以为负。**远期点**报价分为**买入报价**与**卖出报价**。

6.3.2 远期全价

指交易双方约定的在**远期起息日**买卖**黄金**的价格。

远期全价等于即期价格加上**远期点**报价。若**发起方**为**卖出方**，则**即期价格**和**远期点**均使用**买入报价**；若**发起方**为**买入方**，则**即期价格**和**远期点**均使用**卖出报价**。

七、与掉期有关的术语

7.1 黄金掉期交易

指交易双方通过**交易中心**交易系统等**交易所**指定交易系统或黄金市场主管部门认可的其他方式达成的以约定的交易品种、**交易数量**、交易价格，在一前一后两个不同的**起息日**进行方向相反的两次资金和**黄金**交割的**黄金衍生产品交易**。在第一次交割中，**交易一方**按照约定的价格买入（卖出）**黄金**；在第二次交割中，该方再按照另一约定的价格卖出（买入）相同数量的**黄金**。

7.2 掉期起息日

指**黄金掉期交易**中**交易双方**履行资金和**黄金**交割的日期。掉期起息日包括**近端起息日**和**远端起息日**。

7.2.1 近端起息日

指第一次资金和**黄金**交割的日期。**即期起息日到近端起息日之间的时间为近端期限**。

7.2.2 远端起息日

指第二次资金和**黄金**交割的日期。**即期起息日到远端起息日之间的时间为远端期限**。

7.3 掉期价格（亦称掉期全价）

指**交易双方**约定的在**掉期起息日**买卖**黄金**的价格，包括**近端价格**和**远端价格**。

7.3.1 近端价格（亦称近端掉期全价）

指**交易双方**约定的第一次交割所适用的价格。

近端价格等于**即期价格**加上近端**远期点**报价。若**发起方**近端买入、远端卖出，则**即期价格**和近端**远期点**均使用**卖出报价**；若**发起方**近端卖出、远端买入，则**即期价格**和近端**远期点**均使用**买入报价**。

7.3.2 远端价格（亦称远端掉期全价）

指**交易双方**约定的第二次交割所适用的价格。

远端价格等于**即期价格**加上远端**远期点**报价。若**发起方**近端买入、远端卖出，则使用**即期价格**的**卖出报价**和远端**远期点**的**买入报价**；若**发起方**近端卖出、远端买入，则使用**即期价格**的**买入报价**和远端**远期点**的**卖出报价**。

7.3.3 掉期点

指用于确定**远端价格**与**近端价格**之差的点数。

掉期点以人民币分/克为单位，精确到小数点后一位，可以为正也可以为负。**掉期点**报价分为**买入报价**与**卖出报价**。

八、与期权有关的术语

8.1 黄金期权交易

指**交易双方**通过**交易中心**交易系统等**交易所**指定交易系统或黄金市场主管部门认可的其他方式达成的，在未来某一日**期权买方**有权以约定价格买卖一定数量**黄金**的交易行为。**期权买方**以支付**期权费**的方式拥有权利；**期权卖方**收取**期权费**，并在**期权买方**选择**行权**时履行义务。

8.2 期权交易类型

8.2.1 买入期权（亦称看涨期权）

指**期权买方**在未来某一日期有权以约定价格和数量买入**黄金**的期权。

8.2.2 卖出期权（亦称看跌期权）

指**期权买方**在未来某一日期有权以约定价格和数量卖出**黄金**的期权。

8.2.3 欧式期权

指**期权买方**只能在期权到期日当天才可以**行权**的期权。

8.2.4 美式期权

指**期权买方**既可以在到期日当天，也可以在到期日之前**行权**的期权。

8.3 期权交易方

8.3.1 期权买方

指向**期权卖方**支付一定的**期权费**，有权在未来某一日期，以约定价格和数量买入或者卖出**黄金**的交易一方。

8.3.2 期权卖方

指收取**期权买方**一定的**期权费**,有义务在未来某一日期,以约定价格和数量卖出或者买入**黄金**的**交易一方**。

8.4 与期权费有关的术语

8.4.1 期权费

指**期权买方**购买期权所支付的费用。

8.4.2 期权费支付日

指**期权买方**向**期权卖方**支付**期权费**的日期。

8.5 与行权有关的术语

8.5.1 行权

指**期权买方**在约定的未来某一日期行使与**期权卖方**进行黄金交易的权利。

8.5.2 行权价格

指**交易双方**约定在**行权**时进行黄金交易的价格。

8.5.3 行权日

指**期权买方**选择**行权**的日期。

8.5.4 截止时间

指**交易双方**约定的在**行权日行权**的最晚时点。除非**交易双方**或相关交易规则另有约定,**截止时间**为**行权日**当天北京时间 15:00。

8.5.5 行权通知

指**期权买方**通过相关交易系统或其他约定方式向**期权卖方**发出的要求**行权**或放弃**行权**的指令。**行权通知**应在**行权日**的**截止时间**或之前送达**期权卖方**,否则视为放弃**行权**。

8.6 期权结算日(亦称期权交割日)

指**交易双方**约定的,在**期权买方行权**后,**交易双方**按照约定**行权价格**履行资金和**黄金**交割的日期。除非**交易双方**或相关交易规则另有约定,为**行权日**后的第二个**营业日**。

附录 D-10

《中国场外信用衍生产品交易基本术语与适用规则(2016年版)》
(试行版)

声　明

《中国场外信用衍生产品交易基本术语与适用规则(2016年版)》(试行版)已经中国银行间市场交易商协会金融衍生品专业委员会审议通过,旨在通过向金融衍生产品市场参与者提供信用衍生产品交易的交易确认书或相关交易文件所使用术语的基本定义与适用规则,以降低市场交易成本,提高交易效率,促进金融衍生产品市场发展。

使用说明

1.《中国场外信用衍生产品交易基本术语与适用规则(2016年版)》(试行版)(简称《基本术语与规则》,包括其不时的修订或更新)包含两部分内容:适用于信用衍生产品交易的基本术语,以及每一基本术语的适用规则(若有)。基本术语为信用衍生产品交易的基本要素提供概念术语与定义,将相对保持稳定;基本术语的适用规则对相关基本术语在当前市场实践中的适用情形、解释规则以及运用模式提供了详细说明,中国银行间市场交易商协会可根据市场实践及发展前景随时修订或更新一项或多项适用规则,以符合市场发展及市场参与者的需求。

2. 交易双方选择使用某一基本术语,即视为同意适用该基本术语的相关适用规则(包括其不时的修订或更新),除非交易双方在相关交易有效约定或交易文件中另行约定。交易双方也可以根据特定的交易需求,对某一基本术语提供特别的适用规则,或对《基本术语与规则》中就该基本术语列明的适用规则进行全部或部分的修改和补充,交易双方的该等约定优先适用。

3. 交易双方在指向某一基本术语的某一项适用规则时,建议采用下述措辞:"[基本术语]"术语适用规则第(x)段(x)项(例如,"信用衍生产品交易"术语适用规则第(2)段,或"参考实体"术语适用规则第(3)段第(a)项)。若某一基本术语的适用规则仅有一段,则称为"[基本术语]"术语适用规则。

《中国场外信用衍生产品交易基本术语与适用规则（2016年版）》（试行版）

一、通用术语

信用衍生产品交易涉及的通用术语含义适用《中国银行间市场利率衍生产品交易定义文件（2012年版）》（简称《利率定义文件》，包括其不时的修订或更新）中对同一术语的定义（但《利率定义文件》中所指的"利率衍生产品交易"应视为指向"信用衍生产品交易"）。除此之外，**信用衍生产品交易**适用的下列通用术语定义如下：

1.1 信用衍生产品交易（亦称为信用衍生工具交易）

【基本术语】

指**交易双方**在相关**交易有效约定**中指定为"信用衍生产品交易"或"信用衍生工具交易"，符合相关法律要求的任何金融衍生产品交易。

【适用规则】

（1）一项金融衍生产品交易是否构成**信用衍生产品交易**，应结合相关**交易有效约定**项下**交易双方**的权利义务关系、是否针对**参考实体**及/或**参考债务**提供信用风险保护、是否因发生了约定的**信用事件**而触发**信用保护卖方**履行相关结算义务等因素综合判断。**交易双方**不应将实质上不构成**信用衍生产品交易**的一笔交易指定为"信用衍生产品交易"，从而达到适用金融衍生品交易相关法律与合约制度的目的。

（2）**信用衍生产品交易**包括但不限于信用违约互换（CDS）、总收益互换（TRS）、信用风险缓释合约（CRMA）、信用风险缓释凭证（CRMW）、信用联结票据（CLN）以及以相关指数为基础的产品。

（3）信用风险缓释凭证、信用联结票据等凭证类产品的二级市场转让交易不属于衍生交易范畴，构成合同法下相关凭证权利义务的转移关系，其清算规则参照适用债务融资工具的清算规则。

1.2 交易双方/交易一方

【基本术语】

在一笔信用衍生产品交易下，**信用保护卖方**与**信用保护买方**合称为**交易双方**，各自称为**交易一方**。

【适用规则】

无。

1.3 信用保护买方（亦称为信用保护购买方）

【基本术语】

指接受信用风险保护的一方。

【适用规则】

（1）一笔信用衍生产品交易必须有**信用保护买方**，**信用保护买方**可以是特定的实体，也可以是能够根据在相关**交易有效约定**或创设发行文件中设定的条件在现在或未来确定其身份的某一类实体。

（2）在信用风险缓释凭证中，**信用保护买方**为该凭证的投资者；在信用联结票据中，**信用保护买方**

为该票据的创设机构。

1.4 信用保护卖方（亦称为信用保护提供方）

【基本术语】

指提供信用风险保护的一方。

【适用规则】

（1）一笔信用衍生产品交易必须有**信用保护卖方**，相关**交易有效约定**或创设发行文件中必须明确载明**信用保护卖方**的名称。

（2）在信用风险缓释凭证中，**信用保护卖方**为该凭证的创设机构；在信用联结票据中，该票据的投资者实质上为**信用保护卖方**。

1.5 约定到期日

【基本术语】

在一笔信用衍生产品交易下，指**交易双方**在相关**交易有效约定**中约定的信用保护到期之日。

【适用规则】

（1）**约定到期日**是**交易双方**约定的信用保护到期之日，在**约定到期日**之后发生的**信用事件**无法获得相关信用衍生产品交易约定的信用保护，除非根据"到期日"术语适用规则第（1）段确定的该信用衍生产品交易的到期日晚于其**约定到期日**。

（2）一笔信用衍生产品交易的**约定到期日**可以是一个特定的日期，也可以为特定事件发生或特定条件成就之日。在后一种情形下，**交易双方**需在相关**交易有效约定**中列明该事件或条件的详细情况、触发条件及判定标准。

（3）若一笔信用衍生产品交易未列明**约定到期日**，则该交易的**约定到期日**视为其**参考债务**的最终到期日（除非发生了相关**信用事件**，届时将根据"到期日"术语适用规则确定适用的**到期日**）；若该交易中未列明**参考债务**，则该交易视为无固定期限。

（4）**约定到期日**不适用营业日准则进行调整。

1.6 到期日

【基本术语】

在一笔信用衍生产品交易下，指该交易提供的信用保护实际到期之日。

【适用规则】

（1）**到期日**可以为**约定到期日**，也可以为根据某一基本术语适用规则（包括但不限于**宽限期**、**现金结算日**、**交割日**、**补仓机制与贷款交割替补机制**）决定的或**交易双方**另行约定的晚于**约定到期日**的一个日期，或根据某一基本术语适用规则（包括但不限于**实物结算**或**现金结算**等**结算方式**流程）决定的早于**约定到期日**的一个日期。

（2）**到期日**不适用**营业日准则**进行调整。

1.7 关联企业

【基本术语】

就某一实体而言，指直接或间接对其进行控制、直接或间接受其控制、或直接或间接与其共处同一控制之下的任何实体。

【适用规则】

若一个实体对另一个实体的出资额或持有股份的比例超过该实体的资本或股本总额的百分之五十,或虽不足百分之五十,但依其出资额或者持有的股份所享有的表决权已足以对该实体的股东会、股东大会或董事会的决议产生重大影响,则视为"控制"了该实体。

1.8 清算安排

【基本术语】

指**交易双方**对**信用衍生产品交易**选择适用的双边清算模式或者集中清算模式。

【适用规则】

按照适用法律或监管规则的要求或**交易双方**的约定,选择"集中清算"的合约类**信用衍生产品交易**应在主管部门指定或者认可的第三方清算机构进行集中清算,并按照该清算机构届时有效的相关规定完成清算。

1.9 交易名义本金

【基本术语】

在一笔**信用衍生产品交易**下,指**交易双方**在相关**交易有效约定**中以"**交易名义本金**"冠名的一个金额。

【适用规则】

(1)**交易名义本金**是一笔**信用衍生产品交易**提供信用风险保护的金额,各项支付和结算以此金额为计算基准。

(2)**交易双方**均在境内的**信用衍生产品交易**的**交易名义本金**应以人民币计价;交易一方在境外(含香港特别行政区、澳门特别行政区及台湾地区,下同)的**信用衍生产品交易**的**交易名义本金**也可以用外币计价,但须符合有关外汇管理规定的要求。

(3)若**交易名义本金**的金额超过**信用保护买方**拟购买信用保护的**参考实体**的相关**参考债务**金额或相关**债务**金额,**交易双方**应仔细考虑由此带来的杠杆风险。

1.10 信用保护费

【基本术语】

指**信用保护买方**向**信用保护卖方**支付的信用保护费用。

【适用规则】

(1)**信用保护买方**向**信用保护卖方**按照约定支付的信用保护费,无论是否发生了**信用事件**,也无论是否支付了相关结算金额,已支付的**信用保护费**无需退还。

(2)**信用保护费**可以是固定金额,也可以是根据**交易双方**约定的比例或计算公式计算得出的浮动金额;可以前端一次性支付,也可分期支付,或在**信用事件**发生或约定的其他特定事件发生或特定条件成就后支付。

(3)一笔**信用衍生产品交易**可以约定**信用保护卖方**不收取信用保护费,该约定不影响相关交易的法律效力。

1.11 交易商协会

【基本术语】

指中国银行间市场交易商协会及其任何继任实体。

【适用规则】

无。

1.12 NAFMII 主协议

【基本术语】

指由**交易商协会**发布并不时修订的《中国银行间市场金融衍生产品交易主协议》,包括但不限于其 2009 年版、凭证特别版以及其他官方版本。

【适用规则】

(1)就**信用衍生产品交易**而言,指**交易双方**签署的适用于该交易的《中国银行间市场金融衍生产品交易主协议》及其补充协议。

(2)对于信用风险缓释凭证产品而言,参与主体应签署《中国银行间市场金融衍生产品交易主协议(凭证特别版)》。

1.13 通知生效规则

【基本术语】

指**信用事件通知**、**公开信息通知**(若有)、**实物交割通知**等与**信用衍生产品交易**相关通知的生效时间及其判定规则。

【适用规则】

(1)在一个**营业日**当日下午五点之前送达的通知于该**营业日**生效,否则于下一个**营业日**生效。在通知的发送方与接收方处于不同时区的情况下,上述时间为接收方所在地的时间。

(2)除非**交易双方**另行约定,通知送达的生效规则适用《中国银行间市场金融衍生产品交易主协议(2009 年版)》第十九条的约定。

二、与信用事件有关的术语

2.1 参考实体

【基本术语】

指**交易双方**在相关**交易有效约定**中列明的、以其信用风险作为**信用衍生产品交易**标的的单个或多个实体。

【适用规则】

(1)**参考实体**可以为企业、公司、合伙、信托、主权国家或国际多边机构等实体。就信用风险缓释合约与信用风险缓释凭证而言,**参考实体**亦称为"标的实体"。

(2)若**参考实体**是主权国家或国际多边机构,则该**参考实体**的任何直接或间接继承人(以中华人民共和国外交部的官方声明或公告为准,若无该类官方声明或公告,则由**计算机构**在与**交易双方**协商后确定)在相关**信用衍生产品交易**项下仍作为该**参考实体**,无论该继承人是否继承了其**参考债务**或其他债务。

(3)若**参考实体**是企业、公司或合伙,则适用下述规则:

(a)在该**参考实体**发生合并或分立的情形下,合并或分立后承继**参考债务**的实体在相关**信用衍生产品交易**项下仍作为该**参考实体**。若**参考债务**无人全额承继,或相关信用衍生产品交易未列明**参考债务**,则合并后存续的实体仍作为该**参考实体**,或分立后承继该**参考实体**的资产最多的一个实体仍作为该**参考实体**(若分立后的各实体平均承继该**参考实体**的资产,则各实体均作为**参考实体**),且相关信用衍生产品**交易**视为不列明**参考债务**。

(b)在该**参考实体**的全部资产被转让或划转的情形下,获得其最大份额资产的实体仍作为相关信用衍生产品**交易**项下的**参考实体**,该交易视为不列明**参考债务**。在该**参考实体**的部分资产被转让或划转的情形下,若该部分资产小于在转让或划转前其资产的50%,则该**参考实体**不变;若大于50%,则在其与获得该资产的实体之中,由完成上述转让或划转后仍然持有最大资产份额的一个实体作为相关信用衍生产品**交易**项下的**参考实体**(若各实体持有的资产份额相等,则各实体均作为**参考实体**),且相关信用衍生产品**交易**视为不列明**参考债务**。

(c)在该**参考实体**的**参考债务**或债务被全部或部分转让或划转的情形下,该**参考实体**仍作为相关信用衍生产品**交易**项下的**参考实体**。

2.2 债务

【基本术语】

指**参考实体**的各类债务,既包括**参考实体**作为主债务人负有的债务,在相关**交易有效约定**选择适用时,也包括**参考实体**作为保证人所承担的或有债务。

【适用规则】

(1)**参考实体**的**债务**主要包括三类:(i)在**信用事件**发生时,符合相关**交易有效约定**描述的**债务种类**与**债务特征**或**可交付债务种类**与**可交付债务特征**的**参考实体**所负的债务;(ii)**参考债务**;及(iii)相关**交易有效约定**中列明的**参考实体**的其他债务。

(2)若相关**交易有效约定**未将**参考债务**或**参考实体**的其他债务列明为**债务**,或未列明**债务种类**、**债务特征**或其他判断标准而导致无法在**信用事件**发生时确定适用的**债务**,则**参考实体**届时尚未清偿的**贷款**或**债务工具**作为其**债务**;若**参考实体**届时没有尚未清偿的**贷款**或**债务工具**,也没有满足下述第(3)段所述条件的或有债务,则相关**交易有效约定**视为不列明**参考债务**。

(3)若以**参考实体**作为保证人承担的或有债务作为**债务**,则需满足下述条件:

(a)**参考实体**以书面形式承担上述或有债务,包括但不限于采用保证合同、保函或信用增进函的形式,但不包括信用证、备用信用证或保单的形式;

(b)**参考实体**应不可撤销地同意,在作为债务人的另一实体(即基础债务人)未支付到期应付的款项(即基础债务)时,由**参考实体**偿付该基础债务;

(c)在相关的保证期间或信用增进期间内,若基础债务被其债权人转让给第三人(包括但不限于在**实物交割**时转让给**信用保护卖方**),**参考实体**仍应承担相应的保证责任。

2.3 债务种类

【基本术语】

指**参考实体**所负**债务**的类别,包括但不限于:

(a)**付款义务**,即任何支付或偿还款项的义务;

(b)**借贷款项**,即基于贷款或债务融资法律关系产生的一种**付款义务**;

(c)**贷款**,即根据相关贷款协议、授信安排、保险资金间接投资基础设施债权投资计划或信托安排已经发放的贷款;

(d)**债务工具**,即各类公开发行、非公开发行或定向发行的债务工具;

(e) 贷款或债务工具，即适用的债务种类或为贷款，或为债务工具；

(f) 仅为参考债务。

【适用规则】

（1）**债务种类**是一个开放式术语，除了上述六类债务外，**交易双方**可以另行约定其他类型的债务，前提是其他类型的债务必须是在有关适用法律下合法、有效的，而且能充分、清晰地体现**交易双方**对**参考实体**信用风险的认识。

（2）**付款义务**既包括现有的付款义务，也包括或有的付款义务（例如**参考实体**作为保证人承担的保证责任）；既包括已到期应付的付款义务，也包括在未来到期或约定条件成就后应付的付款义务。若约定以**参考实体**的保证责任作为**债务**，**交易双方**需要对该保证责任的性质、内容及其与基础合同的关系进行具体约定。若约定特定条件的成就将产生或触发一项**付款义务**，**交易双方**需对该条件的内容、成就条件及其后果进行具体约定。

（3）**借贷款项**属于一种**付款义务**，产生于资金借贷关系或具有资金融通性质的其他法律关系。需要注意的是，**借贷款项**还包括两类特别的存款或偿付义务：第一，**参考实体**作为签发信用证或保函的申请人，需要向开证行或保函签发行存入并维持特定金额的保证金而产生的存款义务（包括应开证行或保函签发要求补充或追加该保证金的义务）；第二，开证行或保函签发行在相关信用证或保函下付款后，若**参考实体**事先没有存入全额保证金，由**参考实体**偿付开证行或保函签发行的相关垫付款项而产生的偿付义务。开证行或保函签发行可以作为信用保护买方，将**参考实体**履行上述存款义务或偿付义务的信用风险通过相关**信用衍生产品交易**转移给信用保护卖方。

（4）**贷款**属于一种**借贷款项**，但该术语强调的是根据贷款协议或其他类似贷款协议的书面协议所确定的**债务**。**借贷款项**既包括**贷款**，也包括贸易或服务合同项下具有资金融通性质的付款安排（例如预收款或预付款）。但是，相关贷款协议项下尚未提取的贷款额度尚不属于已实际提取的款项，不视为**贷款**。

（5）**债务工具**属于一种**借贷款项**，由**参考实体**根据我国有关**债务工具**发行和交易的法律法规发行。具体而言，包括政府债券（包括但不限于国债、央行票据、地方政府债）、政府类开发金融机构债券（包括但不限于政府支持机构债、政策性金融债）、非政府信用债券（包括但不限于企业债、公司债、商业银行金融债、商业银行合格资本工具、非银行金融债、中小企业集合债）、同业存单、非金融企业债务融资工具（包括但不限于超短期融资券、短期融资券、中期票据、中小企业集合票据）、资产支持证券或票据、境外主权国家或地区债、国际机构债及境外金融与非金融企业债等债券或债券类产品所确定的债务。需要注意的是，该术语是开放式术语，若其他债务凭证满足**债务工具**的一般法律要求，也可纳入该术语中。为避免疑问，若某一**债务工具**具有某些股权融资工具的特性，或在约定的或适用法律规定的条件成就时能够被转换为发行人或其指定实体的股权或股份（无论该转换为持有人选择行使，还是根据适用法律要求而被强制进行），只要该**债务工具**完成发行时在会计认定方面被认定及记录为发行人的负债，则仍然属于本适用规则所述的**债务工具**。

（6）**贷款或债务工具**指**交易双方**约定相关**信用衍生产品交易**项下的**债务**或**可交付债务**可以是**贷款**，也可以是**债务工具**。

（7）**仅为参考债务**指**交易双方**约定相关**信用衍生产品交易**项下的**债务**或**可交付债务**只能为**参考债务**。

（8）在以上六类**债务**种类中，**付款义务**是最基本的**债务**种类，其次为**借贷款项**（限于因借贷或具有资金融通性质的法律关系而产生的**付款义务**），再次为**贷款和债务工具**（即具有特定的形式要求的**付款义务**）。

2.4 债务特征

【基本术语】

指**参考实体**所负债务的一项或多项特征，包括但不限于一般债务、次级债务、交易流通、本币或外币等特征。

【适用规则】

（1）**债务特征**是一个开放式术语，除了下述常见的特征之外，**交易双方**可以另行约定对相关**债务**适用的特征，前提是该类特征必须符合有关适用法律，且能被清晰、完整地描述。

（2）"一般债务"指该**债务**在获得**参考实体**清偿时的受偿顺序优先于其他同类型**借款款项**，或与其他同类型**借贷款项**平等受偿。在判断**债务**受偿顺序时，应以相关**债务**发生时的状态为准，但在**交易有效约定**的**起始日**晚于该**债务**的发生日时，则以其在该**起始日**的状态为准。

（3）"次级债务"指该**债务**在获得**参考实体**清偿时的受偿顺序劣后于**参考实体**的**一般债务**。但是，仅由于存在法定原因或信用增进安排而造成**参考实体**的一项**债务**在**参考实体**的其他债务受偿之后才能获得偿付，则该**债务**不属于本术语所述的"次级债务"。

（4）"交易流通"指该**债务**可以在中国境内或境外的合法交易场所转让或买卖。为避免疑问，即使适用法律对非公开发行或定向发行的**债务工具**在交易流通方面有某些限制，仍应视为其具有"交易流通"的**债务特征**。

（5）"本币"指该**债务**的面值为人民币。

（6）"外币"指该**债务**的面值为人民币之外的币种。

2.5 参考债务（亦称参照债项）

【基本术语】

指**交易双方**在**交易有效约定**中列明或描述的**参考实体**的一项或多项**债务**（或一类或多类**债务**），且以"**参考债务**"冠名。

【适用规则】

（1）**参考债务**是**参考实体**信用风险的载体，**参考实体**出现的**信用事件**将影响其对**参考债务**的履行能力，从而表现出**参考实体**信用风险的变化状况。**参考债务**为**交易双方**在相关**交易有效约定**中约定的**参考实体**的**债务**，可以是一笔或多笔特定的**债务**，也可以是符合约定的**债务种类**与**债务特征**的一类或多类**债务**。

（2）若**交易双方**在相关**交易有效约定**中未列明或描述**参考债务**或**参考实体**的其他**债务**，也未列明或描述决定**参考债务**或**参考实体**的其他**债务**的**债务种类**与**债务特征**，则相关**信用衍生产品交易**无法适用**现金结算**。为避免疑问，这不影响**交易双方**就相关**信用衍生产品交易**适用**实物结算**，由信用保护买方向信用保护卖方交割可确定的**参考实体**的**可交付债务**。

（3）若**交易双方**在一笔信用衍生产品交易中约定了**参考债务**，则应同时约定该**参考债务**的**交易名义本金**金额（详见"交易名义本金"术语及其适用规则）。

（4）在一笔信用衍生产品交易中，信用保护买方无需在签署相关**交易有效约定**时即持有**参考债务**，也不需要在信用保护期限内购入并持有**参考债务**。在**现金结算**模式下，**信用保护买方**是否持有**参考债务**不影响结算；在**实物结算**模式下，**信用保护买方**可以在**参考实体**发生**信用事件**后从市场上购买**可交付债务**（详见"可交付债务"术语及其适用规则），交付给**信用保护卖方**。请参阅相关结算概念的基本术语及其适用规则。

（5）就信用风险缓释合约与信用风险缓释凭证而言，**参考债务**亦称为**标的债务**。

2.6 信用事件

【基本术语】

指**交易双方**在相关**交易有效约定**中就一笔信用衍生产品交易约定的触发结算赔付的事件，包括但不限于破产、支付违约、债务加速到期、债务潜在加速到期、债务重组等事件。

【适用规则】

（1）"**破产**"指**参考实体**发生下列任一事件：Ⅰ.解散（出于联合、合并或重组目的而发生的解散除外）；Ⅱ.不能清偿到期债务，并且资产不足以清偿全部债务或明显缺乏清偿能力的；Ⅲ.书面承认其无力偿还到期债务；Ⅳ.为其债权人利益就其全部或实质性资产达成转让协议或清偿安排，或就其全部或大部分债务的清偿事宜与债权人做出安排或达成和解协议；Ⅴ.自身或其监管部门启动针对其的接管、破产、清算等行政或司法程序；或其债权人启动针对其的接管、破产、清算等行政或司法程序，导致其被依法宣告破产、停业、清算或被接管，或上述程序在启动后三十天内未被驳回、撤销、中止或禁止的；Ⅵ.通过其停业、清算或申请破产的决议；Ⅶ.就自身或自身的全部或大部分资产寻求任命临时清算人、托管人、受托人、接管人或其他类似人员或被任命了任何前述人员；Ⅷ.其债权人作为担保权人采取行动取得了其全部或大部分资产，或使其全部或实质部分资产被查封、扣押、冻结、或强制执行，且上述情形在三十天内未被相关权力机关撤销或中止；Ⅸ.其他任何与上述第Ⅰ项至第Ⅷ项有类似效果的事件。

（2）"**支付违约**"指**参考实体**未按约定在一项或多项**债务**的支付日足额履行支付义务，未支付款项总金额超过适用的**起点金额**，且在适用的**宽限期**届满后仍未纠正。

考虑到发生**信用事件**的严重后果，**参考实体**只有在超过了相关**债务**适用的**宽限期**后仍未支付该债务、且实际未支付款项的总金额超过适用的**起点金额**时，方构成一项**支付违约**。**宽限期**与**起点金额**（详见相关基本术语及其适用规则）作为限制因素，目的在于避免**参考实体**因内部管理疏忽或支付系统故障等原因没有支付小额到期债务，却构成了一项**支付违约**的情形。若**参考实体**在适用于该**债务**的合同项下没有补救**支付违约**的宽限期，或**交易双方**没有约定**起点金额**，则在判断**参考实体**是否构成相关**支付违约**时无须考虑相关因素。

（3）"**债务加速到期**"指因**参考实体**在一项或多项**债务**项下的违约（但未支付任何到期应付款项的支付型违约事件除外）导致该**债务**在原到期日之前已被宣告提前到期应付的情形，且已被加速到期应付的**债务**总金额超过了**起点金额**。

构成**债务加速到期**应满足下述条件：第一，**参考实体**在相关债务合同项下发生了违约事件（例如违反了某项陈述、未采取承诺的行动等），但该违约事件不包括支付型违约事件；第二，该**债务**因此在原到期日之前已被相关债权人宣告提前到期应付；第三，已被加速到期应付的**债务**总金额超过了**交易双方**在相关**交易有效约定**中就债务加速到期约定的起点金额。

（4）"**债务潜在加速到期**"指因**参考实体**在一项或多项**债务**项下的违约导致该**债务**可被宣告提前到期应付的情形，且可被宣告提前到期应付的**债务**总金额超过**起点金额**。

债务潜在加速到期与**债务加速到期**相似,但不同之处在于**债务加速到期**强调的是相关**债务**已被实际宣告到期,而**债务潜在加速到期**强调的是**参考实体**发生违约行为而导致相关**债务**可被宣告提前到期的情形。在**债务潜在加速到期**项下,即使相关债权人没有实际宣告相关**债务**加速到期,只要**参考实体**发生了该术语中描述的**债务潜在加速到期**情形,并且根据适用于该**债务**的相关合同的约定,债权人有权宣告该**债务**加速到期(不管其是否实际行使了该权利),即可构成**参考实体**的**债务潜在加速到期**。

(5)"**债务重组**"(亦称为"偿付变更"或"债项重组")指因本金、利息、费用的下调或推迟或提前支付等原因对**债务**的重组而导致的信用损失事件,包括但不限于下述安排:

(a)降低应付利率水平、减少应付利息金额或减少预定应计利息的金额;

(b)减少应到期偿还或分期偿还的本金数额或溢价;

(c)提前或推迟本金、利息或溢价的偿付日期,或推迟应计利息的起息;

(d)变动该债务的受偿顺序,导致其对任何其他债务成为次级债务;

(e)改变本息偿付币种;

(f)若**债务**种类为**债务工具**,该**债务工具**的发行人在未获得全体持有人同意的情况下,将该**债务工具**替换或置换为已发行或拟发行的另一**债务工具**。

若**交易双方**在相关**交易有效约定**中约定了适用于**债务重组**的**起点金额**,则上述**债务重组**涉及的**债务**总金额应超过该**起点金额**。

参考实体在正常经营过程中因监管、财会或税务调整采取上述债务偿付方面的重组,或该等变更不是因为**参考实体**的资信或财务状况恶化而采取的,则不构成**债务重组**。何为正常经营过程中的"监管、财会或税务调整",以及如何判断该等变更是否源于**参考实体**的资信或财务状况恶化,应依赖具体事实情况加以判断。

参考实体可以采用两种办法进行**债务重组**:一是由**参考实体**与相关**债务**的全部或部分持有人达成重组协议(若仅与部分持有人达成协议,则适用于该**债务**的有关合同或协议能够约束该**债务**的全体持有人),且涉及重组的债务金额不低于**交易双方**约定的**起点金额**;二是由**参考实体**单方面宣布的适用于所有债权人的债务重组行为。在第二种情况下,有权自行宣布**债务重组**、且可以在法律上约束所有债权人的**参考实体**,只能为国家或地区,且由该**参考实体**中有权处理**债务重组**的行政、立法或司法机构针对该**参考实体**的所有债务或某一类型的全部债务(例如所有外债)采取上述**债务重组**安排中描述的一项或多项安排。

但是,在**参考实体**所在国家或地区的主管部门为了避免相关区域的社会、经济或金融系统出现重大或系统性风险而主持或指导**参考实体**与其**债务**的全体债权人就相关**债务**自愿达成协议或安排,同意**参考实体**就相关**债务**采取上述**债务重组**安排中描述的一项或多项安排,则不视为构成一项**债务重组**的**信用事件**。

2.7 起点金额

【基本术语】

指**交易双方**在相关**交易有效约定**中约定的适用于某一**信用事件**的金额,相关事件涉及的**债务**或应付款项金额超过该金额方可构成该**信用事件**。

【适用规则】

(1)若**交易双方**在相关**交易有效约定**中未约定适用于相关**信用事件**的**起点金额**(亦未明确约定对

相关**信用事件**不适用**起点金额**），则就**支付违约**或**潜在支付违约**而言，其默认的**起点金额**为一百万元人民币或其等值金额，就其他**信用事件**而言，其默认的**起点金额**为一千万元人民币或其等值金额。

（2）若相关**债务**的面值为外币，则应在相关**信用事件**发生日根据当日（若为非**营业日**，则为前一个**营业日**）中国外汇交易中心受权发布的人民币对该外币的中间价进行换算，以确定是否达到**起点金额**。

2.8 潜在支付违约

【基本术语】

指**交易双方**在**参考实体**相关**债务**项下约定了**宽限期**或其他构成**支付违约**的特定条件的情形下，**参考实体**未在该**债务**的支付日全额履行付款义务、但仍处于相关宽限期内或相关特定条件尚未成就时的违约状态。

【适用规则】

（1）**参考实体**未按约定在一项或多项**债务**的支付日足额履行支付义务，未支付款项总金额超过适用的**起点金额**，但尚处于该**债务**适用的**宽限期**内，或根据相关债务文件构成该债务的一项"**支付违约**"**信用事件**的其他条件尚待成就，则在上述**宽限期**届满或有关条件成就之前，**参考实体**在该**债务**项下处于**潜在支付违约**的状态。

（2）尽管**参考实体**在相关债务项下处于**潜在支付违约**，只要**参考实体**在适用的**宽限期**内或在适用的条件成就之前，足额履行了相关支付义务，则不会构成一项"**支付违约**"**信用事件**，亦不会导致相关信用衍生产品**交易**项下的结算。

（3）若**参考实体**在适用于**潜在支付违约**的**宽限期**届满或有关条件成就之日结束前仍未足额履行对相关**债务**的付款义务，则视为在该日构成了一项"**支付违约**"**信用事件**。

2.9 宽限期

【基本术语】

指对某一**债务**的付款宽限期，既可在适用于该**债务**的法律文件中约定，也可由**交易双方**在相关**交易有效约定**中列明或根据本术语的适用规则确定。

【适用规则】

（1）**宽限期**指某一**债务**的付款宽限期，仅在**潜在支付违约**的情形下适用。**宽限期**的期限一般是产生或构成相关**债务**的基础法律文件中约定的付款宽限期，也可以是**交易双方**在相关**交易有效约定**中列明的冠以"**宽限期**"之名的期限。若上述基础法律文件中约定了付款宽限期，而**交易双方**同时在相关**交易有效约定**中列明了**宽限期**的期限，则相关**交易有效约定**中列明的期限为适用的**宽限期**。

（2）若产生或构成相关**债务**的基础法律文件中未约定付款宽限期，**交易双方**在相关**交易有效约定**中也未列明**宽限期**的期限，则相关的**宽限期**默认为三个"**宽限期营业日**"。

（3）若以产生或构成相关**债务**的基础法律文件中约定的付款宽限期作为该**债务**的**宽限期**，则该付款宽限期在相关**信用衍生产品交易**的**交易日**应已存在，除非该**债务**发生在**交易日**之后，在此情况下，则以该**债务**发生日适用的基础法律文件中约定的付款宽限期为准。若该基础法律文件中未约定付款宽限期，或约定的付款宽限期短于三个银行工作日，且**交易双方**也未在相关**交易有效约定**中列明适用的**宽限期**，则相关的**宽限期**默认为三个"**宽限期营业日**"。但是，除非**交易双方**在相关**交易有效约定**中选择适用了"宽限期顺延"，否则当该默认**宽限期**的到期之日晚于相关**交易有效约定**中的**约定到期日**时，该**约定到期日**应作为该**宽限期**的到期之日。

（4）若**交易双方**在相关**交易有效约定**中选择适用"**宽限期顺延**",在一项**潜在支付违约**发生于**约定到期日**或之前,即使适用的**宽限期**到期之日晚于**约定到期日**,相关**债务**仍然适用该**宽限期**,不受**约定到期日**的影响。该**宽限期**到期之日为相关信用衍生产品交易的**到期日**。

（5）"**宽限期营业日**"指商业银行和外汇市场在指定的相关**债务**履约地（若未指定地点,则为该债务币种的法域）通常营业的日期。

三、与结算有关的术语

3.1 结算条件

【基本术语】

指**交易双方**在按照适用的**结算方式**履行相关结算义务之前需要满足的条件。

【适用规则】

（1）就**现金结算**而言,**结算条件**包括有效送达**信用事件通知**和**公开信息通知**（若适用）;

（2）就**实物结算**而言,**结算条件**包括有效送达**信用事件通知**、**公开信息通知**（若适用）和**实物交割通知**。

3.2 结算方式

【基本术语】

指交易双方在相关交易有效约定中就一笔信用衍生产品交易约定的**现金结算**或**实物结算**。

【适用规则】

（1）若**交易双方**未就一笔信用衍生产品交易约定**结算方式**,则默认为适用**实物结算**。

（2）一笔信用衍生产品交易可以部分适用**现金结算**,部分适用**实物结算**,但**交易双方**需在相关**交易有效约定**中清晰、明确地约定两种**结算方式**的适用范围及其计算规则,避免重复或遗漏结算。

3.3 结算日

【基本术语】

指适用的**现金结算日**或**交割日**。

【适用规则】

（1）对于**现金结算**而言,信用保护卖方将在**现金结算日**向信用保护买方支付一笔**现金结算金额**,此支付应在**现金结算日**完成。

（2）对于**实物结算**而言,信用保护卖方将向信用保护买方支付一笔**实物结算金额**,同时信用保护买方应向信用保护卖方交割参考实体的**可交付债务**,此现金支付和**交割日**可在同一日,也可不在同一日。

3.4 结算货币

【基本术语】

除非**交易双方**另行约定,为人民币。

【适用规则】

无。

3.5 信用事件通知方

【基本术语】

指在一笔信用衍生产品交易中,有权向另一方发送**信用事件通知**和**公开信息通知**（若适用）及其相关文件的**交易一方**。

【适用规则】

（1）**交易双方**可在相关**交易有效约定**中指定某一方为有权发出**信用事件通知**的**交易一方**，也可指定**交易双方**均有权发出**信用事件通知**。在后一情况下，先送达有效**信用事件通知**的**交易一方**为**信用事件通知方**。

（2）若**交易双方**未在相关**交易有效约定**中指定**信用事件通知方**，则先送达有效**信用事件通知**的**交易一方**为**信用事件通知方**。

3.6 信用事件通知送达期

【基本术语】

指**信用事件通知方**须向另一方有效送达**信用事件通知**和**公开信息通知**（若适用）的期间。

【适用规则】

（1）除非**交易双方**在相关**交易有效约定**中另行约定，针对一笔**信用衍生产品交易**的**信用事件通知送达期**始于该交易的**起始日**（含），止于该交易**到期日**之后的第十四日（含）。

（2）**信用事件通知**和**公开信息通知**（若适用）的送达规则可由**交易双方**在相关**交易有效约定**中列明；若未列明，则应适用"通知要求"术语适用规则第（2）段。

3.7 信用事件确定日

【基本术语】

指**信用事件通知**与**公开信息通知**（若适用）均有效送达之日。

【适用规则】

（1）若一项**信用衍生产品交易**项下发生了**信用事件**，针对该**信用事件**的**信用事件确定日**须发生在**信用事件通知送达期**内。若该**信用事件确定日**发生在**信用事件通知送达期**结束之后，则相关**信用事件**不构成触发相关**信用衍生产品交易**进行结算的一项**信用事件**。

（2）**信用事件通知**与**公开信息通知**（若适用）的送达规则，详见"**信用事件通知送达期**"术语适用规则第（2）段。

3.8 信用事件通知

【基本术语】

指在某一**信用事件**发生后，由**信用事件通知方**向另一方发送的确认该**信用事件**已发生的书面通知。

【适用规则】

（1）**信用事件通知**必须采用书面形式发送，不得采用电话或其他即时通信工具形式发送。

（2）**信用事件通知**中所通知的**信用事件**须发生在自相关**信用衍生产品交易**的**起始日**（含）起至**到期日**（含）止的期限内，在**信用事件通知**有效送达另一方时仍然持续存在。

（3）若**信用事件通知**所通知的**信用事件**在**信用事件通知**有效送达另一方之前已获得补救或不再存续，则不构成触发相关**信用衍生产品交易**进行结算的一项**信用事件**；反之，即使该**信用事件**在**信用事件通知**有效送达另一方之后获得了补救或不再存续，也不影响相关**信用衍生产品交易**因之而进行结算。

（4）**信用事件通知**需对相关**信用事件**附有合理、详尽的情况说明，至少需要指出**参考实体**发生了哪一种**信用事件**、发生的时间（或大致时间）和对**信用事件**的基本描述，以便另一方确认该**信用事件**是否构成相关**交易有效约定**项下的**信用事件**。若**交易双方**选择适用**公开信息通知**，相关的**公开信息通知**即可作为该说明；若**交易双方**选择不适用**公开信息通知**，则该**信用事件通知**还应包含有关**公开信息**的合理细节及其证明文件。

3.9 公开信息通知

【基本术语】

指由**信用事件通知方**向另一方发送的，说明与所述**信用事件**有关的**公开信息**的书面通知。

【适用规则】

（1）若**交易双方**选择适用**公开信息通知**，则**公开信息通知**必须采用书面形式发送，不得采用电话或其他即时通信工具形式发送。**公开信息通知**应附有相关**公开信息**的合理细节及有关证明文件，包括但不限于有关**公开信息**的复印件，并提供相关**公开信息渠道**的证明。

（2）**公开信息通知**可以是一份单独的通知，也可以与**信用事件通知**合为一份通知，但在后一种情形下，**信用事件通知方**应在该通知中列明**信用事件通知**与**公开信息通知**所要求的内容，并指明该份通知同时作为**信用事件通知**与**公开信息通知**使用。

（3）若**交易双方**选择不适用**公开信息通知**，则**信用事件通知方**无需单独发送一份**公开信息通知**，但仍须在发送的**信用事件通知**中包含有关**公开信息**的合理细节及其证明文件。

3.10 公开信息

【基本术语】

指可合理证明或确认**信用事件通知**所述**信用事件**已发生的任何事实、信息或资料。

【适用规则】

（1）为避免疑问，即使**公开信息**的披露或提供违反了适用于**信用事件通知方**或任何第三人的保密义务，仍不影响**公开信息**在相关**信用衍生产品交易**中的使用。反之，即使是正确的非公开信息，仍不能用于证明或确认相关**信用事件**已发生。

（2）**公开信息**无需说明或证明相关**信用事件**是否达到了**起点金额**或适用的**宽限期**是否届满。

（3）除非**交易双方**在相关**交易有效约定**中另行约定，针对相关**信用事件**的下述任一信息为**公开信息**：

（a）已由**参考实体**通知、公告或确认的信息，但若该**参考实体**或其**关联企业**是相关**信用衍生产品交易**的**交易一方**，则由其通知、公告或确认的信息不能作为**公开信息**；

（b）已由**信用事件通知方**或其**关联企业**通知、公告或确认的信息，前提是**信用事件通知方**或该**关联企业**是已发生**信用事件**的相关**债务**的债权人，其以债权人身份获得或知悉该信息，且**信用事件通知方**已向另一方出具了一份由其法定代表人或授权人士签署的证明，确认其或其**关联企业**是基于上述债权人身份而获得或知悉了该信息；

（c）已在不少于两个的**公开信息渠道**（无论是否收费）上公布的信息，且有关报道者或报道机构均未在适用的**结算条件**满足之前撤销有关消息或报道，也未公开承认有重大误报；

（d）已由**债务**的代理人或受托人（包括但不限于贷款的代理行、债务工具的付款代理人、清算代理人或受托管理人），或由有关登记托管结算机构或清算机构通知、公告或确认的信息；

（e）已包含在第三人针对**参考实体**提出的，或由**参考实体**自行提出的"**破产**"定义第Ⅴ项所述法律程序项下的任何起诉或申请文件之中的信息；

（f）已包含在政府机构、司法机关、仲裁庭、银行间市场行业自律组织、证券交易所、全国中小企业股份转让系统或法律认可的其他交易平台所发出或公布的任何命令、判决、裁决、裁定、通知或公告之中的信息。

3.11 公开信息渠道

【基本术语】

除非**交易双方**在相关**交易有效约定**中另行约定，就在中国境内的**参考实体**而言，指全国发行的报刊，或是**参考实体**所在行业协会认可的权威性专业报刊、网站或信息提供商。就在中国境外的**参考实体**而言，指国际金融市场权威媒体公司向市场公开发行或提供服务的报刊、网站、信息终端等。

【适用规则】

（1）就在中国境内的**参考实体**而言，**公开信息渠道**包括但不限于**交易商协会**官方网站或其指定负责披露或提供银行间市场相关信息的网站、上海清算所网站、中国债券信息网、中国货币网、人民法院报、金融时报、中国证券报、上海证券报（及其后续网站或出版物）中的任何一个。

（2）就在中国境外的**参考实体**而言，**公开信息渠道**指 Bloomberg Service、Reuter Monitor Money Rates Services、Financial Times、Wall Street Journal（及其后续网站或出版物）中的任何一个。

（3）上述"中国境内"一词不包括香港特别行政区、澳门特别行政区和台湾地区。

四、现金结算

4.1 现金结算

【基本术语】

指**信用保护卖方**在**现金结算日**向**信用保护买方**支付**现金结算金额**的结算方式。

【适用规则】

无。

4.2 现金结算金额

【基本术语】

指**信用保护卖方**在**现金结算日**应支付给**信用保护买方**的金额，可由**交易双方**在**交易有效约定**中自行约定，或按照本术语的适用规则计算得出。

【适用规则】

现金结算金额或其计算方式可由**交易双方**在相关**交易有效约定**中约定。若未约定，相关**现金结算金额**按如下公式计算：

$$\text{Max}\{\text{交易名义本金} \times (\text{参考比例} - \text{最终比例}), 0\}$$

4.3 现金结算日

【基本术语】

指**信用保护卖方**应向**信用保护买方**支付**现金结算金额**的日期。

【适用规则】

（1）**交易双方**可以在相关**交易有效约定**中约定**现金结算日**的具体日期或确定**现金结算日**的规则。

（2）若**交易双方**未在相关**交易有效约定**中约定**现金结算日**的具体日期或确定**现金结算日**的规则，当相关**交易有效约定**中列明了**现金结算金额**时，**现金结算日**默认为相关**结算条件**获得满足后的第三个营业日；若未列明该现金结算金额，现金结算日默认为计算机构向交易双方发送的确认最终比例的书面通知有效送达交易双方之日后的第三个营业日。

（3）本术语适用规则第（2）段所述的计算机构书面通知的送达规则可由交易双方在相关交易有效约定中列明；若未列明，则应适用"通知要求"术语适用规则第（2）段。若该通知有效送达交易双方的时间不同，则以较晚者为准。若计算机构为交易一方，则为该通知有效送达另一方之日。若交易双方为联合计算机构，则为交易双方确认的该通知之日（为避免疑问，若交易双方无法就该通知之日达成一致意见，则视为未计算出适用的最终比例）。

（4）现金结算日为相关信用衍生产品交易的到期日。

4.4 参考比例

【基本术语】

指交易双方在相关交易有效约定中为计算现金结算金额约定且冠名为"参考比例"的一个百分比，若未约定，则为百分之一百。

【适用规则】

无。

4.5 最终比例

【基本术语】

指计算机构按照适用的估值方法计算得出的交易名义本金在估值日的市场价格，以交易名义本金的百分比表示。在适用拍卖结算时，最终比例为拍卖最终比例。

【适用规则】

（1）本术语的适用规则参照"估值方法""估值日"与"报价"等术语及其适用规则。

（2）计算机构应在获得有效报价后的三个营业日内，书面通知交易双方得出的最终比例，并提供上述报价及最终比例的计算说明。

（3）若计算机构已尽其最大努力寻求报价，但仍然无法在结算条件满足之日起三十个营业日内获得有关报价并计算出最终比例，交易一方可在该三十个营业日期限结束后的五个营业日内，向交易商协会提出书面申请，提请交易商协会启动其届时有效的相关规则，由该等规则确定的机制及机构决定适用于相关信用衍生产品交易的最终比例。若适用拍卖结算机制，则最终比例为根据拍卖结算机制的适用规则确定的拍卖最终比例，计算机构应按照拍卖管理人确认的拍卖最终比例进行相关计算工作。

为避免疑问，若交易双方均未在上述期限内向交易商协会提交启动拍卖结算机制的书面申请，或交易商协会根据拍卖结算机制的适用规则拒绝受理该申请，或虽然受理但未在该适用规则规定的期限内确定拍卖最终比例，则适用的最终比例视为零。计算机构应在上述期限到期后的三个营业日内，或在收到提出申请的交易一方转交的交易商协会拒绝受理该申请之证明后的三个营业日内，或在相关适用规则规定的期限到期后的三个营业日内，书面通知交易双方其对相关信用衍生产品交易的计算结果。

4.6 估值日

【基本术语】

指计算机构在相关交易有效约定中指定的结算条件获得满足后，对适用的交易名义本金进行估值的日期。

【适用规则】

（1）**交易双方**可以在相关**交易有效约定**中约定**估值日**的具体日期或在满足**结算条件**后确定**估值日**的规则。若**交易双方**未在相关**交易有效约定**中约定**估值日**的具体日期或确定规则，**估值日**默认为满足**结算条件**后的第五个**营业日**。

（2）只有在**估值日**从**交易商**获得的有效**报价**，才能作为确定**参考债务交易名义本金**在**估值日**的市场价格的依据。

（3）除非**交易双方**在相关**交易有效约定**中另行约定，或在**估值日**之前另行达成协议，否则**估值日**应为**计算机构**所在地的**营业日**，且**计算机构**应在该营业日当地商业银行对公业务营业时间结束之前取得相关**报价**。

4.7 报价

【基本术语】

指**交易双方**在相关**交易有效约定**中指定的买入价、卖出价或中间价。**报价**以**参考债务**面值的百分比方式表示。

【适用规则】

（1）**报价**方式的具体含义如下：

（a）"买入价"：指从**交易商**取得其买入有关本金余额的**参考债务**的实盘报价；

（b）"卖出价"：指从**交易商**取得其卖出有关本金余额的**参考债务**的实盘报价；或

（c）"中间价"：指从**交易商**处取得的**买入价**和**卖出价**的算术平均值。

（2）若**交易双方**未指定，则**报价**应为"买入价"。

（3）**报价**应为"净价"（即不包含应计未付利息），除非**交易双方**在相关**交易有效约定**中指定为"全价"（即包含应计未付利息）。

4.8 参考债务整体金额报价

【基本术语】

指在**估值日**从某一**交易商**取得的**报价**，其本金余额为相关**参考债务**的**交易名义本金**。

【适用规则】

参考债务整体金额报价必须从一名或多名**交易商**取得，每一名提供有效**报价**的**交易商**须以相关**参考债务**的**交易名义本金**作为基准进行报价。

4.9 加权平均报价

【基本术语】

指在**估值日**从多个**交易商**取得的，低于**参考债务交易名义本金**的**报价**的加权平均数。

【适用规则】

加权平均报价是从多名**交易商**取得的相关有效**报价**的加权平均数，每个该等报价的本金余额虽然低于**参考债务**的**交易名义本金**，但不低于人民币五百万元或其等值金额，且该等报价的本金余额加总后不低于该**参考债务**的**交易名义本金**。

4.10 估值方法

【基本术语】

指**交易双方**在相关**交易有效约定**中指定的确定**参考债务**在**估值日**的市场价格的估值方法，包括但不限于"最高报价"与"市场价格"等。采用相关**估值方法**计算得出的价格为**最终比例价格**。

【适用规则】

（1）**交易双方**可在相关**交易**有效约定中指定适用以下两种**估值方法**中的一种；若未指定，则适用**最高报价**；

（2）"**最高报价**"指**计算机构**在**估值日**向至少五个**交易商**寻求**报价**，并按照下述规则确定**参考债务**在**估值日**的市场价格：

（a）若取得不少于两个**参考债务整体金额报价**，则为最高的**参考债务整体金额报价**；

（b）若取得少于两个**参考债务整体金额报价**，但取得一个**加权平均报价**，则为该**加权平均报价**；

（c）若取得少于两个**参考债务整体金额报价**，亦未取得**加权平均报价**，则**计算机构**应将**报价**程序顺延至**结算条件**满足之日后的第十五个**营业日**结束为止。在该第一轮顺延期间内，**计算机构**应逐日向至少五个**交易商**寻求**报价**，以其第一次取得的两个**参考债务整体金额报价**或一个**加权平均报价**（参照上述（a）款或（b）款的规则）作为计算**最高报价**的有效**报价**，取得该等**报价**之日即为**估值日**；

（d）若**计算机构**在上述（c）款确定的第一轮十五个**营业日**顺延期间内仍无法获得有效**报价**，则应以该轮顺延期间结束后的第一个**营业日**（含该日）起的十五个**营业日**作为第二轮顺延期间，在该轮顺延期间内逐日向任一**交易商**寻求**报价**，并以第一次取得的一个**参考债务整体金额报价**作为**最高报价**，取得该**参考债务整体金额报价**之日即为**估值日**。若在该轮顺延期间内仍未取得任何**参考债务整体金额报价**，则以该轮顺延期间中最后一个**营业日**北京时间十八时前就至少百分之五十的**交易名义本金**取得的**加权平均报价**作为**最高报价**，该**营业日**即为**估值日**。

（e）若**计算机构**在上述（d）段所述的第二轮顺延期间结束后仍未获得相关**报价**，则应根据"最终比例"术语适用规则第（3）段来确定适用的**最高报价**。

（3）"**市场价格**"指**计算机构**在**估值日**向至少五个**交易商**寻求**报价**，以确定**参考债务**在**估值日**的市场价格：

（a）若获得了三个以上**参考债务整体金额报价**，则为除去最高及最低的**参考债务整体金额报价**后，取剩余**参考债务整体金额报价**的算术平均值；

（b）若获得了三个**参考债务整体金额报价**，则为除去一个最高及一个最低的**参考债务整体金额报价**后剩余的一个**参考债务整体金额报价**；

（c）若获得了两个**参考债务整体金额报价**，则为该两个**参考债务整体金额报价**的算术平均值；

（d）若获得少于两个**参考债务整体金额报价**，但同时获得了一个**加权平均报价**，则为该**加权平均报价**；

（e）若获得少于两个**参考债务整体金额报价**，但未获得**加权平均报价**，则**计算机构**应将**报价**程序顺延至**结算条件**满足之日后的第十五个**营业日**结束为止。在该第一轮顺延期间内，**计算机构**应逐日向至少五个**交易商**寻求报价，以其第一次取得的两个**参考债务整体金额报价**或一个**加权平均报价**（参照上述（a）款或（d）款的规则）作为计算**市场价格**的有效**报价**，取得该等**报价**之日即为**估值日**；

（f）若**计算机构**在上述（e）款确定的第一轮十五个**营业日**顺延期间内仍无法获得有效**报价**，则应以该轮顺延期间结束后的第一个**营业日**（含该日）起的十五个**营业日**作为第二轮顺延期间，在该轮顺延期间内逐日向任一**交易商**寻求**报价**，并以第一次取得的一个**参考债务整体金额报价**作为**市场价格**，取得该**参考债务整体金额报价**之日即为**估值日**。若在该轮顺延期间内仍未取得任何**参考债务整体金额报**

价,则以该轮顺延期间中最后一个**营业日**北京时间十八时前就至少百分之五十的**交易名义本金**取得的**加权平均报价**作为**市场价格**,该**营业日**即为**估值日**。

(g)若**计算机构**在上述(f)段所述的第二轮顺延期间结束后仍未获得相关**报价**,则应根据"最终比例"术语适用规则第(3)段来确定适用的**市场价格**。

4.11 交易商

【基本术语】

指**交易双方**或**计算机构**按诚实信用原则在相关市场中选择的从事贷款或债券交易业务的金融机构。

【适用规则】

(1)**交易双方**或**计算机构**选择的相关金融机构,应以贷款或债券交易业务作为其从事的主营业务,且从事该主营业务符合有关法律的规定。

(2)若在全国银行间市场选择相关金融机构,该金融机构应具有该市场做市商或尝试做市商的业务资格。

五、实物结算

5.1 实物结算

【基本术语】

指**信用保护买方**根据**实物交割通知**向**信用保护卖方**进行**可交付债务**的交割,**信用保护卖方**向**信用保护买方**支付相应**实物结算金额**的结算方式。

【适用规则】

(1)**信用保护买方**所**交割**的**可交付债务**尚未清偿的本金或面值余额不得低于**信用保护卖方**应支付的**实物结算金额**。

(2)**交易双方**应在相关**交易有效约定**中指定**信用保护卖方**支付**实物结算金额**的时间,若未约定,则视为应在**信用保护买方**进行**可交付债务**的**交割**的同时(或根据相关**可交付债务**的特点及其市场惯例,尽可能地在同时)进行支付。

(3)为避免疑义,若**信用保护买方**所**交割**的**可交付债务**的本金或面值金额大于其在**实物交割通知**中列明的**可交付债务**的本金或面值金额,**信用保护卖方**无需就此支付额外款项。

5.2 交割

【基本术语】

指**信用保护买方**向**信用保护卖方**交付**实物交割通知**所指**可交付债务**的全部权益。

【适用规则】

(1)**信用保护买方**应向**信用保护卖方**交付、转让及转移**实物交割通知**中列明的**可交付债务**的所有权及全部相关权益,为此应采取必要的行为,且须保证其对**可交付债务**拥有完整的所有权,不受任何担保物权、请求权、其他权利负担或第三方权益的影响(但**参考实体**享有的或可行使的抵销权除外)。同时,列明的可交付债务的合同中不应包括转移许可可被无理由撤销的相关条款。

(2)为避免疑义,**交割**的方式包括但不限于实物交付、让与合同权利、以合同更新的方式转让权利义务、转让权益或收益权、债务工具过户或买卖。若出现任何可能影响**交割**的情况,**信用保护买方**应及时通知**信用保护卖方**。

5.3 交割日

【基本术语】

指交割相关**可交付债务**的日期。

【适用规则】

交割日应当发生在**实物交割期间**内，为相关**信用衍生产品交易**的**到期日**。

5.4 实物交割期间

【基本术语】

指**信用保护买方**向**信用保护卖方**完成交割相关**可交付债务**的期限。

【适用规则】

（1）**实物交割期间**始于**实物交割通知**有效送达**信用保护卖方**之日（含该日），止于**交易双方**在相关**交易有效约定**中约定的该期限到期之日（含该日）；若无此约定，则就**交割相关可交付债务**而言，该期限由**计算机构**与**交易双方**协商后确定，协商期不超过相关**信用事件确定日**后的十四日，若届时**交易双方**仍未达成一致意见，则适用于该**可交付债务**的**实物交割期间**默认为三十五日。

（2）若**信用保护买方**无法在**实物交割期间**结束前完成交割相关的**可交付债务**，则在该**可交付债务**为债务工具时，**信用保护卖方**有权启动补仓机制；在该**可交付债务**为贷款时，**信用保护卖方**有权启动贷款交割替补机制。若**信用保护卖方**未启动补仓机制或贷款交割替补机制，则上述**实物交割期间**结束之日为相关**信用衍生产品交易**的**到期日**。

5.5 可交付债务

【基本术语】

指在**交割日**，符合相关**交易有效约定**描述的**可交付债务种类**与**可交付债务特征**，可由**信用保护买方**向**信用保护卖方**交割的**参考实体**之债务。

【适用规则】

交易双方可在相关**交易有效约定**中选择**可交付债务**在**交割**时是否应包含其已产生但尚未支付的利息（即应计未付利息）；若未选择，则视为不包含该利息。

5.6 可交付债务种类

【基本术语】

指**交易双方**在相关**交易有效约定**中列明的**可交付债务**所属的一种或多种**债务种类**。

【适用规则】

"**可交付债务种类**"术语适用"**债务种类**"术语的适用规则。

5.7 可交付债务特征

【基本术语】

指**交易双方**在相关**交易有效约定**中列明的，用以确定**可交付债务**的一项或多项特征，包括但不限于**债务特征**、无扣减债务、可转让贷款、转让受限贷款等特征。

【适用规则】

（1）**交易双方**可以在相关**交易有效约定**中约定一项或多项**债务特征**，作为**可交付债务特征**。除此之外，**交易双方**还可以约定"无扣减债务""可转让贷款"或"转让受限贷款"等其他**可交付债务**的特征。

（2）"无扣减债务"指自**交割日**起，该**可交付债务**到期应付的本金余额及/或应计未付利息将不会被扣减。

（3）"可转让贷款"指无需获得**参考实体**或该贷款的借款人或担保人或任何代理行的同意，即可被**信用保护买方**转让的贷款资产。

（4）"转让受限贷款"指需获得**参考实体**或该贷款的借款人或担保人或任何代理行的同意，方可被**信用保护买方**转让的贷款资产。

5.8 实物结算金额

【基本术语】

指**信用保护卖方**在**实物结算**方式下向**信用保护买方**支付的金额，计算公式为：

实物结算金额 = 交易名义本金 × 参考比例

【适用规则】

无。

5.9 实物交割通知

【基本术语】

指**信用保护买方**向**信用保护卖方**发送的进行**实物结算**的通知。

【适用规则】

（1）**实物交割通知**应包含用于结算的**可交付债务**的具体信息、交割方式、交割地点、是否需要第三方同意以及是否已获得第三方同意、是否需要另一方的配合等内容，且应在**信用事件确定日**后三十日内有效送达**信用保护卖方**，否则该第三十日为相关**信用衍生产品交易**的**到期日**。

（2）若**实物交割通知**以电话方式做出，则在**交易双方**完成通话之时视为已有效送达该**实物交割通知**。**信用保护买方**应当在进行该电话通知之日起的三个**营业日**内向**信用保护卖方**交付有关该电话通知内容的书面确认，未提供该书面确认不影响该电话通知的效力。

5.10 补仓机制

【基本术语】

指当**可交付债务**为债务工具时，若**信用保护买方**无法在**实物交割期间**结束前完成**交割**相关**债务工具**，则**信用保护卖方**可自行买入该**债务工具**，并向**信用保护买方**支付扣除补仓金额后的款项，从而完成相关**实物结算**的机制。

【适用规则】

（1）若**信用保护买方**无法在**实物交割期间**结束前**交割**属于**债务工具**的**可交付债务**，**信用保护卖方**有权在该期间结束后的三个**营业日**内通知**信用保护买方**启动**补仓机制**，告知其补仓期间（该补仓期间不得超过**实物交割期间**结束后的第六十日）与拟补仓余额。

（2）在补仓期间内，**信用保护卖方**应采用商业上合理的方式对该**债务工具**进行一次补仓操作，从不少于五个**交易商**处寻求对该**债务工具**的**卖出价**，并以获得的最低"卖出价"（若仅获得一个"卖出价"，即为该"卖出价"）作为补仓价格于当日购买该**债务工具**，并及时将补仓情况通知**信用保护买方**。在补仓期间内，除非**信用保护卖方**通知**信用保护买方**不再适用**补仓机制**，**信用保护买方**不得**交割**该**债务工具**。

若信用保护卖方未能在补仓期间内完成全部债务工具的补仓,则信用保护买方仍有义务继续交割余下的债务工具;若信用保护买方仍然无法在补仓期间结束后(或从信用保护卖方通知不再适用补仓机制之日起)的五个营业日内交割余下的债务工具,该第五个营业日应作为相关信用衍生产品交易的到期日。

(3)信用保护卖方应在补仓之日立即通知信用保护买方所获得的补仓价格,并在该日后的第三个营业日向信用保护买方支付从实物结算金额中扣除其购买该债务工具所支付的价款及由此发生的合理费用后的余额;若余额小于零,则信用保护卖方无需向信用保护买方支付任何款项,但亦不能向信用保护买方追索任何款项。该第三个营业日应作为相关信用衍生产品交易的到期日。

(4)若本术语适用规则中提及的任何通知以电话方式做出,则通知方应在电话通知之日起的三个营业日内向另一方交付确认该电话通知内容的书面确认,未能提供该书面确认不影响有关电话通知的效力。

5.11 贷款交割替补机制

【基本术语】

指当可交付债务为贷款时,若信用保护买方无法在实物交割期间结束前交割此笔贷款,则信用保护卖方可以合理方式选择参考实体的债务工具替代该贷款,信用保护买方应在合理的期限内交割相关债务工具并获得实物结算金额,从而完成实物结算的机制。

【适用规则】

(1)若信用保护买方无法在实物交割期间结束前交割属于贷款的可交付债务,信用保护卖方有权在该期间结束后的三个营业日内通知信用保护买方启动贷款交割替补机制,告知信用保护买方经其按照诚实信用原则与商业合理的方式确定的债务工具种类及其本金金额,作为可交付债务以替代该贷款。信用保护买方可以在接到该通知后的六十日内交割该债务工具,获得实物结算金额。信用保护买方交割该债务工具、且获得实物结算金额之日为相关信用衍生产品交易的到期日,或在信用保护买方无法于上述六十日期间内交割该债务工具的情况下,该第六十日为相关信用衍生产品交易的到期日。

(2)若本术语适用规则中提及的任何通知以电话方式做出,则通知方应在电话通知之日起的三个营业日内向另一方交付确认该电话通知内容的书面确认,未能提供该书面确认不影响有关电话通知的效力。

六、拍卖结算机制(以下为基本术语,适用规则另行发布)

6.1 拍卖结算

【基本术语】

指一笔信用衍生产品交易下的信用事件发生后,决定小组决议通过拍卖方式确定交易名义本金的拍卖最终比例,进而确定信用保护卖方应向信用保护买方支付相关金额的结算方式。拍卖结算流程及拍卖标的的选取应按照其适用规则进行。

6.2 竞卖方/竞买方

【基本术语】

卖出拍卖标的的一方为竞卖方,买入拍卖标的的一方为竞买方(亦称竞标人)。

竞卖方与竞买方为拍卖结算的参与机构,包括交易商和其他获得决定小组批准参与拍卖的机构。

6.3 竞买价

【基本术语】

指**竞买方**向**拍卖管理人**提交的、表示其愿意以此买入拍卖标的的价格。

6.4 竞卖价

【基本术语】

指**竞卖方**向**拍卖管理人**提交的、表示其愿意以此卖出拍卖标的的价格。

6.5 拍卖最终比例

【基本术语】

指**拍卖管理人**根据**拍卖结算**的要求确定的拍卖标的最终的、唯一的成交价格，以**交易名义本金**的百分比表示。

6.6 拍卖管理人

【基本术语】

指**拍卖结算**的管理人，由**秘书机构**担任。

七、信用衍生产品事项决定机制（以下为基本术语，适用规则另行发布）

7.1 决定小组

【基本术语】

指**交易商协会**金融衍生品专业委员会（以下简称"**专业委员会**"）中组建的信用衍生产品事项决定小组。

决定小组的组成及其负责决定的事项由其适用规则决定。

7.2 复议小组

【基本术语】

指**交易商协会**从**专业委员会**中推荐的若干成员，与法律、会计、经济等方面的专家组成的信用衍生产品事项复议小组。

复议小组对**决定小组**未达成决议的事项进行复议，其复议决议具有最终约束力。

复议小组的组成及其负责决定的事项由其适用规则决定

7.3 秘书机构

【基本术语】

秘书机构由**交易商协会**秘书处工作人员组成，负责处理与信用衍生产品事项决定和复议、拍卖结算相关的日常工作。

7.4 决议

【基本术语】

指**决定小组**和**复议小组**就相关审议事项作出的具有约束力的书面决定。其中，**决定小组**作出的**决议**称为"小组决议"，**复议小组**作出的**决议**称为"复议决议"。

附件Ⅰ：

[信用风险缓释合约][信用违约互换]交易确认书

本《[信用风险缓释合约][信用违约互换]交易确认书》(以下简称"**本确认书**")旨在确认[请填入名称](以下简称"**甲方**"或"**信用保护卖方**")与[请填入名称](以下简称"**乙方**"或"**信用保护买方**")在下文指明的**交易日**达成的**信用衍生产品交易**(以下简称"**交易**")的条款与条件。

在**本确认书**中，甲方(**信用保护卖方**)与乙方(**信用保护买方**)合称为"**交易双方**"，分别称为"**交易一方**"。

鉴于**交易双方**已经签署了《中国银行间市场金融衍生产品交易主协议(2009年版)》(以下简称"**主协议**")和《中国银行间市场金融衍生产品交易主协议(2009年版)补充协议》(可能进行不时修改或补充，以下简称"**补充协议**")，并已将主协议及补充协议提交中国银行间市场交易商协会(以下简称"**交易商协会**")备案，**本确认书**构成主协议所称的"**交易确认书**"，主协议和补充协议中的全部条款适用于**本确认书**。

本确认书与**主协议**、**补充协议**以及确认**交易双方**之间各项场外金融衍生产品交易的所有援引了**主协议**的其他文件(以下简称"**其他文件**")，共同构成**交易双方**之间单一和完整的协议。就**本确认书**项下的**交易**而言，若**本确认书**的约定与**主协议**、**补充协议**或其他文件的约定有冲突，以**本确认书**的约定为准。

本确认书取代**交易双方**在**本确认书**签署日之前就**交易**作出的任何其他确认(包括但不限于其他书面确认、SWIFT 信息或电话及口头确认)。

本确认书适用由**交易商协会**发布的《中国场外信用衍生产品交易基本术语与适用规则(2016年版)》(试用版)(以下简称为"**《基本术语与规则》**"，包括其不时的修订或更新)中对相关基本术语的定义及其列明的适用规则。**本确认书**中涂黑的词语为所使用的基本术语，除非**本确认书**另有定义，其含义见《**基本术语与规则**》。若**本确认书**的约定与《**基本术语与规则**》有冲突，以**本确认书**的约定为准。

本确认书正本一式贰份，**交易双方**各持壹份，具有同等法律效力。

1. 一般条款

    信用衍生产品交易类别：　[信用风险缓释合约] [信用违约互换]

    信用保护卖方：　[甲方]

    信用保护买方：　[乙方]

    交易日：　[　　]年[　]月[　]日

    起始日：　[　　]年[　]月[　]日

    约定到期日：　[　　]年[　]月[　]日

    约定到期日适用营业日准则：　[不适用] [下一营业日] [经调整的下一营业日] [前一营业日]

    计算机构：　适用以下第[　]项：

    （1）信用保护买方

    （2）信用保护卖方

    （3）信用保护卖方和信用保护买方为联合计算机构

    （4）[请填入第三方计算机构的名称]

    营业日：　对于任何付款和交付而言：在[　　]的营业日；

    对于通知、通讯及计算相关宜而言：在[　　]的营业日

    营业日准则：　[下一营业日] [经调整的下一营业日] [前一营业日]

    清算安排：　[双边自行清算] [通过上海清算所集中清算] [请填入第三方清算机构的名称]

    交易名义本金：　[人民币] [请填入非人民币币种] [　　]元

    参考比例：　[100%]

    信用保护费

    支付方：　**信用保护买方**

    支付方式：　[前端一次性付清] [按季支付] [每半年支付一次]

    支付日：　[[　　]年[　]月[　]日] [第一次支付日为[　　]年[　]月[　]日,随后每[三个月] [六个月]支付一次,最后一次支付日为[　　]年[　]月[　]日]

    金额：　[[　　]元]每次支付金额为[　　]元] [支付金额明细表如下：[　　]]①

    [请填入统一适用或每次适用的计费基准及费率]②

2. 与信用事件有关的条款

    参考实体(亦称为标的实体)：　[　　]

---

① 适用于按照金额计收信用保护费(一次计收或逐期计收)的情况。
② 适用于按照计费基准及费率计收信用保护费(一次计收或逐期计收)的情况。

债务种类: [付款义务][借贷款项][贷款][债务工具]
[贷款或债务工具][仅为参考债务][*请填入其他债务种类的信息*]

债务特征: [一般债务][次级债务][交易流通][本币][外币]

参考债务: [请填入具体描述]

破产: [适用][不适用]

支付违约: [适用][不适用]

  [**起点金额**：[ ]]

  [**宽限期顺延**：[适用][不适用]]

  [**宽限期**：[ ]天]

债务加速到期: [适用][不适用]

  [**起点金额**：[ ]]

债务潜在加速到期: [适用][不适用]

  [**起点金额**：[ ]]

债务重组: [适用][不适用]

  [**起点金额**：[ ]]

  [所涉债务的持有人数量：不低于[ ]个]

3. 与结算有关的条款

  结算条件: **信用事件通知**：通知方为以下第[ ]项：

  （1）信用保护买方

  （2）信用保护卖方

  （3）信用保护买方或信用保护卖方

  公开信息通知：[适用][不适用]①

  公开信息渠道：[ ]

  公开信息渠道数目：[ ]个

  实物交割通知②

  结算方式: 适用以下第[ ]项：

  （1）现金结算

  （2）实物结算

---

① 若需要发送一份公开信息通知，则选择"适用"；若不需要发送一份公开信息通知，则选择"不适用"。但是，无论选择"适用"或"不适用"公开信息通知，交易双方均需填入"公开信息渠道"和"公开信息渠道数目"，因为即使不适用公开信息通知，在相关信用事件通知或拒绝或延期偿付展期通知中仍需包含有关公开信息的合理细节及其证明文件。

② 结算方式为实物结算时选择该项，结算方式为现金结算时删除该项。

现金结算①：　　　　报价方法:[买入价][卖出价][中间价]

　　　　　　　　　　报价时间:[一个营业日的北京时间十六时][其他约定]

　　　　　　　　　　应计利息:[全价][净价]

　　　　　　　　　　估值方法:[市场价格][最高报价][其他估值方法]

实物结算②：　　　　实物交割期间:[　]个营业日

　　　　　　　　　　可交付债务：

　　　　　　　　　　债务种类:[付款义务][借贷款项][贷款]

　　　　　　　　　　　　　　　[债务工具][贷款或债务融资

　　　　　　　　　　工具][仅为参考债务]

　　　　　　　　　　　　　　　[请填入其他债务种类的信息]

　　　　　　　　　　可交付债务特征：

　　　　　　　　　　　　　　　　[一般债务][次级债务]

　　　　　　　　　　　　　　　　[本币][外币]

　　　　　　　　　　　　　　　　[交易流通]

　　　　　　　　　　　　　　　　[无扣减债务][可转让贷款]

　　　　　　　　　　　　　　　　[转让受限贷款]

　　　　　　　　　　可交付债务的应计未付利息:[计入][不计入]

　　　　　　　　　　实物结算金额支付时间:[交割可交付债务时同时支付][填入其他付款时间安排]实物结算的后备机制：

　　　　　　　　　　[适用][不适用]补仓机制

　　　　　　　　　　[适用][不适用]贷款交割替补机制

4. 其他条款

　　（1）联系方式：

　　　　　　　　　甲　方:[　]

　　　　　　　　　　地　址:[　]

　　　　　　　　　　电　话:[　]

　　　　　　　　　　传　真:[　]

　　　　　　　　　　收件人:[　]

　　　　　　　　　乙　方:[　]

　　　　　　　　　　地　址:[　]

　　　　　　　　　　电　话:[　]

　　　　　　　　　　传　真:[　]

　　　　　　　　　　收件人:[　]

---

① 结算方式为现金结算时选择该项,结算方式为实物结算时删除该项。
② 结算方式为实物结算时选择该项,结算方式为现金结算时删除该项。

（2）账户信息：

　　　　甲　方:账户名:［　　］

　　　　　　　账　号:［　　］

　　　　　　　开户行:［　　］

　　　　　　　大额支付系统行号:［　　］

　　　　乙　方:账户名:［　　］

　　　　　　　账　号:［　　］

　　　　　　　开户行:［　　］

　　　　　　　大额支付系统行号:［　　］

（3）**本确认书**生效方式：

［有权签字人签字后］

［有权签字人签字并加盖公章或合同专用章后］

［加盖公章或合同专用章后］

5. **与交易有关的声明与承诺条款**：

5.1 一般的声明与承诺:［适用］［不适用］

　　（1）任一方(包括其**关联企业**)未向另一方就**参考实体**、**债务**、**参考债务**、**可交付债务**作出任何性质的声明或陈述。

　　（2）任一方(包括其**关联企业**)与**计算机构**均有权就**债务**、**参考债务**或**可交付债务**进行任何交易，或接受**参考实体**的存款、向其放款或与其进行任何金融或商业业务活动,不受**本确认书**项下**交易**的影响，即使上述交易或业务活动可能对**参考实体**或另一方在**交易**项下的权利义务产生不利影响(包括但不限于任何可能构成或产生一项**信用事件**的行为)。

　　（3）任一方(包括其**关联企业**)与**计算机构**均有权在**交易日**后获取或掌握与**参考实体**有关的信息，该信息可能与**交易**有关且不为公众或另一方所知悉,但该方或**计算机构**没有义务向另一方披露该信息(无论其是否为保密信息)。

5.2 与**实物结算**有关的声明与承诺:［适用］［不适用］

　　（1）若**信用保护买方**向**信用保护卖方**交割的**可交付债务**在所有权方面存在瑕疵，或受限于任何担保物权、请求权、其他权利负担或第三方权益(但**参考实体**享有的或可行使的抵销权除外),则应赔偿由此给**信用保护卖方**造成的直接损失,除非**信用保护买方**能够证明其已采取合理可行的措施对该**可交付债务**进行了调查与核实。该赔偿义务在**交易**的**到期日**之后仍然有效。但是,**信用保护买方**未能满足上述要求不视为构成了其在 NAFMII **主协议**项下的一个违约事件。

　　（2）**信用保护买方**交割给**信用保护卖方**的**可交付债务**不得要求**信用保护卖方**对**参考实体**承诺提供任何后续资金(包括或有的资金承诺),或对**参考实体**负有任何支付款项的义务。

　　（3）**信用保护买方**无法在**实物交割期间**内将**可交付债务**交割给**信用保护卖方**不构成其在 NAFMII **主协议**项下的一个违约事件。

　　（4）**交易一方**有权指定第三方(包括但不限于其**关联企业**)**交割**或接受所**交割**的**可交付债务**,并在该第三方履行义务的范围内免除其在**本确认书**项下的有关义务。但是,若适用法律不允许该第三方进行**交割**或接受**交割**,或由此可能给另一方产生额外的税款、损失或费用(且**交易一方**未能提供另一方满意的补偿或补偿承诺),则**交易一方**不得指定该第三方进行**交割**或接受**交割**。

(5) **交易双方**需按照适用于有关**参考债务**或**可交付债务**的法律规定各自承担应付的印花税或其他相关税费。除非**交易双方**另行约定,**交割可交付债务**产生的费用(包括但不限于需支付给贷款代理行、债券受托人或登记托管结算机构的费用)由**信用保护买方**负担。

(本页以下无正文)

[信用风险缓释合约][信用违约互换]交易确认书
签署页

甲方:[　　　　　][(公章或合同专用章)]

[有权签字人(签字):　　　　]

签署日期:

签署地点:

乙方:[　　　　　][(公章或合同专用章)]

[有权签字人(签字):　　　　]

签署日期:

签署地点:

附件Ⅱ：

信用事件通知模板（书面通知形式）

致：[请填入收件方名称、地址、联系方式与联系人]

自：[请填入通知方名称、地址、联系方式与联系人]

日期：[ ]年[ ]月[ ]日

敬启者：

事由：签署日期为[ ]年[ ]月[ ]日的《[信用风险缓释合约][信用违约互换]交易确认书》（编号：[   ]）项下的信用事件通知

我们谨指上述《[信用风险缓释合约][信用违约互换]交易确认书》（以下简称《交易确认书》）。本通知构成《交易确认书》所指的信用事件通知。除非本通知另有定义，《交易确认书》中定义的词语在本通知中具有相同的含义。

我们作为通知方，特此通知贵方，[请填入参考实体及/或参考债务的名称及信息]于[ ]年[ ]月[ ]日或其前后发生了一项[请填入适用信用事件的种类]信用事件，其具体情况如下：[请填入有关信息]。

[本通知同时包含该信用事件的公开信息，情况如下：[请填入获得的有关公开信息]①]

此致

_____

通知方：[   ]

有权签字人：

姓名：

职位：

---

① 包括但不限于与该信用事件有关的公开信息的合理细节、公开信息渠道、渠道数目等内容。

附件Ⅲ：

公开信息通知模板（书面通知形式）

致：[请填入收件方名称、地址、联系方式与联系人]

自：[请填入通知方名称、地址、联系方式与联系人]

日期：[　]年[　]月[　]日

敬启者：

事由：签署日期为[　]年[　]月[　]日的《[信用风险缓释合约][信用违约互换]交易确认书》（编号：[　]）项下的公开信息通知

我们谨指上述《[信用风险缓释合约][信用违约互换]交易确认书》（以下简称《交易确认书》）。本通知书构成《交易确认书》所指的公开信息通知。除非本通知另有定义，《交易确认书》中定义的词语在本通知中具有相同的含义。

我们作为通知方，特此通知贵方，[请填入参考实体及/或参考债务的名称及信息]于[　]年[　]月[　]日或其前后发生了一项[请填入适用的信用事件种类]。

本通知作为该[信用事件]的公开信息通知，有关公开信息的情况如下：[请填入获得的有关公开信息①]。

此致

_____

通知方：[　]

有权签字人：

姓名：

职位：

---

① 包括但不限于与该信用事件有关的公开信息的合理细节、公开信息渠道、渠道数目等内容。

附件Ⅳ:

实物交割通知模板(书面通知形式)

致:[请填入收件方名称、地址、联系方式与联系人]

自:[请填入通知方名称、地址、联系方式与联系人]

日期:[   ]年[   ]月[   ]日

敬启者:

事由:签署日期为[   ]年[   ]月[   ]日的《[信用风险缓释合约][信用违约互换]交易确认书》(编号:[   ])项下的实物交割通知

我们谨指上述《[信用风险缓释合约][信用违约互换]交易确认书》(以下简称《**交易确认书**》)。本通知构成《交易确认书》所指的实物交割通知。除非本通知另有定义,《交易确认书》中定义的词语在本通知中具有相同的含义。

我们特此确认将就交易采取实物结算。根据《交易确认书》的约定,我们将在实物交割期间内向贵方交割以下可交付债务:

(1) 实物交割期间:[   ]个营业日,始于贵方收到本通知之日(含该日)
(2) 可交付债务:[请填入具体信息]①
(3) 交割方式:[   ]
(4) 交割地点:[   ]
(5) 是否需要第三方同意以及是否已获得该同意:[   ]
(6) 是否需要贵方配合:[若需要配合,请填入具体配合要求]

此致

_____

通知方:[   ]

有权签字人:

姓名:

职位:

---

① 请填入可交付债务的面值或本金余额、其应计未付利息(若《交易确认书》选择计入该利息)、有关贷款合约的描述或有关债券的代码等信息,具体内容请根据具体交易确定。

附件Ⅴ：

信用联结票据创设要素条款

参考文本

说明：

1. 本参考文本借鉴市场参与者在类似交易中使用的文本，基于《中国场外信用衍生产品交易基本术语与适用规则（2016年版）》（试用版）中的相关基本术语及其适用规则起草，为市场参与者在信用联结票据的创设、投资及交易方面提供参考文本。

2. 市场参与者应根据具体交易需求及适用法律使用、修改及补充本参考文本。本参考文本并非中国银行间市场交易商协会要求或推荐市场参与者在信用联结票据业务中须使用的文本，市场参与者应独立评估及决定在此类业务中使用的交易文件及其具体条款。

3. 本参考文本为信用联结票据的创设要素条款文件，列明适用于相关信用联结票据交易的主要商业要素及其条款与条件。创设机构可结合相关信用联结票据交易的具体情况，准备信用联结票据创设说明书、风险披露声明及其他相关文件，与信用联结票据创设要素条款构成适用于该交易的交易文件体系。

一、创设机构基本情况

名称：_____

住所：_____

通讯地址：_____

联系人：_____

电话：_____

传真：_____

电子邮件：_____

二、本期信用联结票据的条款与条件

本期信用联接票据（以下简称"**本期票据**"）的下述条款与条件适用《中国场外信用衍生产品交易基本术语与适用规则（2016年版）》（试用版）（以下简称《**基本术语与规则**》，包括其不时的修订或更新）中对相关基本术语的定义及其列明的适用规则。相关基本术语在本要素条款中使用时，以黑体形式显示。若本要素条款的相关内容与《基本术语与规则》不一致，以本要素条款为准。

（一）信用衍生产品交易类型

信用联结票据

（二）本期票据的要素条款

1. 一般条款

    1.1 交易日：　　　　[　　]年[　　]月[　　]日

    1.2 起始日：　　　　[　　]年[　　]月[　　]日

    1.3 约定到期日：　　[　　]年[　　]月[　　]日

1.4 信用保护买方(亦称为"甲方"或"创设机构"):	[　　]
1.5 信用保护卖方(亦称为"乙方"或"投资者"):	[　　]
1.6 本期票据发行总金额:	人民币[　　]元
1.7 投资者的投资金额:	人民币[　　]元
1.8 到期赎回金额:	人民币[　　]元,由甲方在**约定到期日**全额支付给乙方;但是,若**结算条件**满足,则甲方无需在**约定到期日**支付到期赎回金额,而是适用本款第2项(信用事件及其结算)的相关约定。
1.9 投资回报率:	就**结算条件**未满足之前的各计息期:年回报率为[　　]%;
	就**结算条件**满足之日所在的计息期及随后的各计息期:年回报率为零。
1.10 投资回报金额:	每一个计息期的投资回报金额按照下述计算公式计算:
	当期投资回报金额=投资金额×投资回报率×适用于当期的计息基准
1.11 回报支付日:	每个计息期的结束日之后第二个**营业日**,但是最后一个回报支付日应为**约定到期日**
1.12 计息期:	始于上一个计息期的结束日(含该日)(首个计息期始于**生效日**),止于该计息期的结束日(不含该日)
1.13 计息期的结束日:	首个计息期的结束日为[　　]年[　　]月[　　]日,以及其后的每年[　　]月[　　]日和[　　]月[　　]日,但最后一个计息期的结束日为**约定到期日**
1.14 计息基准:	实际天数/365(固定)
1.15 计算机构:	适用以下第(x)项:
	(1) 甲方
	(2) 乙方
	(3) 甲方与乙方为联合**计算机构**
	(4) [请填入第三方**计算机构**的名称]
1.16 营业日:	[甲方][乙方]所在城市的商业银行正常营业的时间
1.17 营业日准则:	适用以下第(x)项:
	(1) 下一营业日
	(2) 经调整的下一营业日
	(3) 前一营业日

1.18 **参考实体**： ［请填入参考实体的名称］

1.19 **参考债务**： 适用以下第（x）项：

（1）**债务工具**

名称：［请填入该债务工具的名称，例如"［　］公司［　］年度第［　］［短期融资券/中期票据/公司债/其他］"］

简称：

代码：

发行人：

到期日：

实际发行总额：

（2）**贷款**

贷款合同名称：

贷款合同编号：

借据（如有）编号：

借款人：

贷款人：

签署日：

到期日：

贷款金额：

贷款本金余额：

（3）其他：［请填入相关**参考债务**的信息］

1.20 **债务种类**： 适用以下第（x）项：

（1）**付款义务**

（2）**借贷款项**

（3）**债务工具**

（4）**贷款**

（5）**贷款或债务工具**

（6）**仅为参考债务**

［（7）其他：［请填入相关**债务种类**的信息］］

1.21 **债务特征**： ［适用/不适用］一般债务

［适用/不适用］次级债务

［适用/不适用］交易流通

［适用/不适用］［本币］［外币］

［其他：［请填入适用的其他**债务特征**信息］］

2. 与信用事件与结算相关的条款

  2.1 结算条件：　　　**信用事件通知书**，由(x)提供：
        （1）信用保护买方
        （2）信用保护卖方
        （3）信用保护买方或信用保护卖方
        [适用/不适用]**公开信息通知书**
        如适用，**公开信息渠道**适用以下第(x)项：
        （1）[适用《基本术语与规则》中列明的"公开信息渠道"术语的适用规则]
        （2）[甲乙双方同意选择下述**公开信息渠道**：[　　][　　][　　]]
        [适用/不适用]**实物交割通知**
        如适用：
        实物结算日：[　　]
        实物结算金额：[　　]
        实物交割期间：[　　]

  2.2 信用事件：　　　[适用/不适用]**破产**
        [适用/不适用]**支付违约**
        如适用，**宽限期**为[　　]天，[适用/不适用]**宽限期顺延**，**起点金额**为人民币[　　]元
        [适用/不适用]**债务加速到期**
        如适用，**起点金额**为人民币[　　]元
        [适用/不适用]**债务潜在加速到期**
        如适用，**起点金额**为人民币[　　]元
        [适用/不适用]**债务重组**
        如适用，**起点金额**为人民币[　　]元
        [请填入甲乙双方约定的其他**信用事件**]

  2.3 结算方式：　　　适用以下第(x)项：
        （1）现金结算
        （2）实物结算

  2.4 **结算条件**满足后对本期票据的处理：（1）从**结算条件**获得满足之日起，甲方将不再就本期票据向乙方支付任何投资回报，亦无义务在**约定到期日**向乙方支付任何到期赎回金额。
        （2）[*若适用实物结算*]甲方应在**实物结算日**当日或之前向乙方**交割**本金或面值金额不低于**实物结算金额**的**可交付债务**。
        [*若适用现金结算*]甲方应在**现金结算日**当日或之前向乙方支付全部**现金结算金额**。
        （3）当**可交付债务**被**交割**或**现金结算金额**被支付给乙方后，甲方在本期票据项下的所有义务视为全部履行完毕，且不再向乙方负有任何其他义务。**可交付债务**的实际价值或**现金结算金额**可能少于乙方对本期票据的投资金额，该等损失将由乙方自行承担，甲方不对其承担任何责任。

2.5 若适用**现金结算**： **估值日**：在**结算条件**获得满足后的第[ ]个营业日
报价方法：[买入价/卖出价/中间价]
应计利息：[全价/净价]
估值方法：[最高报价/市场价格]
现金结算日：不晚于**估值日**后的第[ ]个营业日
2.6 若适用**实物结算**： **实物结算日**：在**结算条件**获得满足后的第[ ]个营业日
可交付债务种类：[请填入适用的**可交付债务**种类]
可交付债务特征：[请填入适用的**可交付债务**特征]
可交付债务应付未付的利息是否应计入**可交付债务**的金额：[是］
[否]
实物结算的后备机制：
［适用/不适用］补仓机制
［适用/不适用］贷款交割替补机制

（三）与本期票据有关的特别陈述与承诺

1. 甲方（包括其**关联企业**）未向乙方就与本期票据相关的**参考实体**、**债务**、**参考债务**、**可交付债务**作出任何性质的声明或陈述。

2. 任一方与**计算机构**均有权就**参考实体**的**债务**、**参考债务**或**可交付债务**进行任何交易，或接受**参考实体**的存款、向其放款或与其进行任何金融或商业业务活动，不受本期票据的影响，即使上述交易或业务活动可能对**参考实体**或另一方在本期票据项下的权利义务产生不利影响（包括但不限于任何可能构成或产生一项**信用事件**的行为）。

3. 任一方（包括其**关联企业**）与**计算机构**均有权在**交易日**后获取或掌握与**参考实体**有关的信息，该信息可能与本期票据有关且不为公众或另一方所知悉，但该方或**计算机构**没有义务向另一方披露该信息（无论其是否为保密信息）。

［4. 与**实物结算**有关的陈述与承诺］［本期票据适用实物结算时选用］

（1）若甲方向乙方**交割**的**可交付债务**在所有权方面存在瑕疵，或受限于任何担保物权、请求权、其他权利负担或第三方权益（但**参考实体**享有的或可行使的抵销权除外），则应赔偿由此给乙方造成的直接损失，除非甲方能够证明其已采取合理可行的措施对该**可交付债务**进行了调查与核实。该赔偿义务在**约定到期日**之后仍然有效。

（2）甲方**交割**给乙方的**可交付债务**不得要求乙方对**参考实体**承诺提供任何实际或或有的后续资金，或对**参考实体**负有任何支付款项的义务。

（3）甲方或乙方有权指定第三方（包括但不限于其**关联企业**）**交割**或接受所**交割**的**可交付债务**（视情况而定），并在该第三方履行义务的范围内免除其在本期票据项下的有关义务。但是，若适用法律不允许该第三方进行**交割**或接受**交割**，或由此可能给另一方产生额外的税款、损失或费用（且该方未能提供另一方满意的补偿或补偿承诺），则该方不得指定该第三方进行**交割**或接受**交割**。

（4）任一方需按照适用于有关**参考债务**或**可交付债务**的法律规定各自承担应付的印花税或其他相关税费。除非甲乙双方另行约定，**交割可交付债务**产生的费用（包括但不限于需支付给贷款代理行、债券受托人或登记托管结算机构的费用)由甲方负担。

（四）其他条款

1. 联系方式：

甲方：

名称：_____

住所：_____

通讯地址：_____

联系人：_____

电话：_____

传真：_____

电子邮件：_____

乙方：

名称：_____

住所：_____

通讯地址：_____

联系人：_____

电话：_____

传真：_____

电子邮件：_____

2. 账户信息：

甲方：

账户名：_____

账号：_____

开户行：_____

大额支付系统行号：_____

乙方：

账户名：_____

账号：_____

开户行：_____

大额支付系统行号：_____

三、其他条款

（一）本要素条款经甲乙双方签署后，构成甲乙双方之间就本期票据及其项下交易达成的具有法律约束力的合约，本要素条款作为甲乙双方之间达成的合同。

（二）本要素条款经甲乙双方签字盖章后生效。甲乙双方各自签署原件一式两份，各执一份原件，具有同等法律效力。

（三）本要素条款适用中华人民共和国法律并依其进行解释。

（四）与本要素条款、本期票据及其项下交易有关的所有争议应按以下第[　]种方式处理：

（1）提交中国国际经济贸易仲裁委员会按照届时有效的《中国国际经济贸易仲裁委员会仲裁规则》在北京以仲裁方式解决；

（2）提交［甲方］［乙方］所在地有管辖权的人民法院。

（五）除本要素条款外，甲方就本期票据向乙方提供下述文件，以便乙方评估及决定是否签署本要素条款及投资本期票据：

［（1）本期信用联结票据创设说明书；］

［（2）本期信用联结票据风险披露声明；］［注：该风险披露声明可以作为募集说明书的一部分内容，而非一个单独文件］

［（3）认购函；］

［（4）缴款通知书。］

（本页以下无正文）

《信用联结票据创设要素条款签署页》

甲方：******

  （公章或合同专用章）

有权签字人（签字）：

签署日期：

甲方确认：甲方已对本要素条款进行了及时、认真的检查，并确认本要素条款的上述内容正确地约定了甲乙双方之间就本期票据及其项下交易所达成的条款和条件。

乙方：******

  （公章或合同专用章）

有权签字人（签字）：

签署日期：

乙方确认：乙方已对本要素条款进行了及时、认真的检查，并确认本要素条款的上述内容正确地约定了甲乙双方之间就本期票据及其项下交易所达成的条款和条件。

补充阅读　CDS 在中国市场的需求和应用研究[①]

王焕舟（国泰君安证券固定收益部）

本材料内容共分为十五部分，读者可以通过扫描右侧二维码阅读：

第一部分	中国金融市场数据简析	
第二部分	市场组织机构体系	
第三部分	游戏规则——主协议结构简析	
第四部分	巴塞尔协议和《商业银行资本管理办法》	
第五部分	中国信用风险缓释工具简介	
第六部分	金融机构开展 CDS 的业务模式	

[①] 感谢颜欢、黄帅、高龚翔、洪銎、邹妍、邓倩、薛甜、张文举、王珏、朱震宇、罗欣瀚、段亚敏对本材料做出的贡献。本材料版权由国泰君安证券股份有限公司所有，保留一切权利。

第七部分　信用衍生品历史、国际经验和教训	
第八部分　CDS 分析——交易要素	
第九部分　CDS 分析——市场数据	
第十部分　CDS 分析——作用	
第十一部分　CDS 分析——定价和风控	
第十二部分　CDS 分析——交易要素标准化	
第十三部分　CDS 分析——指数和产品	
第十四部分　CDS 分析——会计处理	
第十五部分　信用风险分析模型简析	
参考文献	

后 记

本教材由中国银行间市场交易商协会组织编写,编写组成员均是国内对信用衍生产品有深入研究的专业人士,并曾多次召开研讨会议,以保证教材内容的准确性和专业性。

编写工作按章节进行,各章的撰写及审校分工如下:

第一章,信用衍生产品概述,由李东来、童林、王焕舟撰写,余粤审校;

第二章,信用衍生产品的估值定价技术和交易策略,由童林、王焕舟、舒畅撰写,童林审校;

第三章,国际信用衍生产品市场发展概况,由王焕舟、徐凡、舒畅撰写,童林审校;

第四章,中国信用衍生产品市场概述,由邵诚、王焕舟、李东来撰写,王焕舟审校;

第五章,中国信用风险缓释工具业务实务,由王焕舟、余粤、李志斌撰写,王焕舟审校;

第六章,中国信用衍生产品市场的问题与展望,由邵城、余粤、张慧卉撰写,余粤审校。

本教材在撰写的过程中,得到了国家开发银行、国泰君安证券、兴业银行、光大银行和中债信用增进公司的大力支持;在审校的过程中,得到了国泰君安证券的热忱帮助。童林、李东来、刘芳菲、舒畅、徐凡、邵诚、余粤、王焕舟、李志斌、张慧卉等参与了书稿的撰写;全书的统稿工作由王焕舟、余粤、童林完成。另外,感谢颜欢、邓倩、洪鋆、张文举、邹妍、朱震宇、高龚翔、王珏、罗欣瀚、段亚敏对本教材的编写和修订做出的贡献。

由于中国信用衍生产品业务仍处于初步探索和发展阶段,本教材亦有不足之处,敬请业内人士和广大读者不吝指正,以帮助改进。

中国银行间市场交易商协会

教材编写组

2017 年 8 月